行政救済法論

後藤光男 編著

大河原良夫　山本克司
山本英嗣　　大内理沙
髙島　穣　　権田修一
平岡章夫　　北原　仁
三浦一郎　　岡田大助
駒井寿美　　藤井正希
秋葉丈志　　村山貴子
片上孝洋　　上原陽子
根本晋一　　竹嶋千穂

成文堂

はしがき

　本書は，第1部「行政争訟（行政機関による救済）」，第2部「行政事件訴訟（裁判所による救済）」，第3部「国家賠償」，第4部「損失補償」という構成の下に，行政救済法の領域における各論点の原理的問題と現代的課題を扱って執筆されています。本書は行政救済法の概説書といえるものです。行政救済法の重要な論点について，人権保障の観点からより掘り下げた検討を行って読者に提示する目的で本書を企画しました。執筆者には編者の意図を理解していただき，現在，各方面でご活躍され多忙であるにもかかわらず，執筆を快諾していただきました。執筆者の熱意が読者の皆様に迎えられることを切望しています。

　本書は，先ず行政救済法の学習用テキストとして利用していただくことが期待されています。また，行政の実務に携われている人にも本書を活用していただければ幸いです。編者は，早稲田大学の行政法の講義で藤井俊夫先生（千葉大学名誉教授）の名著『行政法総論』（成文堂，初版1985年，現在5版2010年）をテキストとして使用してきました。憲法を具体化する行政法ということを標榜するテキストは多いのですが，それがどのように具体化されているのか，読者には明らかでない場合が多いといえます。しかし，藤井先生の著書は，この点が極めて明快であり，常に憲法との連関を意識して叙述されています。こうした点で，類書にない光彩を放っているといっても過言ではないでしょう。

　藤井俊夫先生は『行政法総論』の初版「はしがき」の中で次のような趣旨を述べられています。「本書においては，常に憲法を出発点として行政法の規範体系を考えるという叙述の仕方をするようにつとめている。何よりもその理由は，行政法は憲法の具体化法であるということを，実際に行政法の規範体系に関する叙述の中でより徹底すべきではないか，と考えたからである」。こうした藤井先生の趣旨を，本書『行政救済法論』の中でも，展開して叙述するように努めたつもりです。その一端として，本書の各部の最初に，1部1講「憲法と行政機関による救済」（大河原良夫），2部1講「司法権の範囲と限界」（髙島穣），3部1講「憲法17条と国家賠償」（秋葉丈志），4部1講「憲法29条と損失補償」（片上孝洋）というように，憲法との連関に重点をおいた総論的項目を配置しています。どの

程度，成功しているかは読者に委ねる以外にありませんが，本書の趣旨と執筆者の熱意が読者の皆様に伝われば幸いです。

　行政法の講義は周知のごとく，近年では細分化されており，行政法総論と行政救済法という2科目に分けて講義が行われている場合が多いように思われます。編者が所属する大学学部でも例外ではありません。藤井俊夫先生は，上記の著書を行政法総論の講義の受講者を対象として執筆されています。そこで，本書では，この著書の行政救済法部分の項目をお借りして，より細かい項目を立て，行政救済法の各論点の概説を行ったものです。それゆえ，両書を行政法の講義用教材として併用していただくことが期待されています。

　なお，本書は共同執筆ですので，当然のことながら学説の全体的統一性ということについては不可能とならざるをえません。本書は，各執筆者の専門性と個性が重視されています。執筆部分につきましては，各項目の担当者の責任において執筆されています。読者の関心を引く問題については，各項目の参考文献および本書の巻末の「行政法関連文献紹介」（岡田大助）を参照していただき，これらに当たって考えを深められることを期待したいと思います。

　なお，前述したごとく，本書は大学の教科書としての役割はもちろんのこと，市民の学習書として，また各種資格試験の勉強にも十分に対応できるように工夫がなされています。それゆえ，読者の皆様には，様々な目的で本書を活用していただければ幸いです。

　こうした出版をお認めいただいた成文堂の阿部耕一社長，阿部成一専務取締役には厚くお礼申し上げます。また，編集部の篠崎雄彦氏には，企画から出版に至るまで格別の労をおとりいただき，適切なご助言をいただきました。篠崎氏の行き届いたご配慮に対して執筆者を代表して心よりのお礼と感謝を申し上げたいと思います

　本書が多くの読者に迎えられることを願ってやみません。もっとも本書の不十分な点については，読者諸賢のご批判とご叱正を乞い，今後より良いものとしていくように努力したいと思います。

2015年2月10日

後　藤　光　男

目　次

はしがき ………………………………………………（後藤光男）… 3

第 1 部　行政争訟──行政機関による救済──

第 1 講　憲法と行政機関による救済 ……………（大河原良夫）… 3
第 1 節　憲法と行政の関係…………………………………………3
　　1　はじめに　3
　　2　責任行政の原理──議会による行政統制　4
　　3　法による行政の原理──法治主義　4
第 2 節　行政への不服申立て………………………………………6
　　1　前史──では，裁判所に救済を求めるのは当たり前だったか　6
　　2　行政不服審査──行政に救済を求める制度　7
第 3 節　行政訴訟，行政不服申立て，オンブズマン，行政苦情相談…8
　　1　窓口直接対決・行政相談苦情申し出（苦情救済）　9
　　2　オンブズマンと行政不服申立て　10
　　3　行政不服申立てかオンブズマンか，行政訴訟か
　　　　──瑕疵の程度と違法・不当　12

第 2 講　行政不服申立て ……………………………（山本克司）…14
第 1 節　行政不服申立制度の意義・制度趣旨と制定の経緯 ………14
　　1　行政不服申立制度の意義　14
　　2　不服申立て制度の経緯　14
　　3　制度趣旨　15
第 2 節　2014年改正法の概要 ……………………………………15
　　1　2014（平成26）年改正の方向性　15
　　2　改正の概要　15

第3節　行政不服申立てと行政事件訴訟のちがい……………………16
1　目的のちがい　*16*
2　対象のちがい　*17*
3　手続構造のちがい　*17*
4　不服申立てと行政事件訴訟の適用の原則と例外　*17*

第4節　審査請求の対象……………………………………………………18
1　処　分　*18*
2　不作為　*18*
3　形式的行政処分　*18*
4　審査請求の適用除外　*19*

第5節　不服申立ての種類と審査請求を公正化する制度……………19
1　不服申立ての種類と審査請求をすべき行政庁　*19*
2　審理員制度　*20*
3　行政不服審査会　*20*

第6節　審査請求適格……………………………………………………………21

第7節　教示制度…………………………………………………………………22
1　教示の制度趣旨と内容　*22*
2　教示に関する救済　*22*

第8節　審査請求手続……………………………………………………………23
1　手続のはじまり　*23*
2　本案審理の原則　*23*
3　審査請求の終結　*24*

第3講　行政審判・オンブズマン………………（山本英嗣）…*26*

第1節　行政審判………………………………………………………………*26*
1　行政審判の意義　*26*
2　行政審判の種類　*27*

第2節　行政委員会の類型とその役割……………………………………*28*
1　行政委員会の意義　*28*
2　行政委員会制度の沿革：米国の場合　*28*
3　日本における行政委員会の種類　*31*

4　オンブズマン制度　*34*
　　　5　今日的課題——行政委員会の今後　*35*
　コラム　行政型「ADR」……………………………（大内理沙）…*36*

第2部　行政事件訴訟——裁判所による救済——

第1講　司法権の範囲と限界 ……………………（髙島　穣）…*41*
第1節　はじめに ……………………………………………*41*
　　　1　憲法と行政訴訟の関係　*41*
　　　2　司法権の範囲と限界　*42*
第2節　司法権の内在的制約の問題とされる事項 ……………*43*
　　　1　学術上の争いに関する問題　*43*
　　　2　宗教上の争いに関する問題　*45*
　　　3　抽象的な法律問題　*46*
第3節　外在的制約とされるもの ……………………………*47*
　　　1　立法裁量　*47*
　　　2　行政裁量　*50*
　　　3　部分社会論　*50*
　　　4　自律権　*52*
　　　5　統治行為論　*53*
第4節　まとめ ……………………………………………*54*
　　　1　「司法審査が及ばない」とされることの具体的な意味　*54*
　　　2　裁判所の司法裁量への制約の必要性　*55*

第2講　司法権・「法律上の争訟」と
　　　　行政事件訴訟法の類型の関係 ……………（後藤光男）…*57*
第1節　司法権と「法律上の争訟」……………………………*57*
第2節　民衆訴訟と機関訴訟 …………………………………*58*
第3節　機関訴訟と那覇市情報公開決定取消請求事件 ………*60*
第4節　司法による行政上の義務の履行確保に関する
　　　　　宝塚市パチンコ条例事件 ……………………………*61*

第3講　行政訴訟と民事訴訟 ……………………………（権田修一）…65
第1節　行政事件訴訟法と民事訴訟法 ……………………………………65
  1　行政訴訟と行政事件訴訟法　*65*
  2　行政事件訴訟法7条と民事訴訟法　*65*
第2節　行政訴訟の性格と行政事件・民事事件の区別 ………………66
  1　行政訴訟の性格　*66*
  2　伝統的理論(公法私法二元論)による行政事件と民事事件との区別　*67*
第3節　行政訴訟と民事訴訟の関係 ………………………………………68
  1　実際の行政訴訟の運用　*68*
  2　行政訴訟によるべきか，民事訴訟によるべきかが争われた事案　*68*
第4節　まとめ ………………………………………………………………*72*

第4講　行政事件訴訟の類型 ………………………………（平岡章夫）…73
第1節　総　説 ………………………………………………………………*73*
第2節　抗告訴訟 ……………………………………………………………*73*
  1　抗告訴訟の概念と平成16年度改正の意義について　*73*
  2　取消訴訟　*76*
  3　無効等確認訴訟　*77*
  4　不作為の違法確認訴訟　*78*
  5　義務付け訴訟　*78*
  6　差止め訴訟　*80*
第3節　当事者訴訟 …………………………………………………………*80*
第4節　民衆訴訟 ……………………………………………………………*81*
第5節　機関訴訟 ……………………………………………………………*81*

第5講　取消訴訟概論 ………………………………………（大河原良夫）…83
第1節　はじめに ……………………………………………………………*83*
第2節　取消訴訟の特徴は何か ……………………………………………*85*
  1　排他的管轄と公定力　*85*
  2　公定力の例外・限界――行政行為の無効　*86*
  3　出訴期間と不可争力　*87*

第3節　取消訴訟の訴訟要件 …………………………………… 88
1　処分性——訴訟の対象性　*88*
2　原告適格　*89*
3　訴えの利益　*91*

第4節　取消の基準・原因は何か ……………………………… 92
1　行政処分の瑕疵　*92*
2　瑕疵の類型　*93*
3　裁判所による行政裁量のコントロール　*94*

第5節　最後に——取消訴訟の判決とその効力 ……………… 99

第6講　処分性——取消訴訟の対象 ……………（北原　仁）…100
第1節　処分性概念と行政法学 ……………………………… *100*
1　行政事件訴訟の改正と処分性概念　*100*
2　行政法学の発展　*101*
3　日本国憲法と行政法学　*102*
4　行政事件訴訟法と取消訴訟　*103*
5　行政過程論と取消訴訟　*104*

第2節　処分性概念と救済 ……………………………………… *105*
1　処分性と民事訴訟　*105*
2　処分性と形式的行政処分論　*108*
3　処分性と「公権力の行使」　*109*

第3節　処分性と成熟性 ………………………………………… *110*
1　一般的行為　*110*
2　処分性をめぐる近年の判例の動向　*115*

第7講　原告適格——訴えの利益 ………………（山本英嗣）…117
第1節　はじめに ………………………………………………… 117
第2節　原告適格の意義と目的 ………………………………… 117
1　意　義　*117*
2　取消訴訟の原告適格
　　——2014年（平成16年）改正前までの学説の変遷　*118*

第 3 節　2004年改正法とその目的 …………………………………… 122
　　1　改正法の趣旨とその影響　122
　　2　今後の課題　124
第 4 節　結　論 ………………………………………………………… 125

第 8 講　他人に対する処分と原告の訴えの利益
　　　　──第三者訴訟 ……………………………（三浦一郎）… 127
第 1 節　処分の相手方以外の第三者の原告適格を認める必要性 …… 127
第 2 節　2004年（平成16年）行政事件訴訟法改正と判例の関係 …… 128
第 3 節　判例の従来の基本的姿勢 …………………………………… 130
　　1　主婦連ジュース訴訟
　　　　──最判昭和53年 3 月14日民集32巻 2 号211頁　130
第 4 節　判例の変化 …………………………………………………… 131
　　1　変化の兆し　131
　　2　伊達火力発電所事件──最判昭和60年12月17日判時1179号56頁　131
　　3　新潟空港訴訟──最判平成 1 年 2 月17日民集43巻 2 号56頁　132
　　4　もんじゅ訴訟──最判平成 4 年 9 月22日民集46巻 6 号571頁　133
　　5　がけ崩れ危険地開発許可事件
　　　　──最判平成 9 年 1 月28日民集51巻 1 号250頁　134
第 5 節　2004年法改正後の判例 ……………………………………… 134
　　1　小田急高架事業事件
　　　　──最大判平成17年12月 7 日民集59巻10号2645頁　134
第 6 節　今後の展望 …………………………………………………… 136

第 9 講　処分の執行停止と内閣総理大臣の異議 …（岡田大助）… 139
第 1 節　はじめに ……………………………………………………… 139
第 2 節　執行停止 ……………………………………………………… 140
　　1　意　義　140
　　2　要件及び決定の範囲　141
　　3　効　力　141

第3節　内閣総理大臣の異議 …………………………………… 143
1　意　義　*143*
2　要　件　*143*
3　効　果　*144*
4　事　例　*144*

第4節　まとめ ……………………………………………………… 145

第10講　取消訴訟以外の抗告訴訟 ……………（駒井寿美）…148

第1節　無効等確認訴訟 …………………………………………… 148
1　無効等確認訴訟の意義　*148*
2　無効等確認訴訟の必要性　*149*
3　行政事件訴訟法36条の解釈について　*149*

第2節　不作為の違法確認訴訟 …………………………………… 151
1　訴訟要件　*151*
2　本案勝訴要件　*151*
3　不作為の違法確認訴訟の不十分な救済　*152*

第3節　義務付け訴訟 ……………………………………………… 152
1　義務付け訴訟の意義　*152*
2　申請型義務付け訴訟　*153*
3　非申請型義務付け訴訟　*154*

第4節　差止め訴訟 ………………………………………………… 156
1　意　義　*156*
2　訴訟要件　*156*
3　本案勝訴要件　*157*

第5節　行政事件における仮の救済の制度 ……………………… 157
1　「仮の救済」の意義　*157*
2　行政事件における仮の救済の制度　*157*
3　執行停止　*158*
4　内閣総理大臣の異議　*159*
5　仮の義務付け・仮の差止め　*159*

第11講 当事者訴訟 ……………………………（駒井寿美）…161
- 第1節 形式的当事者訴訟 …………………………………… 161
- 第2節 実質的当事者訴訟 …………………………………… 162
- 第3節 当事者訴訟の活用 …………………………………… 163
- 第4節 確認訴訟の訴訟要件 ………………………………… 164
- 第5節 確認訴訟に関連する判例 …………………………… 165
- 第6節 仮の救済の問題 ……………………………………… 167

第12講 客観訴訟──民衆訴訟・機関訴訟 ………（藤井正希）…168
- 第1節 客観訴訟とは ………………………………………… 168
- 第2節 判例について ………………………………………… 169
- 第3節 客観訴訟の現代的意義 ……………………………… 171
- 第4節 客観訴訟の問題点 …………………………………… 172
- 第5節 今後の課題 …………………………………………… 174
- コラム 自然の権利訴訟 ……………………………（三浦一郎）…177

第3部 国家賠償

第1講 憲法17条と国家賠償 …………………………（秋葉丈志）…181
- 第1節 はじめに ……………………………………………… 181
- 第2節 国家補償の思想と機能 ……………………………… 181
  - 1 国家補償に関する憲法規定 *181*
  - 2 国家補償の思想 *182*
  - 3 国家補償の機能 *183*
  - 4 国家補償の類型と現行制度の概要 *183*
- 第3節 国家賠償制度の発展 ………………………………… 184
  - 1 比較法──英米法 *184*
  - 2 比較法──大陸法 *185*
  - 3 明治憲法 *186*
  - 4 日本国憲法と国家賠償法 *187*

第4節　損失補償制度 …………………………………………………188
　　　1　諸外国　*188*
　　　2　日　本　*188*

第2講　国家賠償法1条に基づく賠償責任
　　　　──コンメンタール ……………………（村山貴子）…*190*
　第1節　国家賠償制度の意義 …………………………………………*190*
　第2節　国家賠償責任の本質 …………………………………………*191*
　　　1　代位責任説と自己責任説　*191*
　　　2　判　例　*192*
　第3節　コンメンタール ………………………………………………*193*
　　　1　「公権力の行使」　*193*
　　　2　「行使に当る公務員」　*194*
　　　3　「その職務を行うについて」　*195*
　　　4　「故意又は過失」　*196*
　　　5　「違法に」　*196*
　　　6　求償権（1条2項）　*197*
　第4節　権限の不行使と国家賠償責任 ………………………………*197*
　第5節　立法行為（立法不作為を含む）に基づく国家賠償責任 ……*200*
　　　1　最高裁判決　*200*
　　　2　院内発言と国家賠償　*202*
　第6節　司法権の行使に関わる国家賠償事件 ………………………*205*

第3講　過失責任主義 ………………………………（藤井正希）…*206*
　第1節　過失責任主義とは ……………………………………………*206*
　第2節　国家賠償責任の性質 …………………………………………*207*
　第3節　過失の客観化 …………………………………………………*208*
　第4節　過失と違法性との関係──過失と違法一元論 ……………*210*
　第5節　過失責任主義から無過失責任主義へ ………………………*212*

第4講 違法性 ……………………………………（大河原良夫）…214
第1節 行政救済法における違法性とは？ ………………………………214
第2節 事例にみる違法性のメルクマール ………………………………215
1 行政は，法律に従って行動していれば，違法にはならないか 216
2 特殊公務員の行為は，どのような場合に違法となるか 219
第3節 違法の一元・二元論的理解——違法性は一致・不一致？ …225
1 国賠法における違法性概念のメルクマールは？
　　——各説の概観 226
2 結果不法説，職務行為基準説から，違法性二元論へ 226
3 行為不法説・公権力発動要件欠如説から，違法性一元論へ 228

第5講 行政の不作為と国家賠償 ……………………（岡田大助）…230
第1節 はじめに …………………………………………………………230
第2節 国家賠償法 ………………………………………………………231
第3節 不法行為責任 ……………………………………………………231
1 自己責任説と代位責任説 231
2 要 件 232
第4節 行政の不作為 ……………………………………………………233
1 2つの類型 233
2 裁量権収縮論 234
3 「裁量権の消極的濫用」論 236
第5節 まとめ ……………………………………………………………238

第6講 立法行為に基づく国家賠償責任 …………（大内理沙）…240
第1節 概 要 ……………………………………………………………240
第2節 判例の動向 ………………………………………………………241
1 在宅投票制度廃止事件 241
2 西陣ネクタイ事件 243
3 女性の再婚禁止期間違憲訴訟 244
4 在外邦人選挙権訴訟 245

第3節　検　討 ……………………………………………247
　　　　1　国会の立法行為と国家賠償訴訟の関係　*247*
　　　　2　在宅投票制度廃止事件判決における考え方　*248*
　　　　3　立法行為の内容の違憲性と国家賠償法上の違法性　*248*
　　　　4　今後の展望　*249*

第7講　立法不作為と国家賠償 ………………（三浦一郎）…251
　第1節　問題の所在 …………………………………………251
　　　　1　従来的アプローチ　*251*
　　　　2　目的の転化現象　*252*
　　　　3　判例の態度　*253*
　　　　4　問題の所在　*254*
　第2節　憲法81条と立法の不作為 …………………………255
　第3節　立法不作為と国家賠償法 …………………………256
　　　　1　法律上の争訟　*256*
　　　　2　二つの立法の不作為の形態　*257*
　　　　3　国家賠償法の要件としての違法性　*259*
　第4節　検　討 ………………………………………………262

第8講　国家賠償法2条と営造物責任──コンメンタール
　　　　……………………………………………（權田修一）…265
　第1節　国家賠償法2条1項の意義 ………………………265
　　　　1　国家賠償法2条1項の沿革　*265*
　　　　2　民法との対比　*266*
　　　　3　国家賠償法2条1項の特質──無過失責任　*266*
　第2節　「公の営造物」 ………………………………………267
　　　　1　「公の営造物」の意義　*267*
　　　　2　「公の営造物」の種類　*267*
　第3節　「設置又は管理」 ……………………………………269
　　　　1　「設置又は管理」の意義　*269*
　　　　2　事実上の管理　*269*

第 4 節　「瑕疵」……………………………………………………………………269
　　　　1　判　例　269
　　　　2　学　説　270
　　　　3　「瑕疵」の判断基準　271
　　第 5 節　国家賠償法 2 条 2 項の意義………………………………………………271

第 9 講　営造物責任の限界……………………………………（権田修一）…273
　　第 1 節　営造物責任（＝無過失責任）の限界……………………………………273
　　　　1　常に営造物責任が認められるわけではないこと　273
　　　　2　営造物責任の限界の根拠　273
　　第 2 節　事件の類型ごとの営造物責任の限界……………………………………274
　　　　1　道路事故　274
　　　　2　水　害　276
　　　　3　「安全性」の向上　277
　　　　4　営造物の本来の用法　278
　　　　5　供用関連瑕疵（機能的瑕疵）　279

第 10 講　水害訴訟………………………………………………（藤井正希）…281
　　第 1 節　水害と国家賠償………………………………………………………281
　　第 2 節　水害訴訟の歴史的な経緯……………………………………………282
　　第 3 節　河川管理責任における現代のリーディングケース
　　　　　　――大東水害訴訟最高裁判決……………………………………283
　　第 4 節　改修済み河川の水害被害についてのリーディングケース
　　　　　　――多摩川水害訴訟最高裁判決…………………………………287
　　コラム　道路公害………………………………………………（権田修一）…290

第 4 部　損失補償

第 1 講　憲法29条と損失補償………………………………（片上孝洋）…295
　　第 1 節　はじめに………………………………………………………………295

第2節　憲法29条と財産権の保障 ……………………………………296
　　1　憲法29条2項と3項の関係　296
　　2　条例による財産権の制限の許否　297
　第3節　損失補償の概念と根拠 …………………………………………297
　　1　損失補償の概念　297
　　2　損失補償の根拠　298
　　3　損失補償の法的根拠　299
　　4　憲法上の補償請求権　300
　第4節　損失補償請求に関する訴訟の方法 ……………………………302

第2講　「特別の犠牲」の意義 …………………………（片上孝洋）…304
　第1節　損失補償の要否 …………………………………………………304
　　1　「公共のために用ひる」の意味　304
　　2　特別の犠牲　305
　第2節　損失補償の内容 …………………………………………………307
　　1　正当な補償　307
　　2　補償の内容と限界　308
　　3　補償の方法・時期　309
　　4　補償の額　310

第3講　生活補償 …………………………………………（上原陽子）…312
　第1節　補償の内容 ………………………………………………………312
　第2節　補償の方法 ………………………………………………………315

第4講　財産権以外の権利侵害に対する損失補償
　　　　　………………………………………………………（根本晋一）…317
　第1節　序　論——問題の所在 …………………………………………317
　第2節　予防接種禍の不可避性 …………………………………………318
　第3節　賠償と補償の「谷間」に関する一般論 ………………………318
　第4節　「谷間」に落ち込んだ予防接種禍被害者の法的救済手段 ……319

第5節　賠償と補償の併存可能性 ………………………………… *322*
　第6節　判例研究 ……………………………………………………… *323*
　　　1　国家賠償の問題と捉える判例　*323*
　　　2　損失補償の問題と捉える判例　*324*
　第7節　結　語──今後の展望 …………………………………… *325*

第5講　刑事補償 …………………………………（竹嶋千穂）… *327*
　第1節　刑事補償請求権 ……………………………………………… *327*
　　　1　結果責任　*327*
　　　2　憲法40条　*328*
　第2節　刑事補償法 …………………………………………………… *329*
　　　1　刑事補償の要件と内容　*329*
　　　2　刑事補償の課題領域　*330*

コラム　薬害訴訟 ………………………………………（根本晋一）… *332*

行政法関連文献紹介 ……………………………………（岡田大助）… *335*

事項索引 ……………………………………………………………………… *339*

第1部　行政争訟
――行政機関による救済――

第1講　憲法と行政機関による救済

第1節　憲法と行政の関係

1　はじめに

　行政は，われわれ国民の日々の生活を豊かにするため，どのような手段を使って行政活動を行っているかを（特に，われわれの法的地位を一方的に確定する行政処分を中心とした権力行政などの行政作用法を），これまですでに学んできたでしょう。行政は，その権限を適切に行使せず違法不当に行使したり，それを怠ったりして，我々国民の自由や権利利益が制約を受けたり侵害されたり，行政の活動によって被害を受けたりすることがあるだろう。そのようになった場合，ただがまんしたり，泣き寝入りしたりするだけなのだろうか。侵害された権利利益を回復する手立てはないのか，被害を被らないようにするにはどうしたらいいのか。

　そういう場合を想定して，権利救済をはかるための手段・制度が用意されている。本書では，国民が違法不当な行政をどのように争うことができるか，行政による被害をどう償わせるかを学ぶことになるが（行政救済法），まず，本講では，行政権から独立した裁判所にそれらの救済・紛争裁断を求める制度を学ぶ前に（行政訴訟），行政自身にその再考を促して簡易迅速に救済・解決を求める正式の法律上の制度（不服申立て），および，行政がサービスとして或いは条例で提供している制度（苦情申出・オンブズマン）はどのようなものか，それらのあいだの相互関係，それらの役割について学ぶことにしよう。

　まず，日本国憲法が行政権をどう位置づけているか，どうあるべきだと定めているかを理解することが出発点として重要である。憲法との関係で，行政救済，その中でも行政機関による救済を総論的に学ぼうとする本講では，少し復習をかねて，これまですでに学んできた行政（作用）法や救済法全般を，特に憲法との関係で概括的に振り返ってみよう。

2 責任行政の原理──議会による行政統制

　日本国憲法は，国民主権を宣言したうえで（前文，1条），「国政は，国民の厳粛な信託によるものであつて，その権威は国民に由来し，その権力は国民の代表者がこれを行使し，その福利は国民がこれを享受する」（同前文）として，行政は，主権者から信託されたものであってその信託に応える責任ある行政でなければならず，国の行政は国民代表議会に責任を負う（66条3項）。つまり議会による行政統制という体制から，「法律による行政」の原理が重要となる。そして，代表・議会制民主主義を補完しうる国民参加の民主的な行政を進めることが必要であり，また，違憲違法な行政に対しては，国民がその是正や損害賠償を求めて責任追及する権利が認められている（17・32条）。

　こうした点が，明治憲法下での主権者天皇にのみ責任を負い，臣民には責任を負わない無責任行政，神権天皇制の下での「臣民ノ権利」（外見的人権）との違いであり，日本国憲法は，憲法・法律以前に人権を国民に保障している（11・97条）。そして，19世紀的な消極的な取締行政（警察許可等）だけでなく（個人の人格的・精神的自由に関わる行政では，「比例原則」の法理（13条）が妥当したことはすでに学んでいよう。「この法律に規定する手段は，前項の目的のため必要な最小の限度において用いるべきものであつて，いやしくもその濫用にわたるようなことがあつてはならない」（警職法1条2項）などの例），さらに一歩踏み込んで，20世紀の現代行政にあって，人間らしい生活ができるよう国家に積極的な保障を求めることのできる社会的人権として生存権まで置いている。憲法の生存権保障である「給付行政」（社会保障・電気水道ガス・医療介護福祉・住宅道路等々の生活行政）は，上記の比例原則とは違って，「積極行政」を原理として展開されるので，かえって行政（給付）の不作為・不十分に陥りやすくそれが生存権侵害の違憲・違法性を帯びることに留意する必要があろう。給付不十分な処分が生存権侵害だとして国民が争う行政争訟の制度が重要となる（既習した朝日訴訟と堀木訴訟等が特に有名）。

3 法による行政の原理──法治主義

　われわれ一般国民が行動する場合，そのつど法律の根拠が問われたりはしない。犯罪をして法律に違反したり，契約に違反したりしない限り，本来的に自由であ

る（民刑事責任のみを負い，憲法からも自由である。99条の列挙には「国民」が除かれている）。なぜか。最初に見たように，国政・行政は，われわれ国民が主権者として「信託」したものであって，「その権威は国民に由来」するものだからである。ところが，国家・行政として行動する公務員は，憲法を含めた法規に違反して行動してはならない（立憲主義（99条），適法性原理）のは大前提であるが，それだけではなく，その行動には，法律・条例の根拠が必要である（法律・条例による行政の原理，法治行政）。このように，国民が行動する場合と，国家行政とか公務員が行動する場合とでは違いがあるのである。

では，法律の根拠がどこまで必要か。明治憲法時代は侵害行政のみに法律の根拠が必要との侵害留保説であったが，国民主権の日本国憲法下では法治主義を重視し法律から独立した行政を認めない全部留保説が有力である（特に憲法学説）。しかし行政活動の多面化する現代の積極行政において，特に自治体において法律を補完する要綱行政（環境・福祉行政等）が不可欠との評価から，権力行政（行政処分や行政強制）のみに法律条例の根拠が必要との権力行政留保説が有力化している（特に行政法学説）。いずれにせよ，権力行政には，法律条例の根拠が必要であることになる。

しかし現在の行政活動は，高度の専門性を必要とするものが増えており，法律で行政を完全に縛ることは難しく，法律は行政の裁量に委ねてしまうことになりやすい。そうであるからといって，行政の裁量行為が全くのノーチェックというのでは，法治主義は名ばかりのものとなってしまう。そこで行政訴訟ではこの行政裁量をいかにコントロールすることができるかが重要な研究課題となっていることを学ぶことになるでしょう（後出第2部5講参照）。

法治主義は，行政法の基本原理として最も重要なものであって，憲法でいう立憲主義の行政法版である。即ち，「法」によって行政権を縛って，国民の自由権利を行政権から守るというものであった（立憲主義は憲法で国家権力を縛って国民の人権を守るものであることは，憲法で学んだとおりである）。行政権を縛る「法」というのは，国民代表議会の作る法，すなわち法律（41条）であり，地方では「条例」（94条）である。無論，憲法や判例法，慣習，条理などの不文法も含まれる。以上が，憲法上，行政法上の建前・大原則である。

第2節 行政への不服申立て

1 前史——では，裁判所に救済を求めるのは当たり前だったか

　上で述べたのは原則やルールである。それに沿った行政が行われていれば問題はないであろうが，法治主義や責任行政原理に反するような行政が行われた場合，どうするかを考えておかねばならない（そうでなければ，国民の自由や権利は守られない）。現代であれば，国民がその違法な行政を司法裁判所に訴え出るというのが当然だと考えられている。つまり救済を求める先は，やはり裁判所だというわけである。しかし，これは，特にわが国では最初から，当たり前のことであったのだろうか。

　歴史をたどって考えてみよう。明治憲法（61条：行政事件については司法裁判所の管轄から外し，別にそれだけを扱う行政裁判所を設けるとする規定）下の行政裁判所は，一般行政組織から分離されていない行政権の一部であり（行政裁判官の多くは内務省官吏。明治23年行政裁判法），まさに行政権内部の自己統制の「行政（裁判）国家」であった。戦後，日本国憲法は「特別裁判所は，これを設置することができない。行政機関は，終審として裁判を行ふことができない」（76条2項）と定めて，司法裁判所系統以外の行政裁判所を廃止し，行政訴訟も民刑事訴訟と同じ司法裁判所に統一させて（裁判所法3条），国民に行政事件についてもそこでの公正で第三者的な裁判を受ける権利を保障した（32条）。それだけでなく，行政処分等の違憲審査もここに委ね（81条），司法権の独立（76条3項）を保障して，行政といえども国民と対等に裁判所の法廷に立つというアメリカ型の「法の支配」による「司法国家」へと転換を図ったわけである。

　こうして，日本国憲法が導入したとされるアメリカ型の「司法国家」原理は，行政を第三者的な裁判所のコントロールに服させることを可能とし（明治憲法時代の行政権内部統制にとどまらず），国民は，行政救済を通常の裁判所に訴え出るのが当たり前になったのであった（実は，「司法国家」原理は，行政のあり方として，もうひとつの方向性を持っていた。それはすでに学んだ「手続的正義」に基づいて，行政決定プロセスに利害関係者を参加させる公正手続行政である。行政決定の前後での行政の透明・公正性が重要であるからである）。

2　行政不服審査——行政に救済を求める制度

　さて，このあたりから，いよいよ本論である行政機関による救済に入ってくることになる。上で述べた行政手続法がなかった時代は，前の保障がないのだからその分，後ろの保障が大事になるのは必然であって，司法裁判を通じての行政救済と並んで，行政自身が自分の行った行政処分を国民からの「不服申立て」をうけてこれを審査する行政不服審査の制度が重要な役割を担うことになった。

　不服申立ては，行政が国民に出した処分を巡って両者の間に生じた紛争をその同じ行政内部で解決しようとするもので，不服の対象は「処分」に当たらなければならず，行政活動に対する不満のすべて争うことを予定されたものではない。この点が，苦情処理やオンブズマンの制度とは違う重要な点である。

　もっとも，この不服申立ても，司法国家原理を徹底させるならば，申立人（弁明書）と処分庁（反論書）の間の文書による対審制があるものの（行政不服審査法参照），処分庁や上級行政庁（指揮監督機関）とは別の第三者機関への申立てができる制度を原則とするのが望ましいのではあろう（国税不服審判所，公務員人事争訟（人事院（委員会）・公平委員会），建築審査会，社会保険争訟（審査会・審査官）などは，個別法による特例）。

　また，日本国憲法の下で，国民は救済を通常裁判所に訴え出るのが当たり前になったと上述したが，行政訴訟を提起する前に，行政への不服申立てを経なければならないとしたら，そうは言えなくなってしまう。明治憲法時代は，前記の行政裁判法がそうした訴願前置主義を採っていただけでなく（その上，この行政裁判所は，東京に一つだけしかなく，一審にして終審であった），しかも，その手続を定めていた訴願法（明治23年）は，この訴願（行政への不服申立て）が何でもできるというのではなく，この法が列挙するものだけに対してできるとの列挙主義（営業免許取消事件など6事件のみ）を採っていたから，訴訟提起への道はかなり限られたものであった（これらの明治中期の法律は，外国人法律顧問モッセによるものであり，ドイツ型行政裁判制度が導入された）。日本国憲法が制定され，司法国家制に移行したとされたにもかかわらず，行政事件についての訴訟手続は特例法（1948年）を経て1962年になってようやく行政事件訴訟法へと変わったが，明治憲法時代の訴願法（列挙主義）については，行政不服審査法が制定される同年（1962年）まで続いたことに注意する必要がある（憲法制定から16年もの月日を要し

ているのは，ドイツ的法文化からアメリカ的法文化への転換はそう簡単にはいかなかったことを示している)。そしてようやく，この行政不服審査法の下で，行政処分に対する不服申立てが法定の除外事項を除き原則（一般概括主義）として可能となったのである（行政不服申査法旧4条）。こうして国民は行政のほぼ全般を通常裁判所に訴え出ることが当たり前になったのであった。

なお，最近，制定後50年ぶりの見直しを行うため，行政不服審査法関連三法案が閣議決定された（平成26年3月14日）。それによると，不服申立ての手続は，「異議申立て」を廃止し「審査請求」に一元化し，また，審査請求をすることができる期間（審査請求期間）を現行60日から3か月に延長すること，処分に関与しない職員（審理員）が審査請求人（国民）と処分庁の主張を審理し，第三者機関（有識者で構成）が大臣等（審査庁）の判断をチェックする手続の導入などが盛り込まれている。

第3節　行政訴訟，行政不服申立て，オンブズマン，行政苦情相談

さて，司法裁判所にしろ，行政裁判所にしろ，裁判所への行政訴訟を通じて行政活動を統制しようとする法文化圏を，これまでは見てきた（裁判官に信頼を寄せることの期待できる法文化である）。1889年（明治22年）の明治憲法をうけて，翌年，前記の行政裁判法や訴願法ができ，またその頃既に，行政法の母国とされるフランスで行政裁判所コンセイユ・デタが判例法を蓄積していた頃，より北方のスウェーデンでは，それらとは全く違う法文化が生んだオンブズマン（Ombudsman 代理人）が既に活動を開始していた。1809年の憲法上の機関で，議会に設置され，苦情申立てないし職権に基づいて強力な調査権を行使し，勧告，刑事訴追，懲戒処分等の権限をもっていた。その後全世界に拡がるにつれて原型から離れ，それぞれの国・自治体にあった形にデフォルメされたオンブズマンが生まれている。

以上見てきたように，行政訴訟，行政不服申立て，オンブズマンという救済方法があるが，それでは，どの救済制度をどのように使うか・選ぶかがつぎに問題となる。国民が何かを始めたくて，お役所（行政）に行ったら，拒否されたとし

よう。このまま黙ってないで争わなくてはならない。そのとき，同じ行政（ないしその上級の行政）等を相手取って争う方法と裁判所に訴える方法がある。まずつぎのような【例題】を通して，どのような行政救済制度がありうるかを考えておこう。卒業生 X は，母校 W 大学正門前に学生向けの弁当屋（飲食店営業）を開店しようとし，食品衛生法に基づき保健所に営業許可の申請を行った。①ところが申請したのに，いつまでも保健所が許可も不許可も出してこない場合，また，②不許可になった場合，更に，③許可を得て順調に営業を続けていたが，そこで買った昼弁当を食べた学生が食中毒を起こした。そこで保健所が，X に対して 1 ヶ月の営業停止処分を行った場合，X はそれぞれどうすればいいかを考えてみよう。

1　窓口直接対決・行政相談苦情申し出（苦情救済）

　国民（住民）が違法・不当と考える行政処分など行政の活動・行為等に対して，不服ないし不満・疑問など苦情がある場合，いきなり訴訟や不服申立てをするよりは，当該処分等を行なった担当窓口に直接不満・疑問をぶつけるのがもっとも簡便な方法である。例題であれば，「許可はまだか」「どうして営業不許可・停止なのか」等と。このように担当窓口に苦情を申出る方法は，不服申立て（異議申立）を自ら単刀直入に実行するものでもっとも手っ取り早いが行政に自己の処分等の見直しを迫るものであり，満足のゆく答えは得られないであろうから，やはり限界がある。簡易迅速とか手っ取り早さは長所ではあるが，国民が納得する結果をうるためには，それ相当の公正な第三者性を備えた制度でなければならない。

　そこで今度は，間接的に，第三者的な制度を利用して救済を得ようとする方法である。まず，国レベルでは，総務省行政評価局（全国50管区局・事務所，行政苦情110番）による苦情あっせん制度（苦情申出人と行政決定機関の間に立って，関係行政決定機関への苦情の連絡，行政決定機関による自主的解決の促進を取り持つ制度。総務省設置法 4 条21号）と，民間有識者からなって苦情申出の受付などをする「行政相談委員」（総務大臣委嘱，全国市町村に約5000人）と，救済困難事例を扱う行政苦情救済推進会議（本省 7 人，管区行政評価局及び一部の行政評価事務所においても開催）との三つからなる苦情相談（行政相談）制度があり（http://www.soumu.go.jp/main_sosiki/hyouka/soudan_n/index.html），これが「日本型オンブズマ

ン」と言われることがある。

　次に，地方レベルでは，各自治体広聴相談課の，広聴制度の一環としての「都道府県・市町村民相談室（コーナー）」ないし「首長への手紙」（要綱）がそれである。ただ，県市政相談でも，首長部局管理職が輪番制で担当する原局主義がとられている自治体の場合は，第三者性はない。軽易な問合わせ事案は窓口職員がその場で口頭で応え，また帳票をとったものを原局に引継・連絡をしたりする。このほかにも，市などの提供する行政サービスとしての専門（特別）相談，民事や個人生活の悩み事などの一般相談あるいは市政相談があり，さらに法律相談（弁護士），税務相談（税理士），消費者相談（消費生活コンサルタント），行政相談（行政相談委員），人権相談（人権擁護委員・法務局職員），年金相談（県社会保険専門相談委員）等々がある場合がある。

　しかしながら，これら国・自治体の苦情相談制度は，面倒な手続もなく非常に利用しやすい反面，第三者性（公正中立性）は極めて弱く，苦情の受付・引継・あっせん等を行なうにすぎない。行政相談・市政相談は，その名の通り「相談」であるから，そのほとんどはその場で相談委員が応えられる限りで応え，相談者もそれに満足して帰るという軽易なものである。それ以外のもの，特に苦情事案についても，行政決定機関を調査しその判断を検討・代置する形で，自ら苦情事案を解決するのではない。その処理結果（あっせん・回答）に法的強制力もない。ただ国の場合，苦情相談とは別に行なわれている同省行政評価とうまく融合されれば，当該苦情案件だけではない行政全般にわたる改善が期待でき，相乗効果が得られる可能性はあろう。

2　オンブズマンと行政不服申立て

　上述の苦情相談等の欠点を考慮して導入した制度として，わが国の地方自治体に登場してきたのが，オンブズマンである。そこで，オンブズマンを設置している自治体であれば，上で述べたような苦情救済の手続を全く経ずに直接オンブズマンへ苦情を申立て救済を得る方法もある。

　オンブズマンへの苦情の対象は，行政処分の違法・不当に限らず，職員対応など事実行為まで，行政全般にわたる不平不満・疑問・要望・意見・提言・相談など多種多様である。それだけに行政不服申立てにさえ乗らない，権利侵害として構成不可能なものが多いので，それら日常的なものを拾い上げて簡易迅速にそ

れなりの（つまり，権利義務関係の確定でない）救済を与えようという補完的な救済であり，とりあえずの救済を得られる点で独自の意義をもっていると言える。例題①のような場合，保健所や苦情救済の窓口に行くよりは，オンブズマンによるプッシュを期待する方が，はるかに救済力はある。

　わが国では，総務庁オンブズマン制度研究会報告（1986年）が制度導入の具体的検討を行なったが，実現をみていない。この報告の基本的な方向づけは，自治体での導入にあたって相当に活かされた。ただ，苦情相談に重点のある同報告とは違って，いくつかの自治体では，オンブズマンに職権調査権，行政の一般的監視のための勧告・意見表明権をもたせている点で，行政監視機能をも相当に期待でき，しかも，これらを同一のオンブズマンがあわせもっている点を見落としてはならない。また，設置の仕方としては，行政府型で行政機関ではあるが，自治体オンブズマンは，首長部局（行政決定機関）とは別系統であるだけでなく，さらに行政職員でもないという点（非常勤住民・民間人），またその行政（決定）機関外のオンブズマン自身が調査を行ない処理する点でも，第三者性はかなり高いと言える。行政決定機関の判断をオンブズマン個人の高い見識と説得力によって変更させうる場合は尚更そうである。

　しかし，個別苦情処理を越えて，より一般的な行政監視までは踏み込まない場合が多く，しかも，その処理判断は勧告にとどまり行政を規律する力は弱い。この点では行政不服審査の方が強力だが，救済実績次第ではこれを上回りうる可能性を秘めている。そのためには，一層の第三者チェックシステムとしての権威，議会設置か，少なくとも首長と並ぶ独立の執行機関化が必要なのであろう。それでも，公正中立な苦情救済人に終わらせないためには，従来の苦情処理制度とどこが違うのかという批判に応えるためにも，それ以上の機能をも同時に与えている条例制度を背景に，あとは単なる苦情救済人以上の成果をあげうるかにかかっている。現に，自治体の一般・法定オンブズマンとしてもっとも早く制度導入した川崎市市民オンブズマンは，既に四半世紀の運用実績をもつに至っている（川崎市市民オンブズマン条例（平成2年7月11日条例第22号）および報告書について，http://www.city.kawasaki.jp/shisei/category/59-1-4-0-0-0-0-0-0.html）。

3 行政不服申立てかオンブズマンか，行政訴訟か
　　――瑕疵の程度と違法・不当

　例題②③のような行政処分についても，オンブズマンによる救済は，その高い見識と説得力があれば，間接的には不可能ではないが，直接に行政（保健所）の判断（処分）を取消ないし代置することは不可能である。なお，行政訴訟が①（不作為違法確認ないし義務づけ訴訟）②③（取消訴訟）のすべてをカバーすることは当然である。

　では，行政救済の方法をどう振り分けるか。行政処分の瑕疵（欠陥・傷のこと）論というのがある。傷の程度等に応じてどこに救済を求めるかをある程度決めようとするもので，重傷（「重大かつ明白」）であれば医者に行かねばならないが（裁判所による行政訴訟の中心である取消訴訟（すぐ後で学ぶことになるが，行政の発した処分に不服のある国民が裁判所に訴えてそれを取消してもらう制度）），軽傷（軽微）であれば赤チンを塗って済ませ（不服申立て乃至オンブズマン），通常のものであれば両方を考えるなどである。つまり，瑕疵にもいろいろな程度があって（つまり，傷にも程度があって，単純ミスから重大なものまで），簡単に補正がきくもの，軽微なもの，後から治せるものは取消までいかないこともある（瑕疵の治癒）。こうしたものは，裁判所が放り出すのだから，行政への不服申立てにより救済を求めるか，ないしはオンブズマンでも扱うことが可能であるかもしれないのである。

　さらにまた，瑕疵が重大なものであっても違法にすらならないものがある。つまり不当にとどまるとされる瑕疵だ。不当な処分である場合には，取消訴訟では扱えない。裁判所が取消すことのできるのは，行政庁が裁量権の範囲を越えたりそれを濫用したりした場合だけである（行訴30条）。裁量権の中であれば，不当の瑕疵にとどまり，違法ではないことになる。つまり行政の判断に著しい間違いがなければ取消さないのであって，不合理・不当の処分は取消さずに見逃すのである。

　一方，行政不服申立ては，取消訴訟と比べ，違法な処分だけでなく，不当な処分にも不服を申立てることができる。これは，行審法の直接の目的が「行政の適正な運用」（1条1項）だからであり，取消訴訟は国民の権利利益の救済を目的としているという違いの表れである。不服申立ては，これをも取消すことができ

るのであるが,実際には,上級行政庁がそうした審査態度で臨んでいるかといえば,そうした救済実績は出ていないのが現実のようであるから,そうであれば,オンブズマンの方が実績を上げうる可能性を秘めていると言えよう。詳細はすぐにあとで学ぶので,それぞれに一長一短があることをここでは大まかにおさえておこう(このあたりは,第2部第5講も併せて読んでほしい)。

参考文献
大河原良夫「違法・不当な行政の是正・救済——行政機関・オンブズマンによる簡易迅速な救済制度」後藤光男編『人権保障と行政救済法』(成文堂,2010年)
兼子 仁(元川崎市市民オンブズマン)「自治体オンブズマンの任務とその問題点——川崎市市民オンブズマンの実績をふまえて」((社)全国行政相談委員連絡協議会・行政苦情救済&オンブズマン,2002年,vol.11)
兼子 仁『行政手続・行政争訟法』,(筑摩書房 現代法学全集〈11〉,1973年)
杉山克彦(元川崎市市民オンブズマン)「川崎市におけるオンブズマン制度について」(判タ815・8),「市民オンブズマン制度の実情」(ジュリ1025・30)
石川 稔(元中野区福祉オンブズマン)「中野区福祉オンブズマン制度とその課題」『国際化時代の福祉課題と展望』(一粒社,1992年)

(大河原良夫)

第2講　行政不服申立て

第1節　行政不服申立制度の意義・制度趣旨と制定の経緯

1　行政不服申立制度の意義

(1)　立法目的と制定の経緯

　行政不服申立て（以下「不服申立て」という）とは，行政庁に対し，違法または不当な処分その他公権力の行使に当たる行為に関し，国民がその行為の取消しその他の是正を求める制度をいう。行政作用は，政策を迅速に遂行する上で不可欠の作用である。しかし，行政の違法な行為や公益を逸脱した行為は，国民の基本的人権や権利利益を損なう危険性がある。このような場合に，国民が行政庁に行政処分の取消しや一定の処分を求める手続が，不服申立てである。この他に，行政作用について行政に不服を申し立てる手段としては，行政相談委員法による苦情処理制度があり，総務大臣の委嘱を受けた行政相談員が各市町村に配置されている。不服申立ては，正式な手続であるが，苦情処理は処理の方法に法的ルールや強制力のない非公式の手段である。

2　不服申立て制度の経緯

　不服申立てについては，1889（明治22）年に制定された訴願法があった。しかし，この法律は行政の運営確保に偏重し，国民の権利利益の救済が不十分であった。また，制定から長期間が経過し，国民の権利利益救済の実情に合わなかったことから，1962（昭和37）年にこれに代わる法として，行政不服審査法（以下「審査法」という）を制定した。

　しかしその後，行政手続法の制定（1993年）や行政事件訴訟法の改正（2004年）があり，行政不服審査法もこれらの法と整合性をもつ必要がでてきた。また，この法律の趣旨である行政自身の処分の不当性を簡易迅速に判断し，見直しを図る

ということが不十分であると指摘されていた。そこで2014（平成26）年に大改正が行われ，同年6月13日に公布された（以下「新法」という）。行政不服審査法は，行政不服申立ての「一般法」である。ただし，他の法律に特別の定めがある場合には，他の法律が行政不服審査法に優先して適用される（新法1条2項）。

3　制度趣旨

　国家賠償は，違法な行政作用から発生し確定した損害を金銭により補塡するという制度の性質から，いまだ損害額が未確定の段階や将来発生が予測される損害に対しては救済できない。一方，裁判所に救済を求める手段では，手続きの煩雑さと訴訟の長期化により国民の権利利益の回復が早期に実現できない場合がある。これに対して，不服申立ては，迅速に原因行為を除去し，将来の損害を防止することができる。また，不服申立てを通して行政機関（処分庁・上級行政庁・第三者機関）が行政行為を見直すことができ，行政処分の統一的な行使が期待できる。

第2節　2014年改正法の概要

1　2014（平成26）年改正の方向性

　今回の改正前，不服申立て制度は複雑で国民の権利利益の救済は十分とはいえない状況であった。そこで，総務省は「行政不服審査制度研究報告書」（2006年3月）を作成し，審査請求と異議申立ての一元化や審理における第三者性の確保（審理員による審理手続きの導入）などを提案していた。今回の改正は，概ね，この方向性を継承したものである。

2　改正の概要

（1）　目的の明確化

　新法は，1条1項において旧法に規定されていなかった「公正な手続」を新たに明文化し，「国民の権利利益の救済」（行政救済）と「行政の適正な運営の確保」（行政統制）を目的としている。また，「公正な手続」を実質化するため，審理員制度を新たに設け，行政処分に関係していない中立的な立場で意見書を提出

する仕組みづくりをしている。

(2) 不服申立て制度の改正

新法においては，旧法に規定されていた「異議申立て」を廃止して，原則として「審査請求」に統一した（2条，3条）。ただし，例外的に再調査請求（5条・54条〜61条）と再審査請求（6条・62条〜66条）ができると規定した。再調査請求と審査請求はどちらでも選択することができる（自由選択制）。

(3) 不服申立期間の延長

旧法では，審査請求期間は，処分があったことを知った日の翌日から起算して60日であったが，新法では，処分があったことを知った日の翌日から起算して3月とした（18条1項）。

(4) 手続的権利の強化

新法では，審理の透明性確保と迅速かつ公正な審理を実現するために，審理員制度が採用された（9条1項）。また，裁決の公正性確保の視点から行政不服審査会が総務省に設置され（67条1項），審理の迅速強化のために，標準機関の設定・公表（16条），審理関係人および審理員の責務としての審理手続の計画的進行（28条）などが新たに規定された。

その他，不服申立てしようとする者または，不服申立てした者の求めに応じた不服申立書の記載に関する事項や不服申立に必要な情報の提供（84条），裁決など不服申立ての処理についての公表が努力義務として新たに規定された（85条）。

第3節　行政不服申立てと行政事件訴訟のちがい

1　目的のちがい

不服申立ても行政事件訴訟も行政作用による国民の権利利益の救済のため，国民からの申立てにより審査する制度である。不服申立ては，行政機関が行政の適正な運営を確保することを目的としている。これに対して，行政事件訴訟は国民の権利利益の救済を主たる目的としており，行政の適正な運営はあくまでも主たる目的に付随するものとしか考えていない。

2 対象のちがい

不服申立ては，適法か違法かの法律問題の判断のみならず，行政作用の適当か不当かの問題にも及ぶ（審査法1条1項）。「不当性審査」とは，行政権の行使が法令違反とまではいえないが，裁量権行使が妥当性を欠くか否かの審査をいう。これに対して，行政事件訴訟は，原則として違法か適法かの法律問題が原則であり，公益問題（適当か不当かの判断）は，裁量権の踰越や濫用がある場合のみ対象となる（行政事件訴訟法30条，以下「行訴法」という）。

3 手続構造のちがい

不服申立ては簡易・迅速な手続であり，対審構造をとらず，書面審理主義（審査法25条），職権探知主義を採用している。この結果，専門技術的な知識で，より迅速かつ的確な審理ができ，費用が低廉である反面，十分な審理が尽くせないという問題がある。一方，行政事件訴訟は慎重・公正・適正な手続を旨として対審構造をとり，口頭弁論主義を採用しているので，十分な審理が期待できる半面，時間と費用がかかるという問題がある。このような性格の違いから，不服申立ては「略式の争訟」，行政事件訴訟は「正式の争訟」と呼ばれている。

4 不服申立てと行政事件訴訟の適用の原則と例外

(1) 適用の原則

不服申立ては，原則として不服申立てと行政事件訴訟の選択を国民の自由な判断に委ねる自由選択主義を採用している（行訴法8条）。また，両者が平行して提起されている場合は，裁判所は，裁決があるまでは自由裁量により訴訟手続を中止することができる（行訴法8条3項）。この立法趣旨は，自己の権利救済は，自己の自由な判断に委ねるのが最も国民の利益に適うとの判断によるものである。

(2) 適用の例外

国税通則法87条のように大量的に行われる処分の場合には裁判所の審査に過大な負担を強いることがある。また，外国為替や核物質・原子炉の規制に関する行政作用には，高度な専門的な知識が必要となる。このような場合には，個別法の規定により行政事件訴訟の前に不服申立て（審査請求）を経ることを要件としている（審査請求前置主義）。

第 4 節　審査請求の対象

1　処　分

　審査請求（以下新法による不服申立てを「審査請求」という）の対象は，「行政庁の処分」である（新法2条）。審査法は「処分」の定義を明確にしていないので問題となる。この点については，学説上一般的には，「処分とは行政庁が，法令に基づき優越的立場において，国民に対し権利を設定し，義務を課し，その他具体的な法律上の効果を発生させる行為をいう」とされ，行政行為ならびにこれに準じる行為が処分にあたると解されている。行政庁の斡旋，勧告，指導として行われる行為は，処分にあたらない。一時的な立入調査のように効果が継続しない行為は，審査請求を認める実益がないから，処分には含まれない。

2　不作為

　行政庁が行う一定の不作為も審査請求の対象になる。ここでの不作為とは，「行政庁が法令に基づく申請に対し，相当の期間内になんらかの処分その他公権力の行使に当たる行為をすべきにかかわらず，これをしないこと」をいう（3条2項）。この立法趣旨は，行政による国民の法令に基づく許認可申請のいわゆる握りつぶしを防止し，許認可にかかる事務処理の促進を図ることである。不服申立ての対象となる不作為は，法令に根拠が必要なので請願や陳情に対して行政庁が対応しないことは含まれない。相当の期間とは，行政庁が国民の申請に基づき事務を処理するのに通常必要とされる期間をいい，処分の複雑性や困難性を判断基準として決まる。

3　形式的行政処分

　形式的行政処分とは，行政行為の定義には直ちには妥当しないような行政作用であるが，立法政策の見地から，法律上行政行為として取り扱い，審査法の定める審査請求の対象とするものをいう（たとえば生活保護法64条以下の生活保護の実施）。この概念は，国民の権利救済に役立つものとして審査法の処分に含めて理解する学説がある。これに対して，形式的行政処分は，従来公権力性をもたない

とされてきた行為にまで権力性が及び，かえって国民の救済を不利にするとの批判がある。

4 審査請求の適用除外

審査請求の適用除外については，新法の7条に規定がある。これらの除外事項は，性質によって3つに分類できる。第1は，特別な機関により特別な手続で行われるものであり，審査請求しても結果が変わる可能性が低いので適用除外とされたものである（1号から4号）。第2は，審査法における審査請求よりも慎重な救済手続きが必要なものである（5号から7号）。第3は，処分の性質上，審査法による不服申立てに馴染まないものである（8号から11号）。この他，審査法に基づく処分も適用外である（法7条12号）。審査法に基づく処分については，すでに審査庁の判断が示されており，これに対して再度審査庁の判断を求めるのは意義に乏しく，審査法の趣旨である「迅速な国民の権利利益の救済」に反するからである。また，「国の機関又は地方公共団体若しくはその機関に対する処分で，これらの機関又は団体がその固有の資格において当該処分の相手方となるもの及びその不作為」も適用対象外である（法7条2項）。これは，行政手続法4条1項において，この場合は適用外と規定されていることに合わせて，新法7条2項で明文化したものである。

第5節　不服申立ての種類と審査請求を公正化する制度

1　不服申立ての種類と審査請求をすべき行政庁

旧法は，不服申立ての種類として，「審査請求」と「異議申立て」を規定していたが（旧法3条1項），新法では，「審査請求」のみとなっている（2条）。旧法では，処分についての審査請求は，原則として処分庁の直近上級庁に対して行っていた（旧法5条1項）。しかし新法では，原則として最上級庁に対して審査請求を行うこととされた（新法4条4号）。ただし，上級庁がない場合には，処分庁に対して審査請求を行う（新法4条1号）。審査請求は，審査請求書を提出するのが原則であるが，他の法律（条例に基づく処分については，条例）に口頭ですること

ができる旨の規定がある場合には，口頭で請求できる（新法19条1項）。

2 審理員制度

　審議手続の公正さと審査請求人の手続的権利保障確保のために，審理員制度と行政不服審査会への諮問手続制度が導入された。旧法は，審理手続を主宰する職員についての規定がなく，審査請求の対象となる処分に係った職員が審理手続に再度係ることが少なくなかった。また，異議申立ての場合も同様であった。この反省から，審理を主宰する者を明確化し，審理対象となる処分に関係した者を審理手続から排除することにより審理手続の透明性と公正性を実現する制度が審理員制度である。審査請求に係る処分に関与した者，当該処分に係る再調査の請求についての決定に関与した者，審査請求に係る不作為に係る処分に関与し，関与することになる者は審理員になることができない（新法9条2項1号）。

　審理員は，簡易迅速かつ公正な審理の実現のため，審理において，審査請求人および審理関係人とともに相互協力するとともに，審理手続の計画的な進行を図らなければならない（新法28条）。

3 行政不服審査会

　審査請求に対する裁決の公正さを確保するため，総務省に行政不服審査会（以下「審査会」という）が設置された（新法67条1項）。審査会は委員9人をもって組織される（新法68条）。委員には，守秘義務が課せられている（新法69条8項）。また，職務の公平性を確保するため，在任中，政党その他の政治的団体の役員となり，積極的に政治運動をしてはならない（新法69条9項）。審査会は，委員のうちから，審査会が指名する者3人をもって構成する合議体で，審査請求にかかる事件について調査審議する（新法72条）。

　地方公共団体においても，裁決の公正さを確保する必要があるのは，国と同様であるから，地方公共団体には，行政不服審査法の規定により，その権限に属せられた事項を処理するための機関を置かなければならない（新法81条1項）。設置の形態としては地方自治体同士の共同設置（地方自治法252条の7）や他の地方公共団体への事務委託（地方自治法252条の14）など様々な形態が考えられる。

第 6 節　審査請求適格

　審査請求は，すべての紛争にこの制度が利用可能なわけではなく，制度の合理的な利用という観点から，その利用は一定要件を具備した場合に限って認められる。

　審査請求については，当事者能力と当事者適格が必要である。当事者能力は，自然人や法人は当事者能力をもつ。法人格のない社団・財団は代表者の定めがあれば当事者能力が認められる（新法10条）。当事者適格について，審査法は，「行政庁の処分に不服がある者」（新法2条）としか規定しておらず，解釈上問題となる。

　この点について，処分については，抗告訴訟の原告適格を有する者と同様に，処分により「直接に自己の権利又は利益を侵害された者」すなわち「法律上保護された利益を有する者」と解するのが通説的な見解である。これに対して，審査法が，その目的として，「国民の権利利益の救済を図ること」と併せて「行政の適正な運営を確保すること」（1条1項）を挙げていることから，審査請求適格は，抗告訴訟の原告適格よりも広く認められるべきであるとする有力な見解がある。

　最高裁は，主婦連ジュース訴訟判決で抗告訴訟の原告適格の要件である法律上の争訟と同義に解して，「一般消費者が受ける利益は，不当景品類及び不当表示防止法の規定の目的である公益の保護の結果として生ずる反射的な利益ないし事実上の利益であって，本来私人等権利主体の個人的な利益を保護することを目的とする法規により保障される法律上保護された利益とはいえない」（最判昭和53・3・14民集32巻2号211頁）として，一般消費者の審査請求適格を否定している。一方，不作為についての審査請求適格をもった者は，法令に基づき当該不作為についての処分申請をした者である（新法3条）。

第7節 教示制度

1 教示の制度趣旨と内容

(1) 制度趣旨

不服申立ては国民に馴染みが薄く，また例外規定が多いので，一般人には理解が難しい。そこで，国民に簡易迅速な救済を受ける機会を拡張し，権利救済制度としての目的を果たすため，不服申立てできるか，いつまでにどこに不服申立をすべきかを処分庁が処分の相手方に情報提供する義務を課した制度を創設した。これを教示制度という。

(2) 教示すべき場合

審査法は2つの場合に行政庁に教示義務があるとしている。第一は，行政庁が不服申立てをすることのできる処分を書面で行なう場合である（82条1項）。不服申立てをすることができる処分を口頭で行うときには教示義務はない。第二は，付近住人など行政庁に利害関係人から教示の請求がある場合である（82条2項）。

2 教示に関する救済

教示を単なる訓示規定ではなく，実効的な制度とするために教示に関する救済の制度が審査法に規定されている。先ず，処分庁が教示を怠った場合は，処分庁に不服申立書を提出することにより救済される（83条1項）。処分庁が誤って審査請求をすべき行政庁でない行政庁を審査すべき行政庁として教示した場合に，その教示された行政庁に書面で審査請求がなされたときは，当該行政庁は，速やかに，審査請求書を処分庁または審査庁となるべき行政庁に送付し，かつその旨を審査請求人に通知しなければならない（新法22条1項）。これにより，処分庁に審査請求書が送付されたときは，処分庁は，速やかに，これを審査庁となるべき行政庁に送付し，かつ，その旨を審査請求人に通知しなければならない（新法22条2項）。この手続を経て審査請求書が，審査庁となるべき行政庁に送付されたときは，初めから審査庁となるべき行政庁に審査請求がなされたものとみなしている（新法22条5項）。

第 8 節　審査請求手続

1　手続のはじまり

　審査請求の法定記載事項（19条2項）を書いた書面（19条1項）を審査請求期間内（18条1項）に審査庁に提出することにより始まる。これを受けた行政庁は，本件審理に入る前に不服申立要件を充足しているかを審理する。不適法な審査請求は原則として受理しないが，補正することが可能なものであるときは，審査庁は相当の期間を定めて，まず補正を命じなければならない（23条）。補正は審査庁の義務であり，補正することなく却下した裁決・決定は違法となる。審理手続きには，審査請求人，処分庁の他に，審理員の許可を得て利害関係人も参加できる（新法13条1項）。

2　本案審理の原則

　審査法は，簡易迅速な解決を図るため，書面審理主義を採用している。ただし，審査請求人・参加人の申立があったときは，申立人に口頭で意見を述べる機会を与えなければならないとして，当事者主義的な要素も採用している（新法31条）。これについて，口頭意見陳述権は本案審理についてのみか，それとも要件審理についても保障されているのかという問題がある。通説は，本案審理のみに適用され，要件審理には適用されないとする。これに対して有力説は，要件審理と本案審理は明確に分離しがたいことから，要件審理についても口頭陳述権を認めるとしている。

　また，審理手続の進行や証拠調べについて，審査庁は，手続の対象は国家的関心事であることや公正な裁決を確保することを目的として職権主義を採用している（新法33条～36条）。しかし，争点外事項については，職権探知主義まで認めているかについて，審査法は明確でない。この点について，判例は職権探知主義を認めている（最判昭和29・10・14民集8巻10号1858頁）。

3　審査請求の終結

(1)　審査請求の終了

　審査請求に対する審査庁からの回答を「裁決」という。この裁決により審査請求が終了する。裁決には，それぞれ，「却下」，「棄却」，「認容」の三種類がある（45条・46条）。なお，裁決は，主文，事案の概要，審理関係人の主張の要旨，理由を記載し，審査庁が記名押印した裁決書によりしなければならない（新法50条1項）。理由を欠くと裁決の取消原因となる（最判昭和37・12・26民集16巻12号2557頁）。裁決は，審査請求人に送達されたときに効力を生じる（新法51条1項）。

　「却下」は，管轄違い，書式の不備，対象となる処分の不存在など審査請求の要件を欠いている場合に本案の審理に入ることなく退けるものである。「棄却」は，本案の審理に入り，審査請求人の処分についての違法または不当の主張を退けて原処分の適法性・妥当性を認めるものである。ただし，処分の取消・撤廃により公の利益に著しい障害が生ずるときは，裁決で審査請求が棄却されることがある（新法45条3項）。これを「事情裁決」といい，審査庁は，裁決で当該処分が違法または不当であることを裁決の主文で宣言しなければならない。「認容」は，不服申立てに理由があるとき（処分が違法または不当であるとき），原処分の全部または一部を取り消すものである（新法46条1項）。なお，審査庁による不利益変更は禁止されている（新法48条）。

(2)　裁決の効力

　裁決は，関係行政庁を拘束する（新法52条1項）。申請に基づいてした処分が手続の違法もしくは，不当を理由として裁決で取り消され，または申請を却下し，もしくは棄却した処分が裁決で取り消された場合，処分庁は裁決の趣旨に従い，改めて申請に対する処分をしなければならない（新法52条2項）。法令の規定により，公示された処分が裁決で取り消され，または変更された場合には，処分庁は，当該処分が取り消され，または変更された旨を公示しなければならない（新法52条3項）。また，法令の規定により処分の相手方以外の利害関係人に通知された処分が裁決で取り消され，または変更された場合には，処分庁は，その通知を受けた者（審査請求人，参加人以外）に，当該処分が取り消され，または変更された旨を通知しなければならない（新法52条3項）。

参考文献

石川敏行『基本論点行政法』（法学書院，1997年）
芝池義一『行政救済法講義［第三版］』（有斐閣，2006年）
金岡昭『行政不服申立ての仕組み［第2次改訂版］』（学陽書房，2006年）
池村正道＝高橋雅夫『概説行政法』（学陽書房，2007年）
村上裕章＝稲葉馨＝人見剛＝前田雅子『行政法［第2版］』（有斐閣，2010年）
原田尚彦『行政法要論全訂［第7版補訂2］』（学陽書房，2012年）
南博方『行政法［第6版補訂版］』（有斐閣，2012年）
宇賀克也『行政法概説Ⅱ行政救済法［第4版］』（有斐閣，2013年）
塩野宏『行政法Ⅱ［第5版補訂版］』（有斐閣，2013年）

（山本克司）

第3講　行政審判・オンブズマン

第1節　行政審判

1　行政審判の意義

「行政審判」という用語は，講学上実体法上の用語ではなく概念に対して包括的に付されたものである。戦後，日本がアメリカ型行政委員会制度を採用した後より使用されてきた。行政審判とは，通常の行政機関と一定の独立性を保つ行政委員会，あるいはそれに準ずる専門的行政機関が，裁判に準じる手続（準司法手続；quasi-judicial procedure）に依拠し，一定の決定を行う場合のその決定ないしは一連の手続を含めた制度全体をいう（常岡孝好「行政審判」髙木光・宇賀克也編『行政法の争点』（有斐閣，2014）86-87頁，塩野宏『行政法Ⅱ（第5版補訂版）』（有斐閣，2013年）42-43頁）。

日本における行政審判手続は，統一的手続法が存在せず，各個別法に委ねられている。それらに共通する点は，第一に，審判機関が職権を行使する際，他の行政機関からその独立性を認められていること（独占禁止法28条・31条，国家公務員法8条・9条，人事院規則13-1第22条［公平委員会委員の職務執行時の独立性］，公害等調整委員会設置法5条を参照），第二に，公開の審判や口頭審理が予定され，当事者の手続関与権が認められていること（独占禁止法61条，労働組合法27条，国家公務員法91条等を参照），第三に，審判手続でのやり取りで現れた証拠によって事実認定がなされること（独占禁止法68条，海難審判法40条の3等を参照），第四に，実質的証拠法則（substantial evidence rule），すなわち行政機関の認定した事実とそれを支持する証拠との間に合理的関連性が認められる場合，その認定が裁判所を拘束するという原則による制約があること（独占禁止法80-82条，鉱山等に係る土地利用の調整等に関する法律52条，電波法99条等。実質的証拠法則とは，「1913年頃からアメリカにおいて行政委員会の発展とともに司法審査の範囲に関する問題として判

例法上確立されてきた」という（趙元済「実質的証拠法則」宇賀克也・交告尚史・山本隆司編『行政判例百選Ⅱ（第6版)』（有斐閣）416-417頁)），第五に，第一審裁判権を東京高等裁判所の専属管轄とすること，が挙げられる（鉱業等に係る土地利用の調整手続等に関する法律57条，独占禁止法58条，電波法97条等）。また各個別法ごとに，司法的要素をもつ手続法が用意されており，そのうちどれを行政審判手続とすべきかについては学説により様々な意見がある（例えば，厚谷襄児「行政審判の法理」雄川一郎編『行政法大系』［有斐閣，1983年］87-96頁)。

2　行政審判の種類

（1）　種類

　行政審判は，独立した機関によって準司法的手続のもと職権が行使される点で，他の行政処分の手続方法とは異なる。それらの組織形態，ならびに手続方法は多種多様であるから，従って，分類方法についても多種多様に存在する。ここでは，沿革による分類と，実質的な紛争の先後での行政機関の手続の違いによる分類を紹介する。

　沿革による分類では，戦前から存在する海難審判（海員懲戒法に関するもの）や特許審判と，第二次世界大戦後のアメリカの影響を受け導入されたものとに区別される。なお海員懲戒法（旧船舶職員懲戒法）は，いわゆる海員懲戒主義を基礎としたフランス流の海員審判制度を想定した点に特色があったが，審判所の組織についてはドイツを，審判の対象についてはイギリスをそれぞれ範として立法したものであり，戦後のアメリカ型行政委員会制度との違いを示す端緒といえる。これは特殊機関（特許庁，海難審判庁など）による審判か，行政委員会による審判かの違いとも考えられる。

　実質的な紛争の先後での行政機関の手続による分類では，紛争解決のための処分，例えば，公正取引委員会の排除命令や課徴金納付命令に不服がある場合の審判請求（独占禁止法77条以下），人事院による国家公務員の不利益処分に対する不服審査（国家公務員法90条以下），公害等調整委員会による鉱業法に基づく鉱業権の設定等に対しての不服審査，電波監理審議会による電波法に基づく総務大臣の処分に対する異議申立てについての聴聞等がある。

　また，私人間での紛争によるものとして，不当労働行為に対する救済の申立てについての労働委員会の救済命令手続と，公害の責任，原因裁定についての申請

に基づく公害等調整委員会による裁定がある。

　さらには，具体的な紛争が起きていない状態での第一次的行政権行使の発動に関する行政審判手続として，公安審査委員会による公安調査庁長官の請求に基づく破壊活動団体に対する処分手続の決定（破壊活動防止法5条以下）などがある。

第2節　行政委員会の類型とその役割

1　行政委員会の意義

　各省の外局として位置づけられている「委員会」（国家行政組織法3条3項）は，戦後，導入された合議制行政機関であり，対外的な行政行為権限の行使を予定している。政府の諮問機関たる審議会は，独立した対外的な決定権を有しないため，行政委員会にはあたらないとされている。また明治憲法下での「収用委員会」や「海員審査委員会」についても，例外的な存在であり，行政法学上，行政委員会という概念や規定が存在しなかったことにもその理由を窺い知ることができる（塩野宏「行政委員会制度について―日本における定着度―」日本学士院紀要59巻第1号3-4頁）。

2　行政委員会制度の沿革：米国の場合

（1）　米国行政委員会制度の歴史とその特徴――「頭のない第四機関」批判？

　ここでは，日本の戦後行政委員会制度をより深く考察するにあたり，その制度の生みの親ともいえる米国のその史的沿革を俯瞰してみたい。その意義とは，後述するような，日本の行政委員会制度の組織としての将来像を考えるうえでも，比較・考察の一助となり，また日本における他の行政機関からの，行政委員会の独立性・政治的中立性と，委員会委員の民主的選任をどのように諮るべきか，という今後の課題を考察する際の重要な示唆を与えてくれることにある。

　アメリカにおける行政審判は，19世紀後半から20世紀初めにかけてのアメリカ資本主義の構造的変化，および産業構造の複雑化・専門化・独占化に伴い増加した。そのため連邦政府は規制権限の強化を図り，その一環として行政委員会を形成，発展させてきた，といわれている。また，その役割は，国会と司法（裁判

所）では，主に対応できない新しい分野を担当することが目的とされたため，しばしば三権分立論の立場から「頭のない第四の機関」(fourth branch of Government) ないしは「首長のない第四の政府部門」(a headless fourth branch of the Government) などと揶揄されることもあった（William Burnham, *Introduction to the law and legal system of the United States*. 3 d ed. [West Group, 2002], p.16)。

　当時のアメリカの歴史的状況を振り返ると，南北戦争後の連邦政府による産業政策の変化とそれに伴う格差社会の出現，及び，そこからもたらされる拝金主義に対して，どのような政策的対応が可能であるのか，またレッセ・フェーレ（自由放任主義）の風潮のなかで大企業への規制をどのように推し進めていくべきなのかが主な課題であった（紀平英作・亀井俊介『世界の歴史　23—アメリカ合衆国の膨張—』[中央公論社, 1998年] pp.239-284)。また伝統的なイギリス法の流れを汲むコモン・ロー体系の中で，新しい行政法の潮流を創設した時期でもあった（和田英夫「アメリカ行政法の形成と行政委員会—行政委員会の系譜と問題の提示」札幌短期大学文泉学会2巻第2号 [1950年] 46頁以下）。そのため，従来の行政法体系とのいわば「縄張り争い」的な対立の中で，各委員会はその役割分担を明瞭化していったともいえる。例えば，州際通商委員会について言えば，「19世紀後半における連邦政府の行動を全体として眺めたとき，最も新しい性格をもった施策は，右の1887年州際通商法の成立であったろう。州際規模で事業を行う鉄道会社に対して，鉄道料金，その他のサーヴィスの社会的妥当性を求め，料金設定などにおける不正，あるいは不当な料金差別などを行政的に監視する目的で，州際通商委員会という規制機関を設置したのがこの法であった」という（同『世界の歴史　23』240頁参照）。また連邦取引委員会の設置は，ウッドロー・ウイルソン（Thomas Woodrow Wilson）大統領の重要な施策の一つであり，「企業活動を制限する法的規定をいたずらに複雑なものとすることを避け，企業の公正さを行政的に見守り，随時必要に応じて強制するという役割をもつ独立規制委員会の設置を，彼の新機軸としてあわせて提唱した。独立規制委員会が確保する中立的立場と行政の専門性は，法の硬直性を補い，問題を状況に応じてより円滑に合理的に処理するであろう。14年，常設独占規制委員会として，『連邦取引委員会』の設置を定めた法（連邦取引委員会法）が成立したのは，そのような論理であった」（同『世界の歴史　23』276-277頁参照）。

　1900年代前後からの主な委員会を挙げると，州際通商委員会（Interstate Commerce Commission; 1887年設置），連邦取引委員会（Federal Trade Commission;

1914年設置），連邦動力委員会（Federal Power Commission; 1920年設置，1977年廃止），連邦通信委員会（Federal Communications Commission; 1934年設置），証券取引委員会（Securities and Exchange Commission; 1934年設置），全国労働関係委員会（National Labor Relations Board; 1935年設置），民間航空委員会（Civil Aeronautics Board; 1938年設置，1985年廃止）等が挙げられる。他にも米国連邦海事委員会（Federal Maritime Commission），消費者製品安全委員会（Consumer Product Safety Council），商品先物取引委員会（Commodity Futures Trading Commission），米国原子力規制委員会（Nuclear Regulatory Commission）など多岐にわたっている。

（2） 特徴

米国連邦行政委員会には，執行機関（executive agencies）と独立機関（independent agencies）の二つのタイプのものが存在している。特に行政委員会は独立機関の代表格であり，形式上，大統領や内閣の監視を受けないものとされている。主な行政委員会は，議会の助言と同意の下で，大統領によって任命されるが，任命は大統領選挙ないしは議会選挙と同時期に行われる。委員会委員は，正当な理由なく解雇されることがなく，各委員会の担当する分野に精通した専門的能力が必要とされている。また許認可権など準司法的権限が与えられており，組織上の地位とともに，司法，立法，行政の三権を横断的に行使することが可能となっている。主な委員会では，例えば，エネルギー政策，金融政策といった国の重要な施策に関係する事項を多く含む権限を与えられている。

また裁判所は，第一次管轄権（Primary Jurisdiction）と実質的証拠原則（Substantial Evidence）の法理によって，行政委員会の判断を尊重する義務を負っている（駒村圭吾『権力分立の諸相—アメリカにおける独立機関問題と抑制・均衡の法理—』（南窓社）82-116頁）。

（3） 日本

日本における行政委員会の導入の背景は，米国とは対照的と言える。終戦後，行政の民主化を推進するための一つの方策として積極的に導入された。昭和26年度には，行政委員会は41も存在したが，その多数が経済規制に直接，ないし間接的に関係したものであった（塩野宏「行政委員会制度—日本における定着度—」日本学士院紀要59巻1号（2004年）1頁以下）。米軍の要請によるものとはいえ，日本側でもその導入に関しては好意的な意見が多く，戦前の政治体制および官僚制を打破する一種の特効薬のようなイメージがあったようである（田中二郎『行政法

の基本原理』（勁草書房，1949年）132頁）。

その後は，組織の肥大化や役割の不明瞭化が問題視された時期もあった（政令諮問委員会「行政制度の改革に関する答申」公法研究6号［1952年］156頁）。そのため，また昨今の中央省庁再編の一環として審議会への組織変更などが行われ，現在に至っている。

3 　日本における行政委員会の種類

（1） 国に設置されているもの

先述したように，各省の外局として位置づけられている（行組3条3項）ものは，国家行政組織表別表第1によると，総務省の外局に位置づけられ，裁定や調停などによって公害紛争の迅速・適正な解決を図ること（公害紛争処理制度），鉱業，採石業又は砂利採取業と一般公益等との調整を図ること（土地利用調整制度）を主な任務とする「公害等調整委員会」，法務省外局であり，壊活動防止法及び無差別大量殺人行為を行った団体の規制に関する法律の規定により，公共の安全の確保に寄与するために，破壊的団体及び無差別大量殺人行為を行った団体の規制に関し，適正な審査及び決定を行うことを任務とする「公安審査委員会」，厚生労働省の外局としての「中央労働委員会」，国土交通省の外局としての（従前の航空・鉄道事故調査委員会と海難審判庁の役割を担うことで，新たに運輸安全委員会設置法の下で2008年10月1日に設置された）「運輸安全委員会」，環境省の外局として（2012年6月27日に「原子力規制委員会設置法」が公布された）「原子力規制委員会」の5委員会が存在する。また，内閣府の外局として「公正取引委員会」および「国家公安委員会」が設置されている（内閣府設置法64条）。

かつては，「船員労働委員会」が存在し，船員中央労働委員会と全国11ヶ所に船員中央労働委員会から構成され，主に，「労使問題の救済・調停機関」と「国土交通大臣又は地方運輸局長等の諮問機関」を柱とした業務を行っていた。しかし，中央労働委員会と船員中央労働委員会では，2007年（平成19年）3月に自由民主党政務調査会司法制度調査会による『21世紀にふさわしい準司法手続の確立をめざして』と題するとりまとめ案の中で，「労働委員会と船員労働委員会，労働保険審査会と社会保険審査会などのように，類似する目的・機能・手続等を有していながら，所管省庁の違いや歴史的沿革等により，別々の組織として存在しているものについても，小さな政府，効率的な行政といった観点から，その整理

統廃合が検討されなければならない」としてそれぞれ現在の外局に統廃合された。
(2) 地方公共団体に設置されているもの

　日本の自治制度は，行政委員会を設けることにより，執行機関の権限の一極集中を避け，多元主義を採用している。行政委員会はその一つの現れであり，地方自治法には「執行機関」の一類型として規定され，地方公共団体の長とともに法律の定めるところにより設置される（自治138条の4第1項）。委員会は，法律の定めるところにより，法令又は普通地方公共団体の条例若しくは規則に違反しない限りで，規則その他の規定を定めることが可能とされる（自治138条の4第2項）。

　普通地方公共団体に必置されるもの（自治180条の5第1項）として，教育委員会（地方教育行政の組織及び運営に関する法律2条），選挙管理委員会（地方自治法181条），人事委員会または公平委員会（地方公務員法7条－12条），および監査委員（自治196条1項）がある。また，執行機関として法律の定めるところにより都道府県に必置されるもの（自治180条の5第2項）として，公安委員会（警察法38条），労働委員会（労働組合法19条の12），収用委員会（土地収用法51条），海区漁業調整委員会（漁業法84条第1項），内水面漁場管理委員会（漁業法130条第1項）がある。さらに市町村に必置されるもの（自治180条の5第3項）として，農業委員会（農業委員会等に関する法律3条），固定資産評価審査委員会（地税423条）がある。

　国レベルでの行政委員会同様，地方公共団体に設置される行政委員会も政治的中立性・公平性が強く要請され，専門技術的知識を基にした判断が適当であり，利害関係者も直接参加できるような機関が必要な場合に，長からの指揮監督を受けない執行機関が委員会として設けられている。

　委員の選任方法は様々であるが，議会の同意を得て任命されることが多い。例えば，高い政治的中立性・公平性を必要とする委員会として，選挙管理委員会がある。委員は，有権者の中から「人格が高潔で政治及び選挙に関し公正な識見を有するもののうちから普通地方公共団体の議会において」選出される（自治182条）。

　また，教育委員会は，1956年の「地方教育行政の組織及び運営に関する法律」により，委員の選出は，公選制から地方公共団体の長が議会の同意を得た上での任命制へと移行された。同法第4条において「委員は，当該地方公共団体の長の被選挙権を有する者で，人格が高潔で，教育，学術及び文化に関し識見を有するもののうち」より任命される旨が規定されており，委員の専門性を明記している。その他の海区漁業調整委員会，監査委員等も各関係法に規定があるが，学識経験

者や優れた識見を重視する内容が含まれている（各委員会の詳細については，宇賀克也『地方自治法（第2版）』（有斐閣，2007年）185-193頁，三浦一郎「地方公共団体の組織（3）―行政委員会等」後藤光男編著『地方自治と自治行政』（成文堂，2005年）59-71頁）。

利害関係者間の争議の仲裁，労働関係の公正な調整を図ることを目的とする都道府県労働委員会および船員地方労働委員会は，使用者委員，労働者委員，公益委員を選出し，組織される（労組19条，19条の12）。

農業委員会の委員については，選挙と選任による方法で選ばれており（農業委員会等に関する法律4条2項），被選挙権の要件（例えば，都府県にあつては10アール，北海道にあつては30アール以上の農地につき耕作の業務を営む者など）が同法7条，8条で規定されている。

(3) 行政委員会の制度上の問題点

日本での行政委員会の問題点として，ここでは特に以下の点を指摘しておきたい。それは，第一に，行政委員会の合憲性の問題であり，第二に，職能分離の問題である。

行政委員会は，先述したように，法制上，省の外局（行組3条2項，4項）あるいは内閣府の外局（内閣府設置法49条）として設置されている。そこで憲法65条の規定する内閣の統括権と行政委員会の独立性との関係が問題となる。今日の学説では，行政委員会が内閣から独立した行政作用であっても，政治的中立性の観点からこれを合憲とすると解されている。しかしながら，その根拠の説明については様々であり，各行政委員会の沿革，性質等を勘案し，行政権との関係を考える必要がある（芦部信喜＝高橋和之『憲法［第5版］』（岩波書店，2011年）313頁，野中俊彦他『憲法Ⅱ［第4版］』（有斐閣，2006年）192-194頁）。

行政委員会固有の問題であっても，良い意味での職能分離がある。典型的な例として，公正取引委員会にみられるように，一委員会が，違反者に対しての訴追行為と審決・裁決行為の両方の権限を有している場合がある。そのため，準立法的権限と準司法的行為権限を持つことにより，その審決・裁決の公正さに疑義が生まれることになる。アメリカにおいても，委員会内部での訴追機能と判定機能の分離は常に議論となっており（鵜飼信成「アメリカ行政法の展開」社会科学研究第3巻第4号［1952年］86頁），日本においても行政委員会の統廃合の際に常に争点となっている。

4　オンブズマン制度

　行政過程での行政争訟は，一定の訴訟手続が必要とされ，その裁決・決定についても強い強制力を有する。しかし，現代社会における行政過程上生ずる国民の不服に対しては，現行の行政争訟制度だけでは対応しきれない事例も存在する。そのため，より簡素で柔軟性のある行政上の救済措置が必要とされるようになっており，その一つの方策としてオンブズマン制度が地方公共団体の一部で導入されている。

（1）　意義

　オンブズマンとは，ここでは「官公庁が，法令で定められた責務を適正に遂行しているかどうかを公衆に代わって監視するために，議会の代理人として，議員以外の人びとから選ばれた者」と定義しておく。スウェーデンでは，1809年6月に旧統治法典が制定され，世界最初の国会オンブズマン制度が確立した。その意義は，「自分たちがみずからに課税するというスウェーデン人の古来の権利は，国会だけが行使する」（1809年スウェーデン統治法典第7条1項）と規定した憲法下で，国会がタックスペイヤーの代表（代理人）であることを宣言しつつ，「法の支配」と「権力分立」の原理に基礎を置く制度である点にある。今日においても，その独立性・公平性・中立性・専門性は他国に類を見ない特性を有している。

（2）　日本の動向

　翻って，日本では，1960年代から現在まで，諸外国のオンブズマン制度が紹介されてきたが，特に1990年代以降は，国や地方行政レベルでの本格的に制度として導入され，「日本型オンブズマン」と呼ばれている。

　国レベルでは，臨時行政調査会（第2次）の最終答申による具体的検討の必要性が指摘され，具体的な施策について，1986年総務庁オンブズマン制度研究会報告が公表された。本報告書によれば，①オンブズマン（3～5人）を行政府におくこと（ただし内閣総理大臣が国会の同意を得て任命），②国の行政機関を管轄する権限を付与すること，③活動の開始は，苦情申立てによること，④文書閲覧・提出要求等の調査権限を有すること，⑤事案の処理については，意見表明，勧告を行い，随時公表することが指摘されている。

　地方レベルでは，その先駆けとして，埼玉県行政情報公開条例に基づく救済機関（条例13条）がある。川崎市では，2000年に川崎市市民オンブズマン条例が施

行されたが，同条例では，①オンブズマンは議会の同意により市長が委嘱（2名）すること，②市の機関の業務の執行に関する事項を管轄すること，③苦情申立て又は職権により活動を開始すること，④実地調査等の調査権を有すること，⑤事案の処理としては，改善勧告，一般的な制度改善を求める意見表明をすること，が定められ，日本型オンブズマンの原型を示したものといえる。

5　今日的課題——行政委員会の今後

　最後に，行政委員会の今日的課題について触れておきたい。わが国では，行政の民主化を促進する目的で導入された行政委員会は，その後，その多くが廃止，及び審議会への組織変更となった。

　確かに，今日的な意味における行政の民主化，スリム化を進めることに，国民からの異議は少ないかもしれない。しかし，あたかも行政委員会を特別の行政分野における特別の行政組織として認識することは，規制緩和の見地からも時代に逆行しているとの指摘がある（塩野宏『行政法Ⅱ　行政救済法［第5版補訂版］』（有斐閣，2013年）52-53頁）。改めて行政委員会のもつ専門性と行政からの独立性を行政組織の枠組みの中で再検討する必要があろう。

　そのためにも，オンブズマン制度の積極的な制度充実を図るべきである。例えば，2000年の地方自治法改正に伴い，政策調査研究の目的で支給される費用（「政務活動費」）の支出範囲が事実上拡大され，それに伴い，多くの地方自治体が，条例を改正した。しかし，オンブズマンの告発により，その使用範囲について，議員活動とは関係ない支出が数多く上がっているにもかかわらず，そのまま放置されている地方自治体も少なくない。市民の立場からの行政の監視・監督を活発化していくためにも，国・地方レベルを問わず，オンブズマンの制度をより活動化するための立法措置が，今後は必要となってくるであろう。

参考文献　＊本文に挙げたもののほか
櫻井敬子『行政救済法のエッセンス』（学陽書房，2013年）
原田大樹『例解行政法』（東京大学出版会，2013年）
原田尚彦『行政法要論［全訂第7版補訂2版］』（学陽書房，2012年）
宮崎良夫『行政争訟と行政法学［増補版］』（弘文堂，2004年）
吉野夏己『紛争類型別行政救済法』（成文堂，2012年）

（山本英嗣）

コラム 行政型「ADR」

1　ADRの現状

　ADRはAlternative Dispute Resolutionの略で，「裁判外紛争解決手続」と訳される。民事上の紛争について，裁判制度によらずに，当事者が選んだ公正な第三者（調停人等）を介して，当事者間の合意による解決を図るものであり，裁判に比べ強制力はないが，簡易な手続きにより，迅速かつ安価に，専門的で柔軟な対応による解決が可能となる。主に，少額な損害賠償の事案，プライバシー等秘密保持が必要な事案，建築紛争等専門技術的な事案等はADRに適していると考えられる。

　近年の司法制度改革に伴い，裁判外紛争解決手続の利用の促進に関する法律（ADR法）（2004年12月1日成立，2007年4月1日施行）が制定された。裁判外紛争解決手続の基本理念，国や地方公共団体の責務，主として民間事業者の行う調停，和解あっせんの手続等を定め，当該事業者に認証制度を設けて時効の中断等の法的効果を与えることにより，利用の促進を図ったものである。認証機関は年々増加し，2014年4月現在で約130機関であるが，事件の取扱件数は少なく，強制力がないため，結果として応諾に至らないことも多い。ADR法見直しの議論も行われており，制度の改善が図られることにより，今後の利用促進につながることを期待したい。

　ADRは，運営主体により司法型，行政型，民間型に分類される。司法型は裁判所による民事調停等であり，行政型は行政機関主体のもの，民間型は民間機関主体で，民間法人による消費者紛争や交通事故紛争を扱うもの，弁護士会等による紛争解決センター，業界団体による専門の紛争を扱うもの等がある。

2　行政型ADRの役割

　行政型ADRは，民事上の紛争を，行政機関による紛争解決手続により解決を図ることを目的としており，法律により設置される場合もある。

　民間型ADRに比べて行政型ADRの取扱い実績は多い。手続費用の一部は国庫負担によるため利用者の負担が少ないこと，公正・中立な立場であり信頼性が高いこと等が要因と考えられる。また，専門的知識を有し，事案に応じ法令上の権限の行使も可能な行政機関の手続であることから，より有効な解決が導かれる可能性もあり，近年注目が高まっている。

　行政型ADRの一例として，厚生労働省所管の個別労働紛争解決制度を見てみよう。

　この制度は，2001年に制定された個別労働紛争の解決の促進に関する法律（個別労働紛争解決促進法）に基づき，個々の労働者と事業主間の個別労働紛争の解決を促進することを目的として設置された。①総合労働相談コーナーにおける情報提供・相談，②都道府県労働局長による助言・指導，③紛争調整委員会によるあっせんという三種類の手続を設け，いずれも無料で利用できる。

　①について，個別労働紛争解決促進法3条は，労働局長が，情報の提供，相談

その他の援助を行うものとする。その窓口となる総合労働相談コーナーは，労働局や労働基準監督署等に設置され，相談に対して問題の性質を判断し，関連法令や解決手段等の情報提供を行う。対応者には，主に社会保険労務士や，企業の人事業務経験者を委嘱している。

②について，個別労働紛争解決促進法4条1項により，労働局長は，当事者の双方又は一方から解決援助を求められた場合，必要な助言，指導ができる。例えば，法令上解雇権濫用の可能性が高い場合，解雇された労働者からの申請に対し，事業主に解雇の撤回の助言・指導として，法令，判例等に基づき問題点と解決方法を示唆することにより，自主的解決を図る。しかしこれは，行政処分として強制力を持つものではない。

③について，個別労働紛争解決促進法5条1項により，労働局長は，当事者の双方又は一方から申請があり必要と認めたときは，紛争調整委員会にあっせんを行わせるものとする。紛争調整委員会は，労働局に設置され，弁護士，学者，社会保険労務士等を委嘱しており，その中から指名されたあっせん委員は，当事者双方が出席するあっせん期日を定め，実情に即して当事者間の調整を行い，あっせん案の提示等により話し合いの促進を促す。ただし，あっせんには参加義務はないため，当事者に参加の意思がなければ，あっせんは打ち切りとなる。当事者間の合意が成立した場合，一般的には民事上の和解契約と同様の効果を持つことから，調整機能としては②よりも強いものである。

労働紛争は，戦後，労働組合と企業間の集団紛争が主であったところ，雇用形態の変化等に伴い個々の労働者と事業主間の個別紛争が増加する中，争われる経済的利益が少額で，労働者側の収入が得られない間の不利益といった個別労働紛争の特徴を考慮し，上記制度が作られた背景がある。費用と時間を要する訴訟よりも，強制力は持たないものの，手続面では簡易，迅速，無料で利用でき，実務面では専門的知識を有し，個別の実情に即した柔軟な解決を図ることを目指す個別労働紛争解決制度は，行政型ADRとして一定の効果を有するものであり，他のADR制度の構築に生かすことのできる点があるのではないだろうか。

（大内理沙）

第2部　行政事件訴訟
──裁判所による救済──

第1講　司法権の範囲と限界

第1節　はじめに

1　憲法と行政訴訟の関係

　行政訴訟の取扱いに関して，明治憲法から日本国憲法への移行の中で大きな変更があった。明治憲法の下では，61条により「行政裁判所」が設置されていたが，訴訟事項について概括的列記主義をとって狭く限定し，行政訴訟については行政裁判所が一審かつ終審であったこと等の点において，国民の裁判を受ける権利は極めて不十分なものであった。日本国憲法においては76条によって行政裁判所が廃止され，司法機関としての裁判所が一切の法律上の争訟を裁判すると規定されることとなった（裁判所法3条，裁判所の権限）。

　現実の裁判の中で，憲法と行政訴訟はどのような関係に立つのだろうか。エホバの証人剣道授業拒否事件（最判平8・3・8民集50巻3号469頁）を一例に問題点を考えてみる。この事件は，信仰する宗教（エホバの証人）の絶対平和主義の教義に基づき，必修科目の剣道実技に参加しなかった神戸市高等専門学校の生徒が科目修得認定を受けることができず，原級留置処分及び退学処分を受けたので，信教の自由を侵害するものとして，退学の取消しを求めて争った事件である。判例は剣道実技への参加拒否の理由は，信仰の核心部分と密接に関係するものであったこと，代替措置は「その目的において宗教的意義を有し，特定の宗教を援助・助長・促進する効果を有するものとはいえず，他の宗教者，無宗教者に圧迫・干渉を加える効果があるとはいえないこと」などから考えると，代替措置についてなんら検討することなく行われた学校側の措置は，社会通念上著しく妥当を欠く処分であり，裁量権を超える違法なものであると判示した。

　元生徒側にしてみれば，結局，退学処分を取り消されたのだから，裁判によって信仰の自由は守られたと評価することはできよう。しかし，この判決への疑問

として提起されるべきなのは，本件は「公立学校という公権力が生徒の信仰を踏みにじる処分をした」ことこそがまさに問われるべき「公権力による信教の自由の侵害」の事案であったにも関わらず，裁判所はこれを「公権力による信教の自由への侵害」として構成せず「校長の裁量権の逸脱」として構成した点ではないだろうか。わが国の国法体系においては憲法が最高法規であり，その条規に反する法律はその効力を有しない（憲法98条）。このような国法体系からは「憲法が一番偉く，法律はそれに従わなければならない」という，「格付け」が論理必然的に生じ，それに伴い「憲法違反の事件の方が単なる法律違反の事件よりも国法体系の中では重要性が高い」という「事件の格付け」も導き出されることになる。にもかかわらず，裁判所がこの事件を「憲法上の重要な人権への公権力による侵害」として構成せず，「学校教育法で規定される退学処分にまつわる行政裁量の逸脱」というアプローチでとらえたことにより，問題の重要性への評価を「憲法違反」から「学校教育法上の処分に関する裁量権の逸脱」に矮小化させる危険がある。以上のように，憲法上重要な人権が侵害された事例も，具体的な裁判における裁判所の構成の仕方次第で，その事件の核心的な意味が隠蔽されることがある。憲法と行政訴訟は単に「実体」と「手続」という関係にあるだけではなく，手続きこそが実体の意味を確定する場合があることに我々は留意しなければならない。

2　司法権の範囲と限界

　伝統的な見解によると，司法とは，具体的な争訟について法を適用し，宣言することによって，それを最終的に解決する国家作用である，とされる。裁判所法第3条1項は，「裁判所は，日本国憲法の定のある場合を除いて一切の法律上の争訟を裁判し，その他法律において特に定める権限を有する」と規定するが，それはその趣旨を受けたものだと考えられている。

　司法権の限界に関して，従来の議論は，まず前述のような司法権の定義について検討し，司法権の定義からすると，おのずと適用できない事例に関する問題を内在的制約，司法権の定義からすると司法審査ができるはずだが，それ以外の様々な理由から司法審査が及ばないとされる事例に関する問題を外在的制約，さらに，事件の性質からすると，伝統的な司法作用の範囲外であるにも関わらず法律の定めによって裁判所の権限に属するとされる事項に分類してそれぞれの問題について論じてきた。本稿でも以上のような伝統的な分類に従って，それぞれの

分類に属する事項と司法権の限界の問題を検討し,「司法審査が及ばない」とはどういう意味なのかを考察したい（本稿では,便宜上,従来の分類に従って「司法権の定義からするとおのずと適用できない事例に関する問題」を内在的制約の問題として扱ってはいるが,次に「学術上の争いに関わる事実」の節で見る通り,「おのずと適用できない事例」とされているものも,実は,実質的な審査をした後,司法に判断できないものを「おのずと適用できない」と分類しているに過ぎないのであり,そのような分類自体,ほとんど意味がないのではないかと私は考える)。

第2節 司法権の内在的制約の問題とされる事項

　法を適用することによって解決できない問題は法律上の争訟とはいえず,それが司法権の内在的制約の問題とされる。そのような問題と考えられているものに（1）学術上の争いに関する問題,（2）宗教上の争いに関する問題,（3）抽象的な法律問題,があげられる。また,論者によっては自由裁量の問題も司法権の内在的制約の問題と位置づけるものもあるが,本稿では,自由裁量の問題は外在的制約の問題として論じる。

1 学術上の争いに関する問題

　一般に学術上の争いに関しては,伝統的な司法権の定義の中で「法令の適用により終局的に解決することができるもの」という要件との関係で「司法審査が及ばない」とされている。たとえば「スタップ細胞があるかないか」という論争は学術上の争いであり,裁判所が法律を適用して判断することはできない,と考えられる。

　ところで「学術上の争いに関しては,裁判所は法律を適用して判断することはできない」とは一体どのようなことを意味するのだろうか。この問題をもっと具体的に考えてみよう。ある研究者が「スタップ細胞は実在する」という論文を発表し,世間から大きな注目を集め,彼女が属している研究所の中でスタップ細胞の研究グループのリーダーに抜擢されたが,のちにスタップ細胞が実在することに関し疑義が生じ,その組織は彼女の降格処分を決めたとする。それに対し,彼女はなお「スタップ細胞は存在する」と主張し続け,研究所の処分を不服とし,

降格処分取消しと,処分による精神的苦痛に対する損害賠償請求訴訟を起こしたとする。彼女と研究所の間では,スタップ細胞が実在するかどうか,に関し,学術上の争いが繰り広げられることになる。裁判所は,この研究所が行った降格処分が適切なものだったのかどうか判断するためには「スタップ細胞が存在する」かどうか,を前提問題として判断しなければならない。彼女と研究所は「スタップ細胞が存在する」かどうかという問題について,様々な資料を提出し,学術上の論争を繰り広げたが,結局裁判所には,どちらが正しいか判断がつかなかったとする。すると,「降格処分が正しかったかどうか」を判断する前提となる学術上の事実の真否を裁判所は判断できなかったのだから,裁判所は「降格処分が正しかったのかどうか」という問題に関する判断をくだせないことになる。これが「学術上の争いに関しては,裁判所は法律を適用して判断することはできない」ということが具体的に意味していることである。ここで注意しなければならないのは,裁判所は「学術上の争い」に関しては,最初から「判断不能」として,門前払いをするわけではない,ということである。そうではなく,学術上の争いであっても,裁判所は一応当事者双方の言い分を聞き,どちらの言い分が正しいかを判断しようとする。つまり,裁判所は審理している時点における最高水準の科学的知識をもとに,どちらの言い分が正しいかを見極めようとする,という点で実質的な審査を行っているのである。例えば,「スタップ細胞は存在する」という主張を繰り広げる彼女の主張が科学的に見てまるでお粗末なものであったのに対し,「存在は認められない」という研究所の主張が科学的に見て非常に説得力の高いもので,裁判所に「存在しない」ということを確信させるものであったとするならば,裁判所は「スタップ細胞は存在しない」という判断を下し,研究所の行った降格処分は正しかった,という結論を出すことになるであろう。逆に彼女の主張の方が科学的に正しいと裁判所に確信させるものであるならば,裁判所は彼女に勝訴判決を下すであろう。このように考えるならば,一般に「学術上の争いに関しては,裁判所は法律を適用して判断することはできない」とされる命題は,正確にいうと,最初から「判断しない」のではなく,実質的な審査を行うが,判断できる場合もあるし,出来ない場合もある。判断できない場合を結果的に「判断することはできない」といっているに過ぎないのである。

　以上のように「学問上の争いに関しては,司法審査は及ばない」と一般的にいうことはできないのであり,決して,「学問上の争いに関する事項」であること

を理由に司法審査をアプリオリに排除するものではない（以上のように「学術上の争いに関わる事実」に関して裁判が起こされた場合でも裁判所は実質的な審査を行うが，その事実が真否不明の時には，結果的には具体的な争訟性を満たさないことになり「門前払い」という形になる。この点，後述するように，行政庁が被告になる「自由裁量の範囲内か否か」についての判断は，原告が「行政庁の行った行為は自由裁量の範囲を逸脱しており違法である」という主張をしてきた場合，裁判所は実質的な審査を行う点に関しては共通するが，「自由裁量の範囲を逸脱しているか否か」に関して，「判断不能」ということはありえず，裁判所は「逸脱している」あるいは「逸脱していない」といういずれかの判断を下すことになり，「門前払い」という形にはならない点で違いが生じる）。

2 宗教上の争いに関する問題

　宗教上の争いも一般に「法令の適用により終局的に解決することができる」という要件を満たさないので司法審査が及ばない領域の問題であるとされる。しかし，この問題に関しては，高橋和之が次のような指摘をする。「宗教上の教義をめぐる争いも，本性上法的規律になじまないというものではない。国教制をとる国においては，何が正統な教義かは，法的に定められているはずである。（途中略）ところが政教分離を原則とする国においては，何が正統な教義か，あるいは誰が正統な教義を決めるかを法的に規定することが許されない（国教制をとる場合であっても，政教分離の原則を貫くことはできると一般に考えられている。高橋が「政教分離を原則とする国」という表現で言おうとしているのは，「国教制をとらない，厳格な政教分離を原則とする国」ということである）。しかし，それは，法的規律になじまないからではなく，政教分離により禁止されているからである。（途中略）そうだとすれば，この問題も司法権の内在的な限界というよりは，外在的な限界として位置付けるべきであろう」（高橋和之「司法の観念」『講座憲法学6』（日本評論社，1995年）30-31頁）。

　結局，裁判所が紛争を解決するにはそのよりどころとなる裁判基準が必要とされるが，宗教上の教義を巡る争いに関しては，国教制度をとらない日本国憲法の下では判断基準の設定そのものが禁止されているから，裁判所は判断することができない。高橋のこのような問題意識は，司法権の内在的制約，外在的制約，という区分方法自体，再考を要するものであることを示唆している。

3 抽象的な法律問題

　司法権の定義が「具体的な争訟について法を適用，宣言することによって」となっていることからすると，抽象的な法律問題は司法審査の対象から外されることになる。
　このように司法審査の対象が具体性を持つことを必要とするのは，市民生活の秩序に対する国家権力の介入はできるだけ謙抑的になされるべきであるという発想に根拠を持つ。
　すなわち，近代市民憲法は自由主義をその基本原理のひとつとするが，自由主義の下においては，国家はむやみに市民生活に介入してはならず市民間の紛争は私的自治の原則によって解決するのが建前である。裁判所は私人から紛争解決の要請があった場合のみ，公権力を発動すべきであり，ここに司法審査の対象になるには具体的争訟性が要請されることになる。
　以上のように，具体的争訟性は裁判所の謙抑性から説明できるが，他方で，憲法の番人として，違憲審査権をもつ裁判所の憲法保障機能を考えるならば，具体的争訟性を過度に強調することはそのような機能を無にする結果にもつながりかねない。
　例えば，刑罰法規に関しては，具体的争訟性を強調することの弊害が顕著になる。ある刑罰法規に違憲の疑いがあっても，抽象的審査権が裁判所に認められていないならば，その刑罰法規が適用されなければ裁判所は違憲判断を行うことができない。
　つまり，違憲の疑いをもたれる当該刑罰法規は，それが現実になされなければ裁判所は違憲判断をすることができないことになる。当該刑罰法規によって刑事訴追された者は裁判所の違憲判断が下されるまで刑事被告人という立場に置かれることになる。裁判所がその刑罰法規の違憲性を認知した時点で何等かの措置をとることができるならこのような事態は回避できるはずである。我が国においては内閣法制局がこのような，憲法裁判所としての役割を果たしている。

第3節　外在的制約とされるもの

1　立法裁量

　立法裁量とは，立法機関が，①いつ，②いかなる内容の立法をするか，③あるいは，立法しないか，について自由な判断権を有することである。司法機関は裁判において，立法機関のこの裁量行為については，立法機関の自由な判断を尊重し，司法権を行使しえない，とされる。自由権については，主に立法機関の作為によって権利が侵害されるので②の裁量が問題となる。社会権，参政権，受益権については，主に立法機関の不作為によって権利が侵害されるので①および③の裁量が問題となる。（ちなみに説明の便宜上立法裁量の内容を①②③と分けたが，本来これらは，立法裁量を語る際に相互に関連し合うものであり，別個に分断して論じられるべきものではないかもしれない。例えば，憲法25条が規定する生存権を具体的に実現する生活保護法について考えてみよう。立法するかしないかという③に関して立法裁量があるのなら，いかなる内容の立法をするか，という②の点は③の中に包含されるとも考えられる。しかし，時には②と③を別異に論じるべき場面も想定しうる。例えば生存権を具体化する生活保護法を制定したが，生活保護の金銭支給が憲法25条で規定されている「健康で文化的な最低限度の生活」を保障する水準に明らかに満たない場合は③の問題ではなく②の問題となる）。以下では，立法機関が自由権を侵害する場合に，司法審査との関係で生じる問題を検討する。

　わが国では，判例・実務上，裁判所には法令の抽象的審査をすることが認められていない。すると，たとえ立法機関が違憲の内容の法令を制定したとしても，裁判所はそれだけでは当該法令に対する違憲審査を行うことはできない。また，その法令を行政機関が具体的に適用する場合を考えてみると，たとえ，法令が違憲の内容を含んでいたとしても行政機関がその法令を合法的に適用すれば，その法令に関して訴えが起こされることはないのだから，その法令に対しては裁判所による文面審査すら行われる可能性もない。

　ここでは，争議行為を禁止し，そのあおり行為を処罰の対象にしている地方公務員法37条第1項，61条4号の合憲性が争われた都教組事件のケースを素材に考える。都教組事件では公務員の争議行為，あおり行為が一律に処罰されていたこ

とが問題とされたが，もし，行政機関が適用の段階で最初から「処罰の対象となる行為は，争議行為・あおり行為とも違法性の強いものに限られる」と考え，そのような行為だけを処罰の対象とするような法適用を行っていたら，少なくとも，この法律の違憲性がこの事件で問題にされることはなかったはずである。

このように考えると，立法機関が自由権を侵害する法令を制定した場合でも，その法令の具体的な適用が行政機関によって行われる以上，行政機関がその法令を違憲的に適用して初めて，その法令の違憲性が問題にされ，裁判所に認知される可能性が生じるのである。そして，裁判所は，判断するに際して，a法令自体を違憲と判断する法令違憲，b法令自体の違憲性は問題とせず行政機関の適用の仕方を違憲とする適用違憲，c当該法令を合憲的に限定して解釈する合憲限定解釈，の三つの手法のいずれかをとることができる。そのいずれをとるかは，原則として裁判所の裁量に委ねられている。

都教組事件では公務員の争議行為，あおり行為を一律に処罰する地方公務員法の禁止規定が違憲審査の対象となった。最高裁は，この規定は，文字通りに解釈すれば違憲の疑いがあるので，それを合憲とするには合憲限定解釈の手法をとることが必要であると考え，処罰の対象となる行為は，争議行為・あおり行為とも違法性の強いものに限られるという，いわゆる「二重のしぼり」の限定を加えて，被告人を無罪とした（最判昭44・4・2刑集23巻5号305頁。）。

合憲限定解釈の手法は，違憲審査の対象となっている規定全体を違憲と判断するものではない。しかし，この手法は問題となっている規定を違憲部分と合憲部分に分けることを前提としているものであって，実質的には部分的に違憲判断を行っていることになる。

次に，同種のケースで裁判所が適用違憲の方法をとる場合を考えてみる。

適用違憲は違憲審査の対象を法令そのものではなく，当該法令を適用する行政機関の行為と考える手法である。この場合，裁判所が直接の審査の対象としているのは行政機関の行為であるが，行政機関は，問題になっている処罰規定の違憲部分を根拠に法の適用を行っていると考えられるので，結局，適用違憲の手法も処罰規定を違憲部分と合憲部分に分けることを前提としているということができる。公務員の政治活動を禁止する国家公務員法の違憲性が争われた猿払事件において，旭川地裁昭和43年3月25日第一審判決は，当該規定は，あらゆる国家公務員の政治活動を一律全面禁止しているとの解釈の下に，郵政の現業職員が勤務時

間外に職場で行った政治活動に対してまで適用される限度で違憲と判示した。

　このように考えると，ある違憲な法令を立法機関が制定したとしても，その適用には行政機関の具体的な適用行為が必要とされるのだから，行政機関によって合憲限定解釈的な適用が行われる場合には，そもそも法令の違憲性が裁判所で認知される可能性すらない。また，実際に訴えが起こされその法令の違憲性が問題になった場合にも，裁判所は法令違憲，適用違憲，合憲限定解釈の手法の中からいずれかを選ぶことができる。

　もし裁判所が法令違憲の手法を選べば，違憲判断の名宛人は立法機関ということになり，立法裁量の問題となる。しかし，適用違憲の手法を選べば，違憲判断の名宛人は行政機関ということになり，これは，行政裁量の問題になる。また，合憲限定解釈の手法を選べば，少なくとも表面的には当該法令に対する違憲判断はなされなかったことになる。このように裁判所が審査の対象とするものの全体像に変化はないが，裁判所がどの部分に注目するかで違憲判断の名宛人が変わってくる。その意味で，行政裁量と立法裁量の区分は裁判所がどのような判断手法をとるかという，司法裁量の問題と密接に関連している。（もちろん「公権力による人権侵害事件」に対する解決方法として，上記のように，裁判所が法令違憲，適用違憲，合憲限定解釈の中から，いずれかの手法を選びうるという司法裁量を有しているにしてもその裁量権の行使が全く無制約に許されるというわけではないであろう。例えば，法律の文言からあまりにもかけ離れた合憲限定解釈は避けるべきであろうし，憲法上の重要な権利が侵害されているような場合には，合憲限定解釈や適用違憲の手法を使わず，あえて法令違憲の手法をとるべきである，といった憲法解釈の理念からの制約も生じるであろう）。

　以上のように，都教組事件を素材にした考察は「公権力による人権侵害事件」が存在し，それに対する裁判所の審査が開始された場合に「裁判所がいかなる判断をなしうるかという観点」から法令違憲，適用違憲，合憲限定解釈を考えるならば，それらはその事件を立法裁量の問題と捉えるか，行政裁量の問題と捉えるか，あるいは，いずれの問題にもならないと捉えるかということであり，結局，立法裁量，行政裁量という観念は，具体的な裁判の場では裁判所の判断方法の選択の問題（司法裁量の問題）に帰着する，という指摘である。このような「裁判所の判断方法の選択」という視点からの考察においては，裁判所の判断の対象となる人権が「国家からの自由」である自由権である場合に主として問題になろう。

他方で，社会権・参政権・受益権といった「国家による自由」（参政権を「国家による自由」と分類することには異論があろうがここでは「国家の存在を前提とする権利」という視点から，この三つをまとめて取り扱うことにする。）の侵害が問題となる場合，それは結局「立法機関が用意した法律では権利の実現を図るには不十分である」という主張になるのだから，主として，立法裁量を対象にした行政訴訟が提起されることになるであろう。

2　行政裁量

　行政裁量は行政権に対する立法統制という観点から見ると，抽象的・潜在的に行政庁の活動の範囲の可能性を示すに過ぎないものである。それに対し，行政裁量を行政権に対する司法統制という観点から見ると，裁判所の実質的な審理が行われた後で初めてその具体的な範囲が定まるものである，と言える。ある行政処分が行政裁量の範囲内に属しているかどうかは，結局，裁判所が実質的な審理をした後初めて決まるものであって，裁判所の審理が始まらない段階では行政裁量の具体的な範囲は画定されない。その意味で，行政裁量の範囲を画定するのは，裁判所自身であるといえる。このように考えるならば「行政裁量の範囲内に属する行為には司法審査は及ばない」という表現を用いて，司法審査が及ばないアプリオリな領域が存在することを示唆することは，実質的な内容をなんら持っていないだけでなく，かえって行政処分の違法性を争う行政訴訟において，行政側を一方的に有利な立場に置く可能性を内在させる点で，ミス・リーディングであるとさえいえよう。

3　部分社会論

　部分社会論とは，部分社会の内部事項に関しては，一般市民法秩序に関係しない限り，部分社会の秩序を尊重し，司法審査は及ばないとする考え方である。しかし，そもそもこの法理がいう「部分社会の内部の問題には司法審査が及ばない」とは具体的には何を意味するのだろうか。また，一般市民法秩序に関係するかどうかはどのように判断するのだろうか。
　例えば，最高裁は，地方議会の議員に対する処分の違法性が争われた事件で，除名は，一般市民法秩序に関係するので司法審査が及ぶが，出席停止は，部分社会の内部の問題なので司法審査は及ばない，と判断している。また，大学の単位

認定と修了（卒業）認定が争われた富山大学事件で，最高裁は，大学の修了の認定については，一般市民法秩序の問題なので司法審査が及ぶが，単なる単位認定は大学内部の問題であり，司法審査は及ばないと判断している（富山大学事件最判昭52・3・15民集31巻2号234頁。）。

　ここで注意しなければならないのは，一般市民法秩序に関係するのか，部分社会の問題にとどまるのかは，裁判所の審査と無関係にアプリオリに定まっているものではなく，裁判所が具体的な審理をして初めて決まるものである，ということである。

　例えば，地方議員の除名と出席停止という処分について考えてみよう。最高裁は，除名を一般市民法秩序に関係する問題，出席停止を一般市民法秩序に関係しない部分社会の内部問題と捉えた。このように除名と出席停止を区別する判断の背景には，議員は除名されると地方議会という部分社会の構成員ではなくなるから，除名は一般市民法秩序の問題だが，出席停止処分に過ぎない場合には地方議員という地位は有するから部分社会の問題である，という実質的な価値判断があると考えられる。

　しかし，出席停止処分であっても処分の対象となる議員は議員報酬，手当，名誉・信用など様々な形で重大な不利益を被ることが予想されるのだから，一般市民法秩序の問題になると考えることもできる。下級審判決は出席停止決議が司法審査の対象になることを認めていた（旭川地判昭29・12・2行集5巻12号3015頁）。また，地方議会の懲罰決議は除名も出席停止も行政訴訟上の行政処分であって，両者を区別すべき理論的な根拠はない，と考えることもできる（前掲最高裁判決における奥野健一裁判官の意見）。さらに，出席停止処分の期間が長期に及ぶ場合には裁判所が考慮すべき重要な要素となるであろう。例えば，このケースでは「三日間の出席停止処分」であったが，著しく長期に及ぶ場合には対象となる議員に及ぶ影響も大きなものになることが予想されるのだから，除名と同視することも可能であろう。実際に，著しく長期に及ぶ出席停止処分に関しては司法審査が及ぶとする判例もある（甲府地裁昭38・10・3行集14巻10号1860頁）。

　このように考えると，除名や出席停止という不利益処分を地方議員に行うことが一般市民法秩序に関係する問題と捉えるか否かは，裁判所の実質的な審理があって初めて決まるものであり，裁判所自身がその限界線を画定していると言える。

同様のことは，大学の単位認定にも言える。大学の卒業認定は一般市民法秩序の問題だから司法審査が及び，単位認定は大学内部の問題だから司法審査が及ばない，とする判断も裁判所の具体的な審査があって初めて生じるものであって，裁判所の審査と無関係に生じるものではない。

例えば，このケースで，単位認定は卒業認定の前提になるのだから両者を区別する理由はない，と考えることもできるだろう。仮に裁判所がそのように判断するならば，単位認定も一般市民法秩序に関係する問題であるから司法審査が及ぶと考えることになるだろう。つまり，一般市民法秩序に関係しているかどうかは，裁判所が，「司法的救済を及ぼすべき」と考えるか「裁判所は介入せず，部分社会の内部規律に委ねるべき」と考えるか，という問題に対する実質的な判断の結果に過ぎないのであって，裁判所自身がその限界を画定しているのである。すなわち，部分社会論においても，裁判所の具体的な判断があって初めて，司法審査の対象になるかならないかが決まる点で，行政裁量論において論じたのと同様の思考をとることができる。両者に共通しているのは，司法審査が及ばない，といっても，裁判所が実質的な判断をして初めて決まることであって，決して，アプリオリに司法審査を排除する領域が存在するのではない，ということである。

4 自律権

（1） 自律権の定義

国会（各議院）や内閣及び最高裁判所の行為には，その自律的判断によって決定されたものが最終的となり，裁判所の判断は及ばないものがある，とされる。このような司法権の介入を排除する権能を自律権という。

（2） 自律権の根拠と内容

権力分立主義の下で，国会・内閣・最高裁判所などの国政の重要な機関は，それぞれ，一定の範囲において他の機関の介入を許さない内部的規律の権能を有しており，その結果，各機関は相互に自律性を尊重すべきものとされる。

具体的には，議員における議員の資格争訟の裁判（憲法55条）やその議員に対する各議院の懲罰（憲法58条2項）は，議員の自律行為に属する。それ以外に国会（両議院）・内閣・最高裁判所の意思決定手続きに関する事項も自律行為を構成する。一方，地方議会の自律性は，地方自治の本旨（憲法92条）に基づくものであるとされる。

（3） 検討

　自律行為は理論上，違法であっても，司法審査を排除しうる点において裁量行為とは異なる，とされる。また，議院内部の議事手続についても，一般に司法審査は及ばない，と解されている。しかし，有力説は，定足数など技術的な問題で政治性の認められない場合には，司法審査が及ぶとする。

　自律行為に対する司法審査の問題は，権力分立原則をどのように捉えるかによっても結論が異なりうる。権力分立において，国家機関が相互の自律性を尊重すべきである，という点を強調すれば，裁判所が各機関の自律的領域に属する事項に司法審査を及ぼすべきでないという原則は徹底されるべきである。しかし，国家機関を相互に牽制させることによって各機関のバランスを保たせる，という点を強調すれば，自律的事項であるからと言って司法審査が一切否定されると考えることは妥当ではないだろう。歴史を振り返ってみても，例えば，かつてアメリカで問題となったマッカーシー事件のような事態が生じた場合，司法審査が一切排除されるとするなら，法の支配の原則は否定されることになるだろう。したがって，国家機関の内部の自律的事項に関しても，明白な憲法違反のある場合には，司法審査は及ぶものと考えるべきである。そして，何が明白な憲法違反かは，終局的には裁判所が決定すべき事柄である。そのように考えると，自律権に関する事項も，自由裁量，部分社会の法理で論じたのと同様に，アプリオリに司法審査が排除される領域と考えるべきではなく，司法審査が排除されるかどうかは，具体的な裁判所の審理を経て初めて決まることだと考えるべきなのである。つまり，自律権に関する事項も司法審査が及ぶ可能性がある点では，自由裁量，部分社会の問題と同様であり，「自律的事項に関して司法審査が及ばない」とは，権力分立の観点から，司法権の行使に謙抑性を持たせるべきである，ということに過ぎないのである。

5　統治行為論

（1）　統治行為の定義と論拠

　統治行為論とは，直接国家統治の基本に関する高度に政治性のある国家行為は，法律的な判断を下すことが理論的には可能であっても，司法審査の対象から除外すべきである，とする考え方を言う。

　統治行為論の論拠には，自制説と内在的制約説がある。自制説は統治行為に対

して司法審査を行うことによる混乱を回避するために裁判所が司法権の行使を自制すべきであるとする考え方である。内在的制約説は、統治行為は、政治的に無責任な、つまり、国民が直接選挙で選んでいない裁判官からなる裁判所の審査の範囲外にあり、その当否は国会・内閣の判断にゆだねられている、とする説である。

(2) 検討

統治行為の定義が「法律的な判断は可能」であるといっている以上、内在的制約説がいう「裁判所の審査の範囲外」とは、「判断することは可能であっても、判断すべきではない」という自制説的なものであると考えざるを得ない。そして、そのような理解を前提とするからこそ、両説は理論的に排斥し合うものではなく、両説の折衷説的立場が学説では主流となっている。

統治行為論は、明白に違憲な行為であっても司法審査の対象から外される、とする考え方であるが、法の支配を徹底している我が国の憲法構造において「法的判断が可能で、しかも明白に違憲な行為」を裁判所が審査することができない、と考えることは理論的には不可解である。直接国家統治の基本に関する行為であっても、明白に違憲と裁判所が考えるならば、なお、司法審査の対象にするべきであり、統治行為論は否定されるべきである。結局、統治行為論も自律権に司法審査が及ぶか否か、という問題と同じ思考でとらえるべきものである。

第4節 まとめ

1 「司法審査が及ばない」とされることの具体的な意味

以上、学術上の争い、自由裁量、部分社会の法理、自律権、統治行為など、「司法審査が及ばない」とされるものを概観してきた。これらの問題に関して「司法審査が及ばない」とされることの意味を検討してみると、それは、裁判所の具体的な審理と無関係に論じられるものではなく、裁判所の実際の審理を経て初めて「司法審査が及ぶか及ばないかかが明らかになる」ものであった。つまり、司法審査を完全に排除する領域をアプリオリに措定するのでない限り「例外的に」ではあれ、司法審査が及ぶ領域は存在することになる。そして「例外的に」でも司法審査が及ぶ領域が存在すれば「例外」であるかどうかは結局裁判所が判

断するのだから，裁判所の具体的な審理がなされて初めてその実体が明らかになる。その意味で，「司法審査が及ばない」という表現が，裁判所の具体的な審理と関係がないかのように用いられるならば，それは，実質的な内容をもっていないばかりか，本来行われるべき司法審査を意図的に排除しようとする発想につながる点でミスリーディングなものと言わざるを得ないであろう。

2　裁判所の司法裁量への制約の必要性

　司法権の限界に関し，ある事例が司法審査の及ぶ「例外的」な領域の中にあるかどうかを判断するのが結局は裁判所であるとするならば，裁判所がそのような判断をする際に裁判所に「恣意的な判断」をさせないため，その判断を縛るある種の法準則が必要となるのではないか，という疑問が生じる。

　そのような縛りのひとつとして，まず，同種の事案に対する判例が存在するのであれば先例拘束性がそのような縛りとして働くことが考えられる。ただ，同種の事案がない場合には先例拘束性という縛りは生じないし，同種の事案がある場合にも，実際上，事実関係が全く同じ事案はほとんど存在しないのだから，少しでも事実関係が異なれば，裁判所はその相違点に焦点をあて「当裁判所が審査している事例は先例拘束性が及ばない事例である」としてその拘束力を逃れることもできよう。さらに，先例拘束性に関し，根本的な問題は，それは，法慣習上の事実上の拘束力に過ぎないということである。すなわち，裁判官は，憲法76条3項により裁判官の独立を保障されているのだから，あえて先例に反する判断をすることもできる。その際，裁判官，ひいては裁判所の「恣意的判断」を縛る制約はなくなることになるが，そもそも問題は，裁判所のある判断を，誰が「恣意的判断」と考えるか，という問題に帰着する。結局，ある裁判所の判断が「恣意的判断」であると評価するかどうかは，それを評価する者の立場によって異なるのであり，客観的に「恣意的判断」であるかどうかを決める基準がない以上，最終的には，憲法79条が規定する裁判官に対する国民審査で裁判所を民主的にコントロールすることが，憲法が予定するこの問題に対する最終的な結論であるといえるのではないか。

　なお，学説は「裁判所の恣意的な判断」に縛りをかけるために，「経済的自由が問題となる事案においては，審査基準は緩やかなものであってもよいが，表現の自由を中心とする精神的な自由が問題となる事案においては審査基準を厳格な

ものにすべきである。」という二重の基準論を展開しこの問題を解決しようとしてきた。二重の基準論は「審査基準を厳格にする」ことで，審査対象となる事案を，大雑把ではなく，事案の内容まで具体的に精査し，結論を出す過程に説得力を持たせるという意味では重要なものであると考えられる。しかし「審査基準を厳格にする」ことは事案の具体的な解決に論理必然的に結びつくものではなく，むしろ，二重の基準論が意図するところは「精神的自由とそうでない自由が対立する事案では，比較衡量という天秤において，精神的自由の側に重りを載せてやる」という実質的な価値判断の導入に尽きるのではないか。

さらに，二重の基準の考え方は「精神的自由とそれ以外の自由が対立する事案」という，本来それが想定する典型事案以外の事案においてはあまり役に立たないし，そもそも「経済的自由が問題になっている事案で審査基準を緩やかにする」ということが何を意味するのかも理論的に不可解である。「緩やかにする」という表現が意図するところは，結局「経済的自由と公益が対立する場合，対立する公益の側に重りを載せてやる」ということに他ならないのではないか。

また，現実の裁判において，裁判所は両当事者の具体的な状況を勘案しながら，利益衡量の末に結論を出すのであり「精神的自由とそれ以外の自由が対立する事案」においても，精神的自由を主張する当事者を勝たせるような結論を一刀両断に出すわけではない。むしろ「表現の自由」「思想信条の自由」などと言った憲法上重要とされる人権が一方当事者から主張されていたとしても，それは事案を解決する際の様々な考慮要素のうちのひとつにすぎないのであり，裁判所が「恣意的でない判断」を下すための決定打になるとは言えないであろう。繰り返しになるがここでも，裁判所のある判断が「恣意的かどうか」は，それを評価する者の立場によって異なるのであり，最終的には，憲法はその判断を最高裁判所裁判官への国民審査という民主制のプロセスに委ねていると考えるしかないのである。

参考文献
後藤光男編『憲法と行政救済法』（成文堂，2002年）
芦部信喜編『講座　憲法訴訟第3巻』（有斐閣，1987年）
田中二郎『司法権の限界』（弘文堂，1987年）
内野正幸『新論点講義シリーズ公法（憲法）第2版』（弘文堂，2009年）
芦部信喜『司法のあり方と人権』（東京大学出版会，1995年）
樋口陽一編『講座・憲法学第6巻権力の分立（2）』（日本評論社，1995年）

（髙島　穣）

第2講　司法権・「法律上の争訟」と行政事件訴訟法の類型の関係

第1節　司法権と「法律上の争訟」

　憲法76条1項は「すべて司法権は，最高裁判所及び法律の定めるところにより設置する下級裁判所に属する」と定めるが，ここでいう「司法権」には民事事件および刑事事件のほか行政事件の裁判権も含まれる。この規定を受けて，裁判所法3条1項は「裁判所は，日本国憲法に特別の定のある場合を除いて一切の法律上の争訟を裁判し，その他法律において特に定める権限を有する」とする。

　ここには3つのことが規定されている。①憲法に特別の定のある場合（憲法55条・64条）を除いて，②「一切の法律上の争訟」を裁判し，例外的に，③その他法律において特に定めた場合に裁判できる。通常，ここでいう「一切の法律上の争訟を裁判」することが司法権の行使にあたり，「その他法律において特に定める権限」は司法権以外の権限をさすものと解されている。

　司法権とは，具体的な争訟事件について，法を適用し宣言することによって，これを解決する国家作用であるから（判例・通説），全ての紛争に介入できるわけではなく，審査の対象となるのは「法律上の争訟」に限られる。「法律上の争訟」とは判例・通説によれば，問題の紛争が，①当事者間の具体的な権利義務または法律関係の存否（刑罰権の存否を含む）に関する紛争であって，かつ，②法令の適用により終局的に解決することができるものに限られる（最判昭41・2・8民集20巻2号196頁，芦部信喜（高橋和之補訂）・後掲参考文献329頁）。したがって，①の要件が充されなければ，訴訟事件として裁判所に受理されない。また，この①の要件は充されているが，さらに，その解決のための前提問題として，裁判所が判断すべき争点がなお裁判所の審判に適さないものである場合にも，結局，その紛争全体が裁判所による終局的解決には親しまないとされている。

　従来，この領域で憲法上問題とされてきたのは，統治行為論と部分社会論であ

る。統治行為論とは，事件が高度に政治的な問題を含んでいる場合には，「法律上の争訟」であっても，事柄の性質上司法審査の対象外とするものである。また，部分社会論とは，部分社会の内部紛争，例えば，議会の議員の懲罰，国立大学の単位授与，ある宗教団体の本尊の真否，政党の党員の除名処分など，部分社会の内部事項について，司法審査の対象外とするものである。

第2節　民衆訴訟と機関訴訟

　それでは行政事件訴訟法が定める5条の民衆訴訟と6条の機関訴訟は憲法76条の「司法権」，裁判所法3条1項の「法律上の争訟」との関係で，どのように位置づけられるであろうか。「司法権」と「法律上の争訟」の関係についての把握の仕方については次のような考え方が主張されている。

　第1説は，憲法76条1項にいう司法権の対象たる「事件」は，裁判所法3条1項にいう「一切の法律上の争訟」に限られ，民衆訴訟とか機関訴訟などのような「その他法律において特に定め」られた訴訟は，憲法76条1項の「司法権」以外の権限として法律によって特に創設されたものである。この説によれば，民衆訴訟とか機関訴訟の定めは国会の立法政策によることとなり，この制度を廃止しても違憲の問題は生じない。

　第2説は，「司法権」そのものの概念を広げて，「法律上の争訟」と「その他法律において特に定める権限」の両者が憲法76条1項の司法権に含まれるとするが，ただこの場合でも，司法権の対象たる「事件」の中核部分は「法律上の争訟」であり，民衆訴訟とか機関訴訟のような，とくに「その他法律において特に定める権限」については，司法権のなかに含まれるものではあるが，それにかかわる訴訟類型を認めたり廃止したりすることについては立法政策にゆだねられるとする。

　第3説は，憲法76条1項にいう「司法権」は裁判所法3条1項にいう「法律上の争訟」と同じであり，「その他法律において特に定める権限」というのは，例えば司法行政権などのような本来の司法権以外の権限をさすと解しながらも，この「法律上の争訟」いいかえれば「司法権」の概念を広く解し，民衆訴訟とか機関訴訟は，もともと「法律上の争訟」の中に含まれるとする。第1，2説における「法律上の争訟」の概念より，第3説における「法律上の争訟」の概念の方が

実質的に広い（藤井俊夫・後掲参考文献『司法権と憲法訴訟』45頁以下）。

　民衆訴訟とか機関訴訟は，従来は，①の要件を充たさないため，「法律上の争訟」にあたらず，むしろ「その他法律において特に定める」訴訟類型であるとされている。

　民衆訴訟とは，自己の個人的な権利・利益の保護よりもむしろ行政の法適合性の確保そのものを目的として，国・地方公共団体等の機関の法規に適合しない行為の是正を求める訴訟である（行政事件訴訟法5条）。この訴訟は例外的なもので，法律に定める場合にのみ，法律に定める者のみが提起できるにすぎない（行政事件訴訟法42条）。この例として，公職選挙法204条，208条における選挙無効訴訟とか当選無効の訴訟，あるいは，地方自治法242条の2における住民訴訟がある。

　機関訴訟とは，国または公共団体の機関相互間における権限の存否またはその行使に関する紛争についての訴訟である（行政事件訴訟法6条）。この訴訟も例外的なもので，民衆訴訟と同様に，法律に定める場合にのみ，法律で定める者のみが提起できる（行政事件訴訟法42条）。この例として，地方自治法245条の8の法定受託事務に関する代執行のための職務執行命令訴訟，同251条の5の国の関与に関する地方公共団体の長その他の機関による訴訟，同252条の都道府県の関与に関する市町村の長その他の執行機関による訴訟，同176条7項の議会の議決または選挙の瑕疵による再議・再選挙をめぐる訴訟などがある。

　しかし，このような民衆訴訟，機関訴訟が「法律上の争訟」に該当しないとする理解には異論が唱えられている（前述の第3説的な理解から）。それは，行政事件の裁判における「公共的性格」を考慮して要件を緩和する必要があるとし，「法律上の争訟」を定義するための①および②の二要件をより広く解すべきであると主張される。この説によると，「裁判所による公権的な解決をするにふさわしいような現実的・具体的な法的紛争があれば，それは『法律上の争訟』とよぶことができる」「より具体的にいえば，とくに行政事件においては，現実具体的な法的紛争があって，『法律による行政』の観点からみればその紛争についての裁判所による解決をする意義が充分にあると認められ，さらに，訴訟を提起する者がそのことに一定の実質的なかかわりを有していれば，それは法律上の争訟とされるというような形で緩和することが考えられるべきである」（藤井俊夫・後掲参考文献『行政法総論［第5版］』407頁）ということである。この説によれば，民衆訴訟とか機関訴訟なども「法律上の争訟」にあたり，同時に，憲法76条1項

の本来的な司法権の対象にあたるということになる。

第3節　機関訴訟と那覇市情報公開決定取消請求事件

　海上自衛隊の庁舎の設計図等に関する那覇市の情報公開の決定に対して国が取消訴訟を提起し，処分の執行停止の申立てをした事例に関して，その抗告訴訟を却下した那覇市情報公開決定取消請求事件判決（那覇地判平7・3・28判例時報1547号22頁）が機関訴訟に関連して興味深い。

　第1審の判旨は，原告が侵害されたとする法的利益は「国の秘密保護の利益と国の適正かつ円滑な行政活動を行う利益である」，「救済を求める利益の性質は私的利益ではなく公的利益と言わざるを得ないから，法律上の争訟には当たらず，抗告訴訟の枠を超える」，「本件訴訟の性格は一種の機関訴訟であり」，本件訴えは不適法である，という。

　確かに，このケースは，判例・通説の法律上の争訟の①の要件を前提とすると該当しないこととなる。「この種の事例については，一種の機関訴訟の形にすることは可能である。判決も機関訴訟の立法による制度化の可能性を認めている。この種の機関訴訟を裁判所がつくり出す形で認めることを考えてみることも必要である」と指摘されている（藤井・後掲『行政法総論（第5版）』408頁）。

　なお，この最高裁判決は，本件での国の主張を「本件文書の公開によって国有財産である本件建物の内部構造等が明らかになると，警備上の支障が生じるほか，外部からの攻撃に対応する機能の減殺により本件建物の安全性が低減するなど，本件建物の所有者として有する固有の利益が侵害される」と理解して，法律上の争訟性を肯定している（最判平成13・7・13判例地方自治223号22頁および曾和俊文「国と地方公共団体との紛争」『ケースメソッド公法第2版』［日本評論社，2006年］370頁以下）。「ここでの事柄の本質はあくまでも防衛上の理由とか警備上の理由など公共的な問題にあるはずであるという点からみると，このような根拠づけには本質的には疑問がある。やはり正面から機関訴訟の一種として取り上げるべきである」と主張されるのである（藤井・後掲『行政法総論［第5版］』409頁）。

第 4 節　司法による行政上の義務の履行確保に関する宝塚市パチンコ条例事件

　近時大きな争点となっているのは，次のようなケース（宝塚市パチンコ条例事件）である。宝塚市は，「宝塚市パチンコ店等，ゲームセンター及びラブホテルの建築等の規制に関する条例」を制定した。本条例によると，パチンコ店等の建物を建築しようとする者は，市長の同意を得なければならないこと，同意を得ないで建築を進めようとする者に対して，市長は，建築の中止，原状回復その他必要な措置を講じるよう命ずることができる等の規定をおいていた。

　私人が，宝塚市でパチンコ店等を営むことを計画し，本条例に基づき，市長に建築の同意を申請したが，市長は同意しなかった。また，建築確認申請を市の建築主事は同意書の添付がないことを理由に不受理としたため，私人は，市の建築審査会に審査請求を行い，審査請求を認容する裁決を経て，建築主事から建築確認を受けることに成功した。その後，私人はパチンコ店の建築工事に着手したので，市長は条例に基づき建築工事中止命令を発したが，これに従わず工事を続行したため，市は私人に対して，同工事を続行してはならない旨の裁判を求めた。

　この事案について，最高裁判所は，「国又は地方公共団体が提起した訴訟であって，財産権の主体として自己の財産上の権利利益の保護救済を求めるような場合には，法律上の争訟に当たるというべきであるが，国又は地方公共団体が専ら行政権の主体として国民に対して行政上の義務の履行を求める訴訟は，法規の適用の適正ないし一般公益の保護を目的とするものであって，自己の権利利益の保護救済を目的とするものということはできないから，法律上の争訟として当然に裁判所の審判の対象となるものではなく，法律に特別の規定がある場合に限り，提起することが許されるものと解される。」「国又は地方公共団体が専ら行政権の主体として国民に対して行政上の義務の履行を求める訴訟は，裁判所法3条1項にいう法律上の争訟に当たらず，これを認める特別の規定もないから，不適法というべきである」として，訴えそのものを却下する判断を示した（最判平14・7・9民集56巻6号1134頁）。

　行政代執行法あるいはその特別法の規定によらずに，国または地方公共団体が，もっぱら行政権の主体として国民に対して行政上の義務の履行を求める訴訟を提

起することができるかどうかという問題である。最高裁は，（1）国または地方公共団体が「財産権の主体として自己の財産上の権利利益の保護救済を求めるような場合には，法律上の争訟にあたる」が，（2）国または地方公共団体が専ら行政権の主体として国民に対して行政上の義務の履行を求める訴訟は「法規の適用ないし一般公益の保護を目的とするもの」であるから「法律上の争訟」にはあたらず，法律に特別の規定がある場合に限り提起することができるとする。これは前述の「法律上の争訟」の定義の①の要件との関係で，この訴訟は「法律上の争訟」に該当しないとする。また，このような訴訟の提起を特に認める法律の定めもないため認められないとするものである。このような最高裁の理解の仕方について次のような批判がある。「最高裁の『法律上の争訟』の定式は，一貫して『権利義務』と述べており，『権利義務関係』といっているわけではないから，『権利の存否』『義務の存否』のいずれかが紛争の対象となっていれば『法律上の争訟』性の認定に十分ではないかと思われる。宝塚市条例事件は，『権利義務』をめぐる紛争といってよい。あるいは，当事者間の関係は『法律関係』と考えることもできる」という（詳しくは，人見剛「宝塚市パチンコ店等規制条例事件最高裁判決」自治総研2006年6月号51頁以下参照）。

　また，この最高裁判決について，憲法76条1項に定めるアメリカ型司法権概念を，明治憲法下そのままにドイツ流に解することで行政上の義務に対する司法的執行の可能性を封じてしまう判決であるという批判がある。明治憲法下における司法権には行政事件は含まれず，民事と刑事に限定されていたが，それは行政事件については「司法裁判所」と別系統の行政裁判所が存在し，裁判システムが大陸型の二元構造をとっていたからである。現憲法はアメリカに倣って一元的な「司法裁判所」制度を採用しており，議論の前提が全く異なっているにもかかわらず，判決はこのことを無視しているという（櫻井敬子・後掲参考文献『行政救済法のエッセンス』120頁）。

　この判決は，司法的執行の可能性をおよそあり得ないとして否定するものであり，このような紛争が憲法上の概念としての「司法権」からカテゴリーとして排除されるというのであれば，最高裁のアメリカ型司法権概念に対する無理解をしめすものであり，「法律上の争訟」を規定する裁判所法3条1項は憲法76条1項の司法権を極端に限定するものとして機能する問題性がある。

　行政法上の義務を司法裁判所のもとで実現するという仕組み（これを「司法的

執行」という）の導入可能性について検討しておくことが必要不可欠である。「行政上の義務に対する司法的執行を許容する場合，行政主体が私人と同様に裁判を起こさなければならないという点は手続きとしては煩雑であるようにも見えるが，第三者たる裁判所の判断を介在させることで，行政権力の不適切な行使を防止し，よりバランスのとれた執行制度を構築することは，選択肢のひとつであり得る」（櫻井敬子＝橋本博之『現代行政法［第2版］』［有斐閣，2006年］114頁）といえる。

　行政事件の紛争処理を考える場合，行政事件訴訟法の定めのみでなく，法律上の争訟の要件とのかかわりを考えながらその拡大を積極的にはかることが必要である。その場合，法律上の争訟の要件それ自体がそもそも狭すぎないかという問題がある。この二要件の充足が直接に問題となるのは民事裁判の場合が普通であった。それを，そのまま行政事件に適用することが妥当かという問題がある。というのは，行政事件は，個人の権利・利益の保護を本質とするという民事事件に近い側面と，同時に，行政の行為の違法性をチェックするという公共的訴訟の側面との両者が存在している。この公共的訴訟のような問題と法律上の争訟の要件との関係が直接的に問題となった場合，従来の法律上の争訟の要件が公共的訴訟の側面を十分にカバーしないのではないかという点が問題となるからである（藤井俊夫・後掲『行政法総論［第5版］』406頁）。

　学説では，行政上の強制執行については，行政執行法のような一般法によって行政主体の側に自力執行力を与えるという法制度を原則としつつも，なおこれらの法制度によって適切に対応できないような事態が生じている場合などには，例外として，本件訴訟のような形で，裁判所を通して国民の行政法上の義務の履行をはかることがあっても良いのではないかと指摘されている。

　行政庁が自力執行力を持たずに，むしろ裁判所を通じて行政法上の国民の義務の履行を求めるものである。「そもそも，このような行政権としての国・地方公共団体が裁判所を通じて国民に対して行政法上の義務の履行を求めるという形というのは，かりにこれを一般的な原則とするならば行政の能率性を著しく阻害することになる。そこで，それを避けるために，行政代執行法のような一般法を定めて，裁判所を通さずに国民の行政法上の履行をはかるものとした。その意味では，法律による行政の原則という観点からいえば，例えば行政代執行法の定めによって適切に対応できないような事態が生じている場合などにおいては，逆にあくまでも例外として，この訴訟のような形で，裁判所を通して国民の行政法上の義務の履

行をはかるということがあってもよい」（藤井・後掲『司法権と憲法訴訟』201頁）。

　近時において，行政事件の裁判における「公共的性格」を考慮して要件を緩和する必要があるとし，「法律上の争訟」を定義するための①および②の二要件をより広く理解すべきであるという主張がなされている。例えば，裁判所による公権的な解決をするにふさわしいような現実的・具体的な法的な紛争があれば，それは「法律上の争訟」と呼ぶことができるものとして，これを広く解釈する考え方である。とくに行政事件においては，現実具体的な法的紛争があって，その紛争についての裁判所による解決をする意義が充分にあると認められ，さらに，訴訟を提起する者がそのことによって一定の実質的なかかわりを有していれば，それは法律上の争訟とされるというような形で緩和する。このように「法律上の争訟」の要件を広げるならば，ここでは裁判所による公権的な解決をするにふさわしいような現実的・具体的な法的紛争があるのだから，この訴訟をいわば法定外の行政事件訴訟の一種として，裁判所が取り上げるとしてもよいのでないかということである（藤井・後掲『行政法総論［第5版］』410頁）。

　行政主体が裁判手続という公正で独立した手続きによって法的義務の履行を求めること自体は，履行強制される国民の側の手続的保障を十分に確保するものとして，むしろ積極的に評価されるべき事柄である。「法律上の争訟」という概念の慎重な考察が必要となる（櫻井＝橋本・前掲『現代行政法（第2版）』221頁，近時の学説の検討として，中川丈久・後掲参考文献92頁以下参照）。

　ここでは，「法律上の争訟」の要件をどのように広げるべきか，あるいはどのように理解すべきなのかという，憲法解釈論上の問題が，今日的な課題の一つとなっているのである。

参考文献
藤井俊夫『司法権と憲法訴訟』（成文堂，2007年）
藤井俊夫『行政法総論［第5版］』（成文堂，2010年）
芦部信喜（高橋和之補訂）『憲法［第5版］』（岩波書店，2011年）
中川丈久「国・地方公共団体が提起する訴訟－宝塚市パチンコ条例事件最高裁判決の行政法論と憲法論」法学教室2011年12月号（375号）
駒村圭吾「法律上の争訟」法学セミナー2012年10月号（693号）
櫻井敬子＝橋本博之『行政法［第4版］』（弘文堂，2013年）
櫻井敬子『行政救済法のエッセンス』（学陽書房，2013年）

　　　　　　　　　　　　　　　　　　　　　　　　　　　（後藤光男）

第3講　行政訴訟と民事訴訟

第1節　行政事件訴訟法と民事訴訟法

1　行政訴訟と行政事件訴訟法

　行政訴訟とは，行政庁の公権力の行使に関する紛争や，その他行政法規の解釈適用に関する紛争について，当事者からの訴えに基づき，裁判所が審理判断する訴訟をいう。民事訴訟に対応する概念である。

　現在，民事訴訟に関して民事訴訟法が制定されているのに並んで，行政訴訟に関しては行政事件訴訟法が制定されている。すなわち，行政事件訴訟法は「行政事件訴訟については，他の法律に特別の定めがある場合を除くほか，この法律の定めるところによる」（同法1条）と規定し，行政事件についての訴訟は，原則として行政事件訴訟法によるものとしている。

2　行政事件訴訟法7条と民事訴訟法

　他方で，行政事件訴訟法は「行政事件訴訟に関し，この法律に定めがない事項については，民事訴訟の例による」（同法7条）と規定している。行政事件訴訟法は全部で46カ条しかなく，行政訴訟に関する全ての事項について定めてはいない。そのため，行政事件訴訟の審理についても，その多くを民事訴訟法に依拠する形をとっている。

　ただし，行政事件訴訟は民事訴訟と同じ性質のもので民事訴訟の一形態であるとか，行政事件訴訟法と民事訴訟法は特別法・一般法の関係にある，などと考えられているわけではない。そのことは，条文の文言に表われている。すなわち，行政事件訴訟法が制定される前に存在した行政事件訴訟特例法1条では，行政事件訴訟について「この法律によるの外，民事訴訟法の定めるところによる」と規定されていた。これに対し，行政事件訴訟法7条では「民事訴訟の例による」と

規定されている。それは,「行政事件訴訟法は民事訴訟法の特別法ではない」と考えられたからである。

　立法担当者も,「本条は……行政事件訴訟として考えられる各種の訴訟形態を網羅的に掲げ,それぞれの処理に適用あるべき訴訟規定を定め,行政事件訴訟全般に対する統一的な基本法として制定されたものであり,民事訴訟の特別法ないしは特例を定めたものではない。」「行政事件訴訟手続は,本来民事訴訟手続とは性格を異にするから,民事訴訟に関する法規が本来当然には適用されるものではないことを前提として,性質に反しないかぎり,右の民事訴訟に関する法規が準用されるという趣旨である」と述べている（杉本良吉『行政事件訴訟法の解説』（法曹会,1963年）28頁）。

第2節　行政訴訟の性格と行政事件・民事事件の区別

1　行政訴訟の性格

　このように,立法担当者は,「行政事件訴訟手続は,本来民事訴訟手続とは性格を異にする」と述べているのであるが,民事訴訟手続とは異にするという行政事件訴訟手続の性格とは何であろうか。

　まず考えられるのは,行政活動が公益を追及するものであり,また,私人間では見られない権力的な活動が多く存在することである。

　民事訴訟は,私人間の権利関係に関する紛争の解決を目的とするものであり,当事者は対等な関係にある。これに対し,国または公共団体は,法律の定めの下で優越的に（一方的に）行政法関係を形成することができる。このように,国または公共団体と国民とは実体法上対等の関係にあるとはされていないため,民事訴訟とは異なる,行政事件に固有の訴訟手続が定められる必要があるのである。

　行政事件訴訟法においては,国または公共団体の側の優越性が訴訟手続に反映され,国民の側は原則として行政行為が行われた後にはじめてそれを争うという消極的・受動的な地位に置かれている。民事訴訟手続とは異にする行政事件訴訟手続の性格とは,このことを指している。

2 伝統的理論（公法私法二元論）による行政事件と民事事件との区別

それでは，行政事件と民事事件とはどのように区別されるのであろうか。

伝統的理論では，行政事件と民事事件との区別は，行政上の実体法規が公法と私法の二大体系に分けられることに対応するものとされていた。つまり，公法関係で生起する紛争は行政事件，私法関係で生起する紛争は民事事件であると解してきた。

例えば，田中二郎によれば，「行政事件訴訟は，行政事件に関する裁判である。ここでいう行政事件とは，民事事件に対する概念であって，行政法規，すなわち，公法法規の適用に関する訴訟事件を意味する……。これを裏からいえば，行政に関する訴訟事件であっても，私法法規の適用に関するものは，民事事件であって，行政事件ではない」とされる（田中二郎『新版行政法・上巻［全訂第二版］』（弘文堂，1974年）291頁）。また，行政事件訴訟法も，こうした伝統的理論に従って立法されているといえる（杉本・前掲書5頁，83頁）。

すなわち，行政事件訴訟法は，「この法律において「抗告訴訟」とは，行政庁の公権力の行使に関する不服の訴訟をいう」（同法3条1項）としている。伝統的理論によると，国家は統治権の主体として優越的な立場から公権力を行使し，一方的に国民の権利義務を決定することが基本であり，これを「本来的公法関係」と呼ぶのであるが，行政庁の公権力的行為を争う抗告訴訟は，公法領域での典型的な訴訟形式であるといえる。実際，戦前の法制では，公法関係での訴訟といえば抗告訴訟を指すものと考えられていた。

また，行政事件訴訟法は，「公法上の法律関係に関する訴訟」を「当事者訴訟」（同法4条）とし，行政事件の一種としており，「私法上の法律関係に関する訴訟」（同法45条1項）である民事訴訟と区別している。

このように，行政事件訴訟法は，行政事件と民事事件との区別を，公法関係と私法関係とに対応させて規定を設けている。また，裁判所法は，公法事件の専門性を尊重して簡易裁判所の管轄を排除し，訴額の多寡を問わずその事物管轄を地方裁判所としており（裁判所法33条1項1号かっこ書），公法関係の特殊性に配慮した立法がなされている。

そのため，従来は，公法私法二元論に立脚して行政事件と民事事件の区別が論じられてきた。

第 3 節　行政訴訟と民事訴訟の関係

1　実際の行政訴訟の運用

　しかし，実際の行政訴訟の運用をみると，必ずしも公法私法二元論に厳格に対応して，行政事件と民事事件とが区別されているとはいえない。

　すなわち，今日の行政作用をみると，本来的公法関係と考えられる領域でも，国または公共団体は多様な行為形式を用いて活動している。例えば行政契約などの非権力的な行為は，行政訴訟（抗告訴訟）では争うことができない。

　逆に国民と行政とが対等な立場で対立する私法関係と考えられる領域でも，法律に基づき，国または公共団体が行政行為の形式をとって活動することも少なくない。例えば補助金の交付決定，公の施設の利用決定など給付行政上の決定の多くは，いわゆる形式的行政行為として扱われ，これに不服のある者は行政訴訟（抗告訴訟）によって争わなければならない。

　このように，行政訴訟（抗告訴訟）の対象は，その行為が公法関係にあるのか，私法関係にあるのかによるのではなく，当該行為が実定法上行政行為として規定されているか否かによって決まるといえる。

　また，公法上の当事者訴訟については，沿革的理由から公務員関係での争いや損失補償など若干の請求が当事者訴訟で扱われているが，それ以外では当事者訴訟が利用されることはあまりない。対等な権利の主張にかかる請求は，そのほとんどが民事訴訟で処理されており，そのことによって別段の支障も生じていない。

　従って，公法関係は行政事件であるから行政訴訟，私法関係は民事事件であるから民事訴訟，というように単純には割り切れない。

2　行政訴訟によるべきか，民事訴訟によるべきかが争われた事案

　この点について，行政訴訟によるべきか，民事訴訟によるべきかが裁判で争われた，いくつかの事案に基づいて，改めて説明する。

（1）　ごみ焼却場の設置

　住民が行政訴訟を提起したのに対し，これを不適法として認めなかったリーディングケースとして，ごみ焼却場設置事件（最一小判昭39・10・29民集18巻8号

1809頁）がある。

 i **事案の概要** 東京都はごみ焼却場を設置するために用地を買収した。その後，都議会にごみ焼却場設置案を提出し，都議会がその計画案を可決したため，東京都広報に記載し，建築会社との間で建築請負契約を締結した。これに対し，近隣の住民9名が，東京都によるごみ焼却場設置の一連の行為の無効の確認を求める訴訟を提起した。

 ii **判旨** 「行政事件訴訟特例法1条にいう行政庁の処分とは，……公権力の主体たる国または公共団体が行う行為のうち，その行為によって，直接国民の権利義務を形成しまたはその範囲を確定することが法律上認められているものをいう」。

「本件ごみ焼却場は，被上告人がさきに私人から買収した被上告人所有の土地の上に，私人との間に対等の立場に立って締結した私法上の契約により設置されたものであるというのであり，原判決が被上告人において本件ごみ焼却場の設置を計画し，その計画案を都議会に提出した行為は被上告人自身の内部的手続行為に止まると解するのが相当であるとした判断は，是認できる」。

「右設置行為は，被上告人が公権力の行使により直接上告人らの権利義務を形成し，またはその範囲を確定することを法律上認められている場合に該当するものということを得ず，原判決がこれをもって行政事件訴訟特例法にいう『行政庁の処分』にあたらないからその無効確認を求める上告人らの本訴請求を不適法であるとしたことは，結局正当である」。

 iii **検討** この判例は，「行政庁の処分」を公権力の主体たる国または公共団体が行う行為のうち，その行為によって，直接国民の権利義務を形成またはその範囲を確定することが法律上認められているもの，つまり，「行政行為」であると解した。その上で，ごみ焼却場設置行為は「内部的手続行為」にとどまり，「処分性」を欠くものとして，行政訴訟によることは不適法であるとしたものである。旧行政事件訴訟特例法の下での判例であるが，現在の行政事件訴訟法においてもあてはまる。

行政の内部的行為が「処分性」を欠き，行政訴訟の対象とならないことは，その後の判例においても確認されている（最三小判昭43・12・24民集22巻13号3147頁＝墓地埋葬通達事件，最二小判昭53・12・8民集32巻9号1617頁＝成田新幹線訴訟）。

また，ごみ焼却場設置行為は，土地の買収行為からごみ焼却場設置計画，設置

計画の議決・交付,建築請負契約等,一連の行為からなるが,この判例の特徴は,全体として一つの行為と考えるのではなく,個々の行為を個別分析して「処分性」の判断をしていることにある。

(2) 国営空港の使用差止め――大阪国際空港事件

これに対し,国の一連の行為の個々の行為を個別分析することを否定した判例(最大判昭56・12・16民集35巻10号1369頁)もある。

i 事案の概要 大阪国際空港を離着陸する飛行機の飛行経路のほぼ直下に居住する住民264名が,国を相手取り,①毎日午後9時から翌日午前7時までの航空機の離着陸の差止め,②過去の損害賠償,③将来の損害賠償を請求した。

ii 判旨 「本件空港の離着陸のためにする供用は運輸大臣の有する空港管理権と航空行政権という2種類の権限の,総合的判断に基づいた不可分一体的な行使の結果であるとみるべきであるから,右被上告人らの……請求は,事理の当然として,不可避的に航空行政権の行使の取消変更ないしその発動を求める請求を包含することとなるものといわなければならない。したがって,右被上告人らが行政訴訟の方法により何らかの請求をすることができるかどうかはともかくとして,上告人に対し,いわゆる通常の民事上の請求として……私法上の給付請求権を有するとの主張の成立すべきいわれはない」。

iii 検討 この判例は,ⅱで引用した判旨の前に「営造物管理権の本体をなすものは,公権力の行使をその本質的内容としない非権力的な権能であって,同種の私的施設の所有権に基づく管理権能とその本質において特に異なることはない」と述べている。

この部分の判旨からすれば,空港の管理は非権力的な権能であるから,夜間の航空機の離着陸の差止めは,民事訴訟によってなすべきであると考えるのが論理的である。実際,大阪国際空港事件の控訴審(大阪高判昭50・11・27判例時報797号36頁)は,民事訴訟による差し止めを認めていた。

ところが,最高裁は,空港における航空機の離着陸の規制等は,「空港管理権」と「航空行政権」の総合的判断に基づくものであるから,民事訴訟によることは許されないとしたのである。だが,その論拠は明らかではない。

その後に自衛隊の演習場における射撃訓練や立入禁止措置が行政訴訟(抗告訴訟)で争われた日本原演習場事件(最一小判昭62・5・28判例時報1246号80頁)では,最高裁は,大阪国際空港事件のときとは異なり,国の一連の行為の個々の行

為を個別分析して公権力の行使の存在を否定し，行政訴訟（抗告訴訟）は不適法であると判示している。

このように，行政の特定の事実行為の差止めを求めたい場合，民事訴訟によるべきか，あるいは行政訴訟によるべきか，判例上極めて不明確な状況にある。

(3) 航空基地の供用差止め――厚木基地事件

また，自衛隊機の離着陸等の差止め等を民事訴訟で請求した事案については，最高裁（最一小判平5・2・25民集47巻2号643頁）は，大阪国際空港事件とは異なる論理で請求を却下している。

i 事案の概要 海上自衛隊と米軍が使用する厚木基地の周辺住民が，国を相手取り，①毎日午後8時から翌日午前8時までの自衛隊機及び米軍機の離着陸等の差止めとその余の時間帯における音量規制，②過去の損害賠償，③差止め実現までの将来の損害賠償を請求した。

ii 判旨　「自衛隊機の運航に伴う騒音等の影響は飛行場周辺に広く及ぶことが不可避であるから，自衛隊機の運航に関する防衛庁長官の権限の行使は，その運航に必然的に伴う騒音等について周辺住民の受忍を義務づけるものといわなければならない。そうすると，右権限の行使は，右騒音等により影響を受ける周辺住民との関係において，公権力の行使に当たる行為というべきである」。

自衛隊機の差止めを民事上の請求として求めることは，「必然的に防衛庁長官にゆだねられた前記のような自衛隊機の運航に関する権限の行使の取消変更ないしその発動を求める請求を包含することになるものといわなければならないから，行政訴訟としてどのような要件の下にどのような請求をすることができるかはともかくとして，右差止請求は不適法というべきである」。

iii 検討　この判例は，「自衛隊機の運航に関する防衛庁長官の権限の行使は，その運航に必然的に伴う騒音等について周辺住民の受忍を義務づける」ことを根拠として，「公権力の行使にあたる」と判示しているが，周辺住民に騒音等の受忍を義務づける根拠となる法律は存在しない。かなり無理のある理論構成である。民間航空機の運航が問題とされた大阪国際空港事件において民事訴訟を不適法としたため，自衛隊機の運航差止めについて民事訴訟によることを認めるわけにはいかなかったということであろう。

最高裁は，「公権力の行使」というキーワードを事案によって使い分けることにより，最高裁が当該事案の解決方法としてふさわしいと考える結論を導いてい

るように思える。

第4節　まとめ

　行政訴訟と民事訴訟を区分する基準は，法律関係の性質（公法関係か私法関係か）によるのではなく，基本的には「処分性」の有無による。
　すなわち，行政の個々の行為に「処分性」が認められる，つまり，「行政行為」（＝公権力の主体たる国または公共団体が行う行為のうち，その行為によって，直接国民の権利義務を形成しまたはその範囲を確定することが法律上認められているもの）に該当するときは，行政訴訟による。
　ただし，どのような場合に「処分性」が認められるのか，判例上明確であるとは言えない状況にある。そのため，個々の事案に応じて，行政訴訟によるべきか，あるいは民事訴訟によるべきか，個別的に考えていく必要がある。

参考文献
宇賀克也＝交告尚史＝山本隆司編『行政判例百選Ⅱ［第6版］』（有斐閣，2012年）
室井力＝芝池義一＝浜川清編著『コンメンタール行政法Ⅱ　行政事件訴訟法・国家賠償法［第2版］』（日本評論社，2006年）
藤井俊夫『行政法総論［第五版］』（成文堂，2010年）
宇賀克也『行政法概説Ⅱ　行政救済法［第4版］』（有斐閣，2013年）
芝池義一『行政救済法講義［第3版］』（有斐閣，2006年）

（権田修一）

第4講　行政事件訴訟の類型

第1節　総説

　行政事件訴訟については，その一般法である行政事件訴訟法において，4つの基本的類型が定められている。具体的には，「この法律において『行政事件訴訟』とは，抗告訴訟，当事者訴訟，民衆訴訟及び機関訴訟をいう」（行訴法2条）と明示されている。この，抗告訴訟・当事者訴訟・民衆訴訟・機関訴訟という大きな枠組みについては，平成16年度に行われた行政事件訴訟法の大規模な改正においても変更されていない。
　4類型のうち，抗告訴訟と当事者訴訟は，個人が自らの権利・利益の保護を目的として提起する主観訴訟である。一方，民衆訴訟と機関訴訟は，自らの権利・利益とは直接の関係なしに，公益の確保・客観的法秩序の維持などを目的として提起する訴訟であり，客観訴訟と呼ばれる。客観訴訟は，裁判所法3条に定められた「法律上の争訟」に該当しない例外的な訴訟類型であり，法律の定めがある場合にのみ認められる。

第2節　抗告訴訟

1　抗告訴訟の概念と平成16年度改正の意義について

　行政事件訴訟の4類型の中で，その中心をなすのは抗告訴訟である。具体的な定義としては，「この法律において『抗告訴訟』とは，行政庁の公権力の行使に関する不服の訴訟をいう」（行訴法3条第1項）とされている。
　平成16年度の行政事件訴訟法改正前は，抗告訴訟について以下の類型が定められていた。「処分の取消しの訴え」「裁決の取消しの訴え」（この2者を一括して

「取消訴訟」と呼ぶ）と，「無効等確認訴訟」「不作為の違法確認訴訟」である。

　「抗告訴訟」という用語の由来は，市村陽典によると，「行政庁の行う行政処分自体をあたかも第一審の裁判のごとくみて，これを不服として争うことが訴訟手続上の抗告に類似するところから，そのように呼ばれるようになったといわれている」という（市村陽典「2 訴訟類型」園部逸夫＝芝池義一編集『改正行政事件訴訟法の理論と実務』（ぎょうせい，2006年）31頁）。その意味で，「抗告訴訟」という概念は，公権力の行使について行政庁が「第一次的判断権」を有することを前提としていたと言ってよい。行政庁が何らかの処分を行い，それについて処分の相手方からの訴訟提起があってはじめて，司法権の出番がやって来るという考え方である。言い換えれば，三権分立の原則に基づき，司法権は行政権による「第一次的判断権」を尊重するという発想となる。

　こうした発想を基本とすると，抗告訴訟の最も基本的な類型は，公権力行使の違法を事後的に争う「取消訴訟」であるという判断が導かれる（「無効等確認訴訟」も，行政庁の処分を受けての司法的手続きではあるが，訴えを提起し，請求が認容されるまでのハードルが高い）。「行訴法は『取消訴訟中心主義』の立場をとっている，などといわれることもある」（宇賀克也編『ブリッジブック行政法』（信山社，2007年）194頁）のは，こうした理由からであった。なお，「不作為の違法確認訴訟」は，申請に対する処分を行政庁が行わないことの違法を争う訴えなので，厳密には行政庁の第一次的判断に司法的手続きが先行することになる。しかし，訴えが認められても行政庁は当該申請を認める処分をしなければならないわけではなく，当該申請を拒否する処分を下すこともできる。その意味で，「不作為の違法確認訴訟」は，具体的内容を伴う特定の処分を行政庁に義務付けるものではなく，行政庁の第一次的判断権尊重という原則を侵すものではないと考えられる。

　しかし，こうした「取消訴訟中心主義」「行政庁の第一次的判断権尊重」という考え方によっては，国民の権利・利益を十分に救済することができないのではないかという懸念・批判が従来から存在してきた。そのため，改正前の行政事件訴訟法時代においては，上記の「取消訴訟」及び「無効等確認訴訟」「不作為の違法確認訴訟」のほかに，「法定外抗告訴訟」（「無名抗告訴訟」とも呼ばれる）という類型が認められるべきだとされ，学説上様々な議論がなされてきたのである。

　「法定外抗告訴訟」の具体的な類型として，学説上想定されてきたのが，「義務付け訴訟」と「差止め訴訟」である。前者は，行政庁に対し何らかの具体的な処

分を行うことを義務付けるための訴訟であり，後者は，行政庁が何らかの具体的な処分を行うことを事前に差し止めるための訴訟である。しかし，日本国憲法上の三権分立原則を厳格に解釈する立場からは，司法府が行政庁に特定の作為・不作為を促す，このような訴訟類型を認めることに消極的な議論も存在した。その結果として，通説では，「義務付け訴訟」「差止め訴訟」が認められるとしても，その条件として「一義的明白性（行政庁が当該処分をすべき，又はすべきでないことが一義的に明白であること）」「緊急性（事前救済の必要性が顕著であること）」「補充性（他に適切な救済方法がないこと）」が必要とされてきたのである。「義務付け訴訟」「差止め訴訟」を認めた判例もほとんどなかった。

　しかし，国立マンション事件の東京地裁判例（東京地判平成13・12・4判例時報1791号3頁）は，「被告建築指導事務所長が，本件建物について……是正命令権限を行使しないことが違法であることの確認を求める部分に限り，明白性，緊急性，補充性の各要件を満たし……適法な訴えであり，その請求には理由があると認められる」として，実質的に義務付け訴訟を認容するに至った。

　そして，同判決からまもなく，平成16年度に行われた行政事件訴訟法の大幅改正によって，「義務付け訴訟」「差止め訴訟」のいずれもが抗告訴訟の新たな類型として明文化されることになったのである（行訴法3条第6・7項）。その結果，抗告訴訟として行政事件訴訟法に定められた訴訟類型は，大きく分けて，「取消訴訟」（「処分の取消しの訴え」と「裁決の取消しの訴え」）「無効等確認訴訟」「不作為の違法確認訴訟」「義務付け訴訟」「差止め訴訟」の5種類ということになった。櫻井敬子が指摘するように，義務付け訴訟や差止め訴訟の導入によって，「取消訴訟の存在意義は相対化」したといえる（櫻井敬子『行政救済法のエッセンス』（学陽書房，2013年）139頁）。

　なお，「義務付け訴訟」「差止め訴訟」が明文化されたことによって，「法定外抗告訴訟」を論じる実質的な意義は小さくなったともいわれる（稲葉馨・人見剛・村上裕章・前田雅子『行政法』（有斐閣，2007年）184頁）。しかし，「法定された非申請型義務付け訴訟（引用者注：後述）のように規制権限の発動そのものを命ずるのではなくとも，行政庁が有する特定の範囲の規制権限について，そのいずれについても行使を行わないことが違法であることの確認を求める訴訟などは，今後においても許容される余地を残しているというべきである」（前掲『改正行政事件訴訟法の理論と実務』37～38頁）という見方もあるように，「法定外抗告訴訟」

という概念は，学説・判例の上でこれからも柔軟に活用されていくべきであろう。

2　取消訴訟

　取消訴訟のうち「処分の取消しの訴え」は，行政庁の処分その他公権力の行使に当たる行為の取消しを求める訴訟をいい（行訴法3条第2項），「裁決の取消しの訴え」は，審査請求，異議申立てその他の不服申立てに対する行政庁の裁決，決定その他の行為の取消しを求める訴訟をいう（行訴法3条第3項）。
　両者は，行政事件訴訟法において「取消訴訟」という同一の枠組みに位置付けられ，その要件・手続きについては8条～35条に規定されている。取消訴訟をめぐる学説上・実務上の論点については，本書の別項目で詳細に論じるので，ここではその要件・手続きの概略についてのみ紹介することとする。
　行訴法3条2項にいう「行政庁の処分」の定義は，大田区ゴミ焼却場事件の最高裁判例（最判昭和39・10・29民集18巻8号1809頁）によれば「行政庁の法令に基づく行為のすべてを意味するものではなく，公権力の主体たる国または公共団体が行う行為のうち，その行為によって，直接国民の権利義務を形成しまたはその範囲を確定することが法律上認められているものをいう」とされる。すなわち，「行政庁の処分」とは行政行為とほぼ同じ意味となり，行政内部で出される通達・行政計画・行政指導などは取消訴訟の対象とはならないとされてきた。
　しかし，平成16年度の法改正後に出された病院開設中止勧告事件の最高裁判決（最判平成17・7・15民集59巻6号1661頁）は，富山県知事による病院開設中止勧告（行政指導）について，その処分性を肯定した。また，行政計画についても，浜松市土地区画整理事業計画事件判決（最大判平成20・9・10民集62巻8号2029頁）で，浜松市による土地区画整理事業の事業計画決定について処分性が認められるなど，この点については判例に大きな変化が生じている。
　処分の取消しの訴えと審査請求との関係については，処分に不服を持つ者は，「法律に当該処分についての審査請求に対する裁決を経た後でなければ処分の取消しの訴えを提起することができない旨の定めがあるとき」を除き，どちらを提起しても差し支えない（行訴法8条第1項）。また，法律に審査請求前置の定めがある場合でも，審査請求があった日から3ヶ月を経過しても裁決がなければ，処分の取消しの訴えを提起することができる（行訴法8条第2項）。
　取消訴訟の原告適格については，「当該処分又は裁決の取消しを求めるにつき

法律上の利益を有する者」（行訴法9条第1項）と定義されている。しかし，判例は「法律上の利益を有する者」の範囲を比較的狭く解してきたため，「消費者訴訟や環境訴訟などの現代型紛争において，訴えを却下される事例（いわゆる門前払い）が続出した」（今村成和著＝畠山武道補訂『行政法入門［第8版補訂版］』（有斐閣，2007年）228頁）。その結果，平成16年度の行訴法改正によって，9条第2項に「法律上の利益の有無を判断するに当たつては……当該法令の趣旨及び目的並びに当該処分において考慮されるべき利益の内容及び性質を考慮するものとする」という解釈規定が置かれるに至っている。

被告適格については，従来は処分・裁決を行った行政庁を被告とすることになっていたが，16年度改正によって，当該行政庁の所属する国・地方公共団体を被告とすることになった（行訴法11条第1項）。

取消訴訟の出訴期間については，処分または裁決があったことを知った日から6ヶ月以内（かつ，処分又は裁決の日から1年以内）と定められている（行訴法14条第1・2項）。16年度改正によって，主観的出訴期間は3ヶ月から6ヶ月に延長された。

取消訴訟の判決には，一般の民事訴訟と同様に，「却下」「請求棄却」「請求認容」の3種類があるが，それ以外に，取消訴訟に特有の「事情判決」という制度がある（行訴法31条）。「処分又は裁決が違法ではあるが，これを取り消すことにより公の利益に著しい障害を生ずる場合」に，請求を棄却する一方で，判決の主文で処分又は裁決の違法を宣言するのである。

3 無効等確認訴訟

無効等確認訴訟とは，「処分若しくは裁決の存否又はその効力の有無の確認を求める訴訟をいう」（行訴法3条第4項）。

一般的には，行政行為には公定力が認められるが，当該行政行為に「重大かつ明白」な瑕疵があった場合には無効となるというのが通説の立場である。その無効を行政事件訴訟法上で主張するために設けられた訴訟類型が，無効等確認訴訟である。

無効等確認訴訟には，その性質上，取消訴訟と異なり出訴期間の制限は設けられていない。むしろ，救済を求める者が取消訴訟の出訴期間を徒過してしまった場合の救済手段として，この訴訟類型は大きな意味を持っている。

出訴期間の制限がない点や審査請求前置の適用がない点などを除き，無効等確認訴訟については取消訴訟の手続きが準用されている（行訴法38条）。しかし，原告適格については，①「当該処分又は採決に続く処分により損害を受けるおそれのある者」②「その他当該処分又は採決の無効等の確認を求めるにつき法律上の利益を有する者」で，③「当該処分若しくは採決の存否又はその効力の有無を前提とする現在の法律関係に関する訴えによつて目的を達することができないものに限り」提起することができる，と定められている（行訴法36条）。③が意味上②のみにかかる（二元説）のか，それとも①②双方にかかる（一元説）のかについては学説上論争があるが，判例（最判昭和51・4・27民集30巻3号384頁）は二元説を認めたものと解されている。この解釈によれば，無効等確認訴訟には，後続の処分による損害を防ぐ予防訴訟と，他の訴えによって目的を達し得ない場合に限られる補充訴訟の2種類があることになる。

4　不作為の違法確認訴訟

不作為の違法確認訴訟とは，「行政庁が法令に基づく申請に対し，相当の期間内に何らかの処分又は裁決をすべきであるにかかわらず，これをしないことについての違法の確認を求める訴訟をいう」（行訴法3条第5項）。たとえば，風俗営業許可を都道府県公安委員会に申請したにもかかわらず，相当の期間内に許可処分も不許可処分もなされないといった場合に，この訴訟を提起することができる。

原告適格については，「処分又は裁決についての申請をした者に限り，提起することができる」（行訴法37条）と規定されている。手続きについては，出訴期間に関する部分を除き，大部分取消訴訟についての規定が準用されている（行訴法38条）。

なお，不作為の違法確認訴訟について，認容判決は当然拘束力を有する。しかし，その意味は「行政庁が，当該申請に対し何らかの処分又は裁決を行わなければならない」という意味にとどまり，行政庁が当該申請を認める義務を負うものではない。この点が，行訴法の平成16年度改正において「義務付け訴訟」が規定されることになった理由でもあったのである。

5　義務付け訴訟

平成16年度の行政事件訴訟法改正で，新設された訴訟類型である。その経緯に

ついては，2節1で前述した。義務付け訴訟の定義は，行政庁が一定の処分や裁決をすべきであるにもかかわらず，それがなされない場合に，「行政庁がその処分又は裁決をすべき旨を命ずることを求める訴訟」とされる（行訴法3条第6項）。

その上で，義務付け訴訟は，①行政庁に対し一定の処分又は裁決を求める旨の法令に基づく申請又は審査請求がされた場合において，当該行政庁がその処分又は裁決をすべきであるにかかわらずこれがされないとき（行訴法3条第6項第2号）と，②それ以外の場合で，当該行政庁がその処分をすべきであるにかかわらずこれがされないとき（行訴法3条第6項第1号）の2種類に分けられる。①は「申請型義務付け訴訟」，②は「非申請型義務付け訴訟」と呼ばれる（この呼称については，前掲『改正行政事件訴訟法の理論と実務』に従った）。

①についてはさらに，当該法令に基づく申請又は審査請求に対し相当の期間内に何らの処分又は裁決がされないとき（不作為の場合）と，当該法令に基づく申請又は審査請求を却下し又は棄却する旨の処分又は裁決がされた場合において，当該処分又は裁決が取り消されるべきものであり，又は無効若しくは不存在であるとき（拒否処分の場合）に分けることができる（行訴法37条の3）。「申請型義務付け訴訟」を提起するには，それぞれの場合に応じて，不作為の違法確認訴訟か，取消訴訟ないし無効確認訴訟を併合して提起しなければならない。②の「非申請型義務付け訴訟」については，「一定の処分がされないことにより重大な損害を生ずるおそれがあり，かつ，その損害を避けるため他に適当な方法がないときに限り」，提起することができる。原告適格は「法律上の利益を有する者」である（行訴法37条の2第1・3項）。①②いずれについても，訴えが認容されるためには，行政庁がその処分（①については，処分若しくは裁決。以下同じ）をすべきであることがその処分の根拠となる法令の規定から明らかであると認められ，又は行政庁がその処分をしないことがその裁量権の範囲を超え若しくはその濫用となると認められることが必要である（行訴法37条の2第5項，37条の3第5項）。また，厳格な要件が課されてはいるが，判決前の「仮の義務付け」についても規定がある（行訴法37条の5）。

義務付け訴訟の法定後，たとえば保育園入園承諾義務付等請求事件（東京地判平成18・10・25判例時報1956号62頁）で，障がいを持つ児童について「いずれかの保育園への入園」への承諾を義務付ける判決が出された（申請型義務付け訴訟の例）。

6 差止め訴訟

　この訴訟類型も，平成16年度の行政事件訴訟法改正で新設されたものである。差止め訴訟の定義は，「行政庁が一定の処分又は裁決をすべきでないにかかわらずこれがされようとしている場合において，行政庁がその処分又は裁決をしてはならない旨を命ずることを求める訴訟」とされる（行訴法3条第7項）。訴えの要件については，「一定の処分又は裁決がされることにより重大な損害を生ずるおそれがある場合」で，「その損害を避けるため他に適当な方法」がないときに限定されている（行訴法37条の4第1項）。たとえば，公表されると影響の大きい，営業停止処分の公表などがこれに該当し得るといわれる。かつて最高裁は，長野勤務評定事件判例（最判昭和47・11・30民集26巻9号1746頁）で，差止め訴訟成立のためには「事前の救済を認めないことを著しく不相当とする特段の事情」が必要としたが，改正法の文言はこの要件からかなり緩和された。認容判決の例として，鞆の浦景観保全事件の地裁判決（広島地判平成21・10・1判例時報2060号3頁）がある。

　義務付け訴訟と同様，差止め訴訟についても厳格な「仮の義務付け」の要件が規定されている（行訴法37条の5）。

第3節　当事者訴訟

　公法上の当事者訴訟には，「形式的当事者訴訟」と「実質的当事者訴訟」の2種類がある。前者は，「当事者間の法律関係を確認し又は形成する処分又は裁決に関する訴訟で法令の規定によりその法律関係の当事者の一方を被告とするもの」（行訴法4条前段）をいう。たとえば，収用委員会による土地の収用裁決について，補償金額の部分に不服があるときは，起業者と土地所有者間で訴訟を行うべきことが土地収用法133条に規定されている。内容的には行政権の行使に関する訴えであるにもかかわらず，形式的には当事者間で行われることから，この例は「形式的当事者訴訟」にあたるとされる。

　後者の「実質的当事者訴訟」については，「公法上の法律関係に関する確認の訴えその他の公法上の法律関係に関する訴訟」（行訴法4条後段）と規定されてい

る。この文言のうち,「公法上の法律関係に関する確認の訴えその他の」という文言は,平成16年度改正で追加された。「実質的当事者訴訟」の具体例としては,国籍確認訴訟や公務員の地位確認訴訟などがこれに該当するとされ,従来も活用されてきたところである。この法改正には,確認訴訟の意義について認知を促すとともに,行政指導・行政計画など,抗告訴訟の対象としにくかった行政作用に対する救済手段としても,この訴訟類型を位置づける意図があるものと思われる。ただし,行政指導・行政計画については先述のとおり,その処分性を肯定した判例が現れており,その行訴法上での位置づけは流動的とも言い得る。

第4節 民衆訴訟

民衆訴訟は,「国又は公共団体の機関の法規に適合しない行為の是正を求める訴訟で,選挙人たる資格その他自己の法律上の利益にかかわらない資格で提起するものをいう」(行訴法5条)と規定されている。客観訴訟として,行政の適法性を確保するために設けられている訴訟類型である。法律に定めがある場合のみ提起できる(行訴法42条)。

具体例として,公職選挙法に基づく選挙無効・当選無効の訴え(公職選挙法203条・204条・207条・208条),地方自治法に基づく住民訴訟(地方自治法242条の2)などがある。

第5節 機関訴訟

機関訴訟は,「国又は公共団体の機関相互間における権限の存否又はその行使に関する紛争についての訴訟をいう」(行訴法6条)と規定されている。民衆訴訟と同じく客観訴訟であり,法律に定めがある場合のみ提起できる(行訴法42条)。

現行法に定めがあるのは,地方公共団体の長と議会との間の訴訟(地方自治法176条第7項),地方公共団体の長が国などの関与に関し出訴する訴訟(地方自治法251条の5)などがある。

参考文献

園部逸夫=芝池義一編集『改正行政事件訴訟法の理論と実務』(ぎょうせい,2006年)
櫻井敬子『行政救済法のエッセンス』(学陽書房,2013年)
稲葉馨=下井康史=中原茂樹=野呂充編『ケースブック行政法［第5版］』(弘文堂,2014年)
阿部泰隆=斎藤浩編『行政救済法第2次改革の論点』(信山社,2013年)
藤井俊夫『行政法総論［第5版］』(成文堂,2010年)
稲葉馨=人見剛=村上裕章=前田雅子『行政法』(有斐閣,2007年)
今村成和著・畠山武道補訂『行政法入門［第8版補訂版］』(有斐閣,2007年)
宇賀克也編『ブリッジブック行政法』(信山社,2007年)

(平岡章夫)

第5講　取消訴訟概論

第1節　はじめに

　国民がどのようにして，とりわけ裁判所に訴えることにより違法な行政を争うことができるか。国民が何かを始めたくて，お役所（行政）に行ったら，拒否されたとしよう。このまま黙ってないで争わなくてはならない。そのとき，同じ行政（ないしその上級の行政）を相手取って争う場合（第1部1講）と，裁判所に訴えるやり方（本講）がある。その訴訟は，民事訴訟とか刑事訴訟ではなく，それは許可できないと言ったお役所を不服だとして相手取るので，行政訴訟である。その中の大半のものが，「行政庁の公権力の行使に関する不服の訴訟」（行政事件訴訟法3条1項）である。これを「抗告訴訟」というが，またそのなかでの中心のものが「処分の取消しの訴え」（同3条2項），即ち取消訴訟といわれるものである。この「処分」というのは，役所がそれは許可できないといったもの（不許可処分）である。これに不服があっても，これを無視して勝手にことを進めると，刑罰が待っていることがある。つまり，行政法では，国民は役所の決めたことにはとりあえずは従わざるを得ず，どうしても初志貫徹したいのであれば，その不許可処分を取り除かなければならない仕組みになっているのである。そのときに使う（あるいは使うことを強制される）のが，処分「取消訴訟」である。ただそのとき，一気に許可処分を求めることは通常できない（ある処分をすべき旨を命ずることを求める「義務付けの訴え」（同6項，37条の2・3）が別にある）。以上が，ここで学習することの概要である。では，もう少し具体的に詳しく見ていこう。

　ここで，訴訟の話に入ってしまう前に1点だけ簡単に確認しておこう。違法な処分がなされ，それが世の中で通用する（大手を振って歩く）というのでは，許しがたいので，だれかが何とかしなければならない。最初に動くのは，当然，その処分を受けた者であるが，行く先は裁判所でなくともいい，処分を取消すのはなにも裁判所だけではないことを忘れてはならない。これは最後の手段だ。その

処分を出した役所自身が取消せばいい。しかし、ただの国民が言っても行政は動かないし、自分で出したものをそう簡単には誤りでしたとは言わないから、そう気づかせるために背中を押すような、しかもちょっと権威がある存在としてオンブズマンは有効であろう。この「職権による取消」へと追い込むのが、一番の簡易迅速な救済方法である。要は違法状態を排除できればいいのだから、法的に正式な手続（「争訟による取消」）を使わなくともそれができればそれに越したことはないのである（もっとも争訟が機能しない給付行政の場合、職権取消によるほかない）。

さて、ここでも引き続き、第1部1講と同じく、規制行政の典型的な【例題】をもとに本講に関係した問題を考えていこう。

卒業生Xは、母校W大学正門前に学生向けの弁当屋（飲食店営業）を開店しようとし、食品衛生法に基づき保健所にそのための営業許可の申請を行った。ところが、①申請したのに、いつまでも保健所が許可も不許可も出してこないとき、②保健所はどのような場合に不許可にできるか、③不許可になった場合、Xは、それぞれどのようにすればいいか。④次に、許可が出て、営業を開始したのだが、隣の既存弁当店や学内弁当業者が、この許可の取消を求めてきたとき、これは認められるか、⑤また、Xは順調に営業を続けていたが、ある日そこで買った昼弁当を食べた学生らがノロウイルスが原因で集団食中毒を起こした。そこで保健所が、Xに対して1ヶ月の営業停止処分を行った場合、Xはどうすればいいか。

この問題を考える前に、国民に憲法で営業の自由が保障されているのに、行政（役所）は営業の自由を侵害してしまうような営業不許可や営業停止の処分ができるのか、をまず確認しておこう。そうした処分をする権限（根拠）は、法律によって与えられていなければならないが、その法律には、行政は「○○するために……○○の場合には、○○することができる」という規定のされ方がなされており、「○○するために」が行政目的であり、「○○の場合には」が要件で、「○○することができる」が効果である。憲法の営業の自由はもともと公共の福祉による制約が予定されているので、そのような法律の書き方をして、行政に規制の権限を与えているのである。行政はこうして権限をもつのであるが、法律に定められた条件のなかでそれが認められる。このように、はじめから権利・自由を制限ないし侵害することのできる・許されている類型があり（したがって権利侵害を違法として争ってもしようがない。後講・違法性を参照）、これを行政処分（行為）という。例題では、公共の福祉は、食品衛生法上の、飲食に起因する衛生上の危

害の防止（1条）という形で具体化され，そのための施設基準を満たさない場合，保健所は許可しない（52条）とか，6・9条等に違反して衛生危害を発生させた場合，既に与えた許可営業を取消・停止するなどの行政処分ができる（55・56条），ということになる。つまり行政は，法律に従って行われなければならず，公益を実現するために行動しなければならないのである。

第2節　取消訴訟の特徴は何か

「取消訴訟」（処分の取消の訴え）といわれるものは，行政処分に不服のある国民がその取消を求めて裁判所に訴えることであり，取消されると処分の時にさかのぼってその効力がなくなり，最初から存在しなかったものとなる。だから，おかしいと思うものは取消そうとするのである。具体的に，まず，例題③の場合を考えてみよう。保健所を相手取って勝訴し，判決が確定すれば，はじめから不許可処分がなかったことにはなるが，注意しなくてはならないのは，はじめというのは，営業許可の申請の時ということであって，苦労して勝っても振り出しに戻るに過ぎず（ましてや許可がもらえるわけでなく），保健所はもう一度，処分をやり直すに過ぎない。同じように，⑤の営業許可の取消・停止（55条）についても，取消訴訟で勝ってそれが確定しても，営業取消・停止の処分だけがはじめからなかったことになり，元に戻って最初に得ていた営業許可は残るのである。

1　排他的管轄と公定力

もし③⑤で，Xが勝手に違法なのだから放っておけと，不許可や取消・停止の処分を無視して，弁当屋を開業ないし続行すると，無許可営業ないし処分違反で処罰される構造になっているので（71・72条），やはり取消しておかねばならない。このように回り道のようでやっかいではあるが，違法と思っても無視しないでその処分の効力を消滅させるために，ともかくも取消訴訟という制度をつかえというのが，取消訴訟の排他性（或いは排他的管轄）である。

ということはどういうことか。例題③や⑤などの場合も，それらの処分取消判決をもらうまでは，一応有効で通用するものとして尊重しなければならないことになる。この通用力のことを行政行為の公定力という。ちなみに逆方向の説明を

すれば，行政処分には公定力があるから，これを否定するために取消訴訟をするとも一応言えようが，この説明では，行政行為に元々公定力があることになり，法治主義の観点から許されない。いずれにしても，取消訴訟の排他的管轄と行政処分の公定力との間にはこうした関係があることは理解されよう。

2 公定力の例外・限界——行政行為の無効

では，行政庁が発した処分は，何でもかんでも公定力をもつのであろうか。例題③で，保健所がよく調べもしないで，或いは隣の既存弁当店や学内弁当業者から所長が賄賂（金品）をもらって不許可にしたような場合にまで，一応通用力あるものとして扱わなければならないのかである。あまりにでたらめな行政処分には従う必要がないのではないか。法治主義原理からすれば，違法な行政処分は存在しないはずであるが，それを誰かが判断せねばならない。国民ではないのはどうも明らかだ（ある人にとっては有効で，他の人にとっては無効，では困る）。最高裁によれば，「重大かつ明白」な瑕疵（きずの意味で，違法または不当）のある行政処分は無効である。行政処分が無効となるのは，瑕疵が重大で明白な場合であるということである。

行政処分が無効であれば，取消訴訟の排他性に縛られず，公定力もないので無視して放っておけばよさそうなのだが，それを出した行政庁の方は，有効だと思っているので，それをもとにつぎの手を打ってくる可能性がある。例題でいえば，⑤の営業停止処分に続いて，違反業者の公表をネットに流してくるとか（63条），処罰が追ってくるかもしれない。また，課税処分であればそれを争っていたら滞納処分がくるとか，滞納処分後の差押え・公売処分とか，あるいは，違反建築物の除却命令であれば，それに続けて代執行をしてくるかもしれない。やはり「重大かつ明白」かどうかの判定がはっきりしないし，出訴期間もあるのでその期間内に取消訴訟を起こしておかねばならないのである（もっとも，違法性の承継が認められれば，後の処分を争ったときに前の処分の違法を主張できるが。たとえば，建設大臣のした土地収用の事業認定ではなく，収用委員会の裁決の段階で，事業認定の違法を主張することが許される。また，出訴期間の制約のない無効確認訴訟もあり得るけれども，無効の瑕疵の存在を認めてもらうのは難しい）。さらに取消訴訟の提起だけでは，処分の効力・執行や後続手続は止まらないので（執行不停止の原則），執行停止の申立てをして仮の権利救済を得ることはできる（25条）。しかしそれ

が申立てられたとき，内閣総理大臣はこれに異議を申立てることができ，裁判所も執行を停止することができないという仕組（27条）もあるので（違憲説が有力だが），国民としてはどうしようもない。

3 出訴期間と不可争力

　ここまで見てきただけでも，どうも，行政処分の取消訴訟というのは，憲法上，国民には裁判を受ける権利があるのに，取消訴訟についてはこれを使えという義務があるようであって，逆転している気がしてこよう。では，さぞ使い勝手がいいのであろうと想像できそうであるが，どうであろうか。

　まず，訴えはいつでもできるのであろうか。取消訴訟には，法律関係の早期安定を理由に出訴期間があって，処分があったことを知った日から6か月以内に出訴しなければならない（行訴14条1項以下）。6か月でも，訴訟提起までには準備も必要であり十分とは言えず，裁判を受ける権利の制限になるのだけれども，不服申立ての場合とは違って，わが国の取消訴訟には，どこを相手に・いつまで・どのように訴えるかなどの教示の制度が当初なかったが，後に追加されて（同46条，平成16年6月9日法律第84号），「処分の取消しの訴えは，処分があったことを知った日の翌日から起算して6か月以内に，○○市を被告として提起することができます。この場合，当該訴訟において○○市を代表する者は○○市長です」，などと教示されるようになった。

　行政処分の相手方は通知を受けるのでまだいい方だが，例題④のような場合，隣の既存弁当店や学内弁当業者に（ここでは後述の原告適格があったとして），また，原発訴訟では大抵の場合，原子炉設置許可の取消を求める原告適格は認められるが，周辺住民には，処分の名宛て人ではないので，通知は行かず処分があったことを知りようがないことになってしまう。

　ここでも先ほどと同じように，国民が行政処分をもはや争えなくなったとき，その処分は不可争力が生じたといい，これにて処分が形式的に確定することになる（形式的確定力）。出訴期間があるために，そうなるのであって，最初から不可争力があるのではない。

第3節　取消訴訟の訴訟要件

　取消訴訟の訴訟要件（本案判決の前提要件）として，被告適格（行政庁，11条），不服申立て前置主義，裁判管轄等があるが，中でも重要なのが，処分性・原告適格・訴えの利益の三つである。これらの要件を欠くとその訴えは，不適法として却下され（却下判決），処分の適法・違法性（本案）は判断されない（「門前払い」）ので，きわめて重要であることが理解されよう。そこで，訴訟をどう提起するか，それを制限するものは何か。

1　処分性——訴訟の対象性

　まずは，条文を確認しておこう。取消訴訟（「処分の取消しの訴え」と「裁決の取消しの訴え」があるが，後者はここでは考えないでおこう）とは，「行政庁の処分その他公権力の行使に当たる行為」の取消を求めるものである（3条2項）。「行政庁の処分その他公権力の行使に当たる行為」が「処分」であり，国民が不服だとし取消そうとするものが，その「処分」に当たるか否かという問題が「処分性」の問題である。逆に言えば，「処分」には行政処分が含まれるのは言うまでもないが，ほかにそれに含まれるものはあるのか。ちなみに行政処分（或いは行政行為）とは，「行政庁が，法律に基づいて，公権力の行使として，国民の法的地位・具体的権利義務関係を一方的に確定する行為」と説明される。相手方国民と相談して合意の上で決めるのではなく（民法の契約とは違って），一方的つまり権力的に決定する（国民を見下し目線で見るような）点に特徴がある。例題では，Xが弁当屋開業のための土地を買う際に交わした売買契約は合意に基づくものであるが，営業の許可・不許可は保健所が一方的に決める行政処分である。

　このように，行政処分は公権力的な行為であるが，そうであるからこそ，取消訴訟という行政法的な訴訟制度を使って争えるとも言える。では公権力性のないものは取消訴訟を使えないのか。上で述べたような行政処分の定義には当たらないが，取消訴訟をつかえるよう，「処分」に形式的に含めようという方向にある（「形式的行政処分」）。たとえば，歩道橋の設置について，そのどれも処分性がないのに，起工決定→業者との請負契約→建設工事等を一体として「処分」とみて，取消訴訟に乗せた判例がある（国立歩道橋事件）。

法律・条例或いは行政立法については一般的な法規範であって，個別事案への適用はまだなされておらず，国民個人への具体的な権利義務への直接の影響はないので，「処分」には当たらないとされる。しかし，告示や行政計画でも，一定の国民には利害関係にあり不服だとして取消訴訟で争われることがある。環境基準（環境庁告示）については，政府の公害対策上の達成目標・指針を一般的抽象的に定立する行為であり，直接に国民の権利義務に影響を及ぼすものではないとして，行政処分に当たらないとされたり，また，土地区画整理事業計画についても，利害関係者の具体的な権利義務に変動を及ぼしていない青写真に過ぎず，もっと計画が進んだ段階で後続処分（土地の形質変更不許可）を争えば足りる（訴訟の成熟性を欠く），として処分性は否定されている。しかし，環境基準のようにその地域住民の生活環境に直接被害が及んだり，また，一旦事業計画が決定されると後戻りできない既成事実ができてしまい，遅すぎることもあり得よう。

　また，行政指導についても，国民に法的な義務を課すものではなく，お願いをしてその協力を待つものなので，処分性は否定されてきた。しかし規制的行政指導は，相手方を事実上強制するので，処分性を認める必要があろう（勧告不履行の場合の氏名公表など）。

2　原告適格

　取消訴訟の原告となる資格，即ち行政事件訴訟法9条の「当該処分……の取消しを求めるにつき法律上の利益を有する者」に当たるかという問題である。もちろん，処分の名宛人は原告適格を認められるのは当然であるから，それ以外のものについてそれが認められるかという形で問題となる。例題でいえば，③⑤など営業不許可・停止処分をうけたXについては問題ないが，④のそれら処分を受けた者でない第三者にその処分の取消を求める法律上の利益があるかが問題なのである。

　問題の法律が第三者の利益を保護しているか否かで原告適格の有無は決まる，というのが判例である。これを法律上保護された利益説という。有名なのが，主婦連ジュース訴訟である（最（三）判・昭53・3・14民集32巻2号211頁）。例題④でいえば，食品衛生法がXの商売敵となる隣の既存弁当屋の利益（売上げの減少）まで保護していると言えるか，つまり営業許可制などは，どういう目的を達成するために敷かれたのか，である。飲食による食中毒の防止や食品衛生の保持

という一般的利益の保護を目的としているだけなのか，既存業者の個別的利益をも保護しようとする趣旨をも読み取れるかであるが，前者は明らかであるが，後者は無理で，後発業者が不許可になって商売敵が現れず営業利益が減少しないのは，許可制度があることの結果（反射）であろう（したがって，彼らは原告適格を否定される）。しかし，法律が第三者の利益をも保護していると読める規定があるときは話が違ってくる（公衆浴場業の距離制限の例，最（大）判昭30・1・26，最（二）判昭37・1・19，最判平元・1・20等。逆に参照，薬局の適正配置規制，最（大）判昭50・4・30，大河原良夫・医事法判例百選，2006年，65頁）。別の例でも考えてみよう。パチンコ屋の得た許可に対して，近くの開業医や学校がその取消訴訟を起こしたとしよう。風営法には，「良好な風俗環境を保全するため」地域制限があって，その開業予定地から一定の距離内に診療所や学校などがあるときは許可をしてはならない，とある（4条2項2号，同施行条例）。こういう場合に原告適格が認められるのは，診療所などが，制限地域内で善良で静穏な環境で業務を行う利益を保障しているからである（最（三）判平6・9・27）。ただ，同じ制限内に住んでいる周辺住民はやはり原告適格は認められないが（最（一）判平10・12・17），その理由は先の例題で見たとおりである。

　これでは，原告適格が認められる第三者の範囲がまだ狭い。そこで，そこから漏れた者をも救済に値するものは原告適格を広く認めてようという考え方が出てくる（保護に値する利益説又は裁判的保護利益説）。特に周辺に大きな影響の及ぶような事業，建築物（マンション建築，ゴルフ場・ゴミ処理場建設など）が許可されると，その周辺の住民は不安・不快・迷惑だと感じ，それらによる被害の防止や地域環境の保護を求めて裁判所にそれらの許可処分の取消を求めて出訴した場合，周辺住民ら第三者の原告適格は認められるであろうか。やはりここでも，第三者の利益が保護されている訳ではないので認められない。ただ，最高裁も，原発（原子炉設置）や飛行場など大規模な事業・施設の許可などが，周辺住民の生命健康に甚大な被害が及ぶことを考慮して個別的利益を認めたり，行政処分の根拠・要件規定や根拠法律をも越えて関係の法体系の中で（つまり「法律上の利益」の「法律」をより広くとらえて）住民の個別利益を保護しているという解釈を徐々に示してきている（9条2項を参照）。

　また近年では，環境訴訟が重要になっているが，ここでの原告適格も認められないことが多い。無節操な開発による自然破壊を訴えても，自然というものは誰

でもが享受できるものなので（環境利益＝一般的公益），特定の者が享受する利益だとは言えないとされる。奄美大島でのゴルフ場建設のために得た業者の林地開発許可を取消そうと，鹿児島県知事をそこに住むアマミノクロウサギが原告になって争った訴訟等がある。

3 訴えの利益

これまでみてきた処分性や原告適格が認められても，まだ関門がある。処分を取消すだけの必要性（つまり取消せば原告が実際に救済される）がなければ，やはり却下判決である。これが「訴えの利益」であるが，前者と区別するときは「狭義の訴えの利益」ともいわれる。つまり，争っている処分が原告にとって不利益なもので，それを取消すことが救済となるのでなければ，訴えの利益はないとされる。例題の③とか⑤は，Xにとって明らかな不利益処分であるから取消しておかねばならない。

問題は，時間や状況の変化によって訴えの利益がなくなってしまうかである。⑤のケースでは，1ヶ月の期限付きの営業停止処分であるから，訴訟でこの取消を求めている間に1ヶ月がたってしまったら，訴えの利益が消滅してしまうことがある。また，取消訴訟をしている間に制度が変わってしまったり（許可制から届け出制など），開発許可，建築確認や公有水面埋立て免許を争っていたら，それらの工事（開発，建築，埋立）が終わってしまった場合や，さらに憲法で学習した長沼ナイキ基地事件で，保安林指定解除処分の取消を求める訴えの利益が，代替のダムができ洪水の恐れがなくなったので消滅した，とされたのもそうである。そのときにいわれる理由は，工事などが完了してから取消判決をしても，社会通念上原状回復が無理だからだ（建築物を壊すとか，埋め戻すとかが），というものである。もし原状回復が不可能というのであっても，取消されれば違法なのだから，訴えの利益は認めて，事情判決をすべきだとも考えられる（31条によれば，その場合，「判決の主文において，処分……が違法であることを宣言しなければならない」）。

また，期限付きの処分を争っている間にその期限が経過しても，取消によって回復すべき利益が必ず消滅するとは限らない（行訴法9条括弧書き）。例題⑤のような場合でも，1ヶ月が過ぎたからといって，Xにとっては食中毒による営業停止処分は弁当屋としては信用に関わり下手をしたら致命傷だし，違反業者として公表されるのも相当つらい不名誉だろうから，取消しておきたいはずだ。回復

すべき利益があるから訴えの利益は存続しそうであるが，しかし，その償いは賠償請求によれとされよう。しかしながら，運転免許の停止処分の場合には，道路交通法上，前の年の免停等の前歴が次の処分につながるので（最初の免停になると違反4点で60日の免停になり，また免停になると2点で90日免停になる），それを取消しておかなければならないし，取消せば直ちに更新許可申請ができるので，回復すべき利益があることになる（ただし，1年間無事故無違反であれば過去の行政処分の前歴はなくなる（累積点数がリセット）ので，取消による訴えの利益はない）。

第4節　取消の基準・原因は何か

さて，最後に，裁判所は審理の中で，どのような基準に基づき，どのような場合に，行政処分を違法として取消すのか，を見ていこう。つまり，取消が認められる違法とはどのようなものなのか。

1　行政処分の瑕疵

行政処分は，これまで見てきたように，権力的な行為であるから，それを授権する法律は，誰が，どういう形式で，どういう手続を経て，どういう内容の処分をするか（処分をするための要件）を定めているが，それらの要件を満たさずに，処分をした場合に，その処分には瑕疵（欠陥，傷）があるという。瑕疵ある処分は，違法で裁判所は取消さねばならないはずである。

しかし，その瑕疵にも単純なものから重大なものまでいろいろな程度があって，簡単に補正がきくものや軽微なものは取消までいかないこともある。つまり，後から治せる瑕疵もあるという瑕疵の治癒の法理である。しかし，最初は瑕疵があって欠けていた要件等が後に遡って追完・後付けされたものであるので，法治主義の原則からいえば，これを簡単に認めるべきではないだろう。

次は，瑕疵が重大なものであっても，違法にすらならないものもある。つまり不当にとどまるとされる瑕疵である（不法な処分）。裁判所が取消すことのできるのは，行政庁が裁量権の範囲を越えたりそれを濫用したりした場合だけである（30条）。裁量権の中であれば，不当な瑕疵にとどまり違法ではない。さらに，違法にはなるが取消までは行かない事情もある。処分が違法でもそれを取消すと，

公の利益（公共の福祉）に影響が及ぶ場合などは，取消請求は棄却される（31条 事情判決）。もちろん，判決主文では処分違法は宣言されるのである（議員定数配分の選挙無効訴訟ではこれが類推適用されて請求が棄却されたのはご存じの通り）。

2 瑕疵の類型

では次に，どんな瑕疵があるのか。形式的な瑕疵と手続的瑕疵から見ていこう。例題③⑤で考えてみると，保健所の営業不許可・停止処分に署名押印がなかったとか，書面交付ではなく口頭で済ませたとか，ノロウイルスによる食中毒が営業停止処分の理由であることをいわなかったりした場合は，前者の瑕疵である。最後の理由付記の省略については，不許可にした理由はＸにとって最も知りたいことでそれを知って次の対策を立てるのに重要であるだけでなく，保健所の恣意的判断を許さないためにも必須である。裁判所は，この点に厳格で伝統的に理由付記の追完による瑕疵の治癒は認めていない。また，行政手続法で，処分と同時に理由の提示が義務づけられている（8・14条）。

さらに，行政処分を行う前にすべき事前手続，聴聞や諮問などの手続にかかわる瑕疵が手続的瑕疵である（聴聞手続が法定されているのにそれを欠いたり，審議会への付議不十分，答申前の処分，答申案の持ち回りなど）。事前の行政手続というと，聴聞と公聴会がその主要な内容として出てくるのは，審議会への諮問手続とともに，現代行政における国民の権利利益の手続的な保障と国民の行政参加が重要であるからである。しかしわが国では，こうした手続はしばしば形式的に運営され，聴聞会などは「きくもんかい」と化しているなどとの批判があった。

従来，裁判所も，手続を正しく行っていれば，処分の結果が違っていたという場合にのみ取消しうるという態度であった。例題でいえば，Ｘの言い分も聴かずに営業停止処分をしたが，その言い分を聞いていればそうはならなかったという場合でなければ，取消事由として扱わず（手続的瑕疵を認めない），それだけではただちに取消さないということである（この場合，食中毒の原因が確定しその影響があまりに大きいことなどを考えると上の機会を与えても，逆転することはないから）。

行政庁が，許認可等を取消すなどのきびしい不利益処分をする場合にはとりわけ，前もって処分の相手方の言い分や釈明反論を聴いてから決定するのが，手続として公正であるといえよう（なお，事前手続が法定されていない場合でも，不利益・制裁処分については，それを欠いた場合違法となるとの条理解釈が多数説である）。

また，行政手続法のある今日，国民にとっての不利益処分をする場合には，聴聞や弁明の機会を与えることが広く義務づけられるだけでなく（13・15条以下），審査基準を作って公表することも課しているので（5条），審査基準の設定・公表もせずに行政処分をした場合にはそれ自体が争点となってそれを重大な瑕疵として処分取消の方向へと向かうことが必要であろう。こうした手続の瑕疵についての判例形成は，行政手続法の解釈として今後に委ねられている。

3 裁判所による行政裁量のコントロール

行政処分は事実を認定して法令を適用して行われる。処分を決定する過程での内容の瑕疵（事実認定や法令解釈適用の誤りなど）が，行政の裁量権の行使との関係で問題となる。

（1） 裁量処分と羈束処分

行政処分は，事実を認定しそれに法令を適用して発するものであるから，事実が複雑だったり法令の定めが抽象的で一義的でない場合，その事実に法令を当てはめるときに行政庁の判断に自由を許してしまうことがある。実際，この判断に何らかの自由の幅が残ることが多く，この判断や選択の余地を裁量（行政（庁）の）裁量）といい，それが認められた行政処分が裁量処分といわれるものである。他方，法令が一義的に定めてあり（運転免許の年齢制限など），あとは事実が確定すれば自動的に行政処分が決まるようなものを，羈束処分という。税率のように数字で法定されていて，自動計算で税率が導かれる課税処分などはその例とされてきた（事実認定での問題は残ろうが）。ここまでは，裁量のあるなしによる行政処分の分類であった。

（2） 自由裁量と羈束裁量

次に，上の裁量処分の分類である。即ち，とりあえず行政庁に裁量があるとはいっても，裁判所がその裁量判断を尊重して基本的に行政の判断に委ねてしまうもの（この法から解き放たれた裁量を「自由裁量」という）と，裁判所の全面的な審査が及んで完全な見直しが迫られるもの（この審査までの仮の裁量を「羈束裁量」或いは「法規裁量」という）とがある。自由裁量との特別扱いを受けるのは，立法者（法律）が行政の専門性に期待してその専門的判断に委ねたからだと説明されているが，本当にそうであるかは裁判所が問題となっている法律と行政処分をみて決めるのではあるけれども，裁判所は，羈束裁量とは違って全面的な審査をせ

ず，裁量の枠（範囲）を越えてないか，裁量の濫用はないかの審査しかできない（30条）（後述（4））。

（3） 要件裁量と不確定概念

以上，裁量の観点から，自由裁量処分・羈束裁量処分・羈束処分の3分類を見てきた。ではもう少し立ち入って，その「裁量」とは何なのか，何の判断をすることが裁量の裁量たるゆえんなのか。伝統的には，行政処分の要件を満たしているかの最終的判断権が認められることが裁量があるということだとする要件裁量説があり，また，行政処分をするか否か，どういう処分をするかを決めるところにこそ裁量があるとする効果裁量説があった（そしてそれを自由裁量処分としてきた）。今日ではそう考えるのではなく，行政が処分をする場合，そのどこかの段階に，程度の差こそあれ，裁量が働いていると考える。例題でいえば，弁当屋の営業許可は，憲法の営業の自由を公共の福祉の観点から制限するのだから（22条），保健所の裁量が，自由裁量か羈束裁量かという類型的なくくり方をするのではなく（してはならず），法律上の要件を充足するかどうかだけに限られる（「営業の施設が前条の規定による基準に合うと認めるときは，許可をしなければならない」（52条2項））。衛生基準の適合不適合などの要件裁量は認められても，許可不許可の効果裁量は許されないと考えられるようになってきている。

行政処分の要件にどうしても裁量の余地が出てくるのは，「公益を害する恐れ」「公益上の必要」とか，例題でいえば「公衆衛生に与える影響が著しい」などその内容が不確定な法概念が登場するからである。裁判所も，政治的な判断（憲法でも出てきた在留許可更新の判断が問われたマクリーン事件）や専門技術的な判断（原発の安全性）を必要とするケース等で，これを認めている。

（4） 裁量権の限界——裁量権の行使が違法となる場合とは？

裁量処分が取消されるのは，裁量権の範囲を越えた場合と裁量権の濫用があった場合であること（30条）は先に見た。前者の踰越と後者の濫用を区別せずに，今日では論ずるのが一般である。ここでは，憲法がその理由として出る幕が多くなるはずである。憲法は立法者を規律する規範原理であることは既に学んでいるが，行政法では，法律の適用の段階で憲法が常に問題になり得るからであり（とりわけ下記の平等原則・比例原則がその代表例），行政庁がたとえ法律で裁量権を与えられている場合であっても，その上には，或いはそれ以前に，憲法が存在するのであるから，それを無視した裁量権の行使は，違憲となりうるし，平等・比例

原則のほかに，権利濫用の禁止，信義則等の不文の法理ないし条理（或は「法の一般原則」）等によっても制約を受ける。

i 平等原則・比例原則違反 上で述べたように，行政庁が法律を適用して処分を行うとき，国民を差別的に扱って不利益を課すことは許されないであろうし（憲14条），また，行政処分の根拠となる事実（法違反の事実）とそこから導かれる処分内容との間に著しく均衡を逸することは国民の自由を必要以上に制約することになるので，やはり許されないであろう（憲13条）。例題でいえば，Xが営業の許可申請をして拒否されたのに，同じように弁当屋開業を目指すYは許可されたとか，或いは1ヶ月の営業停止処分であったXが，Yの営業停止処分はたった2日であったという場合はそうであるが，もっとも，このとき平等原則違反を主張しても，そこに特別の差別的意図がない限り，双方の事案が異なるとして，処分が取消されることは極めてむずかしいであろう。

一方，比例原則は，公務員の懲戒処分（免職・停職・減給・戒告）について，正当な理由なく10日の欠勤をした公務員に免職或いは停職処分をしたり，指紋押捺を拒否した外国人に再入国拒否処分をしたりした場合に，問題となる。例題でいえば，Xの食中毒による営業停止処分が1か月以上であったり，営業取消処分である場合には，余りに均衡を失する過酷な処分として，この原則が働いてくるかもしれない。

ちなみに，全国で食中毒事件は絶えない。2014年1月，浜松市の市立小学校（14校）で，児童905人が下痢や嘔吐などの症状を訴えて欠席し，12校が学校閉鎖，2校が学級閉鎖となったが，学校給食の食パンから病因物質ノロウイルスが検出され，患者数1271人を出したあれほど大規模な集団中毒事件で，原因企業（菓子製造業）に対する営業禁止命令は，平成26年1月17日から「当分の間」とされ，結局それは24日に解除となっている（適用条項は食品衛生法55条，行政処分等を行った理由は食品衛生法6条違反（食中毒）であった。これと比べれば，Xの出したであろう被害規模と比べて，1か月の営業停止処分は明らかに過酷であるから，裁判所も比例原則違反として取消してくれるであろうと思われるが，しかし，あまりに長すぎるとはいえ，単なる不当にとどまり違法というほどではないとされる恐れもなくはない。

ii 目的違反・不正動機（目的拘束の法理） 本来考慮してはならない法律の目的以外の目的や不正な動機に基づいてなされた処分は，裁量権の濫用の典型例

としてよく引かれる。例題でいえば，保健所長が，Xが開業されれば自分の親戚が営む隣の飲食店の収益が減ってしまうとの懸念から，或いは，Xに対するかねてからの恨みがあって，営業不許可にしたりしたような場合が考えられる。また，最高裁が，山形県余目町個室付特殊浴場事件で，建築確認をとり開店間際だった個室付特殊浴場（トルコ風呂）に対し，地元住民から反対運動が起ったので山形県知事がその営業の開設阻止のため，風営法の規制をかけるべく，余目町長と意思相通じて急遽行なった児童遊園の認可処分が，行政権の濫用に当たるとされた事例がよく知られていよう（仙台高判昭49・7・8，最判昭53・5・26）。同じく，不正な動機が露骨に処分にストレートに現れたものとして，憲法問題でもあった北海道赤間小学校思想調査事件があり，かねてから労働運動等を嫌悪して赤間小学校からの追放を企図してなされた調査表に基づいて行われた教師への転任処分が取消されたというものもある（札幌地判昭46・11・9判例時報651号）。更に最近でも，パチンコ出店阻止を目的とした図書館設置の条例改正が，同じ理由で違法とされた事例もある（東京地判平成25・7・19）（また後講・違法性を参照）。

　　iii　**要考慮事項の考慮不尽と他事考慮の禁止**　　行政庁が，処分を決定する判断過程で，考慮すべき事項を考慮せず，反対に考慮すべきでない事項を考慮した場合などは，裁判所が，その裁量権の行使を違法とすることがある。ここでの典型的な判例は日光太郎杉事件（東京高判昭48・7・3・行裁集24巻7−8号533頁）である。これは，建設大臣が土地収用法に基づき国立公園日光山（特別保護地区）に属する土地について行った事業認定，具体的には，東京オリンピック誘致のため日光東照宮の巨杉群・太郎杉を伐採して国道を拡幅する計画について，「土地の適正かつ合理的な利用に寄与する」（20条3号）の要件を満たしていないとして取消した事例である。つまり，建設大臣はその要件を判断するに際して，太郎杉という文化的価値や環境利益といった最も重視すべき事項を十分に考慮せず，他方で，オリンピック開催に伴う交通量の増加など本来考慮に入れるべきでない事項を考慮して評価したなどとして，裁量判断の方法や過程に過誤があると結論づけたのである。この審査手法は，行政の実体的な裁量判断に踏み込むのではなく，裁量処分に至る行政庁の判断過程の合理性に着目した審査として注目された。

　近年でもこうした判例法理が採用され，原子炉施設の安全性に関する行政庁の専門技術的な判断の適否が争われた原子炉設置許可処分の取消訴訟で，行政庁の判断に不合理な点があるものとして処分は違法と解すべきであるとされている

(伊方原原発・最（一）判 平4・10・29）。さらに，憲法でも登場する，エホバの証人剣道授業拒否事件もある。市立高等専門学校の校長が，信仰上の理由により剣道実技（必修）の履修を拒否した学生に対し，原級留置処分・退学処分をした事例において，履修拒否が信仰の核心部分と密接に関連する真摯な理由であった点，レポート提出等の代替措置を認めて欲しい旨申入れがあったのに対し，それが不可能でもないのにこれを何ら検討することもなく一切拒否した点など考慮すべき事項を全く考慮せずに行った処分は，社会観念上著しく妥当を欠き，裁量権の範囲を超える違法なものというべきであると断じている（最（二）判平8・3・8）。特殊固有事情（特に憲法上の信教の自由）がある場合にはそれを考慮して裁量権を行使しなければならないことを判示したものであり，また，剣道実技拒否を理由に退学処分を行った点で比例原則違反の事例とも言えよう。なお，その特殊事情が，生命健康に関わるような場合には，裁量権はさらに収縮してついには唯一の処分しかできなくなるという裁量ゼロへの収縮論があって，スモン国家賠償訴訟ではこの法理が使われている（東京地判昭53・8・3判例時報899号48頁，また千葉県野犬咬死事件東京高判昭和52・11・17判例時報875・17）。

　なおごく最近（2014年），生命健康という人格権等に基づく大飯原発3・4号機運転差止請求についてであるが，東電福島第一原発事故（2011年3月）後初めて運転禁止の判決が出た事例で，大飯原発に係る安全技術及び設備は，確たる根拠のない脆くて弱いものであるから，原発の運転によって，生存を基礎とする最高の価値をもつ人格権が侵害される具体的な危険があるとして，原発から半径250km圏内に居住する原告らについて請求を認容したものがある（参照，福井地判平26・5・21）。

　iv　小括：裁量基準の設定とその適用　　以上見て眺めてきたところから，行政処分を行うに当たっては，そのための裁量基準をつくりそれに従って決定をすることが，行政の判断に不正・恣意的な要素が入り込まないようにして決定を公正なものにすることがわかる。この点，そのための裁量権行使の指針として，行政手続法は，申請に対する行政処分にはできる限り具体的な審査基準を定めること（5条1項），不利益処分についてはできる限り具体的な処分基準を定めて公表すること（12条）を求めている。裁量基準がないのも問題であるが，これが具体的であればあるほど（具体的な数字の定め等），また機械的・硬直的に運用されると，それに眼を奪われて個々の特殊固有事情を考慮できなくなるのも問題

である（上記の剣道拒否事件）。結局のところ，裁量基準の定め方と個別事案ごとの柔軟な判断が必要だということになろう。

第5節 最後に——取消訴訟の判決とその効力

いよいよ，Ｘが例題③乃至⑤で取消訴訟をおこして処分取消の判決（請求容認判決）を勝ち取ったとしよう。この取消判決が確定すると，処分がなされた時点にさかのぼって処分の効力がなくなるので，行政庁（保健所）は改めて取消す必要はないし（判決の形成力），これは第三者にも及ぶ（32条1項）（第三者効或いは対世効）ので，Ｘはひとまず一応の安心はできる。また，保健所が無視しないように，この取消判決は，関係行政庁を拘束するから（33条1項以下）（取消判決の拘束力），保健所は，その判決をよく読んで，何が違法とされたのかなど，その趣旨に従って，改めて処分をし直すことになる。その際，保健所は，同じ理由で同じ内容の処分をすることはできない（反復禁止効）。これは上述の取消判決の拘束力乃至は既判力によるからだ。ただ，保健所は別の理由で同じ処分はできるから，Ｘは完全には安心することはできないが，「一応の」安心をしつつ，再度の処分を待つことになろう。

参考文献等
宇賀克也＝交告尚史＝山本隆司編『行政判例百選［第6版］』（別冊ジュリスト 211・212）（有斐閣，2012年）
今村成和＝畠山武道『行政法入門［第9版］』（有斐閣双書，2012年）
北原仁「第3章第8講 取消訴訟の本質」（後藤光男編『人権保障と行政救済法』2010年，成文堂）
兼子仁『ホーンブック行政法』（北樹出版，2000年，同・新行政法 2002年）
同『行政手続法』（岩波新書，1994年）
交告尚史『処分理由と取消訴訟』神奈川大学法学研究叢書16（勁草書房，2000年）

（大河原良夫）

第6講　処分性——取消訴訟の対象

第1節　処分性概念と行政法学

1　行政事件訴訟の改正と処分性概念

　行政事件訴訟法は，2004年大幅な改正がなされ，2005年4月1日から施行された。改正された抗告訴訟の内容は，従来の「処分の取消しの訴え」（3条2項），「裁決の取消しの訴え」（同条3項），「無効等確認の訴え」（同条4項）および「不作為の違法確認の訴え」（同条5項）に加えて，「義務付けの訴え」（同条6項）と「差止めの訴え」（同条7項）が追加された。

　行政事件訴訟法（以下「行訴法」という）は，「抗告訴訟」とは，「行政庁の公権力の行使に関する不服の訴訟をいう」（3条1項）と定義したうえで，「処分の取消しの訴え」とは，「行政庁の処分その他公権力の行使に当たる行為」の取消しを求める訴訟をいうと定め（同条2項），同じように「裁決の取消しの訴え」を規定している（同条3項）。これらの規定は，改正前の規定の文言と同じである。したがって，抗告訴訟，特に取消訴訟の規定をめぐる改正前の学説も有効性を失っていない。

　伝統的な見解では，行政事件訴訟法の抗告訴訟は，「行政庁の公定力をもった第一次的判断を媒介として生じた違法状態を否定または排除し，相手方の権利利益の保護救済を図ることを目的とする一切の訴訟形態を含む」と定義される。「公権力の行使に関する不服」とは，「法が認めた優越的な地位に基づき法の執行としてする公定力をもった意思活動に関する不服」を意味する（田中二郎『新版・行政法上〔全訂第1版〕』（弘文堂，1964）288頁）。

　取消訴訟は，「行政庁の処分その他の公権力の行使に当たる行為」（行訴法3条2項）の違法性を主張してその取り消しを求める訴訟である。そこで，ここに規定されている「処分」とは何かが問題となる。伝統的な処分概念では，「ここで

いう行政庁の処分というのは，法律行為的行政行為のほか，準法律行為的行政行為（公証行為，確認行為，通知行為，受理行為等）及び公権力の行使に当たる事実行為を含む」と定義される（同前，310頁）。したがって，取消訴訟における処分概念は，講学上の行政行為よりも広い。

最高裁も，ごみ焼却場の設置決定行為の処分性を否定した判決において，伝統的な処分概念をとっている。この判決は，行政事件訴訟特例法1条の「行政庁の違法な処分の取消」という文言（1条）の解釈をめぐるものであるが，処分性について次のように判示している。行政庁の処分とは「行政庁の法令に基づく行為のすべてを意味するものではなく，公権力の主体たる国または公共団体が行う行為のうち，その行為によって，直接国民の権利義務を形成しまたはその範囲を確定することが法律上認められているもの」（最高裁昭和39年10月29日第一小法廷判決民集18巻8号1809頁，判時395号20頁）であると。そして，行政庁の行為は，適法であるという推定を受け，取消訴訟によってのみその行為を取り消すことができるというのである。

行政事件訴訟特例法が制定されたのは，昭和23年（1948年）であるから，このような処分性概念は，1947年に施行された日本国憲法の下での行政訴訟における処分性の解釈として早くから受け入れられてきたといえる。しかしながら，明治憲法下の行政訴訟のあり方と日本国憲法のそれとは，おおきな断絶があると同時に，両者の間には継承した面もある。そこで，処分性概念を理解するために，日本のおける行政訴訟の展開に関するこのような二つの側面を理解する必要がある。

2　行政法学の発展

（1）　明治憲法下の行政訴訟

1889（明治22）年，大日本帝国憲法（明治憲法）が発布されると，この憲法にもとづいて行政法学を理論的にどのように築くべきかという課題がうまれた。明治憲法は，プロイセン憲法をモデルとしたといわれ，行政裁判についても大陸型の制度をとっている。行政事件訴訟は「行政裁判所ノ裁判ニ属スベキモノ」であって，「司法裁判所ニ於テ受理」しないと定めていた（明治憲法61条）。明治憲法下では，日本の行政法学は，ドイツの行政法学にならって，民法と並ぶ行政法としての独立した法解釈の体系の構築を使命としており，民法の法律行為論に対比されるものとして行政行為論を置き，その適法性の原理，意思の優越性の原理，

実効性の原理を構築した。さらに民法に見られないものとして行政の実力行使を説明する行政強制論を展開することによって，民法に対する行政法の特殊性を強調してきた。明治憲法の自由主義的解釈を展開した美濃部説も，公法と私法の二元論に立ったうえで，公法関係の特質を国家の優越的な意思に求める点で，明治憲法下の官僚主義的国家観と矛盾せずに両立できるものでもあった。したがって，今日からみれば，美濃部達吉の行政法学における「法治主義」の原則も一定の限界があったと言える。

3 日本国憲法と行政法学

このような行政法理論は，日本国憲法の制定によって挑戦を受けることになる。日本国憲法は，行政事件も司法裁判所の管轄とし（76条1項），「特別裁判所は，これを設置することができない。行政機関は，終審として裁判を行ふことができない」（同条2項）と規定する。司法裁判所から独立した行政裁判所を設けることを禁止して，大陸法型の司法裁判所と行政裁判所とが並立するという二元的な制度を否定しているのである。

このように，明治憲法から日本国憲法への転換は，行政国家より司法国家への変遷を意味していた。日本国憲法の下では，司法裁判所から独立した一般的な行政裁判所を設けることが禁止され，行政事件も，司法裁判所の管轄に属することとなった。司法権については，昭和22年（1947年）に制定された裁判所法3条1項は，「裁判所は，日本国憲法に特別の定めのある場合を除いて一切の法律上の争訟を裁判し，その他の法律において特別に定める権限を有する」と規定し，行政事件も，「法律上の争訟」であれば通常裁判所に出訴できることになった。したがって，日本国憲法は，法適用機能を通常裁判所に付与しており，英米法系の司法国家型を採っている。

1948年7月には，行政事件訴訟特例法が制定されたが，その名のとおり民事訴訟法の特例を定めたものであり，「行政庁の違法な処分の取消又は変更に係る訴訟その他公法上の権利関係に関する訴訟」の手続きを定めたものであった。この法律は，公職追放処分を受けた国会議員が追放処分の効力停止を求めて仮処分を申請したのに対して，東京地裁が民事訴訟法の定めに従い申請を認容した事件を契機に，緊急に制定されたものであり，不十分なものであった。

1962年，特例法の問題点に応えるかたちで体系的な行政事件訴訟法が制定され

た。大陸法型から英米法型への司法制度の転換に合わせるという点で，その後は，世界に類例を見ない日本独特の行政制度が展開してきたといえる。したがって，日本の憲法学が合衆国の憲法原則の影響受け，合衆国の法令審査制度を導入したことにより，合衆国連邦最高裁判所の判例理論の影響が濃厚であるのに対して，日本の行政法学には，そのような影響は見られない。

4　行政事件訴訟法と取消訴訟

（1）　行政事件訴訟法

この1962年の行政事件訴訟法において初めて「抗告訴訟」という語が用いられた。それ以前にも学説上はこの語が用いられていたが，「取消訴訟」の別称として用いられていた。行政事件訴訟法3条1項は，抗告訴訟を「行政庁の公権力の行使に対する不服の訴訟」と定義している。旧特例法では，取消訴訟の訴願前置主義がとられていたが，これを廃止し，「処分取消しの訴え」と「裁決の取消しの訴え」との関係を明らかにし，訴えの対象については，原処分の取消しを求めるべきものとする「原処分主義」を採用し，特別に定めのあるときにのみ，裁決の取消しを認めた（10条2項）。

取消訴訟は，その起源を19世紀のドイツ諸邦やオーストリアの取消訴訟制度にまでさかのぼることができ，行政訴訟の中核を形成してきた。戦後の行政法学は，戦前の美濃部行政法学を日本国憲法に適用した田中二郎行政法理論を批判するというかたちで，発展していったが，その際，批判の理論的根拠を提供したのが英米の行政法であった。しかし，日本の行政事件訴訟法は，大陸型の行政訴訟理論を受け継いでおり，行政委員会や行政審判所を充実して司法裁判所が主として法律問題を取り扱うという完全な司英米型になっているわけではない。行政事件訴訟法7条は，民事訴訟法の準用ではなく，民事訴訟法の例によると規定し，一定程度，行政法独自の法体系を認めているように思われる。

イギリス型（アメリカもこれに準ずる）の近代国家においては，公法と私法の分化にも関わらず，処罰と救済の法制度は，共通であり一元的であった。公法特有の訴訟形態は，行政機能が量的・質的に変化した一定の歴史段階において，より国民に有利な救済制度として意図的に創出されたものである。したがって，近年の日本の学説は，行政訴訟の前提にある行政行為の公定力も，単に行政が時代に対応するために技術的に生み出されたものにすぎないと考える傾向にある。

（2） 行政事件訴訟の改正と抗告訴訟

前述したように，行政事件訴訟法は，2004年大幅な改正がなされ，2005年4月1日から施行された。伝統的な説では，「抗告訴訟の抗告訴訟たるゆえんが，行政庁の第一次的判断が，明示的にしろ黙示的にしろ，下されていることを前提として，それによって生じた違法状態を排除することにあるとすれば」，義務づけ訴訟のごとき形態が抗告訴訟であるか疑問であると論じている（田中・前掲書，292頁）。このような考えの背景には，司法権の限界をどこに引くかという問題意識がある。つまり，抗告訴訟の目的を行政庁の第一判断を媒介として生じた違法状態を排除することであると捉え，これこそが司法権の使命であると考える。だから，司法権は，行政権の第一次判断に代わって自ら判断できない。しかし，改正された抗告訴訟には「義務付けの訴え」（3条6項）と「差止めの訴え」（同条7項）が追加された。

差止め訴訟は，不作為命令訴訟であり，訴訟要件は，義務付け訴訟と同じである。義務づけ訴訟は，英米法では「作為的差止命令（mandatory injunction）」に当り，差止め訴訟は，「禁止的差止命令（prohibitory injunction）」に当る。また，同様の訴訟ドイツでも法定された。日本の行政訴訟にも，この制度が取り入れられたのである。したがって，改正によって，訴訟による救済方法の拡充が図られ，とりわけ義務づけ訴訟は，従来の司法審査の範囲を一歩拡張したと考えられる。

しかし，処分性と無関係に取消訴訟を利用できないことにかわりはない。そこで，国民の権利利益のより実行的な救済の見地から，取消訴訟を活用すべきかどうかということが問題となる（塩野宏『行政法Ⅱ行政救済法〔第5版〕』（有斐閣，2010年），101～2頁）。

5　行政過程論と取消訴訟

取消訴訟は，行政庁の処分または裁決によっていったん事案を処理した後，裁判所が事後的にその処分または裁決を取り消すか否かを決定するという訴訟である。この訴訟類型が戦後当時から立法上認められてきたもので，それゆえ処分または裁決に関する事後統制たる取消訴訟が抗告訴訟のもっとも望ましい形態であると理解されていた。つまり，取消訴訟中心主義が暗黙のうちに改正前の行政事件訴訟法には存在していたのである。2004年の法改正でも，取消訴訟，とくに「処分の取り消し訴訟」が抗告訴訟のもっとも重要な訴訟形態であることに変わ

りはない。
　しかしながら，行政作用は，自由国家型から日本国憲法の社会国家型へとおおきく転換し，その内容も多様化し，複雑になってきた。自由国家型の古典的な行政作用は，警察や租税行政がその典型である。議会の定立した抽象的な法規範にもとづいて行政権がこの法律を行政行為によって個別具体的なかたちで国民の権利義務を形成し，命じられた義務の履行を確保するために行政上の強制執行をともなうというものであった。したがって，古典的な行政作用では，行政行為がその中心に位置する。これに対して，社会国家では国民の生存にかかわる多様な行政の活動が求められる。福祉行政の分野だけでなく，複雑化する現代社会では，行政立法や行政計画の策定とその手続きへの関係人の参加が重要性を増している。しかし，このような行政作用の拡大と多様化に対応して，国民権利利益の侵害の形態も複雑・多様化し，その救済のためには，行政行為を行政作用の中核にあるとしてその取消しを求めるというだけでは不十分である。

第2節　処分性概念と救済

1　処分性と民事訴訟

(1)　公権力の行為と処分性概念
　従来の判例・通説の見解では，抗告訴訟の対象は行政庁が公権力を行使して国民の権利義務を一方的に形成または確認する法的効果のある行為と考えられてきた。定型的な行政処分としては，規制行政における許可，免許等の行為がある。こうした行為については，処分性の有無について疑問の余地はなく，取消訴訟によってその効力を争うことができる。しかし，物品の購入や土地の任意買入などの権力性をともなわない私経済作用に属するような行政庁の行為は，行政処分とはみなされない（塩野・前掲『行政法Ⅱ』，103〜4頁）。判例も，国有地の払下げは行政処分ではないと判示している（最判昭和35年7月12日民集14巻9号1744頁）。
　前述のごみ焼却場の設置決定行為の処分性を否定した判決では，「行政庁の処分」とは，「公権力の主体たる国または公共団体が行う行為のうち，その行為によって，直接国民の権利義務を形成しまたはその範囲を確定することが法律上認

められているもの」と定義し，この行政処分概念に照らして，ごみ焼却場設置行為を判断しようとする。この設置行為は，複合的行為であって，これを全体として一つのものと捉えずに，個々の行為について処分性の有無を判断するという手法を採ったのである。すなわち，一連の設置行為を，①土地の買収行為，②ごみ焼却場設置計画，③設置計画の議決・公布，④建設会社との建築請負契約，⑤建築・据付け等の設置行為そのものの5つに分解し，①及び④は私法上の契約，②及び③は内部的手続行為，⑤は事実行為とした原審の判断を支持している。行政上の過程・法律関係を個別行為に分解した上で，個々の行為が処分性を有するか否かを判断する「概念分析的手法」（原田尚彦・行政判例百選II〈第2版〉381頁）を採ったのである。したがって，民法上の契約締結などの私法上の行為，行政主体の組織内部の行為，行政計画等の行為は，国民の権利利益に重大な影響を及ぼすものであっても，処分性を否定され，取消訴訟の対象とならないことになった。

　この方法と反対の手法をとって，処分性が認められたのが，国立歩道橋事件（東京地決昭和45・10・14行集21巻10号1187頁）判決である。裁判所は，処分性を弾力的に解し，横断歩道橋の設置行為を個々の行為に分解せずに，「行政庁の一体的行為と把握」し，処分性を認めた。この判決は，救済本位の立場から国民が一方的に実質的な不利益を受けるときには，取消訴訟を活用するために処分性概念を弾力的に解釈した例として，学説からの支持を受けた。

（2）　飛行機の発着と公権力の行使

　ゴミ焼却場の設置に処分性が認められないとすれば，とくに，公共施設の操業差止めの請求は民事訴訟による救済の可能性が探られることになる。ところが，国営の大阪国際空港の周辺住民が設置管理者である国を相手取って，民事訴訟により人格権・環境権に基づいて空港の夜間供用の差止めを求めた事件において，最高裁は，この請求を否定している（最大判昭和56年12月16日民集35巻10号1369頁）。空港という「営造物管理の本体をなすものは，公権力の行使を本質としない非権力的な権能であって」，「私営の飛行場の場合と同じく，私法的規制に親しむ」ものである。しかし，空港の運営には，「航空行政権，すなわち航空法その他航空行政に関する法令に基づき運輸大臣に付与された航空行政上の権限で公権力の行使を本質的内容とするものの行使」の問題がある。したがって，空港を離着陸に使用することは，「空港管理権と空港行政権という2種の権限の，総合的判断に基づいた不可分一体的な行使の結果」であるから，空港の供用差止めの請求は，

「航空行政権の行使の取消変更ないしその発動を求める請求を包含」し,「行政訴訟の方法により何らかの請求ができることができるかどうかはともかくとして」,通常の民事訴訟としては「私法上の給付請求権を有するとの主張」は成立しないとして,空港の夜間供用差止請求を否認した。この判決によって,行政上の事実行為による権利利益の侵害ついて民事訴訟による救済が困難になった(ただし,地域住民の騒音,排ガス等による過去の損害賠償は認められた)。この判決では,処分性のリーディング・ケースであるとされるごみ焼却場設置行為の分析方法と異なり,空港管理権と空港行政権の一体性を強調している。

厚木基地近隣の住民が環境権・人格権に基づいて厚木基地での自衛隊機と米軍機の離着陸の差止を求めた事件においても,民事訴訟は不適切とされた(最判平成5年21月25日民集47巻2号643頁)。最高裁は,「防衛庁長官(「防衛省」に改編される以前の名称—筆者注)は,右騒音等による周辺住民への影響にも配慮して自衛隊機の運航を規制し,統括すべき」であって,この権限の行使は「その運航に必然的に伴う騒音等について周辺住民の受忍を義務づけるもの」であるから,「右騒音等により影響を受ける周辺住民との関係において,公権力の行使に当たる行為である」と判示した。そして,防衛庁長官の騒音規制は「公権力の行使」に該当するという前提の下に,自衛隊機の離着陸等の差止めおよび航空機騒音の規制を求める民事上の請求は,防衛長官の「自衛隊機の運航に関する権限の行使の取消変更ないしその発動を求める請求を包含する」から,「行政訴訟としてどのような要件の下にどのような請求をすることができるかはともかくとして,右差止請求は不適法というべきである」と結論づけている(米軍機の離着陸等の差止めの請求は,条約ないしこれに基づく法令に特段の定めのない限り,「国に対してその支配の及ばない第三者の行為の差止めを請求するものであって」,主張自体が失当であると判示している)。

この判決では,自衛隊機の運航に関する権限の行使によって基地周辺の住民に受忍を義務づけることをもって「公権力の行使に当たる行為」と解し,自衛隊機の離着陸の差止めを請求することはこの権限の行使の「取消変更ないし発動を求めること」となるとして,民事訴訟による差止請求を棄却した。大阪国際空港事件最高裁判決では,運輸大臣の「航空管理権と航空行政権」が一体化しており(空港という営造物の管理関係は非権力作用であり,航空会社の規制関係は権力作用である),夜間飛行の差止請求はこの「航空行政権」の行使の「取消変更ないし発

動を求める」ことでるから，民事上の差止請求は成立しないと判示している。救済方法のあり方の点から見れば，航空機の離着陸に関する権限の行使に「公権力の行使に当たる行為」を認めることで，民事訴訟上の救済を否認している点が共通している。そうすると，平成16年の改正後の行政事件訴訟法の下では，理論的には騒音被害を軽減する航行を義務づけるという義務づけ訴訟または航空機の運航を止める差止訴訟がありうる。

2 処分性と形式的行政処分論

行政行為の処分性概念についてのリーディング・ケースといわれる前記のごみ処分場設置行為事件最高裁判決では，「国または公共団体が行う行為のうち」，「直接国民の権利義務を形成しまたはその範囲を確定することが法律上みとめられているもの」という処分を定義した部分と，行政庁の処分によって権利利益を侵害された者の救済については，「通常の民事訴訟によることなく，特別の規定によるべき」とする行政処分の法的効果を否定するには取消訴訟によるべきだとする部分では，二つの異なった次元の問題を取り上げていると解することができる。前者は行政行為に国民の権利義務を形成する効力を認め，後者には行政行為の公定力に対応するというのである（塩野宏・前掲書，101〜2頁）。それゆえ，取消訴訟については，「一方このような行政目的を可及的速やかに達成せしめる必要性と，他方これによって権利，利益を侵害された者の法律上の救済を図ることの必要性とを勘案して」，その適法性が推定され，公定力を有し，これを取消すための訴訟としての意義が説かれている。

このように，取消訴訟の存在意義が行政目的の迅速な実現と救済の必要性にあるとするならば，この方向にさらに歩を進めて，「取消訴訟を違法な公行政の活動から国民を救済するための道具（救済手段）として活用」しようとする立場（原田尚彦『行政法要論〔全訂第7版補訂2版〕』〔2012年〕386頁，兼子仁『行政法総論』〔1983〕227頁）から，取消訴訟の救済機能が重視され，行政行為以外の行政庁の行為も取消訴訟の対象とすべきであると主張される。

つまり，厳密な意味での行政行為以外の行為であっても，救済の必要性が存在するかぎり救済の必要があるならば，「処分性」を承認し取消訴訟の手続きを借りて争うことを認めるべきであるというのである。このような考えは，「形式的行政処分論」と呼ばれている（原田・同前，387頁）。そうすると，本来公権力を

もたない行為にまで公定力が認められてしまうのではないかという批判があるが，形式的行政処分はもともと権力性をもたない行為であるから，この批判は当たらないという。

3 処分性と「公権力の行使」

（1） 行政内部の行為

i　通達　行政庁の公権力の行使には，法的効果を伴わなければならない。したがって，通達は，直接国民に対して法的効果をもたず処分ではない。通達は「行政組織の内部における命令にすぎない」のであって，「現行法上行政訴訟において取消の訴えの対象となりうるものは，国民の権利義務，法律上の地位に直接具体的に法律上の影響を及ぼすような行政処分等でなければならない」からである（最判昭和43年12月24日民集22巻13号3147頁）。

（2） 民事上の法律行為――給付行政と処分性

行政庁の処分が必ずしもその優越的地位に基づいた意思活動であるか否か明確でない場合もある。すなわち，民事上の法律行為によることが可能であるような行政活動を法律上あえて行政処分としている場合もある。最高裁は，供託金取戻請求の却下を行政処分であるとし，抗告訴訟の対象となると判断した（最大判昭和45年7月15日民集24巻7号771頁）。その理由として，供託法及び供託規則によれば供託官の請求却下について，「とくに『却下』および『処分』という字句を用い，さらに供託官の却下処分に対しては特別の不服手続きをもうけている」と指摘している。そして，弁済のための供託は民法上の寄託契約にあたるが，「金銭債務の弁済供託事務が大量で，しかも確実かつ迅速な処理を要する関係上，法秩序の維持，安定を期するという公益上の目的から，法は，国家の後見的役割を果たすため，国家機関である供託官に供託事務を取り扱わせることとした」と法の趣旨を説示し，供託官の供託事務は，公益上の理由から国家の後見的役割を果たすためであるとしている。

労働者災害補償保険法に基づく遺族補償年金受給者の子に対して，子の入学した大学が「学校教育法第1条に定める学校等でない」ことを理由に労働基準監督署長がなした労災就学援護費の支給・不支給の決定は，行政処分にあたると判示している。労働者災害補償保険法の労働福祉事業としてもうけられた労災就学援助費は，支給されるためには援護費支給申請書を労働基準監督署長に提出しなけ

ればならず，監督署長が支給，不支給等を決定する。このような「労災就学援護費に関する制度の仕組みにかんがみ」ると，被災労働者・遺族は「所定の支給要件を具備するときは所定額の労災就学援護費の支給を受けることができるという抽象的な地位を与えられているが，具体的に支給を受けるためには」，「労働基準監督署長の支給決定によって初めて具体的な労災就学援護費の支給請求権を取得するもの」である。したがって，労働基準監督署長の支給・不支給の決定は，「法を根拠とする優越的地位に基づいて一方的に行う公権力の行使」であると結論付けている（最判平成15年9月4日判時1841号89頁）。この判決は，被災労働者・遺族の支給請求権は，保護費支給要件を具備している段階では抽象的な段階にとどまっており，労働基準監督署長の支給決定によって具体的な権利に転化すると考えている（憲法25条1項の「生存権」という抽象的な権利が立法によって具体的権利となるという「抽象的権利説」の論理に類似している）。このような法理は，社会保障関係の給付一般に当てはまる可能性があり，やや大雑把な考え方ともいえるが，いずれにせよ，このように，行政庁の典型的な公権力の行使以外の行為についても処分性が認められた判例が見られる。

第3節　処分性と成熟性

1　一般的行為

(1)　一般行為と処分性

行政行為が一連の行政過程を構成する場合にはどの段階で国民の権利義務・法律上の地位に影響することになるのかを見極めなければならない。行政立法，一般処分（告示），行政計画は，一般的抽象的に国民の権利義務を定めるものであるが，この段階では処分とは言えず，後続の行為によって具体的に当事者の権利義務・法律上の地位に法的効果を生ずる。従来の判例では，行政立法，一般処分，行政計画の中間段階の行為は，争いが未成熟であるとして処分性が認められなかった。

(2)　条例

条例も，一般的抽象的に国民の権利義務を定めるものである。水道料金を定め

る条例は，「水道料金を一般的に定めるものであって」，特定の者のみに適用されるものではないから，行政処分には当たらないと判示している（最判平成18年7月14日民集56巻1号1頁）。

行政機関の決定事項を広く一般に知らせる行為は，告示といわれるが，このような一般処分が直接国民の権利利益に影響を与えることはほとんどない。しかし，建築基準法42条2項による「見なし道路」（建築基準法の基準に達していなくても，「指定」によって建築基準法が適用される道路）の告示による指定をうけると，建築等の制限，私道の変更・廃止が制限され，具体的な私権の制限を受けることになるから，最高裁は，この指定も行政処分に当たるとしている（最判平成14年1月17日民集56巻1号1頁）。

(3) 行政計画——中間段階の行為

土地区画整理事業計画の決定は，いわば図面の印刷に用いられる「青写真」にすぎないとしてその処分性が否定された（最大判昭和41年2月23日民集20巻2号271頁）。この「青写真判決」では，①事業計画の告示によって土地所有者等の受ける制限は，告示の付随的効果にすぎず，②事業計画の決定・告示の段階では事件の成熟性を欠いており，その後の換地処分の段階で取消訴訟が提起でき権利救済が可能であるというのが処分性を否定した理由であった（ただし，この「青写真判決」は，後述の平成20年の最高裁判決によって判例変更された）。

最高裁は，都市計画法に基づく工業地域指定の取消しを求める訴えについては，指定の処分性を否認している（最判昭和57年4月22日民集36巻4号705頁）。指定が決定されて告示されると「建築物の用途，容積率，建ぺい率等につき従前とはことなる基準が適用され」，基準に適合しない建築物には建築確認を受けることができない等の「一定の法状態の変動を生ぜしめる」。しかし，その効果は，「当該地域内の不特定多数の者に対する一般抽象的な」ものであって，「直ちに右地域内の個人に対する具体的な権利侵害を伴う処分があったもの」ではないと判示している。この判決は，工業地域指定の決定には争いの成熟性が欠けており，特定個人の建築確認の段階で争えば足りると考えている。

最高裁は，都市計画法に基づく工業地域指定の取消しを求める訴えについても，指定の処分性を否認している（最判昭和57年4月22日民集36巻4号705頁）。指定が決定されて告示されると「建築物の用途，容積率，建ぺい率等につき従前とはことなる基準が適用され」，基準に適合しない建築物には建築確認を受けることが

できない等の「一定の法状態の変動を生ぜしめる」。しかし，その効果は，あたかもそのような制約を課す法令が制定された場合と同じように，「当該地域内の不特定多数の者に対する一般抽象的な」ものであって，「直ちに右地域内の個人に対する具体的な権利侵害を伴う処分があったもの」ではないと判示している。この判決は，工業地域指定の決定には争いの成熟性が欠けており，特定個人の建築確認の段階で争えば足りると考えている。したがって，この判決は，さきの「青写真判決」の法理を受け継いでいると考えられる。

（4） 中間段階の行為と処分性

最終処分をまっていたのでは既成事実が積み重なり，救済の時期を逸することになりかねない。そこで，一連の行政過程の中間段階の行為に処分性を認め，より実効的な救済の道を認めるべきである。

最高裁は，土地改良事業の施行認可について，その処分性を認めた。その主な理由として，土地改良法は土地改良事業計画に対する異議申立ての決定に対して取消しの訴えが提起できると定めていることを挙げ，事業計画が「異議申立手続を経て確定したときは，これに基づき工事が着手される運びとなること」から，事業計画の決定は「行政処分としての性格を有するものということができる」として，事業全体における中間的な決定も抗告訴訟の対象となりうることを示している（最判昭和61年2月13日民集40巻1号1頁）。

土地区画整理法に基づき，県知事が土地区画整理事業の事業計画を決定し，これを公示したのに対し土地の所有者がこの決定の取り消しを求めて出訴した事件において，最高裁は，この決定に処分性を認めた。事業計画の決定の告示によって，「土地の形質の変更」や「工作物の新築，改築若しくは増築」等は，都道府県知事の許可が必要であって，違反者に対して知事は現状回復等を命ずることができ，この命令に違反した場合には刑罰が科せられる。つまり，所有者は，事業計画が決定された段階で，このような規制をともなう「土地区画整理事業の手続きに従って換地処分を受ける地位に立たされ」，「その意味で，その法的地位に直接的な影響が生ずるもの」である。さらに，換地処分がなされた段階ではそれを取り消すことが公共の福祉に適合しないという事情判決（行政事件訴訟法31条1項）が出される可能性もあり，「換地処分等がされた段階でこれを対象として取消訴訟を提起することができるとしても，宅地所有者等の被る権利侵害に対する救済が十分に果たされるとはいい難い」。したがって，「土地区画整理事業の事業

計画の決定は，施行区域内の宅地所有者等の法的地位に変動をもたらすもの」であるから，「上記事業計画の決定は，行政事件訴訟法3条2項のいう『行政庁の処分その他の公権力の行使に当たる行為』に当たる」と解される（最大判平成20年9月10日民集62巻8号2029頁）。要するに，この判決は，土地区画整理事業計画の決定の段階で所有者の権利利益が侵害される可能性のある地位に立たされることに処分性を認めているのである。

（5） 法律的見解の表示行為──公証，通知，受理等
 i 通知　　これは，行政機関が私人に対して法的な意志・認識・判断等を表示することをいい，公証（公証行為は認識の表示として準法律行為的行政行為の一つ），通知（一定の事項を人に知らせる行為であり，意思の通知と観念の通知がある），受理（形式要件の充足を判断し，公印を押す行為）等がある。表示行為自体として，直接私人の権利利益に法的効果をもたらすものではないが，法律が一定の効果を付与している場合には処分性をともなう。

　海難審判法に基づく海難原因解明裁決は，意思の通知に関するものであるが，「海難の原因を明らかにする裁決であって」，造船会社に「何等かの義務を課しもしくはその権利行使を妨げるものでない」から，これを行政処分と解することはできないとしている（最大判昭和36年3月15日民集15巻3号467頁）。

　観念の通知については，交通反則金の納付通告の処分性を否認した判例がある。反則金納付通知は，通知を受けた者が反則金を納付すれば事案は消滅し，抗告訴訟によって争うことはできないし，反則金を納付しなければ後の刑事手続き中でこれを争えばよい。これを認めると，「本来刑事手続における審判対象として予定されている事項を行政訴訟手続で審判することとなり」，両者の関係に複雑困難問題を生ずるからである（最大判昭和57年7月15日民集36巻64号1169頁）。

　輸入禁制品に該当する旨の通知に処分性を認めた判例も，観念の通知に関する事件である。輸入禁制品である「公安又は風俗を害すべき」物品に該当すると認めるのに相当の理由がある旨を通知することは，通関手続上「実質的な拒否処分（不許可処分）として機能している」のであって，「抗告訴訟の対象となる行政庁の処分及び決定に当たる」と判示している（最大判昭和59年12月12日民集38巻12号1308頁）。

　また，同じく観念の通知について，輸入食品に関する「食品衛生法違反通知」が処分性を有するとした判決がある（最判平成16年4月29日民集58巻4号989頁）。

食品衛生法16条は、「厚生労働大臣が、輸入届出をした者に対し、その認定判断の結果を告知し、これに応答すべきことを定めている」。そして、「食品衛生法違反通知」によって、輸入業者は、「輸入の許可も受けられなくなる」。したがって、「本件通知は、上記のような法的効果を有するものであって、取消訴訟の対象となる」と判示している。この判決でも、通知が輸入不許可に連動することを重視し、通知の段階で事件の成熟性を認めようとするものである。

阪神・淡路大震災による建物倒壊の被災者が、新たな建物について所有権保存登記の申請を行い、登録免許税を納付し、法務局登記官は、この保存登記をなした。その後、被災者は、被災の免税措置の適用を求めて、登記官に所轄税務署長に対して免税措置の通知をするよう請求した。しかし、登記官は、先の登録免許税の納付には過誤がなかったとして、税務署長に通知できない旨の通知をした。この拒否通知が処分に当たるか否かが争点となった事件で、最高裁は、還付請求通知制度は、「登記等を受けた者に対し、簡易迅速に還付を受けることができる手続を利用できる地位を保障しているもの」であって、拒否通知は、「登記等を受けた者に対して上記の手続上の地位を否定する法的効果を有するものとして、抗告訴訟の対象となる行政処分にあたる」と判示した（最判平成17年4月14日民集59巻3号491頁）。この判決は、法的地位そのものが保障されるべきであるとして訴えの成熟性を認めているのである。

ii 判断の表示　都市計画法に基づく開発許可申請をする者は、同法32条に従い開発行為に関係する公共施設（道路、公園、下水道、緑地、広場、河川等）の管理者の同意を得なくてはならない。その目的は、事前に管理者の同意を得ることによって許可後の開発行為の円滑な運営と公共施設の適切な管理を行うことであり、同意を拒否する行為は、「当該開発行為を行うことは相当ではない旨の公法上の判断を表示する行為」である。しかし、「右の同意を拒否する行為それ自体は、開発行為を禁止又は制限する効果をもつものといえない」から、申請者が同意を得られなかったとしても、「その権利ないし法的地位が侵害されたものといえない」。さらに、「法32条の同意に関し、手続、基準ないし要件、通知等に関する規定」がなく、「法の定める各種処分に対する不服申立て及び争訟について」の規定にも同意について定められていないとして、「抗告訴訟の対象となる処分には当たらない」と判示している（最判平成7年3月23日民集49巻3号1006頁）。都市計画法には、「同意を拒否する行為」が処分であることを推定できる手続規定

がないことを処分性の否定の論拠としている。ただし，その後（2000年），都市計画法32条は改正され（2項および3項が追加された），開発許可申請者は，公共施設管理者の不同意に裁量権の踰越・濫用の違法を争うことができようになった。

（6） 行政指導

行政指導も，処分性を持たない。知事が行政指導に基づいて保険医に対してなした戒告は，「何等かの義務を課するとか権利行使を妨げる法的効果を生ずるものではない」からである（最判昭和38年6月4日民集17巻5号670頁）。ただし，近年では，行政指導に従わないことによって重大な不利益が生ずることを考慮して，その処分性を認める判例もある。

最高裁は，「行政指導」である医療法30条の7に基づく病院開設中止勧告の処分性を認めた（最判平成17年7月15日民集59巻6号1661頁）。医療機関が県知事に対して病院開設許可申請を行ったところ，県知事は地域の病床数が達成されていることを理由に病院開設中止勧告をだした。しかし，申請者がこの勧告を拒否したので，県知事は開設許可処分をおこなったものの，病院開設の場合でも「保険医療機関の指定を拒否する」旨を通告した。最高裁は，この勧告を行政処分であるとし，取消訴訟を認めた。医療法に基づく病院の新規開設中止勧告は，行政指導として定められているが，これに従わない場合は，「病院を開設しても保険医療機関の指定を受けることができなくなるという結果をもたらすもの」であり，「保険医療機関の指定を受けることができない場合には，実際上病院の開設自体を断念せざるを得ない」。したがって，「この勧告は，行政事件訴訟法3条2項にいう『行政庁の処分その他公権力の行使に当たる行為』である」と結論付けている。この判決は，勧告に従わなかった場合の不利益の重大性に着目して，勧告に処分性を認めることによって取消訴訟による権利救済の方途を認めている。

2 処分性をめぐる近年の判例の動向

通説・判例の伝統的な見方は，公権力行為の性質と抗告訴訟（取消訴訟）の対象が一致するという発想に基づいている。しかしながら，近年の学説は，取消訴訟について国民の権利利益の救済機能を重視する「救済本位の訴訟観」を強調する傾向にある。近年の処分性に関する裁判例も，処分性を拡大する方向を示している。平成16年および17年の通知の処分性を認めた最高裁判例や平成20年の土地区画整事業の事業計画決定に処分性を認めた判決にみられるように，行政行為概

念から処分性を直接導き出すのではなく，個別の法的な仕組みから当該行為の処分性を判断しようとする。たとえば，平成20年の判決では，土地所有者の「換地処分を受ける地位」に着目し，「法的地位に直接的な影響が生ずる」と判断し，計画決定に処分性を認めている。このように，行政庁が法律によって授権された権限を行使する行為によって，法律上権利利益に侵害が発生する場合には，その行為に処分性が認められるという傾向がみられる。ただし，大阪国際空港事件では，「航空行政権」を理由に，また，厚木基地での自衛隊機と米軍機の離着陸等差止請求事件では，「防衛長官の権限行使」は公権力の行使であるとして，民事訴訟による救済の道を否認している。したがって，航空の安全や防衛など公共性の強い事件においては，行政庁の行為に処分性を認めることが直ちに抗告訴訟による救済につながるわけではない。

　行政行為概念と処分性とを理論的に分離し，処分性とは，「法律上の争訟」に当たる事件の場合，①「司法権がどの段階で取り上げるのかという成熟性の問題」と，②それが「どの訴訟（民事訴訟・当事者訴訟・刑事訴訟と行政訴訟のいずれ）で取り上げるのが適切かという，訴訟制度の中の分業の問題」であるから，処分性は救済制度上の柔軟な概念として把握すべきである（阿部泰隆『行政法解釈学Ⅱ』（有斐閣，2009年）135頁）。

参考文献
小早川光郎＝高橋滋編『詳解改正行政事件訴訟法』（有斐閣，2004年）
小早川光郎編『改正行政事件訴訟法研究』（ジュリスト増刊）
宇賀克也『行政法概説Ⅱ行政救済法［第3版］』（有斐閣，2011年）
大浜啓吉『行政裁判法・行政法講義Ⅱ』（岩波書店，2011年）
後藤光男編『憲法と行政救済法』（成文堂，2004年）

（北原　仁）

第7講　原告適格──訴えの利益

第1節　はじめに

　行政事件訴訟において、訴えが適法になされるためには、民事訴訟と同様、裁判所において、その訴えが形式的な要件を具備し、適法なものとして受理される必要がある。また、その訴えが適法であると判断されるための前提条件のことを訴訟要件という（芝池義一『行政救済法講義（第3版）』（有斐閣、2006年）27頁）。
　具体的には、①いわゆる行政事件訴訟法3条2項の「行政庁の処分その他公権力の行使」に当たる行為（処分性と呼ばれる）、②原告適格、及び③狭義の訴えの利益を考慮する必要がある。本講では、原告適格を中心として扱う。
　適正かつ効率的な訴訟運営を図ることを目的とした本来の訴訟要件は、その厳格適用の是非をめぐって、様々な議論が存在していた。その動向、原告適格の範囲の拡大への動きとなっている歴史的経緯を概観した上で、2004年の行政事件訴訟法改正のもたらした影響とその問題点について触れていきたい。

第2節　原告適格の意義と目的

1　意　義

　民事訴訟の場合、給付訴訟の原告は自己の給付請求権を行使し、形成訴訟の場合は、訴訟を主張できる者について、個別の制定法による規定が存在する。これに対して、行政訴訟の一つである取消訴訟は、実体法的構成がないままに取消訴訟制度の整備がなされてきたという背景があるため、原告適格の認否は立法政策上の問題となった（塩野宏『行政法Ⅱ－行政救済法（第5版補訂版）』（有斐閣、2013年）123-125頁）。

行政事件訴訟法9条1項では，取消訴訟を起こす場合，「当該処分又は裁決の取消しを求めるにつき法律上の利益を有するものに限り」提起できる，と規定する。これは「原告適格」と呼ばれ，取消訴訟を提起する場合の資格を示すものである。民事訴訟法や不服審査法上の当事者適格は，概念上のものであったのに対し，行政事件訴訟法における原告適格は，明文化された訴訟要件となっている。すなわち，民事訴訟の特例的制度である行政訴訟制度であっても，一般的な民事訴訟と同様，「訴えの利益」がなければ行政処分の違法性を主張することはできないのである。

また「訴えの利益」を主観面と客観面から考察した場合，前者は，取消訴訟の原告となり処分の取消を求めて出訴をした際には，実際の法律上の利益を有するものでなければならず，後者は，現実に法律上の利益の回復ができる状態にあることとされる（原田尚彦『行政法要論（第7版補訂2版）』（学陽書房，2012年）390頁以下）。後者は，特に「狭義の訴えの利益」と呼ばれることもある。すなわち，原告適格がどのような場面で認められるかについては，法律上の利益の解釈問題であり，いかなる場合に法律上の利益があるかをめぐり多数の学説の対立がある。

そのような現況下において，2004年に行政事件訴訟法が改正され，9条2項が新設された。同条項は，今までの判例，学説を踏まえ，「原告適格の拡大」を前提とした基準を明示したものである。

2　取消訴訟の原告適格——2004年（平成16年）改正前までの学説の変遷

（1）　原告適格の変遷小史——戦前と戦後

ここでは，取消訴訟の原告適格の歴史的経緯を概観しておきたい。

明治憲法下での行政裁判制度は，ドイツ・オーストリアを範とし，1890年（明治23年）の行政裁判法の制定により，行政裁判所が設置された（明治23年に制定された行政裁判法は，2つの理念に支えられていた。それは，①行政権の活動の自由の確保と国民の出訴の可能性の制限　②司法権に対する行政権の独立の確保である（宮崎良夫『行政訴訟と行政法学（増補版）』（弘文堂，2004年）5-8頁）。これは，行政事件の裁判を司法裁判の範疇より区別し，行政裁判所の管轄とすることを示したものであった（明治憲法61条「行政官庁ノ違法処分ニ由リ権利ヲ傷害セラレタリトスルノ訴訟ニシテ別ニ法律ヲ以テ定メタル行政裁判所ノ裁判ニ属スヘキモノハ司法裁判所ニ於テ受理スルノ限ニ在ラス」）。しかしながら，司法権からの行政権の独立とは裏腹

に，国民の権利救済の観点からは不備の多い制度であったことも否めない。それは行政裁判法15条により出訴事項の列記主義が採られていることや，現実に出訴できるのは，「行政庁ノ違法処分ニ関スル行政裁判ノ件」（明治23年10月10日法律第106号）の「法律勅令ニ別段ノ規程アルモノヲ除ク外左ニ掲クル事件ニ付行政庁ノ違法ニ由リ権利ヲ毀損セラレタリトスル者ハ行政裁判所ニ出訴スルコトヲ得」に書かれた権利の毀損（ないしは侵害）を要件とするもののみであったことでも分かる（原田尚彦「行政訴訟総説」雄川一郎・塩野宏・園部逸夫編『現代行政法大系４−行政争訟Ⅰ』（有斐閣，1983年）106-113頁）。また，行政裁判所は一審制であり，かつ特別裁判所でもあったため，そこでの判決に不服があった場合でも大審院に抗告することは許されていなかった（また，地方上級庁への訴願の前置も必要であった（行政裁判法17条「行政訴訟ハ法律勅令ニ特別ノ規程アルモノヲ除ク外地方上級行政廳ニ訴願シ其裁決ヲ經タル後ニ非サレハ之ヲ提起スルコトヲ得ス」）。さらには，行政行為の適法性推定説と呼ばれる行政処分の適法性を推定する見解まで出てくるほど，行政裁判所の判決が行政庁の立場を偏重しているかがうかがえる。

　戦後，アメリカの強い影響下で制定された日本国憲法では，「特別裁判所は，これを設置することができない。行政機関は，終審として裁判を行ふことができない」（76条２項）と明示され，司法権から独立した形での行政裁判所は設置できないこととした。またさらに，裁判所法では，「裁判所は，日本国憲法に特別の定のある場合を除いて一切の法律上の争訟を裁判し，その他法律において特に定める権限を有する」（３条１項）として，行政事件であっても司法権の審判に服さなければならないこととされた（確かにアメリカの強い「影響下」での行政裁判所の廃止であったが，アメリカ占領軍による「要請」からではなかったことは付言しておく。また行政裁判所の廃止の理由として，金森徳次郎（憲法改正問題担当国務大臣）は，次の５点を挙げている。すなわち①国民の権利救済の実績が欠如していたこと，②行政裁判所という制度自体が今後の民主政治に反する可能性があること，③規模の問題から，行政裁判所における人事が停滞すること，④行政に堪能な人間が関与することで，行政裁判を司法裁判所にゆだねても問題ないこと，⑤司法の管轄に一元化することで法律解釈の統一性が保たれること（宮崎・前掲37-38頁）。そうした中で，平野事件（いわゆる平野事件とは，当時，公職追放指定処分を受けた社会党の平野議員が地位の保全を求める仮処分請求を東京地方裁判所に起こし，一度は同地裁はこれを認めたが，連合国軍総司令部（GHQ）の介入により，同地裁が決定を取り下げたというものであ

る（宮崎良夫「平野事件」ジュリスト900号記念『法律事件百選』（有斐閣，1988年）34頁以下）。その後は，1947年に「日本国憲法の施行に伴う民事訴訟法の応急的措置に関する法律」が制定されたが，さらに1948年，行政事件訴訟特例法の制定を経たのち，1962年に現在の行政事件訴訟法が制定されるに至っている。

また取消訴訟に関して，戦後は列挙主義が廃止され，概括主義が採られた（芝池・前掲12-13頁）。当初，想定されていた取消訴訟とは，権利侵害を受けた当事者による訴えであり，原告適格には財産権などの実体法上の権利侵害が必要とされていた。しかし，行政が紛争の増大により訴えの利益の緩和が要請されるようになり，具体的な権利毀損の「権利」とは何か，「法律上の利益」とは何か，という解釈上の議論が活発となっていった。

ところで，戦後，日本の行政法に強い影響を与えたアメリカでは，原告適格について日本とは異なる変遷をたどっている。20世紀前半における連邦最高裁判所は「法的権利」(legal rights)（または「法的に保護された利益」(legally protected interests)）を有するものに限るというテストが用いられていたが，今日では，「利益圏内の余地」テストや「事実としての損害」テストなど原告適格拡大に伴い，さまざまな基準が生まれてきた。ただし，今日でも原告適格にかかわる連邦最高裁判例は，後述する日本でいういわゆる「法律上保護された権利説」の理論に則ったものが多いが，個人的利益性を要求せず，行政機関の裁量行為として認められる利益でも原告適格を認めていることに大きな違いがある（中川丈久「行政訴訟に関する外国法制調査－アメリカ」ジュリスト1243号（有斐閣，2003年）98-112頁）。

(2) 「法律上の利益」の解釈基準――2つの学説比較

i 「法律上保護された利益」説　　ここでは，具体的に2つの学説を検討していくこととする。

判例の支配的見解でもある「法律上保護されている利益」説とは，「法律上の利益」を実定法の保護する利益とする見解である。すなわち原告適格の有無は，当該被侵害利益が適用される法規によって守られる利益の範疇であるのか，それとも反射的利益に過ぎないものなのかで決定されるものとされた（塩野・前掲117-118頁，原田・前掲381-386頁）。例えば，主婦連ジュース訴訟では，「法律上保護された利益とは，行政法規が私人等権利主体の個人的利益を保護することを目的として行政権の行使に制約を課していることにより保障されている利益であっ

て，それは行政法規が他の目的，特に公益の実現を目的として行政権の行使に制約を課している結果たまたま一定の者が受けることとなる反射的利益とは区別されるべきものである」とし，「一般消費者としては，景表法の規定の適正な運営によって得られるべき反射的な利益ないし事実上の利益が得られなかったにとどまり，その本来有する法律上の地位には，なんら消長はないといわなければならない」と判示して，当該原告の当事者適格を否定している（最判昭和53・3・14民集32巻2号211頁，岡村周一「不服申立人適格」宇賀克也・交告尚史・山本隆司編『行政判例百選Ⅱ（第6版）』294-295頁（有斐閣，2012年））。

この説に対しては，確かに国民の権利利益の保護に重点を置き，市民的法治国原理の枠組みを維持しているという肯定的意見もある（塩野宏『行政法Ⅲ（第5版補訂版）』（有斐閣，127頁））が，具体的紛争における被侵害者の利益を考慮することなく，実定法の厳格適用によって原告適格を狭く解釈してきたという強い批判がある（原田尚彦『行政法要論（第7版補訂2版）』（学陽書房，391-398頁））。

ⅱ 「法的な保護に値する利益」説　「法的な保護に値する利益」説とは，「法律上の利益」を法的な保護に値すると考える利益と解する見解である。利害の実相を検討しながら，原告の受ける実際の侵害の利益ないしリスクが裁判上の保護の対象とするに適当かどうかという点を訴えの利益と判断することに特徴がある。「法律上保護された利益」説同様，原告の側に利益侵害発生の蓋然性を要件としている点では共通しているものの，「法的な保護に値する利益」説のほうが原告適格の認められる範囲が拡大される。それは，原告を一般国民から区別したうえで，裁判上，保護するに値する実質的利益を有しているかどうかを紛争事案の実体と利益状態を判断した上で，個々に訴えの利益の有無を判断するからである（原田・前掲書393-394頁）。しかし，どの程度まで訴えの利益が認められるかについては明確ではなく，裁判上保護に値する利益の範囲の線引きを法規範から離れて行うことには困難がある，という批判もある（宮崎良夫「原告適格」『行政法の争点（新版）』（有斐閣，1990年）211頁）。

(3) 近時の判例の流れ

もっとも，近時の判例の流れをみてみると，法律上保護された利益説に立ちつつも，実体法上の解釈を柔軟に行おうとする傾向にある。したがって，どちらの説に立った解釈でも，原告適格の範囲には大差がみられなくなっている。

具体的には，①法律上の保護利益を考察する際の法律として，処分の根拠法規

ならびに関連法規の趣旨・目的を考慮し，保護利益を広げ，②公益・個別的利益を厳格に区分するのではなく，「当該処分を定めた行政法規が，不特定多数者の具体的利益を専ら一般的公益の中に吸収解消させるにとどめず，それが帰属する個々人の個別的利益としてもこれを保護すべきものとする趣旨を含むと解される場合には，かかる利益も右にいう法律上保護された利益に当たる」とし，個別的利益性の有無については「当該行政法規の趣旨・目的・当該行政法規が当該処分を通して保護しようとしている利益の内容・性質等を考慮して判断すべき」としている（最判平成4・9・22民集46巻6号571頁の他，多くの判例で同旨の内容が見受けられる。この判例の見解について，曽和俊文・山田洋・亘理格『現代行政法入門』（有斐閣，2007）221-225頁，小早川光郎「抗告訴訟と法律上の利益・覚え書き」成田頼明先生古稀記念『政策実現と行政法』（有斐閣，1998年）47-51頁）。

第3節　2004年改正法とその目的

1　改正法の趣旨とその影響

先述したような学説・判例の流れを汲み，従来の原告適格に関する裁判例の検討が行われ，「行政事件訴訟法の一部を改正する法律」（以下，「2004年改正法」という）によって新たに行政訴訟法9条2項が新設された。この規定は，新潟空港訴訟の最高裁判決において，最判平成元年2月17日民集43巻2号56頁（新潟空港訴訟判決）は，「取消訴訟の原告適格について規定する行政事件訴訟法9条にいう当該処分の取消しを求めるにつき『法律上の利益を有するもの』とは，当該処分により自己の権利若しくは法律上保護された利益を侵害され又は必然的に侵害されるおそれのあるものをいうのであるが，当該処分を定めた行政法規が，不特定多数者の具体的利益をもっぱら一般的公益の中に吸収解消させるにとどめず，それが帰属する個々人の個別的利益としてこれを保護すべきものとする趣旨を含むと解される場合には，かかる利益も右にいう法律上保護された利益に当たり，当該処分の取消訴訟における原告適格を有するということができる—（後略）—。そして，当該行政法規が，不特定多数者の具体的利益をそれが帰属する個々人の個別的利益としても保護すべきものとする趣旨を含むか否かは，当該行政法規の

関係規定によって形成される法体系の中において，当該処分の根拠規定が，当該処分を通して右のような個々人の個別的利益をも保護すべきものとして位置づけられているとみることができるかどうかによって決すべきである」としている。

1992年のもんじゅ訴訟の最高裁判決（最判平成4・9・22民集46巻6号571頁・1090頁）において「行政事件訴訟法9条は，取消訴訟の原告適格について規定するが，同条にいう当該処分の取消しを求めるにつき『法律上の利益を有する者』とは，当該処分により自己の権利若しくは法律上保護された利益を侵害され又は必然的に侵害されるおそれのある者」とし，原子炉から約29キロメートルないし約58キロメートルの範囲内の地域に居住している住民に原子炉設置許可処分の無効確認訴訟の原告適格を認めている。

さらには1997年の都市計画法に関連する最高裁判決（最判平成9・1・28民集51巻1号250頁）では，「都市計画法33条1項7号は，開発区域内の土地が，地盤の軟弱な土地，がけ崩れまたは出水のおそれが多い土地その他これらに類する土地であるときは，地盤の改良，擁壁の設置等安全上必要な措置が講ぜられるように設計が定められていることを開発許可の基準としている。…同法33条1項7号は，開発許可に際し，がけ崩れ等を防止するためにがけ面，擁壁等に施すべき措置について具体的かつ詳細に審査すべきこととしているものと解される。以上のような同号の趣旨・目的，同号が開発許可を通して保護しようとしている利益の内容・性質等に鑑みれば，同号は，がけ崩れ等のおそれのない良好な都市環境の保持・形成を図るとともに，がけ崩れ等による被害が直接的に及ぶことが想定される開発区域内外の一定範囲の地域の住民の生命，身体の安全等を，個々人の個別利益としても保護すべきものとする趣旨を含むものと解すべきである」とし，原告適格についての判例における従来の考え方を踏襲して明文化したものといえる。

ところで，この改正において注目すべき点として，9条2項が追加されたことのほか，取消訴訟の原告適格の要件が変わっていないことを指摘しておきたい。

この2004年改正法は，司法制度改革推進本部・行政訴訟検討会による議論を踏まえて，2004年1月6日に『行政訴訟制度の見直しのための考え方』が公表された。ここでは，「基本的な見直しの考え方」として「行政訴訟制度につき，国民の権利利益のより実効的な救済を図るため，その手続を整備する」とし，具体的には，「国民の利益調整が複雑多様化している現代行政にふさわしい考え方とし

て，法律の形式・規定ぶりや行政実務の運用等にとらわれずに法律の趣旨・目的や処分において考慮されるべき利益の内容・性質等を考慮するなど，原告適格が実質的に広く認められるために必要な考慮事項を規定する」こととされた。また，一部の委員からも「原告適格については，考慮事項を規定するのみでは足りず，行政事件訴訟法9条の『法律上の利益』という条文上の文言を『法的利害関係』などに変更すべきである」（福井秀夫委員）や「原告適格を拡大する立法者の意思をより明確なメッセージとして伝えるため，『法律上の利益』という文言を『利害関係を有する者』等の他の文言に変更すべき」（水野武夫委員）という意見も挙げられていた。

またこれに先立って，日本弁護士連合会より2003年3月に「行政訴訟制度の抜本的改革に関する提言－「行政訴訟法（案）」の提案付行政訴訟法（案）」が発表されており，その14条では「法律上の利益を有するもの」という文言を「行政決定により現実の利益を侵害され又は侵害されるおそれのある者（団体を含む）」とすべきである旨の主張がされていた。

しかしながら，改正後の行政事件訴訟法において，「当該処分又は裁決の取消しを求めるにつき法律上の利益を有する者」という文言，および取消訴訟の原告適格要件はほぼ変わらなかったと言ってよい。この点に関して，先述した新潟空港訴訟判決やもんじゅ訴訟判決等による原告適格の範囲の拡大により，「法律上保護された利益」説と「法的な保護に値する利益」説の対立構造から，前者の立場に立ちつつ，誰に原告適格を認めることが妥当かという観点から原告適格を認めるべきとする考え方へと学説が変化していることを意味している（稲葉馨「取消訴訟の原告適格」園部逸夫・芝池義一編『改正行政事件訴訟法の理論と実務』（ぎょうせい，2006年）67-68頁）。

2　今後の課題

今後の課題として挙げられる点は，第一に行政事件訴訟法9条2項によってどこまで原告適格が認められるのか，ということである。すなわち，今まで認められなかった原告適格の広く認められるような判例変更があるのかどうか，またその範囲の明確性はどのように担保されるのか，ということが重要となる。既に述べたように，裁判例によってその範囲を限定するということは，裁判官の裁量に相当程度委ねられたことに他ならない。果たして，それが原告にとっての利益と

なるのかは一概には言えず，例えば，原告適格の拡大は，事実関係をより複雑化させ，法律解釈の困難なケースを増大させる可能性もある。そして，それが裁判の長期化を生むことによって，原告の訴訟費用負担を増やし，行政庁による行政処分の効力の発生とその既成事実を作る時間を与え，結局は，原告全員の訴えの利益が否定される可能性もある。

第二に，今回の改正では「法律上の利益」という文言は変更されることなく，2項に考慮事項のみが書き込まれた。立法担当者の間では，原告適格を従来以上に広く認めることでは一致していることを意味している。処分の根拠となる要件規定を形式的に解釈してきた今日までの判例のあり方が改めて問われることは確かであり，関連法規の範囲（例えば環境影響評価法）がどの程度，原告適格の範囲を拡大させるか，注視する必要がある。

第三に，行政事件を担当する裁判官のあり方である。今後，原告適格の拡大によって，行政訴訟の件数も増えていくことが予想される。行政事件を専門に扱う裁判官の要請をどのように行うのか，特に地方においては，行政事件専門部をおいていない裁判所がほとんどであり，行政事件そのものがかなり特異な事件として扱われている（園部逸夫「司法の行政に対するチェック機能の在り方について」（平成12年12月12日（火）司法制度改革審議会ヒアリングにおける説明要旨）を参照）。法律解釈の統一性を図るためには，具体的な立法上の政策も必要となろう。

第4節 結 論

原告適格の判断において，どこまで「個別的利益」が求められ，それをどのような理論的前提をもとに導き出すかという点については，より一層の議論が必要である。

2005年のいわゆる小田急高架化訴訟事件にみられるように，個別の法制度の解釈および行政制度の目的と構造を総合的に勘案して，原告適格が広く判断されていくかもしれない（最判平成17・12・7民集59巻10号2645頁＝小田急高架事業事件。この判決では，行政事件訴訟法9条2項を踏まえて，事業地内の地権者のみならず，都市契約事業の事業地周辺に住む住民の一部にも原告適格を認めている。「都市計画事業の認可に関する都市計画法の規定の趣旨及び目的，これらの規定が都市計画事業の認可

の制度を通して保護しようとしている利益の内容及び性質等を考慮すれば，同法は，これらの規定を通じて，都市の健全な発展と秩序ある整備を図るなどの公益的見地から都市計画施設の整備に関する事業を規制するとともに，騒音，振動等によって健康又は生活環境に係る著しい被害を直接的に受けるおそれのある個々の住民に対して，そのような被害を受けないという利益を個々人の個別的利益としても保護すべきものとする趣旨を含むと解するのが相当である。したがって，都市計画事業の事業地の周辺に居住する住民のうち当該事業が実施されることにより騒音，振動等による健康又は生活環境に係る著しい被害を直接的に受けるおそれのある者は，当該事業の認可の取消しを求めるにつき法律上の利益を有する者として，その取消訴訟における原告適格を有するものといわなければならない」)。

しかしながら，近時の判例をみても，多数人の集合的利益については，団体等に原告適格を認めることには消極的である。原告適格の判断に当たっては，①法令・法制度の趣旨を考慮しつつ，②原告の蒙る（あるいは将来蒙るであろう）被害の実態を迅速に把握し，③原告適格を認められる者の範囲を理論上，確定可能性のある者にのみ認め，そのうえで⑤誰に争わせるのが適当かを判断していくことが重要となる（芝池義一「取消訴訟の原告適格判断の理論的枠組み」『京都大学法学部創立百周年記念論文集第二巻・公法・国際法・刑事法』（有斐閣，1999年）97-101頁）。行政処分の第三者に及ぼす法的範囲，法的地位のあり方については，根拠法令の位置づけと憲法原理を踏まえた行政法の解釈運用方法を前提とながら，「法律上の利益」をどのように明確化すべきかに考慮が必要となろう（橋本博之「原告適格論の課題」民商法雑誌130巻4・5号（2004年）634-637頁）。

参考文献
＊本文に挙げたもののほか
櫻井敬子『行政救済法のエッセンス』（学陽書房，2013年）
橋本博之『行政法の基礎―「仕組み」から解く』（日本評論社，2013年）
亘理格＝北村喜宣編著『重要判例とともに読み解く個別行政法』（有斐閣，2013年）

（山本英嗣）

第8講　他人に対する処分と原告の訴えの利益——第三者訴訟

第1節　処分の相手方以外の第三者の原告適格を認める必要性

　行政訴訟の目的は，市民の権利保護と行政の適法性のコントロールであるが，マンション建築の開発許可を例にすると，不許可処分等を受けた処分の名宛人である事業者が不許可処分の取り消しを求めるという事業者（この場合市民でもある）—行政という二極構造での権利保障型の取消訴訟が中心として議論されることになる。この場合，許可処分が出た場合に開発予定地周辺の住民等の日照権等の生活環境に悪影響が出る可能性がある場合でも，事業者としては目的を達成できたのであり，二極構造においては第三者である周辺住民は行政訴訟の蚊帳の外に置かれてしまう。後述のように，周辺住民が考えられる手段として開発許可の取消訴訟を提起しても，現状，第三者である周辺住民の原告適格が認められることは難しく，判例によるなら，保護範囲要件として根拠法・関連法が当該利益を保護し，個別保護要件として個々人の個別保護利益として保護されないと当事者として原告適格が認められないことになる。つまり，「処分の相手方以外の第三者」である周辺住民が良好な生活環境を享受するために行政訴訟をその手段にしようとしても，行政事件訴訟法9条の原告適格の要件が門前払いの口実になってしまっているのである。

　もちろん，憲法の財産権のあり方，濫訴の防止や取消訴訟の客観訴訟化への警戒等を意識することも必要であるが，行政作用の多様化による行政過程における国民の利益調整という行政の現代的役割を果たすためにも，周辺住民が許可処分を取り消すことによって，結果的に自己の権利を守ることという，事業者—行政という二極構造ではない，事業者—行政—住民という三極構造の道筋が必要であろう。

　この点，例えば，ドイツにおいては，この種の紛争はもっぱら行政訴訟で争わ

れており，法律の規制に反して建築等を進める事業者等に対して，周辺住民は行政に対して適正な規制権限の不行使の違法性を争い，とくに権限行使の義務付け訴訟を提起することにより，生活環境等を守るのである。

そして，日本では，判例により行政訴訟の硬直化に対しての柔軟化の傾向が示され，その内容の法制化という意味合いを強く持って，2004年に行政事件訴訟法9条で改正前の本条を1項とし取消訴訟の原告適格の拡大を意図する2項が新設されたのである。

本稿では，判例の展開と行政事件訴訟法9条のあり方を概観しながら，「他人に対する処分と原告の訴えの利益」，より具体的には「処分の相手方以外の第三者」の原告適格について考察していきたい。

なお，「処分の相手方以外の第三者」の原告適格の問題は，上述の例の外にも，利益の内容・性格で分類するに，①生活環境に関するものとして，風営法の営業許可や墓地埋葬法の許可等に対するの周辺住民の取消訴訟，②生命・身体に関わる問題で，周辺のみならず広域の住民に関係する原子炉設置許可に対する無効等確認訴訟，③財産上の利益に関する公衆浴場の営業許可に対する競業者の無効確認訴訟や特急料金値上げ許可に対する鉄道利用者の取消訴訟等，④文化的利益に関する史跡指定解除に対する文化財研究者の取消訴訟等，さらに，行政の適法性のコントロールに注視するならば，⑤必ずしも人の環境権自体を争うのではない希少動物の生息地の開発許可等に関する「自然の権利訴訟」の類もその範疇になり得ることに留意すべきである。

第2節　2004年(平成16年)行政事件訴訟法改正と判例の関係

2004年，行政事件訴訟法9条は改正前の本条を1項とし，2項に「裁判所は，処分又は裁決の相手方以外の者について前項に規定する法律上の利益の有無を判断するに当たつては，当該処分又は裁決の根拠となる法令の規定の文言のみによることなく，当該法令の趣旨及び目的並びに当該処分において考慮されるべき利益の内容及び性質を考慮するものとする。この場合において，当該法令の趣旨及び目的を考慮するに当たつては，当該法令と目的を共通にする関係法令があると

きはその趣旨及び目的をも参酌するものとし，当該利益の内容及び性質を考慮するに当たつては，当該処分又は裁決がその根拠となる法令に違反してされた場合に害されることとなる利益の内容及び性質並びにこれが害される態様及び程度をも勘案するものとする」との規定を新設した。

　内容的には，取消訴訟の原告適格を判断する際の全体的解釈方針として，「法令の規定の文言のみによることなく」とし，必要的考慮事項として，①「当該法令の趣旨及び目的」，②「当該処分において考慮されるべき利益の内容及び性質」，③「目的を共通にする関係法令の趣旨及び目的」(①に対応)，④「害されることとなる利益の内容及び性質並びにこれが害される態様及び程度」(②に対応)の４つの事項を挙げている。

　本改正には，2004年１月６日の司法制度改革推進本部行政訴訟検討会の「行政訴訟制度の見直しのための考え方」における「国民の利益調整が複雑多様化している現代行政にふさわしい考え方として，法律の形式・規定ぶりや行政実務の運用等にとらわれずに法律の趣旨・目的や処分において考慮されるべき利益の内容・性質等を考慮するなど，原告適格が実質的に広く認められるために必要な考慮事項を規定する」との「取消訴訟の原告適格の拡大」の意向が反映され，両議院が，ともに法務委員会における改正案可決の際に，第三者の原告適格の拡大に努める旨の付帯決議を行っている。

　そうであるならば，改正前と改正後においては，何らかの判例の姿勢に変化がみられるはずであり，事実，後述する最判17年12月７日の小田急高架事業事件において判例の変更が行われている。しかし，本条２項の規定が，原告適格の拡大を意図したことは明らかであるが，一方で，判例のいわば最先端に位置づけられた判決の考え方を一般的に規定したものと評されるように，法改正自体が判例の流れを取り入れている事実は否定できない。つまり，司法制度改革推進本部行政訴訟検討会の「行政訴訟制度の見直しのための考え方」自体が，創造的内容ではなく，判例の新しい流れを汲むものであり，法内容の理解には一連の裁判所の姿勢の理解が不可欠であるといえる。以下，従来の判例の姿勢と法改正の内容に影響を与えたであろう判例を概観していきたい。

第 3 節　判例の従来の基本的姿勢

1　主婦連ジュース訴訟——最判昭和53年3月14日民集32巻2号211頁

　本件は，公正取引委員会が不当景品類及び不当表示防止法に基づいてした公正競争規約の認定に対し，一般消費者が不服申立てをすることについて適格性を認めなかった事例である。この判決はもともと行政上の不服申立資格に関するものであったが，その後，この「法律の利益」に関する判示は原告適格に関するものとして引用されるようになったとの指摘のように原告適格に関するリーディング・ケースとされていた。

　第一に，「景表法の右条項にいう『第1項……の規定による公正取引委員会の処分について不服があるもの』とは，一般の行政処分についての不服申立の場合と同様に，当該処分について不服申立をする法律上の利益がある者，すなわち，当該処分により自己の権利若しくは法律上保護された利益を侵害され又は必然的に侵害されるおそれのある者をいう，と解すべきである」と「法律上の利益」について，事実上の利益も広く認める「法律上保護に値する利益」説でなく，法律が保護した利益とする「法律上保護された利益」説が採られている。

　第二に，法律の範囲について当該行政処分の根拠となった規定に限定され，法律の範囲が厳格に適用されている。

　第三に，「法律上保護された利益とは，行政法規が私人等権利主体の個人的利益を保護することを目的として行政権の行使に制約を課していることにより保障されている利益であつて，それは，行政法規が他の目的，特に公益の実現を目的として行政権の行使に制約を課している結果たまたま一定の者が受けることとなる反射的利益とは区別されるべきものである」と公益の一般的・反射的利益と具体的個別利益とを区別する公益・個別的利益の区分論が採られている。

　以上のように，①「法律上保護された利益」説を採用し，②法律の範囲を限定すると，法律が，相手方以外の第三者の利益保護を明記することは，通常，考えにくいので，結果的に，原告適格が認められる余地は非常に少ないことになる。また，処分または裁決の根拠法規の規定の仕方により原告適格が左右されるとすれば，憲法上裁判を受ける権利が保障されているにもかかわらず，個々の法律の

立法者の裁量で原告適格が決められることになり，列記主義と変わらないことになるのではないかという批判も存在した。

また，③公益・個別的利益の区分論によるならば，例えば環境保全を目的とする法律に関する訴訟は，公益と考えざるを得ず，裁判の可能性自体が入り口で否定されることとなる。

第 4 節 判例の変化

1 変化の兆し

前述のように判例からは原告適格をかなり制限する姿勢が読み取れ，原告適格が認められた例は，憲法22条の職業選択の自由に対する積極目的規制として距離制限を認めた公衆浴場営業許可処分につき距離制限の範囲内に位置する既存同業者の営業許可の取消訴訟の原告適格を認めた事例（最判昭和37年1月19日民集16巻01号57頁）や，保安林伐採による洪水緩和・渇水予防に着目して保安林周辺の一定地域に居住する住民は保安林の指定解除処分を争う原告適格を認めた長沼ナイキ基地事件（最判昭和57年9月9日民集36巻9号1679頁）などしかなかった。

しかし，2004年改正前においても，すでに，最高裁判例の姿勢に変化が現れた。すなわち，原告適格の基本姿勢より広げて門前払いをなくそうとする判例の登場である。

2 伊達火力発電所事件──最判昭和60年12月17日判例時報1179号56頁

本件は，公有水面埋立法に基づく公有水面埋立免許についての周辺において漁業権を有する漁民の免許取消訴訟である。本判決は，結果的に漁民の原告適格を認めなかったのであるが，「行政処分の取消訴訟は，その取消判決の効力によつて処分の法的効果を遡及的に失わしめ，処分の法的効果として個人に生じている権利利益の侵害状態を解消させ，右権利利益の回復を図ることをその目的とするものであり，行政事件訴訟法九条が処分の取消しを求めるについての法律上の利益といつているのも，このような権利利益の回復を指すものである。したがつて，処分の法的効果として自己の権利利益を侵害され又は必然的に侵害されるおそれ

のある者に限つて，行政処分の取消訴訟の原告適格を有するものというべきであるが，処分の法律上の影響を受ける権利利益は，処分がその本来的効果として制限を加える権利利益に限られるものではなく，行政法規が個人の権利利益を保護することを目的として行政権の行使に制約を課していることにより保障されている権利利益もこれに当たり，右の制約に違反して処分が行われ行政法規による権利利益の保護を無視されたとする者も，当該処分の取消しを訴求することができると解すべきである。そして，右にいう行政法規による行政権の行使の制約とは，明文の規定による制約に限られるものではなく，直接明文の規定はなくとも，法律の合理的解釈により当然に導かれる制約を含むものである」と原告適格を法律の直接の明文規定に限らないで合理的解釈からも導き出せることを認めたもので，取消訴訟の原告適格を判断する際の全体的解釈方針として，「法令の規定の文言のみによることなく」と行政事件訴訟法9条2項改正に反映されている。

3　新潟空港訴訟——最判平成1年2月17日民集43巻2号56頁

本件は，定期航空運送事業の免許に対する空港周辺住民の免許取消の訴えであるが，「当該行政法規が，不特定多数者の具体的利益をそれが帰属する個々人の個別的利益としても保護すべきものとする趣旨を含むか否かは，当該行政法規及びそれと目的を共通する関連法規の関係規定によつて形成される法体系の中において，当該処分の根拠規定が，当該処分を通して右のような個々人の個別的利益をも保護すべきものとして位置付けられているとみることができるかどうかによつて決すべきである」と当該行政法規のみならず関連法規をも考慮すべきとする。この点，「法律」の範囲について当該行政処分の根拠となった規定に限定して厳格に解していた従来の姿勢が緩和されたことは，「当該法令と目的を共通にする関係法令があるときはその趣旨及び目的をも参酌するものとし」と行政事件訴訟法9条2項の改正に反映されている。

次に，「航空機騒音障害の防止の観点からの定期航空運送事業に対する規制に関する法体系をみると，法が，定期航空運送事業免許の審査において，航空機の騒音による障害の防止の観点から，申請に係る事業計画が法101条1項3号にいう『経営上及び航空保安上適切なもの』であるかどうかを，当該事業計画による使用飛行場周辺における当該事業計画に基づく航空機の航行による騒音障害の有無及び程度を考慮に入れたうえで判断すべきものとしているのは単に飛行場周辺

の環境上の利益を一般的公益として保護しようとするにとどまらず，飛行場周辺に居住する者が航空機の騒音によつて著しい障害を受けないという利益をこれら個々人の個別的利益としても保護すべきとする趣旨を含むものと解することができる」と航空法が「飛行場周辺に居住する者が航空機の騒音によつて著しい障害を受けない」という個別的利益を保護する趣旨も含むとし，「当該免許に係る路線を航行する航空機の騒音によつて社会通念上著しい障害を受けることとなる者は当該免許の取消しを求めるにつき法律上の利益を有する者として，その取消訴訟における原告適格を有すると解するのが相当である」とし第三者の原告適格を従来より広く認める判断基準を示し，伊達火力発電所事件では認めなかった原告適格を認めている。

4　もんじゅ訴訟——最判平成4年9月22日民集46巻6号571頁

　本件は，高速増殖炉「もんじゅ」についての設置許可処分に対する付近住民による無効確認訴訟である。本判決は，原子炉等規正法23条に基づく原子炉設置許可処分につき，原子炉施設の周辺に居住する者が，その無効確認を訴求する法律上の利益を有するか否かを「事故が起こったときは，原子炉施設に近い住民ほど被害を受ける蓋然性が高く，しかも，その被害の程度はより直接的かつ重大なものとなるのであって特に，原子炉施設の近くに居住する者はその生命，身体等に直接的かつ重大な被害を受けるものと想定されるのであり，右各号は，このような原子炉の事故等がもたらす災害による被害の性質を考慮した上で，右技術的能力及び安全性に関する基準を定めているものと解される。右の三号（技術的能力に係る部分に限る。）及び四号の設けられた趣旨，右各号が考慮している被害の性質等にかんがみると，右各号は，単に公衆の生命，身体の安全環境上の利益を一般的公益として保護しようとするにとどまらず，原子炉施設周辺に居住し，右事故等がもたらす災害により直接的かつ重大な被害を受けることが想定される範囲の住民の生命，身体の安全等を個々人の個別的利益としても保護すべきものとする趣旨を含むと解するのが相当である」と被侵害利益を実質的に考慮して，公益であっても個別的利益を導き出して法律上の利益と解している。

　そして，その内容は「当該処分において考慮されるべき利益の内容及び性質」を考慮事項とするように行政事件訴訟法9条2項改正に反映されている。

5 がけ崩れ危険地開発許可事件——最判平成9年1月28日民集51巻1号250頁

本件は，都市計画法に基づく開発許可に対する取消訴訟であるが，まず，「同条2項は，同条1項7号の基準を適用するについて必要な技術的細目を政令で定めることとしており，その委任に基づき定められた都市計画法施行令28条，都市計画法施行規則23条，同規則（平成5年建設省令第8号による改正前のもの）27条の各規定をみると，同法33条1項7号は，開発許可に際し，がけ崩れ等を防止するためにがけ面，擁壁等に施すべき措置について具体的かつ詳細に審査すべきこととしているものと解される」と関連法規を考慮する点においては新潟空港事件最高裁判決の流れが反映されている。

次に，「以上のような同号の趣旨・目的，同号が開発許可を通して保護しようとしている利益の内容・性質等にかんがみれば，同号は，がけ崩れ等のおそれのない良好な都市環境の保持・形成を図るとともに，がけ崩れ等による被害が直接的に及ぶことが想定される開発区域内外の一定範囲の地域の住民の生命，身体の安全等を，個々人の個別的利益としても保護すべきものとする趣旨を含むものと解すべきである」と公益に関する法律についても個別的利益についても法律上の利益と解する点においてももんじゅ訴訟最高裁判決の流れをくむ。

そして，この姿勢は林地開発行為許可処分取消請求事件である最判平成13年3月13日，建築基準法に基づく許可処分取消訴訟である最判平成14年1月22日や最判平成14年3月28日に引き継がれている。

第5節 2004年法改正後の判例

1 小田急高架事業事件——最大判平成17年12月7日民集59巻10号2645頁

本件は，都市計画法59条2項に基づく小田急線の喜多見駅付近から梅ヶ丘駅付近までの連続立体交差化を内容とする都市計画事業の認可取消訴訟である。

原審である東京高判平成15年12月18日は「上告人らは，いずれも本件鉄道事業の事業地の周辺地域に居住するにとどまり，事業地内の不動産につき権利を有し

ないところ，都市計画事業の事業地の周辺地域に居住するにとどまり事業地内の不動産につき権利を有しない者については，事業の認可によりその権利若しくは法律上保護された利益が侵害され又は必然的に侵害されるおそれがあると解する根拠が認められないから，上告人らは，本件鉄道事業認可の取消しを求める原告適格を有しない」と事業地内の不動産につき権利を有するもののみに原告適格を認めていた。

　本判決は行政事件訴訟法9条について「取消訴訟の原告適格について規定するが，同条1項にいう当該処分の取消しを求めるにつき『法律上の利益を有する者』とは，当該処分により自己の権利若しくは法律上保護された利益を侵害され，又は必然的に侵害されるおそれのある者をいうのであり，当該処分を定めた行政法規が，不特定多数者の具体的利益を専ら一般的公益の中に吸収解消させるにとどめず，それが帰属する個々人の個別的利益としてもこれを保護すべきものとする趣旨を含むと解される場合には，このような利益もここにいう法律上保護された利益に当たり，当該処分によりこれを侵害され又は必然的に侵害されるおそれのある者は，当該処分の取消訴訟における原告適格を有するものというべきである。そして，処分の相手方以外の者について上記の法律上保護された利益の有無を判断するに当たっては，当該処分の根拠となる法令の規定の文言のみによることなく，当該法令の趣旨及び目的並びに当該処分において考慮されるべき利益の内容及び性質を考慮し，この場合において，当該法令の趣旨及び目的を考慮するに当たっては，当該法令と目的を共通にする関係法令があるときはその趣旨及び目的をも参酌し，当該利益の内容及び性質を考慮するに当たっては，当該処分がその根拠となる法令に違反してされた場合に害されることとなる利益の内容及び性質並びにこれが害される態様及び程度をも勘案すべきものである（同条2項参照）」と改正された2項にも触れている。

　そして，「上告人らは，いずれも本件鉄道事業に係る関係地域内である上記各目録記載の各住所地に居住しているというのである。そして，これらの住所地と本件鉄道事業の事業地との距離関係などに加えて，本件条例2条5号の規定する関係地域が，対象事業を実施しようとする地域及びその周辺地域で当該対象事業の実施が環境に著しい影響を及ぼすおそれがある地域として被上告参加人が定めるものであることを考慮すれば，上記の上告人らについては，本件鉄道事業が実施されることにより騒音，振動等による健康又は生活環境に係る著しい被害を直

接的に受けるおそれのある者に当たると認められるから，本件鉄道事業認可の取消しを求める原告適格を有するものと解するのが相当である」と原審を覆し，都市計画事業認可処分等取消請求訴訟で「本件各処分に係る事業地の周辺地域に居住し又は通勤，通学しているが事業地内の不動産につき権利を有しない上告人らは，本件各処分の取消しを求める原告適格を有しないというべきである」とした最判平成11年11月25日の判例を変更した。判例変更は行政事件訴訟法9条2項を適用したケースと考えられる。

　もっとも，騒音，振動という被害に注目している点では従来の「法律上保護された利益」説の枠を変更したものではなく，考慮すべき「法律上の利益」の範囲を拡大したものとの指摘のように，劇的な判例変更がなされたとはいい難い。

　また，その後の判例も，公有水面埋立免許の差止訴訟において景観利益を有する町内住民等に原告適格を認める（広島地判平成21年10月1日）等，下級審レヴェルにおいて原告適格を柔軟に拡大するものはあったが，最高裁では自転車競技法に基づく場外車券販売施設設置許可について施設周辺の住民等の原告適格を否定する（最判平成21年10月15日）など2004年改正前の解釈態度からの大きな変化はみられない。

第6節　今後の展望

　行政事件訴訟法9条2項の改正規定，例えば，①「当該法令の趣旨及び目的並びに当該処分において考慮されるべき利益の内容及び性質を考慮するものとする」との内容はもんじゅ訴訟の被侵害利益を実質的に考慮する姿勢が条文に反映されており，②「当該法令と目的を共通にする関係法令があるときはその趣旨及び目的をも参酌するものとし」との内容は新潟空港訴訟で判示された当該行政法規のみならず関連法規も考慮すべきとの姿勢が条文に反映されている。このことはすでに述べた。

　より具体的には，法改正は，原告適格の判断基準についての「法律が保護しているか」という基準から「法律を関連法律まで含めて，さらに被害法益の性格をも考慮しつつ，合理的に解釈すれば原告適格が認められる（べき）か否か」という基準に変化したということができる。また，先進的判例の内容が法改正に反映

されることにより，従前狭すぎるという批判の多かった原告適格に関する判例が必要に応じて拡張されることを期待したものと評することが可能であろう。

では，行政事件訴訟法9条2項が「法律上保護された利益」説から出発しつつも，考慮事項を指示することによって「法的な保護に値する利益」説に接近しているとの指摘のように「利害の実態に着目」し，より広く原告適格が認められるようになるのであろうか。すなわち，判例の姿勢が，今後，どのように推移するかであるが，考え方は二つである。

まず，拡大説ないし拡大可能説とでも呼ぶべきもので，法改正がなされたのであるから，当然に原告適格の肯認される範囲が拡大するべきとするものである。次に，判例要素確認説とでも呼ぶべき考え方で，2項は従来の最高裁判例が述べていることを整理して記載したに留まり，判例の劇的変化は期待できないと予想するものである。

この点，前述のように小田急高架事業事件で判例変更がなされてはいるが，2項の規定に反映された判例の範疇を超えた新しい考え方はなく，結局のところ，今後の判例を見守ることになる。

そして，法改正による範囲拡大のメルクマールになる事例があるとするならば，①環境権，文化財享有権，景観利益や消費者の権利等の新しい人権カタログないし利益についても法律上の利益とするか，②環境団体や消費者団体にも原告適格を広げて認めていくか，③経済政策などに関わる新規参入の営業許可について競業者ないし既存業者に取消訴訟等の原告適格を認めるか等を挙げることができよう。

もっとも，いたずらに保護範囲要件と個別保護要件を緩和して原告適格の範囲を広げることは，改正の趣旨ではない。そもそも，原告適格を訴訟要件として民衆訴訟と区別することが必要であるし，濫訴による余計な応訴の負担を避ける必要性も否定できない。例えば，建築許可等の取消は行政の判断のみが問題ではなく，財産権が保障されている個人等の存在が関わることも留意すべきであろう。

また，取消訴訟においては，原告の権利・利益の救済と行政行為の適法性のコントロールとが不可分に結合しているところに大きな特色があるが，取消訴訟は行政行為の適法性に関わるものであり，行政の政策的決定の正当性を司法に判断させる手段ではない。

但し，法律で義務付けられている希少動物の保護等に関する，いわゆる「自然の権利訴訟」のような問題では，どのような「法律上の利益」が侵害されたかに

ついて，従来の「個別的利益」と「一般的公益」という区分論では，もはや，対応しきれないように，新たな「処分の相手方でない第三者」の原告適格の要件が，今後，必要になろう。

参考文献
芝池義一『行政救済法講義［第3版］』（有斐閣，2006年）
南博方＝高橋滋編『条解行政事件訴訟法［第3版補正版］』（弘文堂，2009年）
後藤光男編『人権保障と行政救済法』（成文堂，2010年）
木村琢磨『プラクティス行政法』（信山社，2010年）
櫻井敬子＝橋本博之『行政法［第4版］』（弘文堂，2013年）

（三浦一郎）

第9講 処分の執行停止と内閣総理大臣の異議

第1節 はじめに

　行政事件訴訟法には大別して，抗告訴訟，当事者訴訟，民衆訴訟および機関訴訟がある（第2部第4講参照）。その中の，抗告訴訟の中で中心的役割を果たすのが「処分の取消しの訴え」（3条2項），すなわち，一般に「取消訴訟」と呼ばれるものである。

　この取消訴訟は，不服申立てとの関係についても明記している。取消処分は，当該処分につき法令の規定により不服申立てができる場合であっても，それを経ずに直ちに提起することができる（8条1項）。これを「選択主義」という。但し，法律に不服申立てを経たあとでなければ，出訴できない旨の規定がある場合がある（1項但書）。これを「不服申立前置主義」という。

　取消訴訟がなされたとしても，「処分の取消しの訴えの提起は，処分の効力，処分の執行又は手続の続行を妨げない」として，執行不停止・効力不停止の原則を定めている（25条1項）。これは，主として行政執行の効率性をはかるという観点から，行政事件訴訟法は上述のような執行不停止原則を採用したものである。すなわち，訴訟が提起されても判決が出るまでは時間がかかるため，その間に当事者の一方が取り返しのつかない損害を被る可能性があるため，仮の権利保護の制度を置いたのである。

　しかし，執行不停止はあくまで原則であり，国民の権利保護をはかる見地も取り入れて，例外的規定として，執行停止の申立てを認めている。一方で，それに対する公益上あくまで行政の執行を必要とするという判断がなされた場合には，行政府の首長である内閣総理大臣による異議を定めている。本講では，その制度の概要と問題点をみてゆく。

第2節　執行停止

1　意　義

　行政処分はそもそも行政庁の判断として，執行不停止することも，停止することも可能なのであるが，主として行政庁の能率性をはかるという観点から行政事件訴訟法は執行不停止原則を採用した（25条1項）。濫訴により，行政が停滞するのをおそれたためである。同様の趣旨で，行政庁の公権力の行使に対しては，民事保全法上の仮処分手続きは適用されない（44条）。すなわち，取消訴訟が提起されていたとしても，行政庁による処分は停止することなく継続する。たとえば，取消訴訟がなされたとしても，処分を行った行政庁は課税処分に基づく強制徴収の手続を進めることはできる。

　しかし，執行不停止の原則を絶対的に厳格に貫くと，訴訟の係争中に処分が執行された原告に著しい損害が生じ，後日，勝訴したとしても，原告の権利救済ができなくなる場合がある。そこで，行政事件訴訟法25条2項は国民の権利保護をはかる見地も取り入れて，下記2の要件の下で，この執行不停止原則に対する例外として，原告からの処分の効力，処分の執行または手続の続行の全部または一部の停止の申立てとそれに基づく裁判所による執行停止決定を認めている。

　裁判所による執行停止決定という仮の権利保護をめぐっては，裁判所にその権限を与えるか否かは全くの立法政策の問題であるとする考え方と，それが憲法の裁判を受ける権利（32条）を保障するための不可欠の制度であることを重視して，司法権の一部と解する考え方とがある。前者は仮の権利保護は本来の司法作用ではないことを理由とし（兼子一，田中二郎ほか），あるいは行政行為の執行は行政作用であり，その停止も行政権に属することを理由とする（雄川一郎）。後者は，仮の権利保護は司法権の行使に付随する作用と考えられ，憲法が行政事件の処理を司法権に委ねた（76条）以上，裁判所に属することを理由とする（兼子仁，塩野宏）。

　既述のとおり，憲法32条は誰もが裁判所すなわち司法権の行使する作用において，裁判を受ける権利があると保障している。また，憲法76条1項は「すべて司法権は」最高裁判所および下級裁判所に属するとし，また特別裁判所の設置を禁

止し，さらに行政機関による終審裁判を禁止している（2項）。これらは英米法的司法国家の採用を宣言したと考えられる。以上のことを考えれば，執行停止を司法権の一部と考える以外にない。したがって，具体的な制度内容について立法裁量が認められるとしても，そこには一定の憲法上の制約があると考えられる。

2　要件及び決定の範囲

　行政事件訴訟法25条2項は，重大な損害を避けるため緊急の必要があるときは，裁判所は，申立てにより，決定をもって，処分の効力，処分の執行又は手続の続行による生じる重大な損害を避けるため緊急の必要があるとき，とする。そして，効力の停止の決定は，処分の執行の停止または手続の続行の停止ではその目的を達成できない場合に限られる（25条2項但書）。さらに，「公共の福祉に重大な影響を及ぼすおそれがあるとき」または「本案について理由がないとみえるとき」は，執行停止は認められない（4項）。この点は，民事訴訟における仮処分の要件と異なっている。

　これらの規定から執行停止のための（執行不停止原則の例外の）要件は，3つの積極的要件と2つの消極的要件が導き出される。積極的要件は以下のとおりである。①取消訴訟が係属していること。②執行停止の対象となる処分の効力が存在しており，これを停止することによって現実に権利の利益の保全がはかられること。③重大な損害を避けるため緊急の必要のあること（2004年（平成16年）改正以前は「回復の困難な損害」とされていたが，「重大な損害」に緩和され，より執行停止はされやすくなった）。消極的要件は以下のとおりである。①執行停止をしても，公共の福祉に重大な影響を及ぼすおそれのないこと。②本案について理由がないとみえないこと。

3　効　力

　行政事件訴訟法では，執行停止につき，処分の効力の停止，執行の停止，手続の続行の停止の3種類を置いている（25条2項）。「処分の効力」の停止とは，処分によって生じる効力を一時停止し，将来に向かって処分がなかったに等しい状態を作り出すことである。また，「処分の執行」の停止とは，処分の内容を実現するために行われる行政権による実力行使を停止させること，つまり処分庁が行政上の強制執行に訴えて処分の内容を強制的に実現することをできなくすること

を意味する。さらに,「手続の続行」の停止とは,処分自体の効力を維持しつつ,その処分の存在を前提としてなされる後続処分をさせないようにすることである。処分の効力の停止は最も広い観念であり,後の二者は処分の効力の停止の一部と考えてよい。したがって,「処分の効力」の停止がもっとも強力である。よって,過剰停止を避ける趣旨から,「処分の効力の停止は,処分の執行又は手続の続行の停止によつて目的を達することができる場合には,することができない」(25条2項)。

執行停止決定に遡及効(その効力が決定以前にさかのぼって発生する)を認めるべきという見解も複数存在する。通説では,執行停止決定は将来に向かって効力をもつにとどまる。すなわち,将来効のみをもつ。したがって,遡及効はない。

一方で,執行停止の決定は,第三者効をもち(32条2項),一定の拘束力をもつ(33条4項)。執行停止がなされた後に事情の変更があるときには,裁判所は相手方の申立てにより,これを取り消すことができる(26条)。

判例では,自己所有の農地買収計画に対して取消訴訟を提起し執行停止の決定を得たが,それ以前に売り渡し及び所有権取得登記が済んでいた事例につき,最高裁は執行停止について「買収手続の進行を停止する効力を有するだけである」として,通説と同じ立場であること明らかにしている(最小判昭29・6・22民集8巻6号1162頁)。また,地方議会議員の除名処分の効力停止決定がなされると除名の効力は将来に向かって存在しない状態になり,除名された議員の地位が回復することになり,欠員が生じたことによる繰り上げ当選はその根拠を失うことになるから,選挙管理委員会は効力停止決定に拘束され,繰り上げ補充による当選人の定めを撤回し,その当選を将来に向かって無効とすべき義務を負うとする判例がある(最決平11・1・11判例時報1675巻61号)。

また,執行停止決定は,取消判決と同様に,原状回復機能を有する。すなわち,停止決定されるものの性質によっては,原状回復がなされる。営業免許取消処分や免職処分には回復するべき原状があるが,免許申請拒否処分の場合には,そもそも元の状態を持っていないのであるから,回復するべき原状がない。

ただ,原状を創出すべき工夫をしている判例もある。たとえば,集団示威行進の申請拒否処分については,示威行進が適法にできる状態を回復するという考え方を採用し(東京地決昭42・11・27行集18巻11号1485頁),外国人の在留許可についても,申請許否の処分がなされるまで,不法残留者としての責任を問えなく本邦

に残留することができる，という状態を回復するという考え方を採用している（東京地決昭45・9・14行集21巻9号1113頁）。

第3節　内閣総理大臣の異議

1　意　義

　取消訴訟をした者が上述の執行停止の申立てをした場合で裁判所がこれを認める決定を行った場合，被告である行政庁は上級裁判所に即時抗告をすることができる（行政事件訴訟法25条6項）。しかし，これに加えて，内閣総理大臣は裁判所に対して異議を述べることができる（27条1項）。これを，「内閣総理大臣の異議」という。いわば，仮の救済措置である。旧法では行政事件訴訟特例法10条2項及び3項で定められていたが，現行法では行政事件訴訟法27条に定められている。現行法では申述を「やむをえない場合」（27条6項）に限り，申述の相手方裁判所を明示しつつ，国会への報告という事後手続規定を置いている点が，旧法とは異なる。

　歴史的には，行政事件訴訟特例法の制定過程で生じた平野事件をきっかけとして，GHQ（連合国軍総司令部）の強い指示を受けて設けられた。平野事件とは，公職追放処分を受けた平野力三衆議院議員について，東京地裁が行った上記処分の執行停止仮処分に対して，GHQの最高裁長官への要請を受け上記地裁が決定を取り消した事件である。これは，公益上あくまでも行政の執行を必要とするという判断がなされる場合には，行政の最高執政の責任者としての内閣総理大臣がその旨の主張を裁判所に対して行うことを認めるべきであるとする観点から設けられた規定である。諸外国にも例がない特異な規定である。行政事件訴訟法の制定に当たり，制度の濫用を防ぐための規定の整備が行われ，そのうえで，残されている。

2　要　件

　内閣総理大臣の異議は裁判所の判断を阻止又は覆すものであるから，その行使は慎重でなければならない。したがって，異議には理由を付記しなければならず，

その際，処分の効力の存続等の措置をとらなければ公共の福祉に重大な影響を及ぼすおそれのある事情を示すものとされる（27条2項・3項）。すなわち，具体的理由の記載を欠く異議は，形式的要件に欠けるので無効と扱われるべきである。

しかし，異議に理由が付されたときは，裁判所はその内容上の当否を実質的に審査することはできない。理由付記の要求はもっぱら内閣総理大臣に自制を求め，異議権の行使を慎重ならしめる趣旨であろう。すなわち，裁判所には異議の内容について確認する方法は用意されていない。内閣総理大臣は，執行停止手続について，これを阻止するための絶対的な介入権をもっているのである。

内閣総理大臣は，執行停止等を認めると公共の秩序にいちじるしい障害があり，行政の首長として行政責任を全うしえない。やむをえない場合でなければ，異議を述べてはならない。異議を述べたときは，次の常会（通常国会）で国会に報告しなければならない（27条6項）。

3　効　果

異議が述べられた場合には，裁判所は執行停止の決定をすることができず，また，すでに執行停止の決定をしているときには，裁判所はその決定を取り消さなければならない（4項）。裁判所には異議に理由があるかどうかを実質的に審理する権限は認められていない。内閣大臣の異議は，司法権にあたえられた仮救済を命ずる権限を奪う，いわば絶対的拒否権ともいうべき性質をもつとされている。このように内閣総理大臣に絶対的な権限を与えていることから，この異議は合憲性の問題を提起することになる（第4節参照）。

4　事　例

1967年（昭和42年）6月に，国会周辺のデモ行進を事実上禁止するためになされた東京都公安委員会によるデモ行進の進路変更という許可条件の効力を停止するとした，東京地方裁判所の決定（東京地昭42・6・9行集18巻「5・6」号737頁）に対して（集団示威行進不許可処分に対する執行停止決定に際して），佐藤栄作首相がこの異議を述べ，それ以後も昭和43年にかけて，同様の事例につき繰り返し異議が述べられた（合計8件）ことがある。近年はその適用例をみない。

第4節 まとめ

　行政事件訴訟法における抗告訴訟の中の取消訴訟は，行政処分の執行不停止の原則をもつが，それに対して原告は一定の要件の下で執行停止を申し立てることができ，裁判所が決定をすれば執行が停止される。しかし，それに対して，内閣総理大臣は一定の要件の下で異議を申し立てることができ，裁判所の決定を覆すことができるのである。

　そこで，内閣総理大臣の異議が憲法上許容されるかということが問題となる。すなわち，執行停止が公共の福祉に重大な影響を及ぼすか否かの判断権を裁判所ではなく，行政権の首長である最高責任者たる内閣総理大臣に委ねることを正しいとする考え方は，行政処分の執行に関する権限は本来的には行政権に属するものであるから，司法権にはなく，ゆえにそのような異議が認められるとする。すなわち，実質的意義の行政（国家作用の活動の側面に着目した行政）と形式的意義の行政（国家作用を行う機関に注目した行政）の一致を前提とした考えである。

　しかし，これは裁判官の職権行使の独立性の保障（憲法76条3項）や，さらにこの制度は執行停止決定を通じての国民の権利救済の実効性を阻害し，結局は国民の裁判を受ける権利（憲法32条）を侵害するのではないかということがある。また，裁判所の判断を覆すということは，法原理機関としての裁判所の立場を害するものではないか疑問を拭い切れない。いわば，異議は，司法権の行使に対する行政権の干渉であるともいえる。

　違憲論の論拠は，①異議は憲法上国民に保障されている司法救済を空洞化してその実効性を阻害し，国民の裁判を受ける権利（憲法32条）を侵害する。②当事者の一方である行政の側に絶対的権限を与えるもので，当事者対等という訴訟の基本構造と矛盾し，ひいては司法権の観念と矛盾する。③裁判の公正を担保するために，裁判官に与えられている職務行使の独立性（憲法76条3項）を行政権が侵害することになり，三権分立の基本原理に違反するなどである。

　合憲論の論拠は，行政処分の違法性を終局的に判断し確定する作用は，司法固有の権限に属するが，処分の適法，違法が確定する以前の段階で暫定的に仮救済をあたえる作用は，むしろ行政権に属する作用とみられるから，法律によっていったん裁判所にあたえた仮救済の権限を行政権に引き戻してもただちに権力分

立に違反するとはいえない。むしろ行政上の法秩序の安定をはかるには，行政の最高責任者である内閣総理大臣に異議の権限を留保しておくことこそ，行政責任を全うするうえで不可欠であるとする。

判例は，内閣総理大臣の申立てによる行政処分の執行停止は，本来的な行政作用の司法権への移譲にほかならないから，どのような様態で権限を委譲するかは立法政策の問題であり，内閣総理大臣の異議の制度は憲法に違反しない。すなわち，裁判所の審査を受けない，とする（東京地判昭44・9・26行集20巻「8・9」号1141頁参照）。それ以前の旧法下での事例では，この制度の合憲性については直接に触れられていない（最大判昭28・1・16民集7巻1号12頁参照）。

日本国憲法においては，国民の権利義務を保障することに主眼が置かれることを考えると，取消処分における仮の救済の最終的判断を行政府の首長に一任するということには問題がある。現行法でも，濫用を抑制するというよりも制度の明確化を図ったものである，とも批判される。確かに，現行法27条6項で異議を述べたときには次の常会での報告義務があるが，この目的は，国会の政治的批判に晒すことによって，異議権の行使を抑制する狙いにあることは間違いない。しかし，法的に抑制を義務付けるのではなく，政治的批判による抑制に期待するというのでは，効果は限りなく半減するであろう。だとすれば，仮に，異議の制度を存置するとしても，最終的なチェック機関がほかに存在するような制度を作る必要がある。

日本国憲法の下では，出発点は国民の権利義務の充実に置かれるべきであって，その重要な要素として，裁判所による仮の救済手続きが位置づけられている。そのように，人権保障が最終的には裁判所においてなされるべきであることを考えると，最終判断は裁判所にまかせるべきであろう。

行政による司法権侵害として違憲であるとされ（今村成和），また違憲の疑いが濃い（原田尚彦，藤田宙靖）とする有力な説があり，廃止するべきであるというのが学説の潮流である。2004年（平成16年）法改正ではこの制度の廃止が検討されたが，結局，見送られた。執行停止制度における公共の利益と私益の調整は，通常の場合は，執行制度の運用で処理することが可能であること，これに対して国民の重大な利益に影響を及ぼす緊急事態等への対応のあり方について関連する個別法がない現段階においては，直ちに当該制度の廃止に踏み切ることができない事情もあり，今後の検討に委ねられたのである。

参考文献

藤井俊夫『行政法総論［第5版］』（成文堂，2010年）

原田尚彦『行政法要論［全訂第7版（補訂版）］』（学陽書房，2011年）

藤田宙靖『行政法総論』（青林書院，2013年）

塩野宏『行政法Ⅱ［第5版］　行政救済法』（有斐閣，2010年）

高木光＝常岡孝好＝橋本博之＝櫻井敬子『行政救済法』（弘文堂，2007年）

佐藤幸治『日本国憲法論』（成文堂，2011年）

村上裕章「執行停止と内閣総理大臣の異議」『ジュリスト増刊行政法の争点［第3版］』（有斐閣，2004年）

紙野健二「内閣総理大臣の異議」『別冊ジュリスト　行政法判例百選Ⅱ［第6版］』（有斐閣，2012年）

（岡田大助）

第10講　取消訴訟以外の抗告訴訟

第1節　無効等確認訴訟

1　無効等確認訴訟の意義

　行政事件訴訟法（以下，行訴法と略す）は，その3条4項において，無効等確認訴訟を「無効等確認の訴え」と呼んでいる。この規定によると，無効等確認の訴えとは，「処分若しくは裁決の存否又はその効力の有無の確認を求める訴訟」のことである。無効等確認訴訟には，取消訴訟に関する多くの規定が準用される（行訴38条）が，行訴法38条3項は取消訴訟に関する規定の内，出訴期間に関する同法14条や不服申立前置に関する同法8条を無効等確認訴訟に準用していないので，無効等確認訴訟はこれらの制約を受けない。また，無効等確認訴訟には，処分若しくは裁決の存在・不存在又は有効・無効の4つの確認訴訟が想定されるが，中心となるのは処分若しくは裁決の無効確認を求める訴えであるので，以下の説明はこの無効確認訴訟を念頭に置いたものである。

　行政処分は，それが違法なものであっても，特定の国家機関（取消機関）が特定の手続によって取消（職権取消・争訟取消）をしない限り，原則として有効なものとして扱われる（公定力）。また，違法な行政処分は取消訴訟で争うのが原則であり，他の訴訟で処分の効力を争うことはできない（取消訴訟の排他的管轄）。しかし，取消訴訟には出訴期間の制約がある上，不服申立ての義務が法律で定められていることもある。そのために，定められた期間内に取消訴訟を提起しないと，不可争力（形式的確定力）が発生し，それ以降は行政処分の取消しを求めることができなくなるが，行政処分の瑕疵が大きい場合（通説・判例は瑕疵が重大明白である場合としている），出訴期間などの訴訟のルールを守らなかったことを理由にして，その人に違法な行為を課するのはあまりにも不合理である。そこで，行訴法は一般的な違法と区別される重大明白な違法を争う手段として，取消訴訟

とは別に無効等確認訴訟という方法を定めて，このような場合の救済を図っている（畠山＝下井編著・はじめての行政法244頁）。

2　無効等確認訴訟の必要性

　行政処分が無効である場合には，その法的効力は最初から存在しないので，わざわざ無効確認という訴訟形態をとらずとも，無効を前提とした法律関係について当事者訴訟または民事訴訟を提起すれば，紛争解決として十分である。例えば，課税処分があって，その処分に従って税金を納めたけれども，よく考えてみたら，あの課税処分は無効であるので，納めたお金を返してもらいたいという場合に，わざわざ課税処分それ自体の無効確認訴訟を提起するまでもなく，国を相手に直接，税金の返還を求める民事訴訟を提起して，その訴えの中で「なぜならばあの課税処分は無効であるから」ということを主張しさえすれば，それで済むことになり，無効確認訴訟は必要がないように思われる（藤田・行政法入門202-203頁）。そこで，行訴法36条は，無効等確認訴訟を提起することができる者について特に制限を設け，取消訴訟の原告適格に相当する「法律上の利益」を有する者であることに加えて，当該処分若しくは裁決の存否又はその効力の有無を前提とする「現在の法律関係に関する訴え」によって目的を達成することができないものに限定している（櫻井・行政救済法のエッセンス172頁）。「現在の法律関係に関する訴え」とは，民事訴訟や当事者訴訟のことを指している。この行訴法36条の規定は無効等確認訴訟を抑制し，民事訴訟や当事者訴訟に一定の優先性を与えている。

　さて，前述の課税処分の事例において，この36条の規定に従うと，どのような訴訟手段を選ぶことができるのであろうか。この規定に従えば，処分それ自体の無効確認訴訟を提起することはできず，直接「納めた税金を返して」といった民事訴訟しか提起できないということになる（藤田・行政法入門203-204頁）。

3　行政事件訴訟法36条の解釈について

　行訴法36条は無効等確認訴訟の原告適格について，①当該処分又は裁決に続く処分により損害を受けるおそれのある者②その他当該処分又は裁決の無効等の確認を求めるにつき法律上の利益を有する者で，③当該処分若しくは裁決の存否又はその効力の有無を前提とする現在の法律関係に関する訴えによつて目的を達することができないものに限り，提起することができると規定している。この条文

は行訴法の中でも，最もわかりにくい条文の一つであり，この条文の解釈の仕方について，いくつか争いがある。まず，基本的に一元説と二元説との対立がある。

一元説によれば，無効等確認訴訟は，①または②であり，かつ③に該当する者だけが提起することができる。これに対して，二元説によれば，無効等確認訴訟は，①の者か，②かつ③である者のいずれかに該当すれば提起することができる。この説は①を予防訴訟として積極的に評価し，③の要件は①にかからないので，①の要件を満たすだけで無効等確認訴訟を提起することができるとしている（②③を満たす場合が補充訴訟としての無効等確認訴訟となる）。この条文は①と②の間に句読点がなく続いているため，文理解釈としては一元説が適切であるが，予防訴訟としての無効等確認訴訟を認めなければ，国民を十分に救済できない場合があるので，学説では二元説が有力である。また，判例は二元説に立っていると解される。最高裁は納税者が「課税処分を受け，当該課税処分にかかる税金をいまだ納付していないため滞納処分を受けるおそれがある場合」に関して，③の要件に言及することなく，当該納税者が提起した本件課税処分無効確認の訴えは適法であるとした（最判昭和51・4・27民集30巻3号384頁）。このように，最高裁は③の要件に触れずに，予防訴訟としての無効確認訴訟を認めている。

さらに，③の要件に関しても，「現在の法律関係に関する訴え」に還元できない場合に限り無効等確認訴訟の原告適格を認める説（還元不能説）と「現在の法律関係に関する訴え」に還元可能であっても，その訴えによって目的を達成することができない場合は，無効等確認訴訟の原告適格を認める説（目的達成不能説）がある（今村＝畠山（補訂）・行政法入門250-251頁）。この③の解釈について，判例と学説は対立している。最高裁判決の中には，争いを「現在の法律関係に関する訴え」に還元できない場合に限り，無効等確認訴訟が認められると判じているように解釈できるものがある（畠山＝下井編著・はじめての行政法247頁）。しかし，この立場に立つのならば，「現在の法律関係に関する訴え」に還元できない争いはほとんどないので，無効等確認訴訟はほとんど認められないことになる（畠山＝下井編著・はじめての行政法247頁）。他方で，目的達成不能説に立ったとしても，「目的を達成することができない」とは何を意味するのかに関して，意見は分かれている（畠山＝下井編著・はじめての行政法247頁）。こうした中，最近は目的達成不能説の立場を発展させ，様々な訴訟類型の中で，事件を解決するのに無効等確認訴訟が最も直截的で適切な場合には，それを認めようとする見解が有力に

なっている（畠山＝下井編著・はじめての行政法247頁）。最高裁も，もんじゅ訴訟判決（最判平成4・9・22民集46巻6号1090頁）の中で，「当該処分に起因する紛争を解決するための争訟形態として，当該処分の無効を前提とする当事者訴訟又は民事訴訟との比較において，当該処分の無効確認を求める訴えのほうがより直截的で適切な争訟形態であるとみるべき場合」には，無効等確認訴訟の提起を認めて良いとした。

第 2 節　不作為の違法確認訴訟

1　訴訟要件

　不作為の違法確認訴訟とは，私人が行政庁に対して法令に基づく申請をしたにもかかわらず，行政庁が相当の期間内に何らかの処分又は裁決をしないことの違法確認を求める訴訟のことである（行訴3条5項）。

　不作為の違法確認訴訟の訴訟要件は，法令に基づく申請をした者が原告であること（原告適格）であり（行訴37条），次の点に注意する必要がある（畠山＝下井編著・はじめての行政法252頁）。第一に，申請者以外の第三者の原告適格は認められない（畠山＝下井編著・はじめての行政法252頁）。第二に，「申請をした」というためには，その前提として，「申請―許可」という仕組みが法令で整備されている必要がある（畠山＝下井編著・はじめての行政法252頁）。つまり，原告がした申請が単に行政庁の職権発動を促すもの（要望，申出）に過ぎない場合は，訴えは認められないということになる（今村＝畠山（補訂）・行政法入門252頁）。第三に，この訴訟で争うことができるのは，申請に対する処分（行手2章）だけであり，不利益処分（同3章）のような行政庁の職権で発動される処分については，この訴訟で争うことはできない（畠山＝下井編著・はじめての行政法252頁）。

2　本案勝訴要件

　不作為の違法確認訴訟における本案勝訴要件は，行政庁が申請に対し，「相当の期間」内に処分・裁決を行わないことであるが，この「相当の期間」とはどの程度の期間を示すのかが問題になる。この点について，判例は，「そこにいう相

当の期間経過の有無は、その処分をなすに通常必要とする期間を基準として判断し、通常の所要期間を経過した場合には原則として被告の不作為は違法となり、ただ右期間を経過したことを正当とするような特段の事情がある場合には違法たることを免れるものと解するのが相当である」と述べている（東京地判昭和39・11・4判例時報389号3頁）。

また、行政手続法上、標準処理期間が設定されることがあるが（6条）、この場合、裁判所の判断の重要な要素にはなるものの、その徒過が直ちに「相当の期間」の経過と解することはできないとされている。標準処理期間の徒過がある場合、行政側はそれを適法とする合理的根拠を摘示する必要があるという見解がある（櫻井＝橋本・行政法345頁）。

3　不作為の違法確認訴訟の不十分な救済

不作為の違法確認訴訟では、原告である申請人が訴訟に勝訴しても、裁判所は行政庁の不作為の違法を宣言するだけである。裁判所が不作為の違法を宣言した場合には、行政庁は何らかの応答をしなければならないが、行政庁は申請者が望む認容処分をするとは限らず、拒否処分をする可能性がある。行政庁が拒否処分をすれば、申請者は改めて、当該拒否処分に対する取消訴訟を提起しなければならない。ここで勝訴すれば、判決の拘束力によって、行政庁は認容処分をすることになる。このように、不作為の違法確認訴訟は遠回りで、中途半端な訴訟であるといえる。本来、申請者は認容処分を望んでいるので、端的に、申請者が望む処分の義務付けを求めることができるようにした方が市民の権利救済につながると考えられる。そこで、平成16年の法改正で「義務付け訴訟」が新しい類型として、法定されたことによって、不作為の違法確認訴訟に新たな意義付けがされることになった。

第3節　義務付け訴訟

1　義務付け訴訟の意義

義務付け訴訟とは、行政庁が一定の処分又は裁決をすべき旨を命ずることを求

める訴訟のことである（行訴3条6項）。この訴訟は行政庁がある事柄について，まだ具体的な決定をする前に，裁判所が行政庁に対して具体的な指令（義務付け）を出すものである。それ故，学説の中にはこの訴訟は「行政の第一次的判断権」を侵害し，三権分立に反するので，この訴訟類型に反対する主張があった。

しかし，その後，一定の要件の下で，行政判断に対する裁判所の介入を認めるべきであるという主張が有力になった。それによると，義務付け訴訟が許容されるためには，①行政庁のなすべき処分が一義的に定まっており，行政庁の第一次的判断権を尊重する必要がないほど明白であること（一義的明白性），②原告に回復し難い損害が発生するなど，この訴訟を認めるべき緊急の必要性があること（緊急性），③この損害を避けるための他の法的手段がないこと（補充性）という3つの要件が備わっている必要がある（北村ほか・行政法の基本326-327頁）。また，判例について言えば，最高裁判例では義務付け訴訟について明確な立場を示すものはなかったが，下級審判例では，学説と同様に義務付け訴訟を肯定する事例が出るようになっていた（堀木訴訟・大阪高判昭和50・11・10行集26巻10＝11号1268頁，国立マンション事件・東京地判平成13・12・4判時1791号3頁）（北村ほか・行政法の基本327頁）。このような学説や判例の動向が義務付け訴訟の法定に少なからず影響を与えた（北村ほか・行政法の基本327頁）。

平成16年の行訴法改正以前は，行政が適切に権限を行使してくれない場合，不作為の違法確認訴訟という中途半端な訴訟で争うことしか方法がなかった。このために，平成16年の行訴法改正は，義務付け訴訟を抗告訴訟の一類型として明文化し，その定義・訴訟要件・本案勝訴要件を整備したのである。

2　申請型義務付け訴訟

義務付け訴訟には申請型義務付け訴訟と非申請型義務付け訴訟の2つがある。

(1)　意義

申請型義務付け訴訟とは，国民が行政庁に対し一定の処分又は裁決を求める旨の法令に基づく申請又は審査請求をした場合に，当該行政庁がその処分又は裁決をすべきであるにかかわらず，これがされないときに提起する訴訟である（行訴3条6項2号）。

申請型義務付け訴訟は，不作為型と拒否処分型の二種類に分けられる。不作為型は，行政庁が申請に対し相当の期間内に何も回答してくれない場合に提起する

もの（行訴37条の3第1項1号）である。拒否処分型は，行政庁が申請を拒否する処分をした場合に提起するものである（同項2号）。

（2）訴訟要件

申請型義務付け訴訟は不作為の違法確認訴訟の場合と同様に，法令に基づく申請又は審査請求をした者だけが提起できる（行訴37条の3第2項）。この点は，不作為型と拒否処分型とでは違いはない。

また，申請型義務付け訴訟を提起する場合には，不作為の違法確認訴訟（不作為型の場合），取消訴訟（拒否処分が違法であると主張する場合）又は無効等確認訴訟（拒否処分が無効あるいは不存在であると主張する場合）を併合提起する必要がある（行訴37条の3第3項）。その場合，併合提起する訴訟を適法に提起できなければ，義務付け訴訟も提起できないことになる。

（3）本案勝訴要件

本案勝訴要件について，併合提起された不作為の違法確認訴訟や取消訴訟などに理由があると認められ，かつ①行政庁がその処分をすべきことがその処分の根拠となる法令の規定から明らかであると認められるか，または②行政庁がその処分をしないことが行政庁の裁量権の逸脱・濫用となると認められるときに，裁判所は行政庁が一定の処分をすべき旨を命ずる判決を下す（行訴37条の3第5項）。①は羈束処分についての，②は裁量処分についての，それぞれの本案勝訴の要件である。

（4）「一定の処分」の意義

申請型義務付け訴訟と非申請型義務付け訴訟を通して，義務付け判決は「一定の処分」をすべき旨を命ずるものである（行訴3条6項）。この「一定の処分」の意味について，一義的に特定の処分でなければならないと解されておらず，一定の幅を持った内容の判決を行うことも許される。例えば，裁判所は生活保護の支給額まで特定するのではなく，生活保護を開始する決定をするように命じる判決を下せば十分であるとされている。

3 非申請型義務付け訴訟

（1）意義

非申請型義務付け訴訟とは，法令に基づく申請を前提とせず，行政庁が一定の処分をすべきであるにかかわらずこれがされないときに提起するものである（行

訴3条6項1号)。この訴訟に関連する有名な事件として、国立マンション事件がある。

(2) 訴訟要件

この訴訟を提起できるのは、行政庁が一定の処分をすべきことを求めるについて、「法律上の利益」を有する者に限られる（行訴37条の2第3項）。法律上の利益の判断基準や裁判官が考慮すべき事情については、取消訴訟の場合と同様で、行訴法9条2項の規定が準用される（同条4項）。

また、この訴訟は「一定の処分がされないことにより重大な損害を生ずるおそれがあり」（重大性の要件)、かつ、「その損害を避けるため他に適当な方法がないとき」（補充性の要件）という二つの要件が備わっているときに提起することができる（行訴37条の2第1項）。重大な損害を生ずるか否かについては、裁判所が損害の回復の困難の程度を考慮し、損害の性質や程度、処分の内容や性質をも勘案して判断することになっている（同条2項）。

(3) 本案勝訴要件

裁判所が行政庁に対して、「一定の処分」をすべき旨を命じる判決をするための要件は、①行政庁がその処分をすべきであることがその処分の根拠となる法令の規定から明らかであると認められること、または②処分をしないことが行政庁の裁量権の逸脱・濫用となると認められることである（行訴37条の2第5項）。

非申請型義務付け訴訟において、裁判所が行政庁に対して、「一定の処分」を命じる判決をする場合に、判決の中で、どの程度まで処分の内容を特定する必要があるのかという問題がある。この点については、申請型義務付け訴訟の場合と同じように、一義的に明白な義務付けだけではなく、一定の幅を持った義務付け判決も許されると解されている。例えば、違法建築物に対する是正命令には、いくつかの種類がある。つまり、建築物除却命令、移転、改築、増築、修繕、模様替、使用禁止、使用制限の命令などである（建基9条1項）。裁判所は、これらの内のどれかの命令を特定し、命じる判決をする必要はなく、いくつかの命令の内のどれかをするように命じる判決をすれば良いとされている。

第4節　差止め訴訟

1　意　義

　差止め訴訟とは、「行政庁が一定の処分又は裁決をすべきでないにかかわらずこれがされようとしている場合において、行政庁がその処分又は裁決をしてはならない旨を命ずることを求める訴訟」（行訴3条7項）のことである。従来、無名抗告訴訟の一つとして、予防訴訟の形で解釈論上その許否が議論されてきたが、平成16年の行訴法改正で法定抗告訴訟とされた。

2　訴訟要件

　差止め訴訟は、行われることが予測される行政処分を裁判所が事前に差し止めるものであるので、三権分立への配慮から、その要件は厳格に規定されている。まず、原告適格に関して、「行政庁が一定の処分又は裁決をしてはならない旨を命ずることを求めるにつき法律上の利益を有する者」（行訴37条の4第3項）だけが提起できる。法律上の利益の判断基準や裁判官が考慮すべき事情は、取消訴訟の場合と同様である（同条4項）。

　また、差止め訴訟を提起できる要件として、行訴法37条の4第1項は、「一定の処分又は裁決がされることにより重大な損害を生ずるおそれがある場合に限り、提起することができる。ただし、その損害を避けるため他に適当な方法があるときは、この限りでない」と規定している。この差止め訴訟の訴訟要件の規定の仕方は非申請型義務付け訴訟の規定の仕方とは異なるものの、同じような要件が求められている。「その損害を避けるため他に適当な方法があるとき」の部分が非申請型義務付け訴訟の規定の仕方と異なり、但書になっている。これは、差止め訴訟では、「重大な損害を生ずるおそれ」という要件が満たされれば、一般的に差止め訴訟によって救済する必要性が認められるのであり、「その損害を避けるため他に適当な方法があるとき」という要件はあくまでもその例外であることを示すものである（櫻井＝橋本・行政法359頁）。なお、「重大な損害を生ずるおそれがある」の部分に関して、損害の重大性を判断するに当たり、裁判所が考慮すべき事項（同条2項）などは非申請型義務付け訴訟と同様である。

さらに，行訴法は明記していないが，差止め訴訟の定義（行訴3条7項）からすると，行政処分がなされる蓋然性があることも要件となる（北村ほか・行政法の基本330頁）。

3　本案勝訴要件

①処分をすべきでないことが法令の規定から明らかであるか，または②処分をすることが行政庁の裁量権の逸脱・濫用になると認められるときは，裁判所は行政庁が一定の処分をしてはならない旨を命ずる判決を下す（行訴37条の4第5項）。①は羈束処分について，②は裁量処分についての，それぞれの本案勝訴の要件である。

第5節　行政事件における仮の救済の制度

1　「仮の救済」の意義

裁判は出訴してから判決が確定するまで長い時間がかかり，原告は大きな不利益を受ける可能性がある。例えば，生活保護を停止する処分がなされたときに，支給を停止された者が処分の取消訴訟を提起しても，取消判決が下されるまでは，支給が再開されない。原告は勝訴判決が下されるまでの間，どのように生活すれば良いのであろうか。

そこで，訴訟を提起してから裁判所の判決が確定するまでの間，原告の権利利益を暫定的に守るための制度が必要であり，これが「仮の救済」の制度である。

2　行政事件における仮の救済の制度

民事訴訟における仮の救済の制度については，民事保全法にその規定がある。これに対して，行訴法44条は「行政庁の処分その他公権力の行使に当たる行為については，民事保全法（平成元年法律第九十一号）に規定する仮処分をすることができない」と規定しており，行政処分について，民事保全法の仮処分をすることを認めていない。そのようにした理由は，民事訴訟が市民対市民の裁判であり，仮処分をする場合には仮処分の申立人の利益だけを考慮すれば良いのに対し，行

政処分は仮の救済が広く公益に与える影響を考慮する必要があるからである（畠山＝下井編著・はじめての行政法256-257頁）。そこで，行政処分について，仮処分の代わりに次のような救済手段が設けられている。取消訴訟では，仮の救済手段として執行停止制度が設けられており，無効等確認訴訟ではこの制度が準用されている（芝池・行政法読本364頁）。また，義務付け訴訟と差止訴訟の仮の救済手段としては，それぞれ仮の義務付け，仮の差止めの制度が設けられている（芝池・行政法読本364頁）。不作為の違法確認訴訟に関しては，仮の救済手段は設けられていないが，併合提起される義務付け訴訟には仮の義務付けの制度がある（芝池・行政法読本364頁）。行訴法44条による仮処分の制限が問題になるのは，当事者訴訟と争点訴訟においてである。つまり，当事者訴訟と争点訴訟については，執行停止が利用できない（行訴41条と45条１項は執行停止を定めた25条から29条を準用していない）ので，これらの訴訟において，原告の請求が行政処分の効力と関係する場合に，44条の適用により，仮処分も利用できないということになると，仮の救済の方法がなくなってしまうという問題がある。この点，学説は行政処分が関係する場合でも，仮処分を認めるべき必要があるとしているが，学説は細かく分かれており，定説といえるものはない。

3　執行停止

（１）　執行停止制度の意義

　行訴法25条１項は，「処分の取消しの訴えの提起は，処分の効力，処分の執行又は手続の続行を妨げない」と規定している。また，行訴法38条３項は，この規定は無効等確認訴訟について準用すると規定している。これらの規定は，行政処分に対する取消訴訟や無効等確認訴訟の提起があっても，行政処分の効力は保持され，行政庁は強制執行をすることができ，また手続を引き続いて行うことができるということを意味している。このような規定が設けられた理由は，取消訴訟や無効等確認訴訟を提起しただけで，行政処分の執行を停止すると，行政に様々な悪影響が出るからである（畠山＝下井編著・はじめての行政法257頁）。行政処分の執行を停止するためには，取消訴訟などの原告が取消訴訟などを本案として，これらの訴えとは別に，処分の執行を停止するよう申し立て，裁判所がその申立てを認める決定を下す必要がある（畠山＝下井編著・はじめての行政法257頁）。これを執行停止（手続）という（行訴25条２項）（畠山＝下井編著・はじめての行政法

257頁)。

(2) 執行停止の要件

執行停止の申立てが認められるためには，次の4つの要件を全て満たしていることが必要である（行訴25条2項，4項）。①本案訴訟である取消訴訟や無効等確認訴訟が適法に裁判所に提起されていることが必要である。②執行停止が行われないことにより生じる重大な損害を避けるための緊急の必要性があること。なお，執行停止の要件を緩和するために，平成16年の行訴法改正において，従前の「回復の困難な損害」という要件が「重大な損害」という要件に改められた。③執行停止が公共の福祉に重大な影響を及ぼすおそれがないこと。④本案について理由がない（つまり，行政処分に取消理由に当たる違法性がない）とみえるときではないことが必要である。

4　内閣総理大臣の異議

執行停止に関し，最終的な決定権を有しているのは，裁判所ではなく，内閣総理大臣である。行訴法は，執行停止の「申立てがあつた場合には，内閣総理大臣は，裁判所に対し，異議を述べることができる。執行停止の決定があつた後においても，同様とする」（行訴27条1項）と規定している。そして，この「異議があつたときは，裁判所は，執行停止をすることができず，また，すでに執行停止の決定をしているときは，これを取り消さなければならない」（同条4項）としている。

このように，行訴法は，内閣総理大臣に，執行停止における司法裁判手続への絶対的介入権を認めている。この点について，立法者は，行政処分の執行停止を命じる権限は行政作用の性質を有しており，内閣総理大臣による執行停止手続への終局的な介入を認めても行政権が司法権を侵害するものではないと説明する（櫻井＝橋本・行政法336頁）。しかし，この制度について，学説の多くは，司法権の独立という憲法上の原則に反するとして，違憲ないし違憲の疑いが濃いとの立場をとっている。

5　仮の義務付け・仮の差止め

平成16年の行訴法改正で，義務付け訴訟と差止訴訟の法定に併せて，義務付け訴訟と差止訴訟の本案判決前における仮の救済制度として，仮の義務付けと仮の

差止めの制度が定められた。仮の義務付け・仮の差止めの申立てが認められる要件は，次の4つである（行訴37条の5第1項～第3項）。①適法な義務付け訴訟・差止訴訟の原告による申立てがあること，②行政処分がされないことにより，あるいは行政処分がされることにより生ずる償うことのできない損害を避けるための緊急の必要性があること，③本案について理由があるとみえるときであること，④仮の義務付け・仮の差止めによって，公共の福祉に重大な影響を及ぼすおそれがないことが必要である。

　これらの要件は執行停止の申立認容要件と似ているが，執行停止の場合よりも厳しくなっている。例えば，②の「償うことのできない損害」という要件は，執行停止の「重大な損害」という要件よりも厳しいことは明らかである。なお，「償うことのできない損害」という要件は，およそ金銭賠償が可能なものは全て除外するという趣旨ではなく，社会通念上，金銭賠償のみによる救済が不相当と認められるような場合も含むと解される（櫻井＝橋本・行政法364頁）。

　また，本案について「理由がある」とみえるときにできるという要件（③）は，執行停止の申立ての場合の，本案について「理由がない」とみえるときはすることができないという要件よりも厳しくなっており，申立人が本案における勝訴の可能性を疎明しなければならない。④は執行停止の場合と同様である。

参考文献
櫻井敬子『行政救済法のエッセンス』（学陽書房，2013年）
櫻井敬子＝橋本博之『行政法［第4版］』（弘文堂，2013年）
北村和生＝佐伯彰洋＝佐藤英世＝高橋明男『行政法の基本［第5版］―重要判例からのアプローチ』（法律文化社，2014年）
畠山武道＝下井康史編著『はじめての行政法［第2版］』（三省堂，2012年）
芝池義一『行政法読本［第3版］』（有斐閣，2013年）
今村成和＝畠山武道(補訂)『行政法入門［第9版］』（有斐閣，2012年）
神橋一彦『法律学講座 行政救済法』（信山社，2012年）
藤田宙靖『行政法入門［第6版］』（有斐閣，2013年）

（駒井寿美）

第11講　当事者訴訟

　当事者訴訟は，公権力の行使の違法を争うものではなく，権利主体相互における法的紛争の解決を図るものである。行政事件訴訟法（以下，行訴法と略す）4条は，当事者訴訟の定義を規定しているが，そこには形式的当事者訴訟と実質的当事者訴訟という二種類の当事者訴訟について規定されている。

第1節　形式的当事者訴訟

　形式的当事者訴訟とは，「当事者間の法律関係を確認し又は形成する処分又は裁決に関する訴訟で法令の規定によりその法律関係の当事者の一方を被告とするもの」（行訴4条前段）のことである。形式的当事者訴訟は処分・裁決に関する訴訟であるので，抗告訴訟と捉えることができるが，紛争の性質から，争われている法律関係を両当事者間で争わせた方が良いと考えられるため，形式的に当事者訴訟として構成されているものである。

　この訴訟の典型例として，土地収用の場合に，土地所有者に支払われる損失補償の額に関する訴訟がある。この損失補償の額は，収用委員会が裁決で定めるが，裁決は行政処分であるので，土地所有者がその損失補償の額に不服がある場合には，収用委員会を被告として取消訴訟を提起しなければならない。しかし，土地収用法133条3項は，損失補償の額に関するトラブルは，損失補償の法律関係の当事者である土地所有者と起業者との間で，争わせることにしている。これは，本来ならば行政主体を被告として裁決を争う取消訴訟によるべきところ，補償金額については，補償金の支払いに直接関係している当事者間で直接争う当事者訴訟による方が合理的であるという制度趣旨に基づいている（櫻井＝橋本・行政法369頁）。

第 2 節　実質的当事者訴訟

　実質的当事者訴訟とは，「公法上の法律関係に関する確認の訴えその他の公法上の法律関係に関する訴訟」（行訴 4 条後段）のことである。実質的当事者訴訟は，対等な当事者間の公法上の法律関係に関する訴訟である（北村ほか・行政法の基本333頁）。対等な当事者間の訴訟である点は民事訴訟と異ならないが，その訴訟物が公法上の法律関係である点が私法上の法律関係を訴訟物とする民事訴訟とは異なる（北村ほか・行政法の基本333頁）。また，抗告訴訟が公権力の行使に対する不服の申立てであるのに対して，実質的当事者訴訟は公権力の行使（処分）を直接争うものではなく，争点が権利義務関係の存否である点で，抗告訴訟と区別される（櫻井・行政救済法のエッセンス182頁）。

　行訴法は実質的当事者訴訟に関して，特別な訴訟類型を規定していないので，一般的には民事訴訟にいう給付訴訟と確認訴訟が考えられる（櫻井＝橋本・行政法370頁）。給付訴訟とは，原告が被告に対する給付請求権を主張し，これに対応した給付を被告に命じることを裁判所に求める訴えのことであり，この訴訟では給付請求権の存否が特に問題となる（北村ほか・行政法の基本334頁）。その例として，公務員の退職手当支払請求訴訟，年金支給停止措置の無効を前提とする年金支払請求訴訟，憲法29条 3 項に基づく損失補償請求訴訟などがある（北村ほか・行政法の基本334頁，宇賀・行政法概説Ⅱ行政救済法369頁）。

　確認訴訟とは，特定の権利または法律関係の存否を主張して，その存否を確認する判決を求める訴えのことをいう（北村ほか・行政法の基本334頁）。その例として，法律上の婚姻関係にない日本国民である父とフィリピン共和国籍を有する母との間に日本で出生した者が日本国籍を有することの確認訴訟や混合診療において，健康保険法が特に許容する場合を除き，自由診療部分のみならず，保険診療に相当する診療部分についても保険給付を行うことができないという取扱いが健康保険法ないし憲法に違反するとして，混合診療を受けた場合においても，保険診療に相当する診療部分について，健康保険法に基づく療養の給付を受けることができる地位を有することの確認訴訟などがある。

第3節 当事者訴訟の活用

　当事者訴訟については，抗告訴訟に関する行訴法の規定の一部が準用されており，その他の部分は民事訴訟の審理の在り方と変わらない。つまり，行訴41条1項は，当事者訴訟について，行政庁の訴訟参加（行訴23条），職権証拠調べ（行訴24条），判決の拘束力（行訴33条1項），訴訟費用の裁判の効力（行訴35条）を準用し，また，当事者訴訟における処分又は裁決の理由を明らかにする資料の提出について，釈明処分の特則（行訴23条の2）を準用する。さらに，行訴41条2項は，当事者訴訟とその関連請求に係る訴訟の関係について，移送（行訴13条），訴えの併合（行訴16条～19条）の規定を準用し，その他については民事訴訟の例による（行訴7条）（櫻井＝橋本・行政法368頁）。

　従前，学説の多くは，公法と私法の区別自体がかなり不明確であることや当事者訴訟と民事訴訟の手続上の違いの少なさを理由に，両者を区別する実益は乏しいとし，当事者訴訟について，消極的評価をしていた。

　しかしながらその他方で，行政活動特有のトラブルでありながら，抗告訴訟でも民事訴訟でも扱われないものがあり，このような場合にこそ当事者訴訟を活用すべきであるという主張もなされてきた。行訴法4条後段は従来，「公法上の法律関係に関する訴訟」とのみ規定していたが，この主張が平成16年の法改正で採用され，「公法上の法律関係に関する確認の訴え」という文言が新たに4条後段に追加された。

　改正前でも，実質的当事者訴訟には，この確認の訴えが含まれると考えられていたが，今回の改正でそれが明示され，その活用が期待されている。2004年（平成16年）行訴法改正の基本的なスタンスは，取消訴訟を中心とする抗告訴訟の対象である処分性に関しては，これを拡大解釈するのではなく，これを従来通り解し，その代わりに，抗告訴訟により救済できない紛争に関しては，実質的当事者訴訟の一つである確認訴訟を活用しようというものである（神橋・行政救済法277頁）。改正法は，当事者訴訟としての確認訴訟を活用することにより，国民の権利利益の実効的な救済を図ろうとしているのである。

第 4 節　確認訴訟の訴訟要件

　当事者訴訟としての確認訴訟の訴訟要件について，行訴法には特に明文の規定がないが，当該訴えに確認の利益が認められないと確認訴訟を提起することができない。この確認の利益一般については，民事訴訟法で説かれているところにならうことになるが，そこでは，確認の利益の有無は①原告・被告間の具体的紛争の解決にとって確認訴訟という手段が有効・適切であるか（方法選択の適否），②確認対象として選んだ訴訟物が，原被告間の紛争解決にとって有効・適切であるか（対象選択の適否），③原被告間の紛争が確認判決によって即時に解決しなければならないほど切迫した成熟したものか（紛争の成熟性），④確認判決による紛争の解決を図るのに有効適切な被告を選んでいるか（被告選択の適否）をもって判断される（新堂・新民事訴訟法270頁）。

　①は抗告訴訟などの他の訴訟による救済が可能な場合に，確認の利益が認められないことを意味する（櫻井＝橋本・行政法374頁）。

　②は確認の対象を原告の権利義務関係に引き直して，訴えを提起する場合だけでなく，行政指導や通達などの処分性の認められない行政行為の違法ないし無効を確認の対象とする訴えについても確認の利益を認めることが可能であるのかどうかという面で特に問題となる（櫻井＝橋本・行政法373-374頁）。例えば，墓地，埋葬等に関する法律は「墓地，納骨堂又は火葬場の管理者は，埋葬，埋蔵，収蔵又は火葬の求めを受けたときは，正当の理由がなければこれを拒んではならない」と規定しており（13条），この規定に違反した場合には罰則を受ける。1960年（昭和35年）に，この規定の「正当の理由」の解釈について，「他の宗教団体の信者が埋葬又は埋蔵を求めたときに，依頼者が他の宗教団体の信者であることのみを理由としてこの求めを拒むことは『正当の理由』によるものとはとうてい認められない」という旨の通達が出された。この通達に対し，ある寺院は「右通達のため古来の寺院運営方針の変更を，罰則をもつて強行される結果となつているものであるから，右通達は行政処分としての性質を有する」とし，取消訴訟を提起したが，通達は行政処分ではないとして訴えを却下した判例がある（最判昭和43・12・24民集22巻13号3147頁）。

　このような事案を争う方法としては，端的に行政指導や通達などの違法確認訴

訟を提起するというものがあるが，この場合，確認の対象は，直接には公法上の「法律関係」ではなく，処分性のない行政指導や通達などの「行為の違法」である。このような処分性のない行政行為の違法確認を当事者訴訟として提起することが可能であるのかどうかについて議論がある。仮に，本件を「原告の法律関係ないし権利義務」に関する確認の訴えとして構成するとすれば，寺院は信教の自由や墓地所有権の侵害などを根拠にして，当該通達が違法・無効であることを前提に，異宗徒の埋葬を認める義務がないことの確認を求める訴えなどを提起することが可能であると考えられる（神橋・行政救済法290-291頁，櫻井・行政救済法のエッセンス185頁）。

③について，長野勤務評定事件判決（最判昭和47・11・30民集26巻9号1746頁）は，行政処分の発動をあらかじめ阻止しようとする場面での義務不存在確認訴訟において，「事前の救済を認めないことを著しく不相当とする特段の事情」がなければ確認の利益は認められないと判断した。このような厳しい判定基準を用いると，公法上の確認訴訟を利用するハードルは高くなり，必要な救済を求めることが難しくなる。この点，行訴法改正後の在外国民選挙権訴訟判決（最大判平成17・9・14民集59巻7号2087頁）では「有効適切な手段」，あるいは教職員国旗国歌訴訟判決（最判平成24・2・9民集66巻2号183頁）では「目的に即した有効適切な争訟方法」という判断基準を用いており，紛争の成熟性を柔軟に認めるという方向性が示されている（櫻井＝橋本・行政法373頁）。

第5節　確認訴訟に関連する判例

平成16年の行訴法改正以前にも，当事者訴訟として確認訴訟を提起することは可能であったのであり，確認訴訟は行訴法改正によって，特に新たに創設されたものではない。平成16年の行訴法改正以前，当事者訴訟としての確認訴訟が認められた事例として，旧薬事法に基づいて薬局開設の登録を受けた者が，薬局開設を登録制から許可制に改正した薬事法第5条の規定が違憲無効であるとして，同条が規定する許可又は許可の更新を受けなくても引き続き薬局を開設しうる権利を有することの確認を求めた訴え（最大判昭和41・7・20民集20巻6号1217頁），国に対する日本国籍確認訴訟（最判平成9・10・17民集51巻9号3925頁），廃棄物収集

義務確認請求訴訟（東京地判平成6・9・9判例時報1509号65頁）などがある。

　行訴法改正後の判例としては，在外国民選挙権訴訟判決（最大判平成17・9・14民集59巻7号2087頁）がある。これは国外に居住している日本国民であるXらが，主位的に，①平成10年改正前の公職選挙法が，Xらに衆議院議員の選挙及び参議院議員の選挙における選挙権の行使を認めていない点において，違法であることの確認，②改正後の公職選挙法が，Xらに衆議院小選挙区選出議員の選挙及び参議院選挙区選出議員の選挙における選挙権の行使を認めていない点において，違法であることの確認，予備的に，③Xらが衆議院小選挙区選出議員の選挙及び参議院選挙区選出議員の選挙において選挙権を行使する権利を有することの確認を求めたものである。最高裁は，①の訴えについて，過去の法律関係の確認を求めるものであり，この確認を求めることが現に存する法律上の紛争の直接かつ抜本的な解決のために適切かつ必要な場合であるとはいえないから，確認の利益はないと判じた。②については，③の訴えの方がより適切な訴えであるということができるから，確認の利益はないと判じた。③について，選挙権は，これを行使することができなければ意味がないものといわざるを得ず，侵害を受けた後に争うことによっては権利行使の実質を回復することができない性質のものであるから，その権利の重要性にかんがみると，具体的な選挙につき選挙権を行使する権利の有無につき争いがある場合にこれを有することの確認を求める訴えについては，それが有効適切な手段であると認められるとし，確認の利益を肯定し，請求を認容した。

　また，この他の重要な判例として，国籍法違憲訴訟判決（最大判平成20・6・4民集62巻6号1367頁）がある。これは，法律上の婚姻関係にない日本国民である父とフィリピン共和国籍を有する母との間に出生した者が，出生後父から認知されたことを理由として法務大臣あてに国籍取得届を提出したところ，国籍取得の条件を備えておらず，日本国籍を取得していないものとされたことから，国に対し，日本国籍を有することの確認を求めた事案について，最高裁がその者が日本国籍を有することを確認したものである。

　さらに，最近の判例として，医薬品ネット販売事件判決（最判平成25・1・11判例時報2177号35頁）がある。これは，医薬品のインターネットを通じた郵便等販売を行う事業者が，一部医薬品の郵便等販売を禁止する薬事法施行規則の規定が薬事法の委任の範囲を逸脱した違法，無効なものであるとして，薬事法施行規

則の規定にかかわらず郵便等販売をすることができる権利ないし地位を有することの確認を求めたものである。最高裁は、この請求を認容した原審の判断を是認した。

第 6 節　仮の救済の問題

　当事者訴訟について、仮の救済制度を定めている特段の規定はない。当事者訴訟では、執行停止の規定が準用されていないので（行訴41条・25条以下）、これを用いることはできない。また、仮処分が認められるかどうかについては、行訴法44条は、「行政庁の処分その他公権力の行使に当たる行為については、民事保全法（平成元年法律第九十一号）に規定する仮処分をすることができない」と規定している。それ故、無効の行政行為を前提とする「現在の法律関係に関する訴え」、つまり処分の無効を前提とする民事訴訟（争点訴訟）や公法上の当事者訴訟の場合、訴訟類型自体は抗告訴訟ではないにしても、実質的な争点は行政庁の処分であるため、この要件に抵触する可能性がある。このように、当事者訴訟は現行法上、執行停止も仮処分もできないとされる可能性があり、当事者訴訟を用いる場合には、この点が重大なリスクとなる。これは立法の不備であるが、現在のところ、法改正の動きは見られない。

参考文献
櫻井敬子『行政救済法のエッセンス』（学陽書房、2013年）
櫻井敬子＝橋本博之『行政法［第4版］』（弘文堂、2013年）
神橋一彦『法律学講座 行政救済法』（信山社、2012年）
畠山武道＝下井康史編著『はじめての行政法［第2版］』（三省堂、2012年）
今村成和＝畠山武道（補訂）『行政法入門［第9版］』（有斐閣、2012年）
北村和生＝佐伯彰洋＝佐藤英世＝高橋明男『行政法の基本［第5版］―重要判例からのアプローチ』（法律文化社、2014年）
芝池義一『行政法読本［第3版］』（有斐閣、2013年）
新堂幸司『新民事訴訟法［第5版］』（弘文堂、2011年）
宇賀克也『行政法概説Ⅱ行政救済法［第4版］』（有斐閣、2013年）

（駒井寿美）

第12講　客観訴訟——民衆訴訟・機関訴訟

第1節　客観訴訟とは

　いわゆる客観訴訟とは，端的には，公益保護を目的とする訴訟のことであり，民事訴訟等の私益保護を目的とする主観訴訟に対するものである。具体的には，主観訴訟が，個人の具体的な権利・義務に関する訴訟であるのに対して，客観訴訟は，行政主体が適法性を遵守して適正な法秩序を築くことを担保すべく，法秩序を維持するための訴訟である。そして，客観訴訟には，いわゆる民衆訴訟と機関訴訟との二種類がある。まず，民衆訴訟とは，「国又は公共団体の機関の法規に適合しない行為の是正を求める訴訟で，選挙人たる資格その他自己の法律上の利益にかかわらない資格で提起するもの」をいう（行政事件訴訟法5条）。また，機関訴訟とは，「国又は公共団体の機関相互間における権限の存否又はその行使に関する紛争についての訴訟」をいう（行政事件訴訟法6条）。そして，いずれの訴訟も，「法律に定める場合において，法律に定める者に限り，提起することができる」とされている（行政事件訴訟法42条）。客観訴訟のうちで，私たち個々の国民にとって身近であり，重要なのは，もちろん民衆訴訟であるが，行政事件訴訟法を受けて，個別法で具体化されている。すなわち，地方自治法においてはいわゆる住民訴訟が（地方自治法242条の2），また，公職選挙法においてはいわゆる選挙無効訴訟が（公職選挙法203条・204条），民衆訴訟として法定されている。例えば，信教の自由（憲法20条1項前段）と政教分離の原則（憲法20条1項後段・3項，89条前段）が問題となった，いわゆる津地鎮祭事件は，地方自治法242条の2の住民訴訟として争われたものであり（最大判1977（昭和52）年7月13日民集31巻4号533頁），また，選挙権（憲法15条1項・3項，44条）における投票価値の平等（憲法14条1項）が問題となった，一連のいわゆる議員定数不均衡訴訟は，公職選挙法204条の選挙無効訴訟として争われたものである（最大判1976（昭和51）年4月14日民集30巻3号223頁がその嚆矢）。

それでは，かかる客観訴訟は，いかなる法的根拠により認められているのであろうか。憲法における「司法権」（76条1項）の概念については，「具体的な争訟事件について，法を適用し，宣言することによって，これを解決する国家作用」と解する見解が通説・判例とされている。そして，通説・判例は，司法権の概念をこのように捉えた上で，それを受けた裁判所法における「法律上の争訟」（3条1項）たる要件として，①当事者間の具体的な権利義務または法律関係の存否（刑罰権の存否を含む）に関する紛争であること，および，②法律の適用により終局的に解決できるものであることの二つを挙げている。とするならば，前述の主観訴訟は当然これに含まれるものの，法秩序それ自体を維持することを目的とする客観訴訟は，当事者間の具体的な権利義務または法律関係の存否に関する紛争ではない以上，これに含まれないことになる。しかし，裁判所が独占的に司法権を行使するということは，裁判所が司法権のみ行使すること，言い換えれば，裁判所が本来的司法権以外の権能を行使してはならないことを必ずしも意味するものではない。かかる観点にかんがみ，裁判所法自体が，3条1項において，一切の法律上の争訟についての裁判権に加えて，「その他法律において特に定める権限」を裁判所に附与しうることを明文で認めている。そして，同条項に基づき，司法権の要件を前提とせずに出訴しうる「法律において特に定める権限」として，行政事件訴訟法において認められたのが，客観訴訟なのである。以下では，客観訴訟のうち，私たち個々の国民にとって身近であり，重要な民衆訴訟に焦点を絞って検討していく。

第2節　判例について

　まず，信教の自由と政教分離の原則との関係のリーディング・ケースともいえる津地鎮祭事件（最大判1977（昭和52）年7月13日民集31巻4号533頁）であるが，この事件は，市の主催により，市体育館の起工式で神道式地鎮祭が神主主宰のもとで挙行され，公金が支出されたのに対して，市議会議員が憲法20条および89条違反を主張し，争ったものである。最高裁は，いわゆる目的・効果基準を採用し，結果としては原告の請求を棄却した。本件訴訟は，具体的には，地方自治法242条の2に基づく住民訴訟として，公金支出責任者たる市長に対し，費用として支

出した金品を市に返還することを求めたものである。まさに典型的な客観訴訟といえる。その後の同種の事例としては，具体的には，①市が市営住宅の建て替えの際，住民の申出のもと，地蔵像のために市有地を無償貸与等したことの政教分離の原則違反が争われた，いわゆる大阪地蔵像訴訟（最判1992（平成4）年11月16日判例時報1441号57頁），②市遺族会が管理する忠魂碑を市が用地を取得し移設するとともに，その敷地を遺族会に無償で貸与したことの政教分離の原則違反が争われた，いわゆる箕面忠魂碑訴訟（最判1993（平成5）年2月16日民集47巻3号1687頁），③県が靖国神社や護国神社に対して支出した玉串料の政教分離の原則違反が争われた，いわゆる愛媛県玉串料訴訟（最大判1997（平成9）年4月2日民集51巻4号1673頁），④知事が天皇即位の儀式の一環たる大嘗祭に参列し，公金を支出したことの政教分離の原則違反が争われた，いわゆる大嘗祭訴訟（最判2002（平成14）年7月11日民集56巻6号1204頁），⑤砂川市が空知太神社に市有地を神社の敷地として無償で使用させていることの政教分離の原則違反が争われた，いわゆる砂川政教分離訴訟（最大判2010（平成22）年1月20日民集64巻1号1頁）など，いずれも地方自治法242条の2に基づく住民訴訟として提起されたものである。

　つぎに，選挙権における投票価値の平等が問題となった一連の議員定数不均衡訴訟のリーディング・ケースといえるのが，最高裁1976（昭和51）年4月14日大法廷判決（民集30巻3号223頁）である。この事件は，衆議院議員選挙において各選挙区間の議員一人あたりの有権者分布比率が最大4.99対1に及んでいたことの憲法14条1項違反を主張し，争ったものである。最高裁は，選挙自体は違法としたものの，いわゆる事情判決の法理（行政事件訴訟法31条）を採用し，結果としては原告の請求を棄却した。本件訴訟は，具体的には，公職選挙法204条に基づく選挙無効訴訟として，選挙管理委員会に対し，当該衆議院議員選挙の無効を求めたものである。確かに，かかる事例は，後述するように公職選挙法204条の選挙無効訴訟が本来的に想定しているものとはいいがたい。しかし，最高裁も認めているように，この訴訟が「現行法上，選挙人が選挙の適否を争うことのできる唯一の訴訟」なのだから，この事例を選挙無効訴訟として容認したことは極めて妥当といえよう。よって，これも客観訴訟の一例といえる。その後の同種の事例としては，具体的には，①東京都議会議員選挙の議員定数不均衡において地方議会の特殊性が争われた，最高裁1984（昭和59）年5月17日判決（民集38巻7号721頁），②衆議院議員選挙の議員定数不均衡において改正の合理的期間が争われた，

最高裁1985（昭和60）年7月17日大法廷判決（民集39巻5号1100頁），③衆議院議員選挙における，いわゆる一人別枠方式の合理性が争われた，最高裁2011（平成23）年3月23日大法廷判決（民集65巻2号755頁），④参議院議員選挙の議員定数不均衡において参議院の特殊性が争われた，最高裁2012（平成24）年10月17日大法廷判決（民集66巻10号3357頁），⑤衆議院議員選挙について，小選挙区選出議員の選挙区割りに関する公職選挙法の規定が憲法に違反し無効であり，これに基づいて施行された各選挙区における選挙も無効であるとの選挙無効請求が認容され，その効果が将来の期日の経過をもって発生するとされた広島高裁2013（平成25）年3月25日判決など，いずれも公職選挙法204条に基づく選挙無効訴訟として，選挙管理委員会に対し，当該選挙の無効が求められたものである。

第3節　客観訴訟の現代的意義

　まず，住民訴訟であるが，住民訴訟の現代的意義としては，広く行政一般をコントロールする機能が考えられる。これは，行財政に対する民衆統制機能とも呼びうるものである。すなわち，確かに，住民訴訟の当初の目的は，地方公共団体の財務会計上の違法行為を防止・矯正するために，裁判所のコントロールを求めるものであった。しかし，今日では，この制度本来の対象たる財務事項にかぎらず，地方自治行政の基本にかかわる非財務的な事項についてまでも，財政問題に関連させつつ問題提起を行って争う訴訟が，住民訴訟という形式をとって行われている。この傾向は，今後，ますます進展することが予想される。住民訴訟の具体的な機能の例としては，つぎの五つを挙げることができよう。①行政と宗教との癒着を衝いて，政教分離原則をまもる憲法訴訟としての機能。②環境・公害行政のあり方を告発し，住民の環境権をまもる公害訴訟・環境訴訟としての機能。③人事行政の不明朗を統制する機能。④自治体と企業との不明朗な関係を告発し，補助金行政を統制する機能。⑤地方自治体の固有の権利をまもるために国の財政措置を統制する機能。この点，広く行政一般をコントロールするという住民訴訟の現代的意義が果たす役割は，今後ますます重要なものとなるであろう。住民訴訟が近年，情報公開制度と連動して，地方行財政に対する住民監視の有力な手段となっているとして，それを法律によって特別に認められた参政権の一種とすら

位置付ける見解もある。

　つぎに，選挙無効訴訟であるが，この点についても同様に，現代的意義として，広く選挙一般をコントロールする機能というものを挙げることができ，それを選挙に対する民衆統制機能と呼ぶことが可能であろう。すなわち，選挙無効訴訟は，当該選挙が選挙の規定に違反し，選挙結果に異動を及ぼす虞がある場合に限り，許容される（公選法205条1項）。また，この訴訟は，選挙法規や選挙の無効を確定するのが趣旨ではなく，選挙管理委員会が法規に適合しない行為をした場合に，是正のため当該選挙の効力を失わせ，改めて再選挙を義務づけるのが本旨である。そこで，当該訴訟で争いうる選挙の規定違反も，選挙管理委員会が，選挙法規を正当に適用して違法を是正し，適法な再選挙を行えるものに限られる。したがって，議員定数不均衡訴訟のごとく，選挙管理委員会でこれを是正し適法な再選挙を実施できないような違法を主張して選挙の効力を争うことは本来許されず，裁判所の審査権もないはずである。しかし，最高裁も言うように，公職選挙法204条の訴訟は，現行法上，選挙人が選挙の適否を争える唯一の争訟であり，これ以外に公選法の違憲を主張して是正を求める機会はないから，国民の基本的権利を違憲の国家行為から護るという憲法の要請に照らして考えるならば，公選法の規定が，議員定数配分規定が選挙権の平等に違反することを選挙無効の原因として主張することを排除する趣旨と解することは妥当でない（最大判1976（昭和51）年4月14日民集30巻3号223頁）。かかる観点から，判例・通説は，公職選挙法204条の拡張解釈を行い，議員定数不均衡訴訟の場合にも選挙の効力に関する訴訟の手続をもって争いうると結論付ける。このように，公職選挙法の規定を柔軟に解釈することにより，広く選挙一般をコントロールするという選挙無効訴訟の現代的意義が果たす役割は，今後ますます重要なものとなるであろう。

第4節　客観訴訟の問題点

　まず，住民訴訟であるが，地方自治体における住民訴訟は，国のレベルにおいても当然認められてしかるべきであり，国の財政に対する司法の民主的統制の問題は，立法的に解決されることが望ましい。特に国家に対する納税者訴訟の立法化は急務であろう。しかし，当面，そのような見込みがない現状においては，国

家に対する納税者訴訟の必要性・有効性について，精緻な法理論的・法解釈論的展開が求められており，訴訟に耐えうる理論とすることが必要とされる。この点，現行法の下では，国の違法な財政出動に対して納税者の立場から，支出の差止や国庫への返還等を訴訟で求めても不適法な訴えであるとして却下されてしまう。国の財政政策については，国民個人が一般的利害関係をもつことがあるとしても，かかる客観訴訟の一類型たる民衆訴訟については，法が特に認めるものであり，法律の規定がない以上，当該訴訟は事件性（訴訟性）を欠くからである。

　しかし，そもそも客観訴訟と主観訴訟の分類自体絶対的なものではない。税金の徴収面の問題と税金の使途面の問題とを分断して考え，納税者の権利を前者の問題に限定する従来の考え方を改め，国民主権（憲法前文・1条），より具体的には財政民主主義（憲法83条）の観点からして，両者を一体的に納税者の権利の問題と捉えるのが妥当である。とすれば，違法な公金支出があれば，納税者の権利を主観的に侵害していることになり，客観訴訟ではなく主観訴訟になる。よって，当該納税者は，特別立法による民衆訴訟の形によらず，通常訴訟の形で訴訟の提起が可能になる。この納税者の主観的な権利は，いわば「納税者基本権」と称し得よう。この納税者基本権は，すべての立法（予算を含む）に対する指導原理とならなければならないであろう。

　つぎに，選挙無効訴訟であるが，この点についても，定める要件が妥当かどうかの問題がある。確かに，選挙無効訴訟は客観訴訟であるから，法律の要件を充足した場合に認められるに過ぎない。しかし，もっと緩やかな要件で広く選挙無効訴訟を認めるべきではなかろうか。議員定数不均衡訴訟などは，選挙無効訴訟の一つとして当然認められ，法定されるべきである。また，選挙無効訴訟の一つに「当選の効力に関する訴訟」があるが，「地方公共団体の議会の議員及び長の選挙」については「選挙人又は公職の候補者」に出訴資格が認められているのに（公選法206条），「衆議院議員又は参議院議員の選挙」については「当選をしなかった者」にのみ出訴資格が認められているに過ぎない（公選法208条）。この点，国政選挙の場合にのみ，出訴資格を限定する理由はない。

　さらに，選挙無効訴訟の効力をどこまで認めるかという問題もある。この点，議員定数不均衡訴訟において最高裁は，選挙が違法な場合であっても，選挙無効判決によっては違憲状態の是正はされず，かえって憲法の所期するところに適合しない結果を生ずる事情があるときは，選挙を無効にすべきでないとして，行政

事件訴訟法31条1項（いわゆる事情判決）に含まれる一般的な法の基本原則に従い，当該選挙の違法を主文で宣言するに止めた（最大判1976（昭和51）年4月14日民集30巻3号223頁）。公職選挙法219条が事情判決条項の準用を明文で排除しているのに，かかる結論を採ることは，解釈論としてかなり苦しい。また，国会が公職選挙法を改正しない限り，違憲状態は放置され，判決としての実効性にも乏しい。その点で，前述の広島高裁2013（平成25）年3月25日判決が選挙無効請求を認容し，当該選挙区の選挙を無効とし，その効果が将来の期日の経過をもって発生するとしたことは，大いに注目に値する。しかし，この判決が確定した場合，どのような手続きで再選挙を行うのか，また，その場合の議員定数はどのように決定するのか等，解決すべき要素は多い。議員定数不均衡訴訟の場合だけでなく，一議員の当選無効訴訟の場合も含め，選挙無効訴訟の効力の問題を再検討すべきであろう。

第5節　今後の課題

　前述したように，現行法上，客観訴訟としての民衆訴訟の活用領域は極めて限定されている。その理由は，行政事件訴訟法は民衆訴訟の創設を立法者に委ねているが（行政事件訴訟法42条），立法者が民衆訴訟の創設に極めて消極的だったからである。しかし，国の公金の違法支出を統制する納税者訴訟，消費者を保護し消費者主権の実現を目指す消費者訴訟，環境保全を目的とする環境訴訟，文化財保護を目的とする文化財保護訴訟など，民衆訴訟による効果的な裁判統制が期待される分野は多い。社会が複雑化し，利害対立が錯綜すればするほど，公益の適正な実現を図るため，民衆訴訟が重要となる。しかし，例えば環境保全を目的として，いわゆる現代型訴訟を提起しても，法律に規定なき民衆訴訟であることを理由に却下されてしまうのが現実である。かかる事態の放置は，裁判を受ける権利（憲法32条）の侵害とさえ言えよう。民衆訴訟をいかに積極的に活用して公益を図っていくかは，今後の一大テーマとなろう。

　それでは，民衆訴訟を積極的に活用して公益を図っていくためには，どうしたらいいのであろうか。この点，国会が納税者訴訟や消費者訴訟，環境保全訴訟などの現代型訴訟を積極的に民衆訴訟として法定することにより，司法に裁判権を

附与し，また，司法の側でもその権限を積極的に活用するように努めれば，問題は解決される。しかし，これまで民衆訴訟を法定することに極めて消極的であった国会がにわかに立法に励むとは考えがたいのみならず，合議体である国会には本来的に迅速的対応は期待しがたい。そこで筆者は，民衆訴訟の積極的活用のためには，これまで客観訴訟とされていた民衆訴訟を解釈により主観訴訟化し，現行法の枠内での司法的救済の俎上に載せることを提唱したい。すなわち，納税者の主観的な権利を「納税者基本権」と呼び，従来，客観訴訟とされていた納税者訴訟をかかる納税者基本権の侵害と構成することにより，主観訴訟化し，特別立法の形によらず，通常訴訟の形での訴訟提起を可能にするとする前述の論理を，他の現代型訴訟にも援用していくべきであると考える。例えば，1962（昭和37）年にアメリカ大統領ジョン・F・ケネディが提唱した消費者の権利（①安全を求める権利，②知らされる権利，③選ぶ権利，④意見を聞いてもらう権利）を始めとする消費者の主観的な権利を「消費者基本権」と呼び，従来，客観訴訟とされていた消費者訴訟をかかる消費者基本権の侵害と構成することにより，主観訴訟化し，特別立法の形によらず，通常訴訟の形での訴訟提起を可能にするのである。とすれば，食品企業が賞味期限を偽る食品偽装をした場合，消費者が当該企業に対してのみならず国や地方自治体に対して，その再発防止策を求めて出訴することも可能になりうる。また，例えば，良好な文化的環境を享受する住民の主観的な権利を「文化的環境権」と呼び，従来，客観訴訟とされていた環境訴訟をかかる文化的環境権の侵害と構成することにより，主観訴訟化し，特別立法の形によらず，通常訴訟の形での訴訟提起を可能にするのである。とすれば，財政難を理由に市図書館や市美術館を廃止する決定を市が行った場合，住民が市にその見直しを求めて出訴することも可能になりうる。

　そもそも，通説・判例が司法権の概念を前述のように捉える理由としては，日本国憲法の司法権がアメリカ合衆国流のものであるという歴史的経緯を踏まえた認識が挙げられる（いわゆる歴史的・沿革的理由）。例えば，フランスやドイツなどのヨーロッパ大陸諸国では，司法権の概念に行政事件の裁判権は包摂されないのに対して，アメリカやイギリスなどの英米諸国では，司法権の概念に行政事件の裁判権も包摂される。この相違は，フランスやドイツなどでは裁判官が司法権を盾に国民の人権を侵害する側に立ったのに対して，アメリカやイギリスなどでは裁判官が法の支配の実現に大きな役割を果したという歴史的事実に基づく。そ

して，アメリカ憲法を継受した日本国憲法における司法権の概念もまた行政事件の裁判権を含むとされている。このように，司法権の概念が国により時代により異なる歴史的なものであることは，否定しえない事実なのである。とするならば，司法権概念が時代の進展とともに，時代の変化や要求に応じて変化していくと考えることも不可能ではないはずである（いわゆる司法権概念の可変性）。筆者は，主観訴訟と客観訴訟の概念区別の問題を含め，現代日本における司法権の概念がどうあるべきかについて，もう一度，考えるべき時期にきていると考える。この点，松井茂記が，日本の司法権をアメリカ型だと考えても，必ずしもアメリカと全く同じである必要はないという見解もありうるとして，①基本的人権規定を主観的権利規定であると同時に客観的法原則であると捉え，基本的人権規定に違反する政府の行為に対しては誰でも訴訟を起こせるとする学説や，②いわゆる事件性の要件を必要と考えながらも，それは事件をきっかけにするという程度の緩やかな意味においてにとどまるとする学説，あるいは，③憲法81条はドイツの連邦憲法裁判所としての役割を最高裁判所に与えたのであり，少なくとも憲法訴訟に関しては事件性の要件はそもそも不要であるという学説等を紹介しているが，大いに注目に値する。さらには，マクロ的には，これまで司法消極主義に立つとされてきた日本の裁判所も，かかる地位に甘んずることなく，司法積極主義へと一歩を踏み出すべきではないかという，司法の根本論から見直していくことが必要となろう。これまでの議論に拘泥することのない自由闊達な議論が，判例・学説において行われることが是非とも必要な分野であるといえる。

参考文献
後藤光男『共生社会の参政権』（成文堂，1999年）
後藤光男編『人権保障と行政救済法』（成文堂，2010年）
佐藤幸治『憲法［第3版］』（青林書院，1995年）
松井茂記『日本国憲法［第3版］』（有斐閣，2007年）
山岸敬子『客観訴訟の法理』（勁草書房，2004年）

（藤井正希）

コラム　自然の権利訴訟

1995年2月に鹿児島地裁に提訴された奄美大島におけるゴルフ場開発に伴う，森林法10条の2に基づく林地開発行為の許可処分についての行政処分無効確認及び取消請求事件は世間の注目をあびることとなった。それは，原告にアマミノクロウサギ，オオトラツグミ，ルリカケス，アマミヤマシギという奄美大島に生息する希少動物種が名を連ねたからである。

鹿児島地判平成13年1月22日は，自然の権利訴訟について一定の理解をしめし，この問題が現今の英知を集めて検討すべき重要な課題としつつも，アマミノクロウサギらの原告適格を認めず，人が自然物を代弁することについても認めなかった。

本件で注目すべきは，自然動物が原告に名を連ねたことよりも，個人の生命や財産権に直接的には関わるとはいえないような希少動物の保護等のような自然環境保護のために裁判を提起する場合に，どのような形式で，誰が原告になることがふさわしいのかという行政事件訴訟法の原告適格に関する問題が本質としてあることである。

そうであるならば，ロデリック・F・ナッシュの『自然の権利』やC・ストーンの『樹木の当事者適格』等の自然物自体に当事者適格を認める思想や，アメリカの自然の代弁者となり得る資格をかなり広く認めているシーラクラブ対モートン事件や環境団体等に自然と共同原告を認めたパリーラ鳥対ハワイ州土地自然資源省事件等の「自然の権利」訴訟等の有益性を認識しつつも，日本の法の枠組みや判例を意識した考察が重要になろう。

この点，自らは権利能力が主張できない胎児にかわって親がこれに代わって権利行使することを例として，自然物を代位して人が原告になる手法が考えられるが，結局のところ，自然物自身が権利の主体であるということと前提に変わりがないので，社会的注目を得るという副次的な効果を除いて有効な手段とはいえないだろう。また，希少物保護の問題は行政権限の行使が被処分者たる市民の権利利益を違法に侵害しているかどうかという枠組みでは計り知ることが出来ないので，行政事件訴訟法9条の「法律上の利益を有する者」という原告適格の要件を満たすことは難しいと思われる。

さらに，2004年の原告適格の拡大という流れでの行政事件訴訟法9条2項の新設も，今後の判例の推移を見守る必要はあるが，環境保護に関連する法令等を合理的に解釈しても，自然物を代弁する個人や団体について生命，身体や財産権等のように個別的利益を保護する趣旨や目的を読み取ることには限界があり，裁判所が事実上の客観訴訟を認めることには慎重である現状では，せいぜい，環境保護地域の限定的な周辺住民にしか原告適格の範囲は広がらないだろう。

では，アメリカの絶滅の危機にある種の法（ESA）の市民訴訟条項の11条(g)のような広く原告適格が認められるような法律がなく，自然物を人や団体が代位する型で自然の権利訴訟が提起しても原告適格が認められていない日本に

おいて，希少動物等の自然環境を守るにはどうすればよいのだろうか。

ひとつは，裁判以外の方法によることである。具体的にはナショナル・トラスト運動，環境アセスメント，また，住民投票等を挙げることができよう。最近では，より早い段階での戦略的環境アセスメントの導入や公共事業については政策評価制度も導入されている。もっとも，環境アセスメントや政策評価には一定の要件があるし，住民投票も条例等が整備されなければならないという問題がある。

次に，自然環境保護を行政訴訟で実現する方法であるが，三つの方法が考えられる。

第一に，原告適格の個別的利益の要件を拡げて，例えば，対象となる森林及びその周辺の地域の自然環境又は野生動植物を対象とする自然観察，学術調査研究，レクリエーション，自然保護活動等を通じて特別の関係を持つ利益を，生命や財産権と同じように個別的利益として法律上の利益と解する方法である。

第二に，アメリカの絶滅の危機にある種の法（ESA）の市民訴訟条項の11条（g）のように，希少動物保護に問題の対象範囲を限定する代わりに，広く原告適格の範囲を拡げる方法である。法律等で義務付けられている希少動物保護を行政が怠っているのであれば，本質的に，周辺住民に限らず，誰が行政訴訟を提起出来たとしても問題はないと思われる。

そして，第三に，必ずしも絶滅危惧種等に指定されない動物や保護里山保護等のように，自然環境保護の対象が広く認められる代わりに，原告適格を周辺住民や一定要件を満たした個人や環境団体等に限定するような新たな訴訟制度を創設する方法である。

第一の方法は判例変更で，第二・第三の方法は立法論的解決を目指すことになるが，いずれの方法によるにしても，濫訴による余計な応訴の負担を避ける必要性という既存の問題との調整は必要であるし，何よりも自然環境に対しての民意の後押しという国民の意識の広がりが重要になろう。

（三浦一郎）

第3部　国家賠償

第1講　憲法17条と国家賠償

第1節　はじめに

　国が認可した薬の副作用が原因で病気に悩まされる人が出たとする。果たして国は，賠償しなければならないだろうか。認可のプロセスがずさんだった場合（違法性ないし過失のある場合）と，丁寧にプロセスを踏んだが結果的に有害な薬を認可した場合（適法，無過失の場合）とでは，答えは異なるだろうか。また，2011年の東日本大震災のように，大地震と津波で原発事故が発生し，多くの人が生活の場を奪われ，元の家に戻れなくなったとする。国は被害者に対して賠償しなければならないだろうか。原発の安全審査がずさんだった場合と，当時は安全と考えられていた基準でしっかり審査したものの結果的に重大事故が発生した場合では，答えは異なるだろうか。

　国家賠償を巡る議論は，どういう場合になぜ国や自治体に賠償責任が発生し，どの程度の賠償を求められることになるのか問うものである。

　この講では，国家賠償と損失補償の両制度を含む国家補償について，その基本的な思想や機能，歴史的沿革を概観する。そのうえで，現行法やその運用，判例等の詳説を次の講から展開していく。

第2節　国家補償の思想と機能

1　国家補償に関する憲法規定

　国家賠償は，国や地方公共団体による損失補償と合わせて，国家補償という概念で括られる。条文上は，憲法17条が国家賠償に関する規定として「何人も，公務員の不法行為により，損害を受けたときは，法律の定めるところにより，国又

は公共団体に，その賠償を求めることができる」，29条3項が損失補償に関する規定として「私有財産は，正当な補償の下に，これを公共のために用ひることができる」と定め，さらに40条が「何人も，抑留又は拘禁された後，無罪の裁判を受けたときは，法律の定めるところにより，国にその補償を求めることができる」と定める。

このうち17条を具体化する立法として国家賠償法が制定されている。また29条3項に定める損失補償については，個別の立法がなくともこの規定に基づく直接請求も可能とされている。40条が，誤った抑留や拘禁について特に補償規定を設けていることは，刑事手続の過ちに対する責任を経緯を問わず重視する意味合いがあると考えられる。

2　国家補償の思想

国家賠償はなぜ憲法規定による保障にまで高められているのだろうか。一つには，それが権利保障の手段として考えられているからである。憲法に人権規定を挿入すること自体は容易であるが，問題はその権利が実際に保障されているかどうかである。そのためにも違憲立法審査権があり，国が憲法上の権利を侵害する行為を行えば，裁判所がこれを覆すことが可能となっている。違憲立法審査権が制定法の過ちを戒めるのに対し，国家賠償は政府の行為によって実際に権利侵害がなされた場合に対する救済措置として機能する。政府は，違法な行為で権利を侵害した場合には，賠償の支払を覚悟せねばならない。そのことが権利侵害に歯止めをかけ，権利保障の一助となるものである。

また，損失補償は，個人の権利を平等に保障する意味合いがある。政府が公共の福祉のために私有財産を没収する場合に，安易に個人の権利を剥奪することはできない。特定の者に全体（公共の福祉）のための犠牲を強いる場合には，補償を行うことで，全体で応分の負担をするという考え方が根底にある。

国家賠償も損失補償も，根底には立憲主義の考え方がある。独裁者は自らの過ちを認めることはないし，誤りを指摘されて賠償することなど考えられない。また人の財産も思うままに自分のものにできると考えるだろう。日本国憲法が求める国家賠償や損失補償の制度は，そのような権力の濫用を戒めるものである。個人の権利の観点から，政府の行為を憲法に基づき，効果的な手段を通じて縛るという点で，立憲主義を体現する規定である。

3　国家補償の機能

　国家賠償と損失補償にはその機能に若干の違いもある。国家賠償も損失補償も，国や地方公共団体（もしくは公務員）の行為により損失や損害を被った者への救済の機能を有する。しかし，国家賠償については，これに加えて，違法あるいは危険な行為の抑止・制裁の機能（監視的機能）がある。国家賠償請求は，必ずしも判決や和解に基づく賠償に至らなくとも，その過程で，該当する行為の問題性や意思決定過程が公の場で追及されたり，問題がメディアに取り上げられ世論の喚起につながったり，そのことによって立法的解決が図られたりすることがあり，それによって結果的に将来の同様の行為が抑制されることもある。このように，国家賠償制度は，賠償を通じた当事者の利益の救済に留まらず，その過程で得られる社会的利益にも価値が見出せる。

4　国家補償の類型と現行制度の概要

　国家賠償の対象となりうる権利侵害については，これに至る行為の適法性（合法・違法）またその際の過失の有無によって，類型化が可能である。行為が違法かつその過程に過失が存在した場合には，賠償すべきとの推定が強く働くだろう。しかし，行為が違法でも，過失が認められない場合，あるいは行為がその当時には適法でも結果的に重大な権利侵害が発生した場合（たとえば所定の安全審査を経た薬による薬害）はどうだろう。この場合，無過失責任あるいは結果責任を問えるかが問題となる。

　重大な権利侵害は，意図せざる結果としてもたらされた場合でも救済されるべきという考えがある一方で，無過失責任・結果責任を強めすぎれば，行政が萎縮し，政策の停滞をもたらしかねない。行政が少しでもリスクのある活動は回避し，そのことにより新たな技術の導入や開発が妨げられるということも考えられるだろう。身近な例では，学校事故で学校（の設置者である国や地方公共団体）の責任を強めた場合，学校が授業の一環として行う実験や実習，スポーツなどでリスクを伴うものをやめてしまうことも考えられる。それによって教育現場の選択肢が狭まり，教育効果が損なわれることにもなりかねない。

　国家賠償をいかなる条件の下で認めるべきかどうかは，このように誰にリスクを負わせ，どの程度の抑制をかけるかといった政策判断的な側面があり，国会に

おいて，個別の立法によって規定することもできる。但し，最終的には憲法17条の解釈の問題として，司法が判断することもある。後述するように，郵便物の配達に関し郵政事業者の責任を限定する郵便法の規定が，裁判所により違憲とされた事例もある。

　日本の法制は，国家補償について，上記のような類型化に沿った統一的な法典を持っているわけではなく，別個に発展してきた国家賠償制度と，損失補償制度が並存していて，上記のような類型化に即した事例がそれぞれに見られる（従って「国家補償」は，別個に存在する二つの制度を整理して把握するための講学上の概念と言われる。）

第3節　国家賠償制度の発展

1　比較法——英米法

　国家賠償制度は，英米法系諸国，大陸法系諸国それぞれ固有の歴史的発展を遂げてきており，その思考枠組みがかなり異なる。しかしいずれの場合も，行政活動への制約を嫌い，国家賠償の余地を抑制的に捉えていた頃から，徐々に権利侵害の救済へ焦点を移し，国家賠償制度を憲法，法律ないし判例により拡大してきたことがうかがえる。

　初めに英米諸国について見れば，かつて国王主権のもと，国王の無謬性（"The King can do no wrong)を前提に，過ちは官吏個人の責任であったとしても国王が官吏に授権した権限に基づくものではないので国（国王）に責任はない，との考え方が支配した。これは主権免責（sovereign immunity）の法理として，今なお原則論的に引き継がれている。この法理は，国民主権国家であり，国民が国民の代表者により構成される政府の責任を問うことに支障はないはずのアメリカでも，イギリスの植民地時代に持ち込まれ，合衆国憲法下でも通用している。

　とはいえ，イギリスやアメリカで，主権免責を理由に一切の権利侵害の救済が阻まれてきたわけではない。イギリスでは，コモン・ローに基づき，官吏の個人責任を問うことができたし，1947年には国王訴訟手続法（Crown Proceedings Act）によって，官吏個人に代わってその使用者たる国（国王）の民事的責任を

問うこともできるようになったのである。また，アメリカでは司法を通じた賠償請求が主権免責により閉ざされる場合でも，議会の活発な介入により，個別的立法（private act）に基づく国庫からの賠償が行われてきた。また，1946年には連邦不法行為請求権法（Federal Tort Claims Act）が制定され，合衆国に，私人同様の民事的責任を課した。

これらはいずれも，私人同様の行為に対し私人と同等の責任を求めるものであり，私人にはなし得ない統治的行為に対してはなお主権免責の考え方が広く採られているとの批判もある。しかし，アメリカを見てみると，そのような高度な政治的行為についても，議会が国民代表としての自浄作用を果たし，立法により権利侵害の救済を図る例が見られる。たとえば，1988年公民権法（Civil Rights Act of 1988）は，第2次大戦中に強制収容された日系人に対し，人種差別に基づく誤った行為だったとして，国民を代表して謝罪の意を表明したうえで，生存者8万2千人余りに一人当たり2万ドルの賠償金の支払を定めた。

2　比較法——大陸法

次に，大陸法系諸国を見てみる。まずドイツでは，政府の活動を高権的領域と国庫的領域に分ける考え方が発展してきた。1900年ドイツ民法典839条は，故意または過失により第三者に対して負う義務に違反し，損害を与えた場合の個人責任を規定している。政府の国庫的領域での活動についてはこの民法の規定が適用され，高権的領域では，民法規定に基づく官吏個人の過失責任を前提としつつ，国が官吏に代わって賠償の責任を負う「代位責任」の考え方を採用した。この考え方は1919年ワイマール憲法131条で採用され，ボン基本法34条に引き継がれている。

またフランスでは，三権の厳格な分立（司法権と行政権の分離）という観点から，国家賠償についての考え方が発展してきた。損害の発生原因について行政の行動の審査に立ち入る必要のないものは，官吏個人の過失責任が司法裁判所で問われる一方で，行政の行動の審査から分離できない場合は，公役務の瑕疵として行政裁判所の管轄に属するに至った。後述するように，明治期の日本で行政裁判所の管轄といえば，権利侵害の救済の可能性は狭まるものであったが，フランスの場合はむしろ民法に縛られないことで，行政裁判所が独自に救済の途を広げる展開を辿った。そして，公務員個人の過失の有無を問わず，行政運営上の瑕疵か

ら損害が生じた場合には国として責任を負うという考え方が採用されたのである。さらに，フランスでは「異常特別の危険が国の活動によって生じたと認められる場合」にその結果に対して国が責任を負う危険（無過失）責任の考え方が，行政裁判機能を担うコンセイユ・デタの判例によって構築されてきた。

　このような危険（無過失）責任を課す理由として，権利侵害の重大性に鑑み，その救済が政策的に優先されるべきことのほか，そのような危険な活動については，結果に責任を負わせることで行政に一層の慎重さを求めること，また公益的な活動に伴う危害のリスクを一部の者（危険施設の近隣住民）に負わせるのではなく，国民全体で公平に負うことにもあると考えられる。

3　明治憲法

　ここで日本に目を移すと，明治憲法の下では，国家賠償の制度は極めて未発達であったことが指摘される。特に公権力の行使については，主権者であった天皇の責を問うことは許されなかった。西欧では，官吏個人の責任を国が代位する（ドイツ）あるいは国が直接責任を負う（フランス）など，官吏の責任を問う一定の手段があったのに対し，明治憲法下の日本では官吏も天皇の無謬性を引き継ぐかのように，無答責だったのである。

　日本の法制は，国の活動が，統治機能に関わり，公法の律するところによる公法的活動と，財産の所有・管理者としての機能に関わり，私法の律するところによる私法的活動に分けて考えられてきた。そして明治憲法下では，前者に関わる係争は行政裁判所に帰属し，後者は民事裁判所に帰属した。ひとたび前者に分類されると，国に大幅な裁量と免責が認められ，民法上は損害賠償請求の対象となる不法行為に当たる行為でも，それが公権力の行使の一環として行われた場合には，賠償請求の対象とならないとされた。当時の行政裁判法は「行政裁判所ハ損害要償ノ訴訟ヲ受理セス」と規定していたのである。

　他方，国や地方公共団体は一切の行為について免責をされたわけではなく，判例を通じ，非権力的活動に関しては民法上の賠償責任が適用されるに至った。大正5年の徳島小学校遊動円棒事件では，小学校の校庭に設置された遊具の腐朽により児童が落下し死亡したことについて，民法717条（土地の工作物等の占有者及び所有者の責任）の適用を認めた。現在の国家賠償法2条（「道路，河川その他の公の営造物の設置又は管理に瑕疵があつたために他人に損害を生じたときは，国又は公共

団体は，これを賠償する責に任ずる」）はその延長線上に位置し，国の責任を明確化したものである。

4　日本国憲法と国家賠償法

　日本国憲法17条は，国家賠償制度を憲法上の要請にまで高め，これに基づき，国家賠償法が制定されている。

　国家賠償法の主たる規定として第1条と第2条がある。このうち第2条は既に民法上，請求が可能になっていたところを確認したものであるが，第1条は以前の思考を転換するものであった。すなわち「国又は公共団体の公権力の行使に当る公務員が，その職務を行うについて，故意又は過失によつて違法に他人に損害を加えたときは，国又は公共団体が，これを賠償する責に任ずる」としたことで，それまでの天皇及びその官吏の無答責の観念を根底から覆したのである。なお，1条，2条ともに事案に応じて，国が「故意または重大な過失」のあった公務員（第1条）や他に「責に任ずべき者」（第2条）に対して求償権を持つことを規定している。

　国家賠償法第1条，第2条の下での具体的な事案や論争，判例は以降の講で詳述するが，特に憲法17条が国家賠償制度を求めたことに関連して，2002（平成14）年の郵便法違憲判決（最大判平14・9・11民集56巻7号1439頁）をここで取り上げたい。同事件では，裁判所からの特別送達が郵便局員の誤配のために不動産の差し押さえに間にあわず，損害を被った原告が郵便法の違憲性を争ったものである。郵便法は書留や特別送達の場合を含め，郵便事業者の損害賠償責任を限定しており，憲法17条に違反すると原告は主張した。

　最高裁は，裁判官の全員一致で郵便法を憲法17条に違反すると断じた。通常の郵便物に関しては，安価に大量の郵便物を処理する過程で一定の事故が起こり得ることを前提に，責任を一定に制限することを認めた。しかし，書留や特別送達の場合にも責任を限定することには厳しい姿勢を示した。書留については，重大な過失の場合にまで免責や責任の制限を認める合理的な理由がないとし，特別送達についてはその特殊性から，軽過失の場合でも免責や責任の限定は憲法17条に違反し，無効であるとした。

　憲法17条は，国家賠償のあり方について立法府に白紙委任をしたものではなく，合理的かつ十分な補償を制度化しなければいけないことを国に要求するものであ

ることが明らかにされたと言えよう。

第4節　損失補償制度

1　諸外国

　損失補償制度の根底には，財産権，すなわち私有財産制度の尊重がある。たとえばアメリカ合衆国憲法第5修正（1791年）は，明示的に「何人も，正当な補償なしに，私有財産を公共の用のために収用されることはない」と規定している。「収用」の概念を巡っては，政府の役割が拡大し，財産権に影響を与える種々の規制立法が行われているなかで，財産価値の低下をもたらすような規制を事実上の収用と捉え，政府による損害補償の対象とするべきかどうかが盛んに争われるようになっている。合衆国連邦最高裁は，財産価値を全面的に損なうような規制は収用にあたるとの見解を示している（Lucas v. South Carolina Coastal Council, 1992）。

　ドイツでは，ワイマール憲法が公共の福祉のための収用を「法律に基づいてのみ」「相当な補償と引き換えに」行えると規定し，ボン基本法14条も財産権を保障したうえで，公用収用に対する損害賠償に「公共の利益と関係者の利益との正当な衡量」を求めている。フランス人権宣言（1789年）は所有権を「神聖かつ不可侵の権利」としたうえで，「明白な公の必要」と「正当かつ事前の補償」を満たした場合にのみ，その剥奪を認めている。

2　日本

　日本では，明治憲法（大日本帝国憲法，1889年）では第27条に「日本臣民ハ其ノ所有権ヲ侵サルルコトナシ」「公益ノ為必要ナル処分ハ法律ノ定ムル所ニ依ル」とあり，この時点では財産権を認めつつ，損害補償については憲法に定めるところがなく，法律に委任されていた。

　日本国憲法のもとでは，第29条で財産権を保障したうえで「私有財産は，正当な補償の下に，これを公共のために用ひることができる」とし，収用に伴う損失補償を憲法上保障している。

詳細は第4部に譲るが，この規定を巡っては，何が「正当な補償」なのか（失われた財産の価値を完全に補償すべきなのか，種々の事情を加味した合理的な補償でよいのか）が争われているほか，いかなる目的で公用収用が認められるかも争われている。「公共のために用ひる」との要件は，ダムや道路など公共の施設を建築するうえで障害となっている私有地の収用を行う場合は明らかに満たされる。しかし，戦後の農地改革のように，大規模農家の土地を国が収用し，それまで土地を持たなかった小作人に売却した場合はどうか。補償の範囲や額，またいかなる場合に収用を認めるかは，いずれも政府の役割に直結する話でもある。補償を強化するほど，大規模な土地の再開発や土地収用を伴う道路や線路の敷設に莫大な補償費用を要することになり，政府の採り得る政策の選択肢が狭まるからである。

私有財産制を担保する所有権という個人の権利を前提に，これを保障する術として損失補償の制度がある。しかし，大都市などでは，私有財産だからといって個人が好き勝手にその土地を利用しては，景観・騒音・公害等，近隣への迷惑が発生し，すべての人が不幸になりかねない。このために政府に一層，利害調整の役割が求められ，土地の利用規制や，政府主導での土地の一体的な再開発がなされるようになってきた。損失補償とは，財産権と，こうした現代的要請のバランスを考慮したうえに成り立つ制度である。

参考文献
今村成和＝雄川一郎『国家補償法・行政争訟法』（有斐閣，1957年）
阿部泰隆『国家補償法』（有斐閣，1988年）
塩野宏『行政法Ⅱ［第5版補訂版］』（有斐閣，2013年）
西埜章『国家補償法概説』（勁草書房，2008年）
棟居快行「郵便法による責任制限の合憲性」宇賀克也＝交告尚史＝山本隆司編『行政判例百選Ⅱ［第6版］』（有斐閣，2012年）

（秋葉丈志）

第2講　国家賠償法1条に基づく賠償責任
――コンメンタール

第1節　国家賠償制度の意義

　違法な行政活動によって国民の権利が侵害された場合，その救済方法といえば原状回復か，あるいは金銭による賠償かの二通りがあろう。より具体的には前者，原状回復にかかわるのが行政不服申立てや行政事件訴訟法である。

　これに対して，もはや原状回復ができない場合の後者，金円による賠償に関わるのが国家賠償である。違法行政による侵害を被った国民の不利益は金銭的に評価されたうえで，それに見合った賠償がなされねばならない。

　憲法17条は「何人も，公務員の不法行為により，損害を受けたときは，法律の定めるところにより，国又は公共団体に，その賠償を求めることができる」と定め，これが公務員の不法行為に基づく損害賠償責任の根拠である。同規定を受けて国家賠償法1条1項は「国又は公共団体の公権力の行使に当る公務員が，その職務を行うについて，故意又は過失によつて違法に他人に損害を加えたときは，国又は公共団体が，これを賠償する責に任ずる」という定めをおくが，本条により公務員の当該違法行為は「公権力の行使」に限定されるため，それ以外の場合はたとえそれが職務上の行為であろうとも同法の適用外となり，代って，公務員個人とその使用者である国又は公共団体は民法709条及び715条規定の不法行為責任を負うこととなる。国家賠償法に基づく損害賠償請求は民事訴訟の手続による。

第2節　国家賠償責任の本質

1　代位責任説と自己責任説

　前述のごとく憲法17条及び国家賠償法1条では当該不法行為を成したのが公務員であっても，賠償責任の宛先については「国又は公共団体」と規定している。実際の不法行為者である公務員自身を避け，国又は公共団体が賠償責任を負うというこの規範構造の根拠は何か。国の賠償責任の本質をいかに理解すべきかについては（1）代位責任説と（2）自己責任説との二説が立てられている。以下のようである。

　先ず（1）の代位責任説は，本来は加害者たる公務員本人が負うべき責任を前提とした説であって，あくまでも悪いのは公務員本人であるという見地に立っており，これが通説である。そのうえで，①被害者救済の実効性をはかる見地から，資力のある国・公共団体が先ず被害者に対して損害賠償をすることが望ましいという政策的判断，②公務員の負担を軽減して職務の遂行をしやすくするという法政策的観点から，国の代位責任を導いている。同様に，③国家賠償法1条1項が「公務員」の故意・過失を要件としていること，同条2項が公務員に対する求償権を定めていることも，有力な根拠の一つとして挙げられている。

　これに対して後者（2）の自己責任説は，国家賠償法1条について，国・公共団体の責任は本質的に公務員個人の責任からは独立して，国・公共団体自らの責任であるとみる。今日の国家賠償請求の多くが組織的決定を争うものである以上，国又は公共団体の自己責任と捉えるほうが実態に適合的であることから，国民から公権力を委ねられている国（政府）は，当然に適法な公権力を行使する義務を負っているのであるから，国の機関たる公務員がその権力を違法に行使して国民に損害を与えた場合に国がその責任を負うのは当然という考え方である。換言すれば，この自己責任説にあっては危険責任説的な考え方を前提としているといえよう。国家活動には常時，一定の損害を発生させる危険が内在しているのであり，権力作用によってこの危険が発生した場合には当然に国・公共団体が直接責任を負うべきものと考え，公務員の過誤を国・公共団体そのものの過誤と理解するのである。この説を理論上徹底するならば，国の責任は無過失責任と捉えられるべ

きこととなる。

このように，上の（1）代位責任説と，この（2）自己責任説の区別の実益は，後者（2）自己責任説においては不法行為を行ったとされる公務員の故意・過失を個別具体的に立証する必要がないという無過失責任主義であるが，前述のように国家賠償法1条1項自身が公務員の故意・過失を国家責任の要件として明記，過失責任主義をとっていることを理由として代位責任説から批判を受けている。

2 判 例

学説には自己責任説をとるものもあるが，判例の立場としては代位責任説が通説である。「国家賠償が問題となる事案は，不法行為をした特定の公務員に全面的な責任があるとは限らず，複数の公務員による複数の行為が複合した組織的決定に起因することが少なくない。そこで，公務運営の実態に即して，組織的決定に起因する損害賠償責任を問うためには，自己責任説がすぐれている。しかし自己責任説は，現行法の文理解釈上無理があるため少数説にとどまっている」。もっとも，自己責任説に立つ判例として，安保反対教授団事件がある（東京地判昭和39・6・19判例時報375号6頁）。

代位責任説では公務員の故意・過失が要件となっているため，加害公務員および加害行為についても特定する必要があるということになる。一方，自己責任説においては加害公務員及び加害行為の特定の努力が不要であることからして，むしろ，被害者救済に厚いということが言われることがある。とは言え，代位責任説においても加害公務員及び加害行為の特定は原則的要求にとどまり，被害者に過度の立証責任を負わせることにならないように厳密な特定性は要求されないと解釈されているので，実質的には両説の差異は小さいといわれる。この点が問題となった事例として次の判例を挙げておく。

すなわち，岡山県のA税務署に勤務していた大蔵事務官の定期健康診断における診断ミス（結核罹患を指摘しなかった）が争われた岡山税務署健康診断事件において，最高裁は，以下のように判じた。

「国又は公共団体の公務員による一連の職務上の行為の過程において他人に被害を生ぜしめた場合において，それが具体的にどの公務員のどのような違法行為によるものであるかを特定することができなくても，右の一連の行為のうちのいずれかに行為者の故意又は過失による違法行為があったのでなければ右の被害が

生ずることはなかったであろうと認められ，かつ，それがどの行為であるにせよこれによる被害につき行為者の属する国又は公共団体が法律上賠償の責任を負うべき関係が存在するときは，国又は公共団体は，加害行為不特定の故をもって国家賠償法又は民法上の損害賠償責任を免れることができないと解するのが相当」である。「しかしながら，この法理が肯定されるのは，それらの一連の行為を組成する各行為のいずれもが国又は同一の公共団体の公務員の職務上の行為にあたる場合に限られ，一部にこれに該当しない行為が含まれている場合には，もとより右の法理は妥当しないのである」（最判昭和57・4・1民集36巻4号519頁）。

関連してこの他に，複数の機動隊員がデモ行進の参加者に対して暴行を加えた事件で，たとえ加害者たる公務員が特定できない場合でも東京都の責任は免れないとした判例がある（東京高判昭和43・10・21下民集19巻9・10号628頁）。

第 3 節　コンメンタール

国家賠償法1条1項の成立要件を要約するならば，以下のようである。
①国又は公共団体の公権力の行使にあたる公務員の行為であること。
②職務を行うについて加害行為がなされたこと。
③公務員に故意，過失があること。
④違法な加害行為が存在すること。
⑤加害行為により損害が発生すること。
条文に沿って，1条を以下に解説していく。

1　「公権力の行使」

国家賠償が認められるためには，公務員の行った当該違法行為が「公権力の行使」として行われていることが必要である。「公権力の行使」であることが肯定されれば，そのような行為をする者は国家賠償法上の「公務員」であり，その者の帰属する団体は「国又は公共団体」に該当することとなる。そこで，「公権力の行使」とはどういう場合を指すかが，まず重要となる。

「公権力の行使」については，行政手続法2条1項，行政不服審査法1条，行政事件訴訟法3条1項に文言がみえるが，国家賠償法上の観点からの「公権力の

行使」概念確定の必要がある。以下の三説がある。

①狭義説 — 命令，強制等の伝統的な権力作用（国家統治権の優越的意思の発動たる行政作用）に限定する説。

②広義説 — 国または公共団体の作用のうち，「純粋な私経済作用」と国家賠償法2条によって救済される営造物の設置又は管理作用を除くすべての作用と解する説（通説・判例）。

③最広義説 — 国または公共団体の作用をすべて含むとする説。

①の狭義説は旧憲法下で国家無答責とされた公権力行使に対する救済を図るために，国家賠償法1条は規定されたと考えるもので，立法者の見解である。「公権力の行使」について「優越的な意思の発動たる作用」であるとするこの定義では，どのような作用がそれに該当するのか不明確であるし，また，文字通りに解するとその範囲が限定的なものとなる。一方，現代行政は権力的行政だけではなくサービス的な行政が増加しており，これらを国家賠償法1条の範囲に取り込むことが望ましいこと，および，同規定は憲法17条の趣旨を受けて，国民に対する公務員の不法行為一般について国の責任を明確にすること等を考慮すると国家賠償法1条が適用される。

③の最広義説は，国・公共団体の作用のすべてであり，当然に私経済作用をも含むすべてである。私経済作用とは，国や公共団体が私人と同じ立場で行う取引行為で，仕事で使う机の購入契約とか，文具を購入する売買契約，あるいは，庁舎の建設の請負契約などがこれに該当するが，私経済作用を含むすべての行為を「公権力の行使」に含めることには解釈上無理があろう。

そこで，②広義説では「公権力の行使」から「純粋な私経済作用」と同法2条にいう「営造物の設置管理作用」が適用除外になっている。法律の文言の枠内に収まり，かつ，被害者救済という立法趣旨に照らせば，より好ましいのは広義説であって現在はこの見解が支配的であるが，民法適用の判例がある（最判昭和36・2・16民集15巻2号244頁）。

なお，公権力の行使には不作為，行政指導が含まれ，公権力には立法権，司法権が例外的に含まれる余地がある（後述）。

2 「行使に当る公務員」

国家賠償法1条1項にいう公務員は，国家公務員法・地方公務員法等によって

法的身分が定められている身分上の公務員に限定されるわけではなく,「公権力の行使」を委ねられている者を含むと解釈されている。民間人に公務が委託されている場合にも国家賠償法は適用される。公権力を行使する権限のある者が損害を与えた場合が1条の適用領域となり,逆に,身分法上の公務員であっても,公権力の行使をしない局面であれば,同条の適用はない。判例では公証人,弁護士会の懲戒委員会委員,建築確認機関,競馬の着順判定員なども公務員の範疇においている。社会福祉法人の運営する児童擁護施設の職員による養育監護行為を「公務員の職務行為」とする判例がある(最判平成19・1・25民集61巻1号1頁)。

3 「その職務を行うについて」

　国家賠償が認められるためには公務員の当該行為が「職務を行うについて」なされたものでなければならない。すなわち,公務か,あるいは公務との一定の関連性をもつ行為(公務関連行為)である必要がある。そして,国・公共団体が賠償責任を負うのは,職務執行に際して国民に与えた損害についてであり,公務員の私的な行為に基づくものには責任を負わない。最高裁は以下に述べる川崎市非番警察官強盗事件において,その判断基準として「外形標準説」を採用している。
　すなわちこれは,警視庁の警察官が非番であった日に制服制帽を着用し,他の警察官の拳銃を携帯して,管轄区域外の川崎市で職務執行に名をかりて職務質問を装い,通行人の所持品検査をした後,持ち逃げしようとしたところ,大声で騒がれたため射殺した事案である。最高裁はこのとき,国家賠償法1条について「同条は公務員が主観的に権限行使の意思をもってする場合に限らず自己の利をはかる意図をもってする場合でも,客観的に職務執行の外形をそなえる行為をしてこれによって,他人に損害を加えた場合には,国又は公共団体に損害賠償の責を負わしめて,ひろく国民の権益を擁護することを持って,その立法の趣旨とするものと解すべきである」(最判昭和31・11・30民集10巻11号1502頁)と判じた。外形主義がとられる場合,公務員の内心は問題とされないのである。また,公務員勤務時間外に行った行為とか,あるいは,その権限外の行為などによって損害を与えた場合でも,それらの行為が,国民からみて外見上職務執行行為に見える場合には,やはり国はその責任を負うべきであると解されている。これは,国民に対する救済を厚くし,かつ,国民の行政の執行に対する信頼感を確保するためである。

自己責任説をとれば、「ここでは警察官に与えられた基本的な権限があり、右の逸脱行為は、その延長線上にあるものであるから、このような場合には当然国の責任となると解される」ということである。因みに、1条は「公務員」であることを前提としているため、外形標準説にたっても、私人が公務員に扮して職務執行をなした場合、当該行為は「職務」とは言えず、賠償責任は不成立となる。

4 「故意又は過失」

賠償責任について国家賠償法1条は「国又は公共団体」をその名宛人と規定するが、違法行為をした公務員に「故意又は過失」があったことが前提となる（過失責任主義）。行政法理論上では「故意」について問題となることは少なく、主として議論となるのは「過失」についてであるが、過失は注意義務違反ともいわれ、公務員が職務上要求される注意能力を欠くことと解されている。注意義務違反が認められる前提として予見可能性と回避可能性とがあり、予見不可能あるいは回避不可能な場合には過失が認められないことになる。課外クラブ活動での喧嘩による事故について、クラブ活動に立ち会っていなかった教諭の予見可能性を否定し、過失を認めなかった事例として、最判昭和58・2・18民集37巻1号101頁がある。

5 「違法に」

国又は公共団体が賠償責任を負うのは、公務員が違法に他人に損害を負わせる場合である。違法性とは法規に違反するということである。

国家賠償法上の違法性について、判例は「公務員が行為当時、合理的な行動をとったかどうか」によって、違法性の判断を行っている。これは（1）職務行為基準説とよばれるもので、公務員の職務行為それ自体の適法・違法を基準として、ここでの違法性を判断するものである。「例えば、速度制限を超えて走行している車をパトカーが追跡した場合、その追跡行為によって違反車両が第三者の車と衝突して当該第三者が死亡したとしても、その追跡行為それ自体が適法なものである以上は、警察官の行為は違法とはされないことになる。尚、職務行為それ自体が適法かどうかについては、行為の目的の正当性、手段・方法の相当性、被害発生の予測可能性などが考慮されることになる」。

パトカー追跡のケース（最判昭和61・2・27民集40巻1号124頁）で最高裁は職務

行為基準説をとるが，追跡が不必要であるか，また，その前後の状況からみて追跡の方法が不相当である場合に違法となる余地を認めている点で，それに徹しているわけではないと藤井俊夫教授によって指摘されている。

この状況に対して一方に（2）結果基準説が立てられるが，これは侵害の結果から違法性の判断を行うものである。藤井教授は続けて，「国民（第三者）は本来死亡させられるようないわれはないのであるから，そのような結果を正当化する事由（例えば，国民の生命の保護を凌駕するような社会的な利益を実現するために止むを得ない措置であったというような場合）がない限りは，公務員の行為が違法とされるべきだとするものである。これは単に職務行為そのものの適法性に注目するだけでなく，被侵害利益とのバランスでの全体的な考察になるため，上の例のように被侵害利益が重大（死亡）である場合には，適法とされるための条件が厳しくされることになる」と述べる。

6 　求償権（1条2項）

被害者救済の観点から，国家賠償には民法715条のような免責規定はない。国・公共団体は，被害者に対して賠償責任を果たした後に，公務員個人に対して求償権を行使することが可能である（国家賠償法1条2項）。ただし，求償されるのは「故意または重過失」があった場合に限られており，「軽過失」の場合には免責される。なぜならば，軽過失にまで責任を問うとすれば公務の執行が萎縮するからである。職務執行を十分に果たせなくなるという法政策観点からの配慮である。

賠償には以上の金銭による賠償のほか，国家賠償法4条および民法723条により，事情によって慰謝料や謝罪広告が命ぜられることもある。

第4節　権限の不行使と国家賠償責任

公務員の不法行為という場合，通常は公務員による一定の「作為」を意味しているが，一定の行為をなすべきことをなさなかったという「不作為」もこれに含まれる。行政の不作為による損害賠償が認められるのは，行政の側に一定の行為をなすべき法的義務が存在していたにもかかわらず，行政がそれをしなかった場

合に限定される。まず法律の趣旨，目的自体から，一定の場合に行政が，一定の行為をなすべきという作為義務の定めが読みとれる状況下において，行政の不作為によって損害が生じた場合に国が責任を負うこととなる。

これに対して，法律が単に行政に対して一定に権限を付与するにとどまり，必ずしもその権限の行使を義務づけていない場合，解釈は難しくなる。このような時にはおおよそ以下の場合に行政庁の作為義務が認められるとされている。

（1）行政庁の権限の不行使が続く場合には，例えば国民の生命，健康が害されるおそれがあるなどというように公共の利益に対する重大な危険が生じるおそれが明らかであること。

（2）行政庁が，その危険を除去するための行為をなすべき権限を法律等により与えられていること。

（3）危害の防止が国民の自発的な努力では達成できず，どうしても行政庁による権限の行使が必要であること。

具体的な事例を以下にみよう。

①県の野犬条例によって，保健所が野犬を取り締まらなかったため，子どもが野犬に噛まれて死亡した事例について，行政は取締り権限を行使しなかったことが国家賠償法上，違法と評価して，損害賠償請求が認められた事例（東京高判昭和52・11・17判例時報875号17頁）。

②ビニール・ごみ等の廃棄物が河川を通じて海に流失して沿岸の漁場が荒廃したという事例で，行政が適切な廃棄物処理をしなかった不作為が違法であるとした事例（高知地判昭和49・5・23下民集25巻5～8号459頁）。

③建築基準法53条の建蔽率の規定に反する建築物に，知事が除去命令を発しながら代執行をしなかったことにつき，その建築物の隣人が損害賠償を求めたことに対して，代執行をするかどうかは知事の自由裁量であるとして請求を棄却した事例（東京高判昭和42・10・26高民集20巻5号458頁）。

④警察官が挙動不審者からナイフを取り上げて保管するという措置をとらなかったため傷害事件がおきたが，警察官がナイフを保管しなかったという不作為について，職務上の義務に違背するとして国家賠償を認めた事例（最判昭和57・1・19民集36巻1号19頁）。

⑤悪質な宅建業者と取引をして損害を被った者が，知事が業務停止ないし免許停止処分を行わなかった不作為が違法であると訴えた事案で，この権限の不行使

が著しく不合理でない限り，違法に当たらないとした事例（最判平成元・11・24民集43巻10号1169頁）。

以上のほか，

⑥薬害訴訟として知られるスモン薬禍訴訟で，医薬品としての製造，販売を認可した後，国民に副作用の健康被害が発生しているにもかかわらず，厚生大臣が適切な措置をとらなかった不作為につき，違法性が認められた（東京地判昭和53・8・3判例時報899号48頁）。

⑦カネミ油症事件で，「（1）国民の権利に対する差し迫った危険のあること，（2）行政庁において右危険の切迫を知り又は容易に知りうべき状況にあること，（3）行政庁がたやすく危険回避に有効適切な権限行使をすることができる状況にあることの要件を満たす場合においては，行政庁にはもはや自由裁量の余地はなく，権限を予防的に行使する法律上の義務を負うものであって，その権限不行使は国家賠償法上の違法性を帯びるに至る」として，過失が認定された（福岡地判小倉支判昭和60・2・13判時1144号18頁）。

⑧新島に漂着した砲弾が暴発して事故が起きた事件で，事故の発生を未然に防止しなかった警察官の不作為につき，違法性が認められた（最判昭和59・3・23民集38巻5号475頁）。

規制権限の不行使について国家賠償責任を肯定する最高裁判決は以上の事例の後にもある（筑豊じん肺訴訟判決最判平成16・4・27民集58巻4号1032頁，及び，関西水俣病判決最判平成16・10・15民集58巻7号1802頁など）。

次に，行政不作為に加えて立法不作為まで問われた事例として，ハンセン氏病国家賠償訴訟熊本地裁判決を挙げておく。

国によるハンセン氏病患者隔離政策は1907年の法律「ライ予防ニ関スル件」の制定にはじまり1996年4月のらい予防法まで，まさに90年もの長い間続けられていた。これに対して元患者13人が1998年7月，隔離政策はハンセン氏病患者に対する差別と人権侵害に当たるとして国家賠償を求めて熊本地裁に第一次訴訟を提起した。これを契機として1999年3月には東京地裁，同年9月には岡山地裁への提訴がなされ，2001年5月11日，熊本地裁は，らい予防法による隔離政策について，「遅くとも60年以降には隔離の必要性は失われ，過度に人権を制限した予防法の隔離規定の違憲性は明白」と判断した（熊本地判平成13・5・11判時1748号30頁）。同判決は厚生省（現厚生労働省）が入所者の処遇を漫然と放置したことにつ

いて法的責任を負うべきであるとし，早期に政策を見直さなかった厚生省と，1996年に至るまで同法を廃止しなかった国会議員の立法不作為についても違憲であると判じた。国側は，最終的には控訴を断念し，同年5月25日，この熊本地裁判決が確定している。

第5節 立法行為（立法不作為を含む）に基づく国家賠償責任

1 最高裁判決

（1） 在宅投票制度廃止事件最高裁判決

　在宅投票制度を廃止し，これを復活しなかったため選挙権を行使できなかった事例で，最高裁は立法行為に基づく国家賠償責任が認められる場合をきわめて限定した（最判昭和60・11・21民集39巻7号1512頁）。これによると，国会議員の立法行為は，立法の内容が憲法の一義的な文言に違反しているにもかかわらずあえて当該立法を行うというがごとき例外的な場合でない限り，国家賠償法1条1項の適用上，違法の評価を受けるものでないとされる。

　判例を詳細に検討するならば，国家議員の立法行為（立法不作為を含む）が国家賠償法1条1項の「適用上違法となるかどうかは，国会議員の立法過程における行動が個別の国民に対して負う職務上の法的義務に違背したかどうかの問題であって，当該立法の内容の違憲性の問題とは区別されるべきであり，仮に当該立法の内容が憲法の規定に違反する廉があるとしても，その故に国会議員の立法行為が直ちに違法の評価を受けるものではない」。換言すれば，立法の内容の違憲性と，議員の職務上の行為の違法性とを区別して，議員の責任は原則として政治的責任であるということをもって，議員に法的責任がない以上，国にも責任がないという論理であって，これは代位責任説の立場および違法性に関する職務行為基準説の立場を徹底させた立場である。自己責任説に立つならば，立法内容が違憲であれば国会の行為の違法性も明らかであるので，当然国は責任を負うことになるからである。

　次に，憲法51条の免責特権に言及しつつ，「国会議員は，立法に関しては，原

則として，国民全体に対する関係で政治的責任を負うにとどまり，個別の国民の権利に対応した関係での法的義務を負うものではないというべきであって」，前述のごとく「国会議員の立法行為は，立法の内容が憲法の一義的な文言に違反しているにもかかわらず，国会があえて当該立法を行うというごとき，容易に想定し難いような例外的な場合でない限り，国家賠償法１条１項の規定の適用上，違法の評価を受けない」と述べる。

　この論旨によるならば，立法行為を国家賠償請求訴訟で争うことは原則的に否認されることになり，国民の裁判を受ける権利（憲法32条）の趣旨に反することになろう。

　上のほか，国家賠償法にいう「公権力の行使」に立法（不）作為も含まれるとして，国家議員の立法行為が問題とされたものには女性の再婚禁止期間を定めた民法733条が争われた事件（最判平成７・12・５判時1563号81頁）などがある。

　（２）国会議員が国会の質疑演説討論等の中で行った発言につき，国の損害賠償責任が肯定されるためには，虚偽であることを知りながらあえてその事実を摘示するなど，特別の事情があることを必要とする。後述（最判平成９・９・９民集51巻８号3850頁）参照。

　（３）三井鉱山塵肺訴訟

　鉱山保安法に基づく省令の改正を行わず，削岩機の湿式型化や散水を一般的な保安規制としなかったことなど判示の事実関係の下では，塵肺法が成立した後，通商産業大臣（当時）が鉱山保安法に基づく省令改正権限等の保安規制の権限を直ちに行使しなかったことは，国家賠償法１条１項の適用上，違法となる（最判平成16・４・27民集58巻４号1032頁）。

　（４）在外邦人選挙権訴訟（最大判平成17・９・14民集59巻７号2087頁）において最高裁は，国家賠償法上，立法不作為が例外的に違法となる要件として以下の３つを挙げた。すなわち，①憲法上保障された権利を違法に侵害することが明白で，②所要の立法措置をとることが必要不可欠・明白であり，③国会が正当な理由なく長期に立法措置を怠る，というものである。

　判例は述べる。在外邦人の選挙権行使を制約していた公職選挙法について，「立法の内容又は立法不作為が国民に憲法上保障されている権利を違法に侵害するものであることが明白な場合や，国民に憲法上保障されている権利行使の機会を確保するために所要の立法措置を執ることが必要不可欠であり，それが明白で

あるにもかかわらず，国会が正当な理由なく長期にわたってこれを怠る場合などには，例外的に，国会議員の立法行為又は立法不作為は，国家賠償法1条1項の規定の適用上，違法の評価を受けるものというべきである」。その上で（1）の在宅投票制度廃止事件最高裁判決にふれ，これについては「以上と異なる趣旨を言うものではない」とする。すなわち本件においては，在外国民の投票を可能にするための「法律案が廃案となった後本件選挙の実施に至るまで10年以上の長きにわたって何らの立法措置も執られなかったのであるから，このような著しい不作為は上記の例外的な場合に当たり，このような場合においては，過失の存在を否定することはできない」。したがって，本件の違法な立法不作為を理由とする国家賠償は認容されると導くのである。

同判決は国家賠償責任を肯定しているため，前進するかに見えるが，「あくまでも例外的な場合」として立法自体による直接の損害を特に除外すべき理由はないと学説によって批判されている。

2　院内発言と国家賠償

上述（1）の在宅投票制度廃止事件上告審判決につき学説は，「判旨は，立法行為の本質的な政治性を指摘し，多元的な国民の意思や利益をいかに国政に反映させ，国民全体の福祉を実現するかは，議員各自の政治的判断に委ねるのが憲法の趣旨だとして，憲法51条の免責条項の論拠もそこにあるとする。同条や43条1項も自由委任の原則を示したものとする通説の立場からすれば，判旨は基本的に肯定されることになろう。国会議員が国会等の中でした発言として最高裁平成9年9月9日判決も同様の立法過程観を確認している」と指摘している。

院内発言をめぐるものにはこの他，札幌病院長自殺事件とよばれるものがあるので紹介する。51条で定めている議員の免責特権は，例外を認めない絶対的な特権と解すべきか，その意義が問題となった。すなわち，国会議員が医療法改正法案の審議において，札幌市の病院長が入院患者に「破廉恥な行為」を行っているなどの名誉毀損的発言を行ったところ，翌日，病院長は自殺した。これを受けて病院長の妻が国会議員に対しては民法709・710条に基づく，国に対しては国家賠償法1条1項に基づく損害賠償を請求したという事例である。

国家議員による問題発言が医療法改正法案の審議においてなされたことからまず，①議員の免責特権（憲法51条）の対象となるか，次に②議員および国の賠償

責任の如何が問題とされた。

　そもそも免責特権の趣旨は，院内における議員の発言・表決の自由を最大限に保障しようとするところにある。これは国会では他の権力に対する徹底した批判が行われなければならず，また，その過程で個人の名誉権を害することがあり得るが，そのために言論を抑圧し又は萎縮させてはならない。また，他の権力や反対党などによる政治的抑圧や干渉から防衛する必要があり，このような政策的配慮から処分を免除し，発言の自由を保障したものである。こうした理解からは，議員の免責特権は例外を認めない絶対的な特権であると解することになる。そうすると，本件では，議員も国も損害賠償責任を負わないと解することになる。

　こうした絶対的免責特権説について，佐藤幸治教授は，「未熟な国会議員の発言によって名誉毀損やプライバシー侵害を受けた一般国民は一体どうすればよいというのであろうか」と疑問を投げかけている。免責特権は，議院における自由な発言などを確保することが結局，国民全体にとって利益になるという見地から政策的に議員に認められた特権であって，一般国民の名誉権を侵害するような発言が当然に適法であるということではない。今日，会議における発言が，直ちにマス・メディアを通じて広く流布される状況下に，例えば，議員の発言によって著しく名誉を毀損された一般の国民にとって，全く法的救済の途がないというのはいかがなものかという疑問がありうる。つまり，この免責特権は絶対的なものか，あるいは，国民の基本的人権を侵害する場合において厳格な要件の下に例外が認められうるか，また，当該議員個人の法的責任とは別に，国として賠償責任を負うべきではないのかという問題となるのである。

　免責特権は，議院における自由な発言などを確保することが結局国民全体にとって利益になるという見地から政策的に議員に認められた特権であって，一般国民の名誉権を侵害するような発言も当然に適法であるということではない。

　議院における発言者たる議員については，政策的見地から法的責任を問いえないとすることには合理的理由があるとしても，憲法のよって立つ人権尊重主義，法の支配の原理を重視するならば，少なくとも，その発言は公務員が「違法に他人に損害を加えた」（国家賠償法1条1項）ものとして，国が賠償する責に任ずべき場合にあたるというべきであろう。

　札幌高裁判決は，議員個人の責任と国のそれを区別し，議員が免責されるからといって，論理上当然に国家賠償法1条1項の違法の要件が失われるのではなく，

議員が虚偽であることを知りながら発言したなど，議員に付与された権限の趣旨に背いて行動したと認めうる特別な事情がある場合には，国の賠償責任が生ずるものとした（本件ではそうした特別の事情は存在しないとして，請求を棄却した）。

これについては高見勝利教授からの批判がある。この判例は，免責特典を「絶対的」として議員の法的責任を否定しながら，他方で，国家賠償法による国の責任は認めるが，この種の名誉毀損的発言については，その「絶対的免責特権」の性質からして，憲法は，むしろ，議院の懲罰権に基づく自律的な責任追及，選挙民による道義的ないし政治的な責任追及に期待し，究極的には選挙における国民の審判に委ねているのではないか。この特典が議員に対して「政策的に」付与されたものだとして，その「絶対性」を緩和しようとする有力説の試みもまた，議会の生命線ともいえる「自由な言論」を萎縮させるおそれがないわけではなく，賛成しがたいという。

議員は，院内での発言によって，名誉毀損の罪で処罰されることはない。しかし，これは行為を適法なものとする趣旨ではなく，ただ処罰を阻却するにすぎないものと解すべきである。同様のことは，民事責任ついてもいえる。議員は院内での発言によって，民事上の損害賠償責任を問われることはないが，しかし，憲法51条は本来なら違法な行為を適法ならしめる趣旨の規定ではないから，実体的には不法行為であることには変わりはなく，したがって，その行為によって損害を被った国民は，国に対し損害賠償を請求することができるものと解すべきである（憲法17条）。

憲法51条を根拠に，議員の院内活動によって国民の被った損害に対する国家賠償責任をも否定する見解があるが，同条は，あくまでも議員の責任を免除するだけであって，国の責任まで解除するものとは解されない。ただし，その場合，行為者である議員に対して国家賠償法上の求償権を行使することは，憲法51条によって否定される。

国が国家賠償法上の責任を負うかであるが，国が責任を負うには，その前提として，議員の発言が職務を行うにつきなされた，故意又は過失による違法な行為であることが必要である。そして，質疑等においてどのような問題を取り上げ，どのような形でこれを行うかは議員の政治的判断を含む広範な裁量に委ねられているので，議員の発言によって病院長の名誉・プライバシーが侵害されることになったとしても，直ちに議員がその職務上の法的義務に違背したとはいえない。

しかし，職務とは無関係に国民の権利を侵害することを目的とするような行為は許されない。また，あえて虚偽の事実を摘示して，国民の名誉を毀損するような行為は，議員の裁量に属する正当な職務行為とはいえない。そこで，当該議員がその職務とはかかわりなく違法又は不当な目的をもって事実を摘示し，あるいは虚偽であることを知りながらあえてその事実を摘示するなど，議員がその付与された権限に明らかに背いて，これを行使したものと認めうるような特別の事情がある場合には，国の賠償責任を認めるべきである。これは判例の立場でもある。

第6節　司法権の行使に関わる国家賠償事件

（1）　裁判の違法──最判昭和57年3月12日民集36巻3号329頁

　裁判官がした争訟の裁判につき，「国家賠償法1条1項の規定にいう違法な行為があったものとして国の損害賠償責任が肯定されるためには，右裁判に上訴等の訴訟法上の救済方法によって是正されるべき瑕疵が存在するだけでは足りず，当該裁判官が違法又は不当な目的をもって裁判したなど，裁判官がその付与された権限の趣旨に明らかに背いてこれを行使したものと認められる特別の事情があることを必要とする」と判じている。職務行為基準説を採用したものである。

（2）　逮捕・起訴等の違法──最判昭和53年10月20日民集32巻7号1367頁

　検察官による控訴の提起や警察官による逮捕にかんする芦別事件において，最高裁は職務行為基準説をとり，「刑事事件において無罪の判決が確定したというだけで直ちに起訴前の逮捕・勾留，控訴の提起・追行，起訴後の勾留が違法となるということはない」としている。

参考文献
浦部法穂「議員の免責特権」『事例式演習教室憲［第2版］』（勁草書房，1998年）
櫻井敬子『行政法のエッセンス』（学陽書房，2007年）
藤井俊夫『行政法総論（第5版）』（成文堂，2010年）
芝池義一『判例行政法入門（第5版）』（有斐閣，2010年）
北村和夫他『行政法の基本重要判例からのアプローチ（第5版）』（法律文化社，2014年）

（村山貴子）

第3講　過失責任主義

第1節　過失責任主義とは

　民法の三大原則のひとつに，いわゆる私的自治の原則がある。私的自治の原則とは，人はみずからの自由な意思決定に基づいてみずから自由に法律関係を形成できるという原則をいう。この私的自治の原則を十分に実現するためには，たとえ他人に損害を与えたとしても加害者に損害に対する帰責性（故意や過失など）がなければ，加害者は責任を負わないとする必要がある。もし無過失でも責任を負わなければならないとすると，人はみずからの法律行為によって生じたすべての損害を賠償する責任を負う結果になってしまい，自由な活動が阻害されてしまう。このように，"少なくとも過失のない損害には責任はない"という原則を過失責任主義（または自己責任の原則）といい，過失責任主義は私的自治の原則から当然に導かれ，それを支えている考え方と言える。この過失責任主義によって，自由で円滑な法律行為や経済活動がよりいっそう保障されることになった。この点，私的自治の原則と過失責任主義に所有権絶対の原則を加えて民法の三大原則というが，これらの原則は，資本主義発展の基礎を支える役割を果し，その結果，現代の日本において資本主義はきわめて高度に発展した。

　この本来，民法という私法の領域で主張された過失責任主義の趣旨は，行政救済法という公法の領域でも等しく妥当する。すなわち，行政（国家または公共団体）が違法な行政作用によって国民に損害を生じさせた場合に，その行為者である公務員に故意や過失がない時にまで行政に対して損害賠償責任を負わせるならば，迅速かつ円滑な行政執行が阻害されてしまい，かえって国民全体の利益に反してしまう。また，行政の損害賠償責任に故意・過失を要求しないならば，国や公共団体の財政上の負担は著しく増大し，それがひいては重税国家につながりかねず，その点でも国民全体の利益に反する恐れが高い。そこで国家賠償法1条は，公務員が故意または過失によって他人に損害を加えたことを，行政の損害賠償責

任の要件と規定しているのである。ただし，私法が対等な個人対個人の関係であるのに対して，公法は著しい力の差が存する個人対国家・公共団体の関係であり，それゆえ行政上の過失責任主義には民法とは異なる観点からの考察が必要になることには注意が必要である。この点，故意（自分の行為が一定の結果を生ずることを認識しながら，あえてその行為をする意思）の有無は比較的に判断が容易であり問題は少なく，議論の中心は判断が困難な過失（不注意の程度によって重過失と軽過失とに分けられる）の有無にあることから，以下，過失の問題を主に取り上げて議論していく。

第 2 節　国家賠償責任の性質

　国家賠償法1条の過失の意義を考えるにあたっては，そもそも国家賠償責任の性質がどのようなものかを考える必要がある。それをどのような性質を持つ責任と考えるかによって，過失の理解が異なりうるからである。この点，加害行為者は公務員であるにもかかわらず，なぜ国や地方公共団体等の行政が責任を負うのかについては，従来から代位責任説と自己責任説との対立があった。

　代位責任説は，行政が損害賠償責任を負うのは，加害行為を行った公務員個人の不法行為責任を代位して負うからであると考える。この見解では，公務員個人の不法行為責任が国家賠償責任の前提となるから，公務員個人の不法行為責任が成立しなければ国家賠償責任は否定されることになる。よって，公務員の故意・過失は国家賠償の成否を左右する重要な要件となり，その有無を厳格に問うべきことになる。これに対して，自己責任説は，行政活動はそれ自体，市民に被害を発生させる危険性を内包した活動であり，いったんその危険性が現実化して市民に損害が発生した場合には，行政は自己の責任として損害賠償責任を負うと考える（いわゆる危険責任の理論。この理論については後述）。この見解では，公務員個人の不法行為責任は国家賠償責任の前提とはならず，ストレートに行政の国家賠償責任が導かれる。よって，公務員の故意・過失は国家賠償の成否にとって重要な要件とはならず，その有無を厳格に問う必要はなくなる。

　確かに，自己責任説の方が被害者の救済には厚くなる。しかし，通説は，①国家賠償法1条1項が公務員の故意・過失を賠償責任成立の要件としていること，

②国家賠償法1条2項が公務員に対する求償権を規定していること，③「国又は公共団体が」（国家賠償法1条1項）の「が」という助詞は，代位責任であることを示すために意識的に使用されたことが立法資料から明白であること，④国家賠償法1条のモデルになったドイツの職務責任が代位責任であること等を根拠に代位責任説にたっている。また，判例についても，下級審段階では両説の判例があるものの，最高裁は代位責任説に立つものと考えられている（最判1969（昭44）・2・18判例時報552号47頁）。

とするならば，国家賠償責任の成立要件として公務員の故意・過失を厳格に要求するのが論理的には一貫するが，しかし，それでは公務員の主観的事情によって被害者の救済が左右されてしまい妥当でない。また，行政国家現象により著しく行政権が肥大化した現代社会では，日常的な行政活動により国民の権利が侵害される危険性も高く，国家賠償を広汎に認めるべき社会政策の要請も無視しえない。そこで，国家賠償法においては，被害者救済を実現するべく，過失の概念に様ざまな解釈的工夫が施されてきたのである。

第3節　過失の客観化

従来，過失とは，一定の結果が発生することおよびその違法性を認識すべきであるのに不注意でそれを認識しない心理状態とされ，主観的なものと考えられていた（いわゆる主観的過失）。しかし，裁判では裁判官が，行為者の外部的行為をもとに過失の有無を客観的に認定せざるを得ず，また，公務員の主観的事情によって被害者の救済が左右されるのも合理的ではないことから，過失の中身を客観化して解釈するのが妥当であるとされた（いわゆる過失の客観化）。かかる観点から，過失とは，具体的には結果予見可能性と結果回避可能性を前提とした客観的注意義務違反と解されている（いわゆる客観的過失）。そして，その場合の義務内容は，当該公務員個人の主観的な知識・能力を基準に判断される（いわゆる具体的過失）のではなく，当該公務員の立場において職責を遂行する上で通常，一般的・客観的に要求される知識・能力を基準に判断される（いわゆる抽象的過失）。このように，古典的な過失概念は，主観的過失および具体的過失を内容としていたが，近時における過失の捉え方は，「主観的過失から客観的過失へ」，「具体的

過失から抽象的過失へ」変化しているのである。

具体的な過失の有無の判断は，直接の加害行為をした公務員はもちろん，その補助機関たる公務員や，直接の加害行為をした公務員に対して指揮・監督する権限を有する公務員等，当該職務の実施に携わったすべての公務員が判断の対象になる。さらに，正規の公務員である必要もなく，行政事務の委託を受けた私人でも公務員とみなされる。例えば，都道府県による児童福祉法の措置にもとづき社会福祉法人の設置運営する児童養護施設に入所していた児童が他の児童から暴行を受け，脳機能障害の後遺症が残った事件について，最高裁は，児童を養育監護する施設の長および職員（非公務員）は，国家賠償法1条1項の適用において都道府県の公権力の行使に当たる公務員に該当すると判示した（最判2007（平成19)・1・25民集61巻1号1頁）。

複数の公務員が組織的に関与した一連の過程から被害が発生したような場合には，直接の加害行為をした公務員を特定する必要はない。その際，過失の有無の判断は，行政機関における職務執行の体制全体について行われる（いわゆる組織過失論）。ただし，このような組織過失が認められるのは，一連の行為を組成する各行為のいずれもが国または同一の公共団体の公務員の職務上の行為に当たる場合でなければならない。この点，最高裁は，国または公共団体に属する一人または数人の公務員による一連の職務上の行為の過程において他人に被害を生ぜしめた場合において，それが具体的にどの公務員のどのような違法行為によるものであるかを特定することができなくても，右の一連の行為のうちのいずれかに故意または過失による違法行為がなければ右の被害が生ずることはなかったと認められ，かつ，これによる被害につき専ら国または当該公共団体が賠償責任を負うべき関係が存在するときは，国または当該公共団体は，損害賠償責任を免れることはできないと判示している（最判1982（昭和57)・4・1民集36巻4号519頁）。

組織過失を認めた有名な判例としては，例えば，いわゆる東京予防接種禍訴訟判決があげられる。すなわち，同判決は，国が予防接種を強制ないし勧奨するに当たり，厚生大臣（当時）が接種率を上げることに施策の重点を置き，副反応の問題にそれほど注意を払わず，適切な予診を行うにはほど遠い体制で予防接種を実施することを許容し，また，予防接種の副反応や禁忌について周知を図らなかった等の事実関係の下においては，厚生大臣には予防接種の禁忌者に予防接種を実施させないための充分な措置をとることを怠った過失があると判断し，国に

損害賠償を命じた（東京高判1992（平成4）・12・18高裁集45巻3号212頁）。これは，厚生大臣を頂点とする組織としての厚生行政全体の過誤をもって過失を認めたものである。

ところで，故意・過失の立証責任は，行政救済法においても民法と同様に原則として損害賠償を請求する被害者の側にある。しかし，行政活動は専門的・技術的で複雑なことも多く，場合によっては一市民である被害者が行政の過失を立証することは極めて困難となりかねない。そこで，そのような場合，被害者の立証の負担を軽減するために過失推定の理論が用いられている。過失推定の理論とは，被害者が，公務員の違法な公権力の行使と発生した損害との間の因果関係を立証するならば，一応，過失を推定し，行政の側で無過失を反証して推定を覆さない限り，行政は損害賠償責任を免れないとする理論をいう。例えば，予防接種の後遺障害に対して損害賠償が請求された，いわゆる小樽種痘禍事件（最判1991（平成3）・4・19民集45巻4号367頁）において，最高裁は，痘そうの予防接種によって重篤な後遺障害が発生した場合には，禁忌者を識別するために必要とされる予診が尽くされたが禁忌者に該当する事由を発見することはできなかったこと，被接種者が右後遺障害を発生しやすい個人的素因を有していたこと等の特段の事情が認められない限り，被接種者は禁忌者に該当していたものと推定すべきであるとして，禁忌者該当を推定することにより，担当医師の過失を認めている。この訴訟では，結果的に国家賠償請求が容認されている。

第4節　過失と違法性との関係——過失と違法一元論

従来は，違法性とは客観的な法規範違反であるのに対して，過失とは公務員の主観的な事情に関するものであるから，両者は異質であるという考え方が強かった。かかる考え方にもとづけば，過失の要件と違法性の要件とは，本来，別個のものであるから，問題となっている行政行為に「違法性は認めうるが，過失はない」あるいは「過失は認めうるが，違法性はない」として，行政の損害賠償責任が否定されることもありうるはずである（いわゆる過失と違法二元論）。この点，近時の最高裁判決においても，かかる過失と違法二元論に立つものが見られる。例えば，本来は国民健康保険の被保険者証を交付すべき外国人であったにもかか

わらず市がそれを交付しなかった行政処分につき，法律の解釈を誤ったとして違法としながら，そのことに過失がないとして市の損害賠償責任を否定している（最判2004（平成16）・1・15民集58巻1号226頁）。

　しかし，前述した過失の客観化によって両者は同質的なものとなり，判断が一体化していった。すなわち，強度な違法性があれば通常，過失の存在が認定され，また，重大な過失があれば通常，違法性の存在が認定されるようになった。さらに，「過失があるときには常に違法性があり，逆に過失がないときには違法性もない」として両者を一元的に考えるようになっていった（いわゆる過失と違法一元論）。この点，民法の不法行為責任では不法行為者個人の責任を問うのが目的であるのに対して，国家賠償責任では最終的には公務員個人の責任を問うのが目的ではなく，公務員が違法行為によって国民に損害を与えた場合に，被害者保護の観点から行政に責任を負わせるのが目的であるから，そもそも公務員の過失責任をあまり重視すべきではないのである。よって，客観的な事実として行政が違法行為により国民に損害を与えた場合には，いわゆる結果責任に近づけ，むしろよほど特別の事情がない限りは過失を認め，被害者の救済を図るのが妥当である。過失と違法一元論には，過失に一元化して判断するやり方と，違法に一元化して判断するやり方とが考えられるが，それは事案に応じてケース・バイ・ケースで使い分けることになろう。

　学校内における事故のようなケースでは，過失に一元化して判断するやり方がとられることが多い。具体的には，予見可能な結果に対する結果回避義務違反としての過失の有無が判断される。例えば，町立中学校において顧問の教諭が課外のクラブ活動に立ち会っていなかった際に，生徒同士がクラブ活動中にした喧嘩により一方の生徒が左眼を失明した事故について，顧問の教諭の過失が問われた事件において，最高裁は，顧問の教諭がクラブ活動に立ち会っていなかったとしても，事故の発生する危険性を具体的に予見することが可能であるような特段の事情のない限り，失明につき教諭に過失があるとはいえないと判示し，過失を認めた原審を破棄して差戻した（最判1983（昭和58）・2・18民集37巻1号101頁）。

　これに対して，規制権限を行使しなかった不作為を原因とする事故のようなケースでは，違法に一元化して判断するやり方がとられることが多い。具体的には，予見可能性や結果回避可能性という過失の要件が不作為の違法判断の中に取り込まれ，過失の要件が独自の存在意義を失うことになる。例えば，飲食店で酒

に酔いナイフを振って客を脅したとして警察署に連れてこられた者の引渡を受けた警察官が，その者からナイフを提出させて一時保管の措置をとらずに帰宅させたことにより，その後，その者がナイフによる傷害をおこなった事件について，最高裁はつぎのように判示している。すなわち，その者の飲食店における行動について調査をすれば容易に判明しえた事実からして，その者にナイフを携帯させたまま帰宅することを許せば帰宅途中に他人の生命または身体に危害を及ぼすおそれが著しいと合理的に判断できる場合に，その調査を怠り，漫然とその者からナイフを提出させて一時保管の措置をとらず，これを携帯させたまま帰宅させたことは，違法であるとし，国家賠償を認めた（1982（昭和57）・1・19民集36巻1号19頁）。

第5節 過失責任主義から無過失責任主義へ

　日本国憲法は基本的人権の尊重を根本原則にしている（11条，97条）。そして，基本的人権としての国務請求権（受益権）の一環として国家賠償請求権を明文で規定している（17条）。この点，従来，憲法17条は，立法や解釈の指針たる，いわゆるプログラム規定と解されてきた。しかし，近時，最高裁は，書留郵便物については郵便業務従事者の故意または重過失によって損害が生じた場合に，さらに特別送達郵便物については軽過失によって損害が生じた場合にまで，不法行為にもとづく国の損害賠償責任を免除・制限していた郵便法の規定の合憲性が争われた訴訟において，郵便法の規定を憲法17条に違反して無効と判示した（最判2002（平成14）・9・11民集56巻7号1頁）。この判決は，憲法17条が単なるプログラム規定ではなく，一定の法規範性を有する法的権利であることを端的に示すものと言える。同条の人権としての意義は決して軽視されてはならない。

　かかる憲法のもとでは，基本的人権の尊重の立場からして，公務員の権力行使における過失の要件をあまり強調するべきではない。むしろ行政の行為によって国民に損害が発生した場合には，憲法保障の実効化を図るべく，過失の有無を問わずに行政の責任を認め，国家賠償によって被害者の保護を実現することが憲法の趣旨に合致する。また，現代社会における市民の生活は，高度に複雑化しており，いたる所に危険が潜んでいる。かかる危険は，国民生活を極度に脅かしてお

り，その危険に対処しうるのは行政しかない。このような点にかんがみれば，行政の賠償責任も市民法的な過失責任主義によってのみでは不十分な場合が多い。よって，国や公共団体には，可及的に無過失の損害賠償責任を負わせていくべきである。具体的には，国家賠償責任の前提たる公務員の不法行為については，民法の場合のような厳格で厳密な概念構成は必要ではなく，広く「違法な行為」と解すべきであるし，また，「過失」もあまり強調するべきではなく，むしろ無過失責任に近づける方向で解釈するべきである。さらに，このように行政の賠償責任が個人責任主義から全体負担主義・共同負担主義へ移行するという国家賠償に関する一般的な傾向を推し進めるならば，無過失かつ適法な行政行為にも国家賠償責任が生ずる場合があるとの主張にもなりうる。このことは，すなわち国家賠償理論が損害賠償から損失補償へ移行することを意味することになる。その妥当性の検討は，今後の課題であろう。

　行政の無過失責任を根拠づけるための論理として，もっとも有益だとされているのが，前述の危険責任の理論である。この理論は，過失のかわりに危険を置き換え，危険な物を所有していたり，あるいは，危険性を内包した活動を行う者は，いったんその危険性が現実化して第三者に損害が発生した場合には，不可抗力でない限り，その損害を賠償する責任を負わなければならないとするものである。よって，様ざまな危険を内包する行政は，過失の有無にかかわりなく，危険性を根拠に，すべての責任を負うべきことになる。この危険責任の理論は，行政救済法の分野のみならず，他の多くの法分野においても導入されている。例えば，民法では，使用者責任（715条，ただし争いあり），土地工作物責任（717条），動物占有者の責任（718条），さらに，製造物責任法3条や自動車損害賠償補償法3条，原子力損害賠償法3条等がある。この点，行政救済法の分野では，国家賠償法2条の営造物の設置または管理の瑕疵による責任が危険責任の理論に基づく無過失責任の典型である。行政救済法の分野においても，今後はさらなる危険責任の理論の活用が望まれよう。

参考文献
宇賀克也『行政法概説Ⅱ行政救済法［第4版］』（有斐閣，2013年）
後藤光男編『人権保障と行政救済法』（成文堂，2010年）
櫻井敬子＝橋本博之『行政法［第4版］』（弘文堂，2013年）
杉村敏正編『行政救済法2』（有斐閣，1991年）
高田敏『新版行政法』（有斐閣，2009年）　　　　　　　　　　　　（藤井正希）

第4講　違法性

第1節　行政救済法における違法性とは？

　違法性の概念は，行政法や行政救済法でだけ問題となるわけではなく，民法でも刑法でも問題となる概念である。本講では，行政救済法を広く構成する行政争訟法（行政事件訴訟法・行政不服審査法）と国家補償法（国家賠償（以下「国賠」）法・損失補償法）における違法性の概念を問題とする。

　公権力の責任は，「公権力の行使に当る公務員が，その職務を行うについて」に続いて，その第二の重要要件として「故意又は過失によつて，違法に」，国民（他人）に損害を加えたときに，生ずる（1条）。このとき，問題となるのは，公務員の行為が客観的に違法かどうか，或は，故意又は過失によるものかどうかである。前者が客観的責任要件であり，後者が主観的責任要件であるが，本講では，前者を扱うことになるが，「違法に他人に損害を加えた」とするだけで，民法709条が「他人ノ権利ヲ侵害シタル」としていたのとは違って，特に「違法」の語が置かれている。

　国賠法上の違法概念をどう考えるべきか，この問題を複雑でわかりにくくしたのは，国賠法の「公権力の行使」を広く理解し（広義説），そこに行政権だけでなく立法権や司法権を含め，更に非権力的行為が取り込まれたことが大きな要因である。加えて，違法性の本質・メルクマールをどこに見出すかについて，論者によってその用語法が異なり，その概念の錯綜に輪をかける主因となっている。行為不法説，結果不法説，相関関係説があり，更に結果違法説，職務行為基準説，公権力発動要件欠如説があって，しかもその使い方が入り乱れ統一されていないので，頭が混乱し，訳がわからなくなる（らっきょを「エシャロット」échalote と言うが如し！更に「エシャレット」や「エシャ」，「ベルギー・エシャロット」がある。農水省消費・安全局）。したがって，まずは，具体的事例を事実に即してみてゆくことから始めて（第2節），次に，国賠訴訟と抗告訴訟の双方で問題となる違法，

そこでの違法性の概念は同じ意味で使われているのか，それらの間にどういう関係があるのか，を学んでゆこう（第3節）。

第2節　事例にみる違法性のメルクマール

　違法かどうかは，法規範に適合しているかどうかの評価であるから，違法性の判断は人によって相当異なってくる。複雑に絡み合った事実関係の中で，又具体的な法規乃至個々の法制度間の関係やもっと広く法秩序全体の中で，そのそれぞれ何をどう評価して決めるのか，かなり複雑でむずかしい問題である。まずは具体的事例を通して違法性の判断感覚を身につけることが重要となる。

　むずかしいというのは，問題となる行政法規が具体的明確に規定されていれば，違法かどうかの判断は簡単であるが，そうではなく抽象的不明確であったり，更に行政に裁量を認めている場合が多いからである。しかも，その評価基準となる法が，明文の法規だけに限定されず，更に多元的に構成されてくるようになると，それらが何を許し何を許さないのかの判断が，より一層むずかしくなってくるからである。しかも，法治主義をどう理解するか，行政の役割をどこまで考えるか，営業の自由の「営業」内容をどう位置づけるか，地域の生活（風俗）環境をどう考慮するか等をも併せ考えて，どういう評価を行うのがいいか検討してみよう。又，そうした法の解釈だけではなく，行政処分は事実を認定しそれに法令を適用して発せられるものであるから，法を適用すべき大前提の事実のところでのとらえ方（事実認定の仕方）自体も，人によって裁判官によってひどく異なってくるので（自由心証主義），それらすべてが絡み合って，違法かどうかの判定はまるで違ったものになってくるのである（或は，違法・適法の結論ありきで，事実認定を曲げる等）。

　さて，行政は，法律に従っていれば，違法にはならないと考えるのが普通であるが，果たしてそうであろうか。まずは，自治体が，ある営業を好ましくないものと考えて，現行法上のとりうるあらゆる手段を駆使してその営業を阻止しようとすることは，違法かどうかを考えてみよう。たとえば，市がパチンコ店の出店阻止のために図書館を急遽設立したり，或は又，町が不健全な営業を阻止するために児童福祉施設を急遽設置することは，それぞれ違法か適法かである。ここで

は，先例ともなっており，事実・法律関係のより複雑な後者の事例を検討しよう。

　個室付浴場業を営業しようとする者が，建物も完成し，公衆浴場業の許可を申請した。しかしその町で開業反対運動が起きたので，県知事がその申請を留保している間に，町は開業予定地から134m のところに児童遊園を設置するための認可申請をし，知事も早急にこれを認可した。公衆浴場業の許可は，その後に下ろした。この時点で，風営法により個室付浴場は禁止されることとなったが，この業者は開業したので，県公安委員会は，公衆浴場を60日の営業停止処分にした（同時に刑事起訴された）。そこで，業者は，その取消訴訟を提起したが，60日が経過したので，国賠訴訟に切り替えて営業停止処分によって被った損害の賠償請求を行った。さて，違法は認められるだろうか。

1　行政は，法律に従って行動していれば，違法にはならないか

　否，県知事らは，法律に従って行動していても違法となる，と判断したのは，いわずと知れた有名な個室付浴場業（トルコ風呂）判決である。

（1）　違法であるとする立場——目的のためには手段を選ばず！

　仙台高裁は，まず，上の事実を次のように捉えた。即ち，山形県（知事）と余目町は，意思相通じて，個室付浴場の営業を阻止することを主たる目的として，その営業をなしえない状態を創出するため，その浴場予定地より約135m の距離に，具体的必要性のない児童遊園を児童福祉施設として昇格して設置させるという手段を案出し，知事が児童遊園の認可をした（認定事実）。

　その上で，次のように知事の措置を行政権の濫用として違法とした。「山形県知事のなした本件認可処分は，……現行法上適法になし得るトルコ風呂営業を阻止，禁止することを直接の動機，主たる目的としてなされたものであることは明らかであり，現今トルコ風呂営業の実態に照らし，その営業を法律上許容すべきかどうかという立法論はともかく，一定の阻害事由のない限りこれを許容している現行法制のもとにおいては，右のような動機，目的をもつてなされた本件認可処分は，法の下における平等の理念に反するばかりでなく，憲法の保障する営業の自由を含む職業選択の自由乃至は私有財産権を侵害するものであつて，行政権の著しい濫用と評価しなければならない。即ち，本件認可処分は，……右トルコ風呂営業に対する関係においては違法かつ無効のものであり，……本件トルコ風呂営業を禁止する根拠とはなりえない」（仙台高判昭49・7・8，最判昭53・5・26

もこれを維持)。

　この判旨は，19世紀的な近代法治主義の原理に立脚して，行政の役割は法律の機械的執行にとどまる（あとは立法待ち）という消極国家観を前提に，そこから，法律上許される営業を阻止・禁止しようとする主観的意図を理由に，営業を妨害するためだけにした県知事の認可権の行使は，違法無効だ，とした。ただし，それは原告業者との関係だけにとどまり，児童遊園の認可そのものは適法であるとした（その後進出しようとする業者には効力がある）。尚，このケースでは，国賠ルートだけなので違法性一元・二元論は問題とならないが，第三者（原告以外の業者）との関係における人的違法性相対説（相対的違法或は適用違法）に立っている。

　したがって，この判決によれば，違法とは，明文規定に従って行動しても，法秩序全体（裁量権（或は権限）の濫用にあたり権利濫用の禁止という不文の法原則）に照らして許されないものということになる（法秩序全体から見た公権力（行政権）発動要件を欠く）。目的のためには手段を選ばずは，違法となる。

（2）　適法であるとする立場――形式的・実質的理解

a　形式的理解による適法性判断――法律に従って行動していれば違法でない

　他方，同じく，古典的な近代法治主義的な理解に立っても，正反対に，適法説も成り立とう。公安委員会の営業停止処分は，児童遊園の設置によって個室付浴場業は禁止区域に指定されたので，適法であり，知事の児童遊園の認可も設備基準を満たしていれば適法であり（不当はあっても），公衆浴場法の認可申請を留保しての許可の遅れも，町の児童遊園の認可申請の方が早かったのでこれが先に認可されてもそれほど不思議ではない等，と一つ一つを形式的に見れば，そこに明文の行政法規に反する違法はないからである（公権力（行政権）発動要件を欠いていない）（一審・山形地判昭和47・2・29がそうした見方であった）。

b　実質的理解による適法性判断――積極的・現代的法治主義から行政の全過程を見る

　更に，同じく適法であると理解する立場であっても，現代的な法治主義観に立って，上のように行政の行為を一つ一つばらしてみるのではなく，その行政過程の全体を実質的に観察し，それが，積極国家における行政として正常か異常かを問題とする適法説がありうる。これによれば，立法者（県）がこの町を個室付浴場業の禁止地域の指定をしていなかったからといって，行政（知事）は，ただ指をくわえてその開業を許すというのではなく（売春まがいの健全とは言えない営

業との評価をして)，非禁止区域を探して営業をしようとする姑息な業者に対抗して，あれやこれや既存の方法はないかと知恵を絞って対応策を講ずるのが，むしろ現代行政のあるべき姿であるから (自治1-2)(立法は常に後追いで待ってはいられない)，既存の風営法に着眼して，元々あった児童福祉施設の設置計画を急遽早めて児童遊園を整備した程度で，違法と評価すべきでなく，行政過程として異常だとは言えないとされる。更に問題なのは，違法説をとれば，即ち，県知事の児童遊園認可処分が違法だとすると，前述のように児童遊園の認可そのものは適法であるので，この業者に今後，町での独占的な営業を許すことになり，しかも営業停止期間中の逸失利益の賠償請求を認めることになる (この判例を知った別の奸智に長けた業者らが，これを悪用し，莫大な賠償金を得るいい手口となっては尚更である)。こうなってしまっては，まさに法治主義を守って正義を殺すことになるからだという。さて，違法とは何か，法的正義はどちらにあるのだろうか。

現に，ごく最近，この判例とはやや異なる面があるが (既存4店舗がある等)，これを先例として，パチンコ店の出店阻止を専ら目的・動機として，市の立法者が図書館設置条例を改正したこと (これにより，風営法・同都施行条例の規制 (図書館から50m未満が禁止区域) をうけることになり，パチンコ業者は出店を断念した) が違法とされた事例があり，東京地裁は，「出店を阻止するための違法な図書館設置で，原告の営業上の権利を侵害した」(つまり，図書館設置の改正条例はパチンコ出店阻止のための狙い撃ち条例) と指摘して，同市側に約3億3400万円の賠償を命じる判決を言い渡している (東京地判平成25・7・19)。

違法説で行けば，営業を断念した業者がのちに莫大な賠償金を手にすることなりかねない。では，適法説だからといって，そうした業者を切り捨て御免 (金銭補償・塡補もゼロ) とするのか。むしろそうならないためにも，善良な業者が現行法を信頼し開業を目指して投資していたら，開業寸前に営業できなくなったのだとすれば，土地建物の投下資金や開業準備金等を補償するのが信頼保護に報いるとして，損失補償が示唆されている。

それでは，行政が，行政指導に従って行動した場合，違法にはならないかについても考えておこう。上の事例で，県知事が公衆浴場業の許可申請を時間稼ぎのために留保したが (原告業者は不服従の意思を明示していた)，ほかにも，わが国では，宅地開発や高層マンション建築等に際して，自治体が，建築確認の留保，水道の供給留保や特殊車両の通行認定留保等の形で，法律上乃至事実上の権力的手

段を背景にして法律が要求していないこと（住民の同意・協議（衝突回避），開発協力・負担金の支払い等）を行政指導によって求める手法が活用されているが，これは違法か，許されるのか（行政指導・要綱行政の適法性）である。

　行政指導の実効性担保のために建築確認等を留保することは，伝統的に考えれば違法な行政となり許されないという考え（法治主義違反）と，自治体が健全な街づくりという積極的役割を果たすためには必要で，立法が社会の進歩に遅れておりやむをえないという考えがある。判例は，その中を取って，行政指導の必要性を認めた上で，それは相手方の任意の協力を前提にしたものであるので，相手方がそれへの協力を明確に拒否するまでは違法でない，としている（最判昭和60・7・16 したがって拒否した時点で建築確認の遅延分の損害賠償を認めた。又，最判昭和57・4・30）。

2　特殊公務員の行為は，どのような場合に違法となるか

　違法行為に責任がある公務員でも，ここで扱う特殊な例は，一般公務員（通常の行政官）——通常の行政処分については，後述の行為不法の中の公権力発動要件欠如説が通説——とは違った違法性の考え方がなされ，立法や裁判の特殊性をその違法性の認定の段階で配慮しようとする所謂「職務行為基準説」が登場する（ただ，その中にあって，より厳格な違法性限定説がある）。ここでの職務行為規範は，それに従って一定の行為をせよとの客観的な規範（これならばそれに違反すれば即違法）ではなく，そのときそう行動する合理的な根拠があれば（違法判断の中に，職務上尽くすべき注意義務を懈怠したか，が含まれる）足りるとする極めて裁量範囲の広い特別な行為規範によるとするものである（尚，ここの部分は少々むずかしいので，先に次節を読んでから戻ってきた方がわかり易いかもしれない）。

（1）　裁判官の行為の違法は？

　裁判官の職務行為の違法を理由にする国家賠償請求は，当初，裁判官の独立や上訴制度の存在を理由にその許容性を否定・制限してきたが，今日，判例によれば，肯定した上で違法性の認定レベルで，「職務行為基準説」よりも厳格に，違法性を故意がある場合に限定する説（違法性限定説）がとられている。即ち，国賠法の違法が認められるためには，「裁判官が違法又は不当な目的をもって，その付与された権限の趣旨に明らかに背いてこれを行使したものと認めうるような特別の事情があることを必要とする」（最判昭57・3・12）。つまり，法令の解釈

適用に誤りがあったとしても，それだけでは「特別の事情」には当たらないというものである。これによれば，裁判官は良心に従って裁判していれば国賠法上の違法にならず，完全に安泰である（裁判官の完全独立！）。これでは，さすがに厳格すぎて，「不当な目的をもって」が故意のある場合（悪意のある事実認定や法解釈の歪曲など特別の事情）としか読めないと学説から批判され，下級審からも，通常の裁判官による合理的な判断からは考えられないような事実認定での経験則の逸脱や重大な過失がある場合をも含めるとして，後にこの違法性の要件をゆるめようとするものがあるほどである。

　問題は，裁判の違法をどういう理由で限定しようとするのか，裁判の特殊性とか本質というものが具体的には何なのかである。上の判例はこれについて沈黙している。これを明確にした上で，その範囲内の違法性の限定にとどめるようでなければならない。

　まず，既に確定した判決に不服（前訴判決の法令解釈適用等）でその違法を主張・問責して国賠請求をするという場合で，違法性の認定が極めて厳しく制限されることの根拠を考えてみると，まず①裁判官の独立が必要であり，又②前訴の確定判決と矛盾する判決が出てしまう，③上訴ができたにも関わらずこれを怠った者に国賠請求を認めると，上訴や再審による是正という別の救済手段（審級制度）の存在意味がなくなる，更には④事実認定は証拠に基づいて裁判官の自由な心証によって行われるものであって，後日真実と異なる結果となっても，その裁量権の逸脱や経験則等を無視して判決するのでなければ違法とはできない，という文脈での自由心証主義，といった根拠が考えられる。しかし，これらが理由であれば，上訴や再審で破棄・取消された裁判の違法を攻撃する（再審で無罪判決を得て，有罪判決の違法を主張する等）という場合には，前訴判決の違法が上訴や再審で既に確認されているので，少なくとも確定判決の違法を主張する場合と比べより問題は少なく，違法性がよりゆるやかに認められてもいいのではないかと思われる。

　裁判の国賠法上の違法についても，下記（2）で見るような，「職務行為基準説」と「結果違法説」の対立がある。前記最判昭57は，上の①〜④を考慮して前者（違法性を更に限定する説）をとったとされるが，それは，下記芦別事件（最判昭和53・10・20）での「職務行為基準説」とは違ったものであるとされている。

（2） 検察官の行為の違法は？

　検察官の公訴提起・追行について，二つの説の対立がある。判例は，検察官は収集した証拠から合理的に有罪と認められる嫌疑があれば，公訴を提起できるのだから，無罪判決が確定したからといって，公訴の提起等が直ちに違法となるわけではなく，「検察官の心証は，起訴時あるいは公訴追行時における各種の証拠資料を総合勘案して合理的な判断過程により有罪と認められる嫌疑があれば足りる」（最判昭和53・10・20）とする立場をとっているが，これには，所謂「職務行為基準説」という名称がつけられている（但し，ここでは違法を，起訴とか逮捕（公権力発動）の要件欠如とするので，行為不法説の中の公権力発動要件欠如説）。つまり，無罪判決や不起訴処分がなされたからといっても，それはそのときどきに犯罪についての合理的な疑いを確信できなかったに過ぎず，起訴とか逮捕の要件を満たしていなかったわけではない，というわけである。他方，「結果違法説」（損害の大きさの考慮は前提とする）は，無罪判決が確定した以上は，起訴等は結果論として間違っていたので，当然に違法であるとするが，その限りでは成立する議論である。

　尚，「職務行為基準説」という通称については，逮捕から判決までの過程で合理的な理由があれば足りるとする――「嫌疑について相当の理由がある」とか心証の程度の差が認められる――特殊な領域で命名された所謂「職務行為基準説」が，一般の行政処分の領域にまで同じ意味で通用してしまうと，単なる命名法の混乱だけでなく，特殊領域でのそうした違法性の基準が，行政処分に持ち込まれる危険性が確かにあった（そうした立場からは，本芦別判決は「職務行為基準説」の先例と解すべきでないことになる）。

　又，同じ行為不法説の中での理論構成の違いについては，職務の特殊性を，過失レベルで考える職務行為基準説をとるか，違法性のレベルで考える公権力発動要件欠如説をとるかによって，どれだけの結論の違いが出てくるのか。判例もそれぞれ違った説から同じ結論に達しているものがある。いずれにしても，無罪判決が出ても検察官の起訴等が違法とされ国賠責任が肯定された例は少なく，結局，違法性の判断は，無実の罪で起訴された被告人の立場でなされるのではなく，起訴する検察官の職務が当時どうであったかというという観点からなされており，前者に厳しく後者に甘い判断になっている。

(3) 警察官の行為の違法は？

　警察官の職務行為についても，上の二説の対立がある。特に逮捕については，「犯罪を犯したことを疑うに足りる相当な理由」があれば逮捕できるので（刑訴199），無罪判決や不起訴処分によって，当然に違法となるわけではないとする所謂「職務行為基準説」（行為不法説）がとられている。前記判例は，無罪判決が確定したからといって，逮捕・勾留が違法になるわけではなく，「その時点において犯罪の嫌疑について相当な理由が……ある限りは適法」であると判示している（最判昭和53・10・20）。これに対して，「結果違法説」は，無罪判決が確定したり不起訴となった以上は，逮捕等は結果として違法になるとする。

　では，パトカーに追跡された暴走車が赤信号の交差点に突っ込み第三車に衝突した場合，この追跡は違法となるかどうか，この権力的事実行為についても，具体的に考えてみよう。

　最高裁は，警察官は挙動不審者を職務質問するなり，逃走運転手を現行犯として検挙・逮捕するため（警職2，警察65），追跡する必要があり，当時午後11時で追跡によって第三者に被害を発生させる蓋然性のある具体的危険性を予測できたとは言えず，その追跡方法も特に危険なものとはいえなかったので違法ではない，とした（最判61・2・27）。

　このケースでは，結果不法説ではなく，行為不法説（乃至「職務行為基準説」）をとったとしても，違法に持ち込めるのではないか。本件の状況把握の仕方（事実認定）が，通常人の考え方からは相当ずれているからだ（いや，結論ありきで事実をあとで作り上げてゆくのであれば別だが）。パトカー追跡は犯人との関係では，警職法（2条1項）があるので仮に適法だとしても（常にそう言えるわけではなく過剰追跡なら，比例原則違反となる），少なくとも，それによって衝突された第三者（原告）との関係では，それとは違った別の規範が働いて，違法にならないのであろうか（相対的違法乃至人的な違法性相対説）。

　つまり，追跡されて時速100kmで赤信号を三つ無視して突っ走り次の赤信号の交差点で事故を起こしたものであったが，最高裁は，これを夜11時で，道路（幅員12m，歩道を含む）は広かったので格別危険な状況ではなく，追跡警察官は第三者の被害発生を予測できなかった，との見立てをした。しかし，暴走車が赤信号を無視して交差点に突っ込んでいたのに，第三者に被害を発生させる具体的危険性を予測できなかったと言えるであろうか。車は通常青信号に従って運転す

るのに，夜間広い道路なら赤信号を無視しても危険でないと言えるのか，又，逃走したからといって，一旦70kmに減速した逃走車を80kmでパトカー追跡して100kmに加速させる等（因果関係），スピード違反（時速40kmのところを78kmで走行）を凶悪犯のようにあくまで追跡を続けなければならないケースであったのだろうか（過剰追跡）。こう考えると，第三者に被害を発生させる危険性を具体的に容易に予測できたのではないか。更に，ナンバーが判明し無線手配・検問があっても追跡が必要だったとするが（盗難車であったり，検問もくぐられる等），あえて追跡を継続しなくとも他の捜査方法乃至は事後の捜査により検挙が可能であったとする見方（1・2審判決）もでき，又，過剰追跡で比例原則違反となれば，第三者だけでなく逃走車との関係でも違法となる。

　いずれにせよ，判旨の状況認識の仕方は，警察官の職務の観点から見て，犯人逮捕の必要性を執拗に強調するあまり，スピード違反車を更に加速させることによる事故発生の危険性を無視して，第三者被害の防止という注意義務（サイレン・マイク使用等の危険防止義務）を考慮していない。警察官は，違反者の検挙のほかに，交通の安全，特にあくまで逃走するような場合には一般人の生命安全を確保するよう注意走行する注意義務があると考えるのが当然であろう。

　どちらにしても，青信号を通過していたこの被害者に何の罪もなく（被害の受忍義務は皆無で），被害者に何の救済も図られないようでは（犯人を追い回して事故原因を作った警察には全く責任がないとすると），無実の被害者は救われない（立法措置待ち？）。以上，逮捕・起訴・判決という特殊な事例では，警察官・判検事の職務行為を基準にして判断され，被害者の立場からの見方は，やはりなされていないといえよう。

（4）　立法者（国会議員）の行為の違法は？

　立法（行為不作為）という形で行使される「公権力の行使」について，それにより損害を被った国民が，それを違法として国賠請求をできるか。

　判例は，「公権力の行使」には立法権が含まれるとして，国賠訴訟を提起できることを前提に，これまでは，その法律が違憲であれば公権力（立法権）の発動要件を欠くので，国賠法上も違法となるという流れであった。在宅投票制度廃止立法を違憲とする国賠訴訟において，その一審判決（札幌地小樽支判昭49・12・9）も，これを違憲とし，国会は違憲立法をしないよう配慮すべき高度の義務があるとして過失を認定し，請求を容認した（最初で最後のもの）。しかし，その最

高裁判決（最判昭60・11・21）が，この国賠請求について，「職務行為基準説」を採用し，更に立法の政治性を理由にその違法性を限定した。冒頭の問いへの答えは，この判決によって出されたといわれるだけでなく，そこで採られた職務行為基準説は，立法の不作為や検察官の起訴での違法性の判断基準として限定されずに，その後も一般の行政処分の領域にまで拡大して踏襲され，リーディング・ケースとして判例の流れを変えたとされている。

その判旨によれば，①個別の国民に対する「職務上の法的義務」に違背して損害を与えたとき賠償責任を負う。したがって，国会議員の立法行為が国賠法上の違法かどうかの問題は，国会議員の立法活動がその「職務上の法的義務」に違背したかどうかの問題であって，立法が違憲かどうかの問題とは区別されるべきであり，立法が違憲であったとしても，それが直ちに（国賠法上）違法とは言えない。②国会議員の立法行為は本質的に政治的なものであるから，国民の政治的評価に任せるのが相当で，その法的評価にはなじまない。裁判所は，法律の合憲性審査をするが，だからといって，国会議員の立法行為を法的に評価できない。③国会議員の立法行為について，国民全体に政治的責任を負うが，個々の国民に法的義務は負わず，憲法の一義的な文言に反する立法をあえて行うというような例外的な場合でなければ，国賠法上の違法とはならない。本件在宅投票制度廃止立法は，立法裁量に委ねられており，その例外に当たらない。

まず，判旨①は，国賠法が要件とする「違法」を「職務上の法的義務」違反とおきかえて，そこからア・プリオリに職務行為基準説を演繹した。しかし，「職務上の法的義務」という構成をとっても，適法な（立法権発動の要件を満たした）活動をする職務義務——合憲立法をする義務——があって，立法権発動の要件を欠けば職務義務違反となるのではないか。つまり，憲法尊重義務（99条 立憲主義）から，違憲の法律を作れば（或は違憲立法を改廃しなければ）立法権発動の要件を欠き——立法裁量を越えて違憲——，職務義務違反となる，と考えられる（公権力発動要件欠如説，一審）。これによれば，憲法訴訟上の違法と国賠法上の違法とを同様に解することになる（違憲＝違法，違法性一元論）。司法積極主義からは支持をうけよう。

しかし，判旨②は立法については特別で，そうした考えをとっていない。立法は，直接には，議会制民主主義乃至政治の問題であることを執拗に強調し，国賠ルートで，間接にその違法判断を求めるべきでないという考えをする。現に，在

宅投票廃止立法の憲法判断は回避されている。違憲審査制がある以上，国賠ルートで合憲性審査を求めることを妨げるものはないはずだ。職務行為基準説をとると，上のような立法権発動の要件を欠き違法という発想は出てこず，違法と過失を一括審査するから，過失（憲法違反の立法を「あえて」行うといっているので，むしろ故意）がなければ違法はないとして処理されたのである。立法の違憲の問題と国賠法の違法の問題とを区別しているのは，正に，憲法訴訟上の違憲と国賠法上の違法とは違うという違法性相対説（違憲≠違法，違法性二元論）なのである。

最後に③で，憲法の一義的な文言に違反するような例外的な場合には，国賠法上の違法が認められるわけだが，それはどういう場合かというと，議員定数不均衡訴訟で，定数配分規定が違憲とされたときであろうが，それも，合理的期間内に定数是正がされないときであるから，極めて限定されている。

立法不作為違憲確認の憲法訴訟（実質的な法令の抽象的違憲審査）のないところで，制度改革訴訟としての役割を期待されていた国賠訴訟が，職務行為基準説によって認められないとなると，国民（障害者）が違憲立法を排除できる代替的救済手段がなくなって，違憲状態は放置され，憲法・人権保障はどうなるのだろうか。ただ，判旨の職務行為基準説は，立法の問題は政治の問題だからそこで処理すべしとする司法消極主義と結びつく。

第3節 違法の一元・二元論的理解
——違法性は一致・不一致？

前節では，国賠法における違法性の概念を具体的事例を通して考えてきたが，以下では，取消訴訟における違法性との関係においても，これをもう少し概念的理論的に考えてみよう。

まずは，違法性のメルクマールをどこに置くかによって，民法・不法行為法論におけると同様，生じた損害（被侵害利益）を重く見る結果不法説，侵害行為の方を重く見る行為不法説，その間にあってその両方を秤にかけて総合的に決する相関関係説の対立があって，更にこれに，国賠制度の役割をどう見るかの見解の違いが絡んでくる（1）。

次に，行政の活動・行為が違法とされたものについては，サンクションがなけ

ればならず，救済手段が必要である。それが，抗告訴訟（取消訴訟等）であり，国賠請求訴訟であるが，そこでの違法か適法かの判定基準は二つの訴訟ごとに異なるのか，同じ基準が妥当するのか。前者が違法性二元論（乃至違法性相対説），後者が違法性一元論である（2・3）。

1 国賠法における違法性概念のメルクマールは？——各説の概観

まず，結果不法説（A）・行為不法説（B）・相関関係説（AB）（それらから派生する説も含めて）と違法性一元（X）・二元論（Y）のそれぞれとそれらの関係を整理しておこう（らっきょの鑑別は難作業！）。

国賠制度の役割を被害者救済・損害の公平な分担塡補に重きをおく見解は，違法性を結果不法的に考える（A）。

他方，その役割を法治国家としてのサンクション（違法の抑止・排除）に重点を置く見解は，行為不法的に考えることになる（B）。この立場は，行政の行為（侵害行為）が違法かどうかを重視するので，行政処分をする際に法律の要件を欠いた場合には違法とする公権力発動要件欠如説（Ba）（行政処分については「結果違法説」ともいわれる）もこれに含まれるし，また，検察官の職務上の法的義務違反を違法とする職務行為基準説（Bb）もこの流れの中にある（ところが，各論者がある判決を読んでこれは○○説であると言うとき，それをきちんと整理し定義して○○説を採用していると言わずに，それぞれの思いで使用したり命名する状況なので，読む側は混乱を来すのだ。一般には「結果違法説」と「職務行為基準説」の対立という形で使われることが多いが，更にはそれに「公権力発動要件欠如説」も加えたそれら三通りで呼ばれる説の使われ方が入り乱れているし，まぎらわしい結果不法説（A）と「結果違法説」（B'）についても，対立的に使われたり同義に使われたりしている）。

なお，結果不法説と行為不法説の中間にある相関関係説（AB）は，生じた損害と侵害行為のどちらに重点を置くかによって，結果不法説か行為不法説かに近づくこととなる。

2 結果不法説，職務行為基準説から，違法性二元論へ

更に，国賠訴訟の被害者救済の役割を重く見る結果不法説（A）或は損害に重きをおく相関関係説（AB）的に考えると，国賠法における違法性の方が取消訴訟における違法性よりも広くなる（一致しない）とする主張につながる（A, AB → Y

違法性二元論・相対説)。国賠法上の違法は,公務員の行為が客観的に違法かどうか(客観的規範への違反)が問われてきたが,「公権力の行使」の意味を通説や判例のように,権力行為(取締的・命令的な規制行政)だけでなく非権力行為をも含まれると広義に理解されてくると,国賠訴訟は被害救済・損害の公平な分担を目的とするから,厳密な意味での法規違反に限定されずに,広く,裁量の不当,権力濫用禁止や信義則等不文の法規範によっても,行政の活動の違法性が判断されることとなってゆき,取消訴訟における違法よりも広くなるというわけである。つまりこの立場によれば,取消はしないが賠償はすることになるが,これでも,国賠訴訟が処分の効力には影響を与えるわけではないので困ることはないと考えていたのである。こうしてみてくると,抗告訴訟・取消訴訟の違法と国賠訴訟の違法とでは,一致しない場合もありうると考えられることになるが,その根拠は,上述のごとく両制度の役割機能が違うからであるとされてきたのである。

　しかし,救済ルートが抗告訴訟か国賠訴訟かによって違法か適法かの基準が違うことは,行政に示すべき行為規範をはっきりと示せないし,又裁判所が簡単に違法でないという判断をし易くするとか,何よりも,明文の行政法規に違反しているのに,国賠法上は違法にならないというのでは,一つの法秩序として矛盾しないのか等の懸念や弱点があり,どうしても腑に落ちないところが残った。

　更にまた,こうした違法性二元論(Y)は違法性を相対化して,取消訴訟における違法性とは別の違法性——つまり,事前に法令で明示される客観的「行為規範」で,行政が活動する場合その活動根拠になると同時に行政に権限付与をする具体的法律・行政法規に違反すること,即ち「法律による行政の原理」違反とは別の,事後に裁判所が事案ごとに示す「行為規範」(結果回避義務)違反——を認めることになるので,当該法律に違反しても,権利利益の侵害がなければ違法とは言えない,ということになって,却って,国賠法上の違法の範囲を狭め,その目指すところの被害者救済の拡大にはならない,という批判を浴びることになる。これを承けて,学説は,行為の方にも目を向けた相関関係説的傾向の方に向いてゆくが,この違法性二元論は,むしろ,取消訴訟では違法だが国賠法では違法とならないという理論的な弱点が,国側や後の判例によって逆用され,職務行為基準説(Bb 行為不法説の中の)による違法性相対化が進んでゆくことになる(つまり,A, AB → Y ではなく,Bb → Y)。

3 行為不法説・公権力発動要件欠如説から，違法性一元論へ

　一般の行政処分について，国賠法における違法を考えるとき，何を重視すべきか。国賠法においても，法治国家としてのサンクション（違法の抑止・排除）の役割（「法律による行政の原理」）を重く見る場合には，行政は法律の定める要件に違反しなければ権利侵害は許容されているので，損害賠償が問われるのは，その侵害行為が法律の要件を満たしていない場合だけである。そこから，侵害行為に着目する行為不法説（B）が採られることになる。その中でも，公権力発動要件欠如説（Ba）（乃至結果違法説）は，国賠法における違法性と取消訴訟における違法性とは一致するという違法性一元論に連なる（B, Ba → X）（初期の判例は，行為不法説乃至公権力発動要件欠如説とされる）。

　国賠訴訟に，取消訴訟と同じように，「法律による行政の原理」の確保を担わせることが必要なのは，取消訴訟や憲法訴訟が十分に役割を果たしていない国では，国賠訴訟に最後の砦的な機能が期待されるからである。前述の個室付浴場業や在宅投票事件の原告にとって，国賠ルートで公権力発動要件欠如（違法や違憲）を確認してもらうしか救済方法がない。国賠によっては処分取消という直接効果はないけれども，違法が確認されれば，違法処分として間接的圧力とはなる（職権取消や法改廃につながる可能性もないではない）。公権力発動要件欠如説による違法判断は，こうして「法律による行政の原理」の確保機能を果たすとされるのである。

　そこで，多数の学説（公権力発動要件欠如説）は，抗告訴訟における違法と国賠訴訟における違法の関係について，行政法という公法の果たすべき観点から，国賠法にも法治主義保障機能をもたせ，違法行政の抑止やそれによる損害防止の役割をもたせるべきだとして，同じもの（行政の活動や行為）が対象であれば，両者の違法性（の基準）は相対化させるべきではない，という違法性一元論的な理解をする。

　そして，違法性が一元的か二元的かが問題となるのは，行政処分等行政の活動が抗告訴訟と国賠訴訟との両方のルートで対象となる場合である。法律・行政法規という形で示される「行為規範」がある（つまり法律による行政の原理が働く）場合，取消訴訟でも国賠訴訟でもどちらでも，行政の行為が，明文の法規違反としての違法があるか（上の「行為規範」に適合しているか）が問題となるので，行政の適法・違法性の基準を一元的に提示でき，違法な行政を抑止できる。このよ

うに，違法性を一元的に理解する立場は，すっきりしていてわかり易いのが長所である。但し，取消訴訟と国賠訴訟とが可能なケースでも，職務行為基準説をとった場合にはやはり，処分取消で違法だが国賠では違法でないというように，双方で違法の概念・基準が一致しなくなることがあるのである。

一方，救済ルートが一つしかない場合は，一元論・二元論が問題とならない。取消訴訟ができなければ，国賠訴訟ができても，違法性の判断の違いの問題は起こらないからである。取消訴訟で対象とならない事実行為や行政指導等の非権力的な行政活動のような場合（行政法規のルール（規範）によらずになされている行政の行為・活動で，処分性のないもの），国賠訴訟だけが問題となる。

この場合に違法性を判断するとき，取消訴訟とは違って，明文の法規違反だけでなく，個々の事案に応じて公務員の遵守すべき何らかの規範（法の一般原理乃至条理法）を措定して（ただ，明確な法規範ではないので，不安定・不明確性は残るが），そこから，結果不法的に，どういう・どの程度の被害法益があったかを考慮して，裁判所が国賠法上の違法性の有無を判断し，被害の塡補をすることになる（例えば，前述のパトカー追跡事件であれば，一般第三者との関係での被害を防止すべく走行する注意義務をも考慮して判断されるべきであった）。ただ又，取消訴訟であっても，単なる法規違反を越えて行う裁量濫用論は，やはり広く不文法原理によって違法とすることもあるから，その場合には取消訴訟における違法の概念の方も広くなる。

参考文献
芝池義一＝小早川光郎＝宇賀克也編『行政法の争点』（北村78頁 2004年，第3版 ジュリスト増刊 法律学の争点シリーズ 有斐閣所収，同新版，1990年，阿部176頁）
宇賀克也『国家補償法』（有斐閣，1997年）
阿部泰隆『国家補償法』（有斐閣，1988年）
遠藤博也「行政法における法の多元的構造について」（『公法の課題：田中二郎先生追悼論文集』雄川ほか編 有斐閣，1985年所収）
藤田宙靖「法治主義と現代行政：いわゆる「"違法性"の相対化」論と「法律による行政の原理」」（『現代法哲学 3 実定法の基礎理論』長尾・田中編，東京大学出版会，1983年）

（大河原良夫）

第5講　行政の不作為と国家賠償

第1節　はじめに

　憲法17条は「何人も，公務員の不法行為により，損害を受けたときは，法律の定めるところにより，国又は公共団体に，その賠償を求めることができる」とする。そして，その具体的内容を，国家賠償法（全6条及び附則）等に委ねている。国家賠償法は1条で公務員による不法行為責任を定め，2条で公の営造物責任を定めている。1条は過失責任主義とされ，2条は無過失責任主義とされる。これらは，民法709条の不法行為責任及び同717条の工作物責任に対応するもので，歴史的には民法上の不法行為責任に含まれるものとされたという意味では民法の特別法にあたるが，憲法との関係ではともに17条にいう「不法行為」責任に含まれると考えるべきである（第3部第1講参照）。
　そもそも以前は，我が国では国家は間違いをしないから責任を負わないとする，公権力無責任原則が支配していた（国家の責任を否定する傾向は他の諸国でもみられた）。1947年（昭和22年）に国家賠償法が制定されてからは，この法律を根拠に，権力行政の分野における公務員の行為について，それが違法で不法行為である場合には，損害賠償責任が認められることになった。その「不法行為」は，不作為も含むのであろうか。不作為については，立法不作為と行政の不作為が考えられる。
　本講は，不作為の国家賠償のうち圧倒的多数を占める，行政の不作為を扱う。目的は，国家賠償法1条で対象としている公務員による不法行為について，それが行政権の行使である場合にどのように考えることが可能であるか，その概要と問題点を論じることである。

第 2 節　国家賠償法

　国家賠償法 1 条 1 項は「国又は公共団体の公権力の行使に当る公務員が，その職務を行うについて，故意又は過失によつて違法に他人に損害を加えたときは，国又は公共団体が，これを賠償する責に任ずる」とし，2 項は「前項の場合において，公務員に故意又は重大な過失があつたときは，国又は公共団体は，その公務員に対して求償権を有する」とする。

　本条が適用されるのは公務員の行為が「公権力の行使」にあたる場合に限られるため，それ以外の場合には，かりにそれが職務上の行為であっても民法709条及び715条の規定により，公務員個人および使用者たる国または公共団体が不法行為責任を負うべきことになる。

第 3 節　不法行為責任

1　自己責任説と代位責任説

　国の賠償責任の本質をいかに解すべきかについては，代位責任説と自己責任説の二説がある。代位責任説とは，本来は加害者たる公務員本人が負うべき責任を，被害者救済の実効性をはかるとか，公務員の負担を軽減して職務の遂行をしやすくすることなどという法政策的観点から，国が代位して負うものだとする説である（通説）。これに対して，自己責任説は，国の責任は本質的には国自らの責任であるとする。その根拠は，国民から公権力を委ねられた国（政府）は適法にその権力を行使すべき義務を負っているのであるから，国の機関たる公務員がその権力を適法に行使して，国民に損害を与えた場合には国がその責任を負うべきことは当然である，とするものである。ただ，通常の場合には，いずれの説の考えに立つとしても，具体的な事件の結論に差異が生じるわけではない。

2 要件

(1) 国又は公共団体

国家賠償法1条の定めから国は当然として,「公共団体」の中に地方公共団体が入ることは明らかであるが,そのほかにどのような団体がこれに該当するのかは明らかでない。しかし,これについては,同じく1条の「公権力の行使」に当該加害行為が当るかどうかが先決事項で,これが決まれば,その公権力の行使をする団体が賠償責任を負うという仕組みになっている。

(2) 公務員

ここでいうところの公務員は身分上の公務員ではなく,まさに公権力を委ねられた者である。すなわち,公務員の身分をもっているかどうかではなく,加害者が「公務」を行っていたのであれば,ここでの公務員に該当する。一方,身分上の公務員であっても,その行為が公権力の行使でなければ1条適用の問題は生じない。

(3) 公権力の行使

「公権力の行使」については,制定法レベルで制度目的が異なることから,一致するものではない。これについて,最広義説,広義説,狭義説にわかれる。

最広義説は,国,公共団体のすべての活動は公権力の行使に当たるとするものである。広義説は,概ね国の私経済作用および国家賠償法2条の対象となるものを除くすべての活動である(行政処分のほかに,行政指導などもこれに含まれる)。狭義説は国家統治権の優先的な意思の発動たる作用を指すとするものである(許認可や営業停止命令などの行政処分に限られる)。判例は広義説に立つ(最判昭62・2・6判例時報1232号100頁)。

(4) 故意,過失,違法性

当該行為の違法という客観的要件と,故意(知っていながらやった)・過失(不注意でやった)という主観的要件とが並立している。主に問題となるのは過失で,その有無は「予見可能性」(損害発生を予見することが可能である)と「回避可能性」(損害発生を回避することが可能である)により判断される。

違法(法に反する状態)は,一見法律に違反しているかどうかがわかりにくい場合が多い。その場合には,加害行為の種類・態様と,被侵害利益の種類・内容や損害の程度を比較するという,民法の不法行為法でいう「相関関係説」(違法

性を被侵害利益の種類と被侵害行為の種類の相関関係において判断するべきとする説）により判断されることになる（第3部第3講・第4講参照）。

（5）　職務を行うについて

これは民法（2006年（平成18年）改正前）44条にいう，理事等が「その職務を行うについて」や，民法715条にいう被用者が「その事業の執行について」と定めていることと同じ趣旨である。

第4節　行政の不作為

1　2つの類型

　公務員の不法行為という場合には，通常は公務員の一定の作為を意味しているが，このほかに，なすべきことをなさなかった，という不作為及び権限の不行使もこの中に含まれる。

　一般的にいって，国家賠償法1条の適用が認められる典型的な事例は，公務員が私人（公職についていない一般の人）の身体・財産に危害を加える場合である。国家賠償法が危険責任の法理に基づくとされるのも，かかる状況を前提としている。しかし，私人の活動範囲が飛躍的に増大すると，そこから生じる被害について民法の不法行為法による解決だけに頼ることができず，被害防止のために国家の介入が望まれるようになる。そして，直接の加害者に対する損害賠償ではその者の資力との関係で救済が十分でないこともあって，国の側の不作為を理由とする国家賠償事件が多数登場し，現に，いわゆるスモン薬禍事件に関して，国の薬事法上の権限不行使の違法が判断されてきたところである（東京地判昭53・8・3判例時報899号48頁，下記2（2）①参照）。薬事法の規定の不備を問題にしているのではなく，薬事法上の権限不行使を問題にしているため，行政の不作為ということになる（立法不作為ではない）。

　もし，行政がなすべきことをしなかったために損害が生じたとする主張を無制約に認めたとするならば，国の責任が無限に拡大されてしまう。そこで，このような行政の不作為に起因する損害の賠償が認められるのは，その不作為が違法な場合，いいかえれば，もともと行政の側に一定の行為をなすべき法的な作為義務

が存在していたにもかかわらず行政がそれをしなかった場合に限定されるべきことになる。どのような場合に，行政の側に一定の行為をなすべき作為義務が生じるかが問題となる。主な類型は2つである。

法律の規定の趣旨，目的自体から，一定の場合には行政（公務員）が，一定の行為をなすべきであるという作為義務の定めが読み取れる場合である。たとえば，営業許可制度において，国民の側に申請権が認められており，かつ，行政の側には欠格事由に該当しない限り，国の側は許可を出さなければいけないと定められている場合に，行政が許可を出さずにもし損害が生じた場合には，国は責任を負わなければいけない。これは裁量権収縮論と呼ばれる。

いまひとつは，法律が単に行政に対して一定の権限の付与を付与するにとどまり，必ずしもその権限の行使を常に義務づけてはいないと思われるような場合である。これは「裁量権の消極的濫用」論である。

次の2において個別にみてゆく。

2　裁量権収縮論

（1）　意義

近時の学説・判例の動向によれば，以下の要件がみたされた場合には行政庁には一定の権限行使をなすべき作為義務が生じるとされる。裁量権収縮論と呼ばれる。これらの要件に沿って行政の不作為が違法とされる。要件は，①行政庁の権限の不行使が続く場合には国民の生命，健康が害されるおそれがあるなどというように，公共の利益に対する重大な危害が生じるおそれがあることが明らかであること（危険の切迫），②行政庁が，その危険を除去するための行為をなすべき権限を法律等により与えられていること（可能性），③危害の防止が個々の国民の自発的な努力では達成できず，どうしても行政庁による権限の行使が必要であること（行政手段の補充性），などである。

これは，もともと一定の権限を行使するかどうかについて，かりに行政庁に裁量権が与えられているとしても，具体的な事実状況のいかんによっては，その裁量の範囲は狭められ，ついにはその裁量の範囲は全くなくなり，行政庁はその権限を行使するしかないとされることもある（裁量権の零収縮），というのである。その際は，国民は「瑕疵なき裁量行使請求権」を行使して行政庁に処分の発動を訴求することもできると解されてきた。2004年（平成16年）に新設された義務付

け訴訟（行政事件訴訟法3条6項）が有効な武器となる。

（2）　主要判例

行政権の不作為における裁量権収縮論が問題となった主要判例は以下のとおりである。

①製薬会社が整腸剤として製造・販売した「キノホルム剤」を服用した者がスモンと呼ばれる下半身麻痺などの症状をともなう神経炎にかかった事件（東京地判昭53・8・3判例時報899号48頁）。

製薬会社と，そのような危険な薬を規制しなかったとして国も訴えられた。それに対して，東京地裁は「行政上の監督権のその不行使を理由として，行政主体たる国または地方公共団体が損害賠償責任を問われ得るのは，特殊例外的場合に限る」としつつも，上記（1）の要件を示しつつ，本件について，不作為の違法性を認めている。

②警察官が挙動不審者からナイフを取り上げて一時保管するという措置をとらなかったために起こった傷害事件（最判昭57・1・19民集36巻1号19頁）。

職務上の義務に違背したとして警察官の不作為に違法性を認めて国家賠償を認めた事件である。最高裁は，挙動不審者にナイフを携帯したまま帰宅することを許せば，帰宅途上でナイフによって他人の生命または身体に危害を及ぼすおそれが著しいから，帰宅を許す以上銃刀法に基づいてナイフを一時保管する義務があり，警察官はその措置をとらなかったのは，その職務上の義務に違背し違法であるというほかないとした。

③新島に漂着した砲弾の危険性を警察官は認識しているにもかかわらず，必要な措置を講じなく暴発した事件（最判昭59・3・23民集38巻5号475頁）。

新島に漂着した砲弾が暴発した事件について，島民等がその砲弾を通常の手段では除去できず，これを放置するときは生命・身体の安全が確保できないことが相当の蓋然性をもって予測されうる状況の下ではそれを警察官が容易に知り得る場合には，警察官がその権限を適切に行使して事故の発生を未然に防止することはその職務上の義務であるとした。

（3）　検討

②③の事例では，警察官がその権限を行使しなければならないことが明らかであるからその権限の不行使が違法とされたのだと解すれば，これらは裁量権収縮論にあたることになる。但し，実際にはさまざまな事情を考慮した上での判断が

下されているため、これらは次の「裁量権の消極的濫用」論の例だと解することができないわけではない。

3 「裁量権の消極的濫用」論

(1) 意義

　最近では、法律上の義務を認定して不作為を違法とするのではなく、むしろ行政の権限の不作為が著しく不合理だと認められる場合にだけ不作為が違法とされる場合も多い。これを「裁量権の消極的濫用」論という。すなわち、上記の裁量権収縮論における要件を考慮した上で、行政庁に法的な作為義務が認められ、そのような状況の下でなおかつ行政庁が権限を行使しなかったときには、その権限不行使は著しく不合理なものとして違法とされるべきだというものである。

(2) 主要判例

　行政権の不作為における「裁量権の消極的濫用」論が問題となった主要判例は以下のとおりである。

　① 【筑豊じん肺訴訟】　炭鉱作業員に対する粉じん作業への規制が不十分であったと訴えられた事件（最判平16・4・27民集58巻4号1032頁）。

　福岡県筑豊地区における、炭鉱作業員に対する粉じん作業への規制が不十分であったことによる事例である。国は炭鉱作業員がじん肺（粉じんを吸入することによって肺に生じた線維増殖性変化を主体とする疾病）の発生・憎悪を防止するために鉱山保安法に基づく規制権限の行使を怠ったのは違法であること等を理由として訴訟になった。

　じん肺訴訟において、「国又は公共団体の公務員による規制権限の不行使は、その権限を定めた法令の趣旨、目的や、その権限の性質等に照らし、具体的事情の下において、その不行使が許容される限度を逸脱して著しく合理性を欠くと認められるときは、その不行使により被害を受けた者との関係において、国家賠償法1条1項の適用上違法となる」とし、本件の事実関係に照らすと通商産業大臣は遅くとも1960年（昭和35年）までには新たな規制措置をとった上で鉱山保安法に基づく監督権限を適切に行使して粉じん発生防止策の速やかな普及、実施をはかるべき状況にあり、そして、その時までに右の権限が適切に行使されていればその後の被害拡大を相当程度防ぐことができたとして、1960年（昭和35年）4月以降右保安規制の権限を直ちに行使しなかったことは著しく合理性を欠くとされ

ている。

② 【水俣病関西訴訟】　水俣病の原因が特定できていたにもかかわらず，国が対策を取らなく被害が拡大したとして訴えられた事件（最判平16・10・15民集58巻7号1802頁）。

熊本県水俣湾周辺における，いわゆる「水俣病」は，チッソ水俣工場内で生成されたメチル水銀化合物（有機水銀化合物の一種）を起因とするものであり，1959年（昭和34年）11月，食品衛生調査会は厚生労働大臣に対し，水俣病の主因を成すものはある種の有機水銀化合物である旨の答申を行ったが，排出は1968年（昭和43年）5月まで続けられた。12月末の時点では，主務大臣は必要な措置を講ずることが可能であったのである。原告（水俣病患者であると主張する者）は，国及び熊本県の責任を追及した。

最高裁は，本件の諸事情を総合すると主務大臣が1960年（昭和35年）1月以降水質二法に基づく規制権限を行使しなかったことは「水質二法の趣旨，目的や，その権限の性質に照らし，著しく合理性を欠く」とし，また熊本県知事が県漁業調整規則に基づく規制権限を行使しなかったことも著しく合理性を欠くとする。

③ 【宅建業者監督訴訟】　多額な債務を抱えた宅建業者に対して，府知事が業務停止等の措置を講じなかったために，損失を被った事件（最判平成元・11・24民集43巻10号1169頁）。

京都府において，有限会社Aが1972年（昭和47年）10月に京都府知事より宅建免許を取得し，1975年（昭和50年）10月にその更新を受けたが，Aの実質的経営者Bは手付けを払って他人の物件を自己の物件として売却する手付売買方式で営業したが，多額の債務をかかえ顧客に物件の所有権を移転することが不可能な状況であったにもかかわらず，その後も手付売買方式での営業を継続した。

知事が悪質な宅建業者に対して業務停止ないし免許取消処分をしなかったため，取引関係者が損害を被ったとしても，右権限の不行使が著しく不合理なものでない限りはそれは違法とはならないとされた例である。

④ 【クロロキン訴訟】　副作用の大きい製剤を，国が認可したために，被害を被った事件（最判平7・6・23民集49巻6号1600頁）。

1959年（昭和34年）から1975年（昭和50年）までの間，クロロキン製剤（腎疾患，てんかん，エリテマトーデスまたは間接リウマチの治療のための薬）を服用し，副作用によりクロロキン網膜症に多くの人が罹患した。それに対して，原告は，国，

製薬会社，医療機関を訴えた。

クロロキン薬害訴訟は「権限の行為が著しく不合理とはいえない」とされた例である。

（3） 検討

上記（2）①（以下，②，③，④のように記述する。）では，1960年（昭和35年）4月以降右保安規定の権限を直ちに行使しなかったことは著しく合理性を欠くとされており，②では熊本県知事が県漁業調整規則に基づく規制権限を行使しなかったことも著しく合理性を欠くとされている。ただし，②と同様の基準の下で③や④があるが，③では知事が損害発生防止のため業者に対して一定の措置をとっていたこと，また，④では「当時のクロロキン網膜症に関する医学的，薬学的知見の下では，クロロキン製剤の有用性が否定されるまでには至ってなかったこと」などに違いがある。

第5節 まとめ

裁量権収縮論は，法律上の義務を認定して不作為を違法とするものであるのに対して，「裁量権の消極的濫用」論は，行政の権限の不行使が著しく不合理だと認められる場合にだけ不作為が違法とされるのである。

2004年（平成16年）の行政事件訴訟法の改正で新設された非申請型の義務付け訴訟が認容されるための要件（本案勝訴要件の二つの類型）である「行政庁がその処分をすべきであることがその処分の根拠となる法令の規定から明らかであると認められ」ることとか「行政庁がその処分をしないことがその裁量権の範囲を超え若しくはその濫用となると認められる」ことなど（37条の2第5項及び37条の3第5項の両方に共通している）は，上記の2つの類型に対応しており，第4節の最高裁判例を受けて定められたものである。

裁量権収縮論がかなり迂遠な理論構成をとるのに対し「裁量権の消極的濫用」論（裁量権消極的濫用論）は，より簡明である。最高裁が「裁量権の消極的濫用」論をとっていることから見ても，この考え方は現時点での通説である。もっとも，どのような場合に，権限不行使が著しく不合理になるのかという問題を考えてみると，それは結局，第4節2（1）の要件が認められる時だと考えられる。第4

節3（2）の主要判例に，たとえ「裁量権収縮」の記述がないとしても，これと無関係とみるべきではない。基準が同じであるため，この2つの理論は，実際にはほぼ同じことを意味しているのである。

　伝統的な行政法学の考え方に基づく，「行政便宜主義」の妥当性を考える必要がある。行政便宜主義とは，行政庁が法令上与えられている権限を行使するかしないかは，原則として，行政庁の裁量に委ねられているのであって，与えられた権限を行使しないことは不当にとどまり，直ちに違法とは言えないというものである。行政便宜主義に立つならば，法律が授権していないことをするのは許されないが，法律が授権していることをしないのは不都合ではない。

　しかし，近時の判例（第4節列挙の主要判例等）は，行政の不作為を認める傾向にある。そこにおいては，法律が授権している（自由裁量）権限の不行使がなぜ違法になるのか，ということについての理論的に詳細な説明は必ずしも十分に行われていない。

　伝統的な行政法学の考え方にしたがえば，先ず，裁量権の幅が零になるということは，むしろ本来は規制ができないという結果に結びつくものであるし，また，裁量権の限界論ということは，行政府が私人の自由と財産を規制する権限を過度に行使することを防止するものである。したがって，法律自体が一定の要件の下では行政庁の権限行使を積極的に義務づけているという理論的前提が入らない以上，問題は解決しない。今後の行政法学における課題である。

参考文献
藤井俊夫『行政法総論［第5版］』（成文堂，2010年）
原田尚彦『行政法要論（全訂第7版［補訂版］）』（学陽書房，2011年）
藤田宙靖『行政法総論』（青林書院，2013年）
塩野宏『行政法Ⅱ［第5版］　行政救済法』（有斐閣，2010年）
山下淳＝小幡純子＝橋本博之『行政法［第2版補訂版］』（有斐閣，2003年）
武田真一郎「Ⅴ国家補償　38食品薬品被害と国家賠償」『ジュリスト増刊　行政法の争点［第3版］』（有斐閣，2004年）

（岡田大助）

第6講　立法行為に基づく国家賠償責任

第1節　概　要

　国家賠償法1条1項は，「国又は公共団体の公権力の行使に当る公務員が，その職務を行うについて，故意又は過失によつて違法に他人に損害を加えたときは，国又は公共団体が，これを賠償する責に任ずる」と定める。この「公権力」には，行政権による作用は勿論のことであるが，立法権による作用，つまり立法行為についても含まれるのだろうか。この問は，立法権の行使によって損害を被った者が，国家賠償訴訟を提起できるのか，さらには，立法行為に国家賠償責任が成立するのか，という疑問に結びつく。これについて，条文上は，「公権力」について特段の制限を付しておらず，立法行為を除外する旨の特別規定等も設けられていない。

　国家賠償法制定時の立法者の意図は，同法が憲法17条を受けて制定された経緯から，公務員に国会議員が含まれることに肯定的であったものと見られている。学説においても，国会についてその最高機関性を根拠に国家賠償法の「公権力」の対象外として否定する見解が一部あるものの，大半は，当初より立法行為が「公権力」に当たることについては異論がなかった。しかし，国会の立法行為がどのような場合に国家賠償法上の違法となるのか，また，立法行為による損害が国家賠償訴訟の対象になりうるのか，という点については，見解の一致が見られていない。

　本講においては，立法行為に基づく国家賠償責任を中心に，主要な判例での論旨について見ていくこととする。

第 2 節　判例の動向

　国家賠償法の制定は1947年（昭和22年）であるが，1974年（昭和49年）以前には，立法行為により国家賠償を求めた訴訟はほとんどない。立法不作為の事例として，連合国占領軍兵士の不法行為に対する損害賠償請求権を平和条約締結時に放棄した上，損失補償請求に対する立法をも設けなかった国家賠償責任について，国会ではなく内閣の不作為を争ったものがあり，その控訴審判決（広島高裁昭41・5・11判時461号37頁）において，「立法行為も公権力の行為と認められるにしても，その不作為は政治上の責任を生ずるにとどまり，個々の国民の権利に対応した法的作為義務の違反となるものではないから，これをもって国家賠償法に損害賠償義務の根拠とすることはできない」と判示されている。その他，立法不作為に係る判例はいくつかあるが，いずれも国家賠償責任については主訴としての取扱いではなく，学説の関心も低かった。

　立法行為の違法を理由とする国家賠償請求訴訟としては，1974年（昭和49年）の在宅投票制度廃止事件の地裁判決以降，状況が大きく変化し，その後，学説においても様々な議論が重ねられてきている。

1　在宅投票制度廃止事件

（1）　事実の概要

　公職選挙法（昭和25年法律100号）は，不在者投票の一環として，身体の障害等のため歩行が著しく困難である選挙人について在宅投票制度を定めていたところ，1951年（昭和26年）の統一地方選挙において当該制度が悪用されたことから，国会は，公職選挙法の一部を改正する法律（昭和27年法律307号）により在宅投票制度を廃止し，その後在宅投票制度を設ける立法を行わなかった。

　原告は，屋根からの転落事故により歩行が著しく困難となり，1968年（昭和43年）から1972年（昭和47年）までの間の合計8回の選挙に投票することができなかった。在宅投票制度は選挙権を保障するため憲法上必須の制度であり，これを廃止して復活しない本件立法行為は，憲法14条1項，15条1項及び3項，44条等の規定に違反するもので，国会議員による違法な公権力の行使であるとして，投票ができなかった精神的損害について，国家賠償法1条1項の規定に基づき国に

対し損害賠償を請求した。
　（2）　判旨
　第一審（札幌地小樽支判昭49・12・9判時762号8頁）は，在宅投票制度の悪用による弊害を除去しようとした立法目的は正当と評価するが，制度廃止の合理性については「弊害除去という同じ立法目的を達成できるより制限的でない他の選びうる手段が存せずもしくはこれを利用できない場合に限られ」，「国会において，在宅投票制度全体を廃止することなく上記弊害を除去する方法がとりえないか否かについて十分な検討がなされた形跡は見あたらない」ことから，「国会の立法措置は，前記立法目的達成の手段としてその裁量の限度をこえ，これをやむを得ないとする合理的理由を欠くもの」であり憲法に違反するとした。また，「国会の立法行為も国家賠償法1条1項の適用を受け，同条項にいう『公務員の故意，過失』は，合議制機関の行為の場合，必ずしも，国会を構成する個々の国会議員の故意，過失を問題にする必要はなく，国会議員の統一的意思活動たる国会自体の故意，過失を論ずるをもって足り」，国会が立法をなすにあたり違憲という重大な結果を生じないよう慎重に審議すべき高度の注意義務を負うところ，「かかる違憲の法律改正を行なったことは，その公権力行使にあたり，右注意義務に違背する過失があったものと解する」とし，原告の慰謝料請求の一部を認容した。
　控訴審（札幌高判昭53・5・24判時888号26頁）は，国家賠償法1条1項の「公務員」には国会議員も含まれ，国会議員が憲法上一定の立法をなすべき義務があるに拘らず当該立法をしない立法不作為は，国会議員の「その職務を行うについて」に当たり，国会の立法行為又は立法不作為における公務員としての「故意又は過失」も，各個の国会議員の個別的意思を前提とする必要はなく，国会の意思即各国会議員の意思を前提して判断すれば足りることから，「国会議員による立法行為又は立法不作為についても，国賠法1条1項の適用はあるものと解する」としている。その上で，国会が在宅投票制度を設ける立法措置を講じなかったことは故意に放置したものとして憲法に違反し，原告の選挙権を侵害し違法であるが，在宅投票制度の復活については，国会において議論がなされた形跡がなく，違憲・違法の認識もなく，学説・判例上で憲法違反であることについて論じられたものがないこと等を理由に，「国会の構成員であった各国会議員に故意又は過失があったものということはできない」として，請求を棄却した。
　一方，最高裁（最一小判昭60・11・21民集39巻7号1512頁，判時1177号3頁）にお

いては，「国会議員の立法行為（立法不作為を含む。）が国家賠償法1条1項の適用上違法となるかどうかは，国会議員の立法過程における行動が個別の国民に対して負う職務上の法的義務に違背したかどうかの問題であって，当該立法の内容の違憲性の問題とは区別されるべきであり，仮に当該立法の内容が憲法の規定に違反する廉があるとしても，その故に国会議員の立法行為が直ちに違法の評価を受けるものではない」のであり，「国会議員は，立法に関しては，原則として，国民全体に対する関係で政治的責任を負うにとどまり，個別の国民の権利に対応した関係での法的義務を負うものではないというべきであって，国会議員の立法行為は，立法の内容が憲法の一義的な文言に違反しているにもかかわらず国会があえて当該立法を行うというごとき，容易に想定し難いような例外的な場合でない限り，国家賠償法1条1項の規定の適用上，違法の評価を受けない」とする。本件への適用については，憲法47条は「投票の方法その他選挙に関する事項の具体的決定を原則として立法府である国会の裁量的権限に任せる趣旨であり」，「在宅投票制度を廃止しその後前記8回の選挙までにこれを復活しなかった本件立法行為につき，これが前示の例外的場合に当たると解すべき余地はなく，結局，本件立法行為は国家賠償法1条1項の適用上違法の評価を受けるものではない」として，控訴審の結論のみを支持する形で請求を棄却している。

2　西陣ネクタイ事件

（1）　事実の概要

国は，繭糸価格安定法（昭和26年法律310号）により，生糸の価格調整を行い養蚕業者を保護する施策を講じていたところ，1971年（昭和46年）頃より中国等から安価な絹糸が大量輸入され始めたことにより同法を改正し（昭和51年法律15号），日本蚕糸事業団及び事業団から委託を受けた者以外は生糸の輸入を禁止する生糸一元輸入措置を実施した。原告の京都西陣のネクタイ業者は，本措置により，安価な輸入生糸ではなく価格調整された高価な生糸の購入を余儀なくされた上，外国製ネクタイの輸入に対する規制措置も取られず，価格競争力を喪失し損害を被ったことについて，本件法改正を憲法に違反する国会の違法な立法行為として，国家賠償法1条1項に基づき国に対して損害賠償を求めた事案である。

（2）　判旨

第一審（京都地判昭59・6・29判タ530号265頁）は，経済的自由の積極目的規制

に基づく明白性の原則の立場にたち，繭糸価格安定法は福祉国家的理想のもとに自助努力のみでは解決し得ない養蚕農家のための保護政策としての法的規制措置であり，「経済的活動の自由を規制するものではあるが，右保護政策の目的達成のために必要かつ合理的な範囲を逸脱したものということができず」，「国会がその裁量権を逸脱し，法的規制措置が著しく不合理であることが明白である場合にあたると解することはできない」として原告の請求を棄却した。なお，国会の立法行為が国家賠償法上の損害賠償責任を負うかについては直接の言及はされていない。控訴審（大阪高判昭61・11・25判タ634号186頁）でも，第一審同様，明白性の原則に基づき，控訴を棄却した。

最高裁（最三小判平2・2・6訟月36巻12号2242頁）においては，在宅投票制度廃止事件の最高裁判決に則り，「国会議員の立法行為は，立法の内容が憲法の一義的な文言に違反しているにもかかわらずあえて当該立法を行うというように，容易に想定し難いような例外的な場合でない限り，国家賠償法1条1項の適用上，違法の評価を受けるものでなく」，「積極的な社会経済政策の実施の一手段として，個人の経済活動に対し一定の合理的規制措置を講ずることは，憲法が予定し，かつ，許容するところであるから，裁判所は，立法府がその裁量権を逸脱し，当該規制措置が著しく不合理であることの明白な場合に限って，これを違憲としてその効力を否定することができる」のであり，本件立法行為は国家賠償法1条1項の適用上例外的に違法の評価を受けるものではないとして，上告を棄却している。

3　女性の再婚禁止期間違憲訴訟

（1）　事実の概要

原告夫妻は，妻の前夫と離婚の調停が成立した1988年（昭和63年）12月から事実上の夫婦として生活し，1989年（平成元年）3月に婚姻の届出を行ったところ，女性の前婚解消後6か月の再婚禁止を規定した民法733条違反を根拠に受理されなかったため，当該禁止期間が経過した同年6月に婚姻した。民法733条は憲法違反であり，同条を改廃しないことが国家賠償法1条1項の違法な公権力の行使に当たるとして，国に対し，再婚禁止期間中の精神的苦痛に対する慰謝料と，憲法29条3項の類推適用による損失補償を求めた事案である。

（2）　判旨

第一審（広島地判平3・1・28判時1375号30頁）は，「民法733条は，女性のみが

懐胎するという生理的な理由に基づき立法されたもので，専ら父子関係の確定の困難を避けることを立法趣旨とするものと解されるから」，「女性に対してのみ六箇月の再婚禁止期間を定めることには一見極めて明白に合理性がない，とまで判断することはできず」，民法733条の規定は憲法14条1項，24条等の規定の一義的な文言に違反するとは言えないため，「民法733条を立法し，これを改廃しなかった国会議員又は内閣の行為に国家賠償法上の違法性があるとはいえない」として，請求を棄却した。控訴審（広島高判平3・11・28判時1406号3頁）でも，第一審判決を支持し，控訴を棄却している。

最高裁（最三小判平7・12・5集民177号243頁，判時1563号81頁）においては，在宅投票制度廃止事件の最高裁判決に則り，「合理的な根拠に基づいて各人の法的取扱いに区別を設けることは憲法14条1項に違反するものではなく，民法733条の元来の立法趣旨が，父性の推定の重複を回避し，父子関係をめぐる紛争の発生を未然に防ぐことにあると解される以上，国会が民法733条を改廃しないことが直ちに前示の例外的な場合に当たると解する余地のないことが明らかであり」，「同条についての国会議員の立法行為は，国家賠償法1条1項の適用上，違法の評価を受けるものではない」として，上告を棄却している。

4 在外邦人選挙権訴訟

（1） 事実の概要

1998年（平成10年）改正以前の公職選挙法では，在外国民（3ヶ月以上日本国外に在住している者）には，地方選挙だけでなく国政選挙についても選挙権が与えられていなかった。なお，平成10年改正後の公職選挙法（平成10年法律47号）では，在外国民に衆議院及び参議院議員の比例代表選挙についての選挙権が認められている。

原告は，1996年（平成8年）10月施行の衆議院議員選挙の際，海外に在住していたため選挙権を行使することができなかったことから，国に対し，在外国民に国政選挙の選挙権が与えられていないことが憲法14条1項，15条1項及び3項等により違法であることの確認，慰謝料の請求等を行った。本件は，国会の立法不作為が争点となった事案である。

（2） 判旨

第一審（東京地判平11・10・28判時1705号50頁）は，在宅投票制度廃止事件の最

高裁判決の立場を前提に，憲法においては選挙に関する具体的決定を，原則として立法府である国会の裁量に委ねる趣旨であり，「憲法の授権に基づく国会の右の裁量の中には，短期間に極めて多数の選挙人によって行われる右の選挙を，混乱なく，公正かつ能率的に執行するために，国民の選挙権行使に必要な制約を加えることも，当然に含まれ」，「在外選挙制度を設けるか否か，設けるとすればどのような仕組みでどのような時期からこれを実施するかなどの具体的決定は，国会の右の裁量に委ねられている」ことから，憲法15条1項等の規定をもって「直ちに立法府である国会に対して衆議院議員及び参議院議員の選挙のすべてにつき在外日本人の選挙権の行使を可能にする立法をなすべきことを一義的に明白に命じていると解することは困難」であり，「右の立法の不作為をもって，国家賠償法1条1項の適用上，違法と評価すべき例外的な場合に当たると認めることはできない」として，請求を棄却した。

控訴審（東京高判平12・11・8判夕1088号133頁）は，第一審判決の判示するところのほか，「国内に住所を有せず住民登録をしていないことは，自己の選択の結果であって，日時の経過により変わり得るものであり，このような国内に住所を有せず住民登録もないという状態の継続している期間中，右状態に対応した選挙権行使の面における取扱いの区別がされることは，生来の人種，性別，門地や，信条，身分，財産等により不合理な差別がされることとは，大きく性質の異なるものと解すべき」であり，「選挙権を行使できるようにする措置を設けなかったことが，前記の例外的な場合に該当しない」として，第一審同様の判断がなされた。

一方，最高裁（最大判平17・9・14民集59巻7号2087頁，判時1908号36頁）においては，第一審判決の判断は明らかな法令の違反があるとし，次のような判旨となっている。在外国民についても憲法によって選挙権を保障されており，「国には，選挙の公正の確保に留意しつつ，その行使を現実的に可能にするために所要の措置を執るべき責務があるのであって」，「改正前の公職選挙法が，本件選挙当時，在外国民であった上告人らの投票を全く認めていなかったことは，憲法15条1項及び3項，43条1項並びに44条ただし書に違反する」という違憲の判断となった。国家賠償法1条1項の適用については，在宅投票制度廃止事件の最高裁判決の立場を維持しつつも，「立法の内容又は立法不作為が国民に憲法上保障されている権利を違法に侵害するものであることが明白な場合や，国民に憲法上保

障されている権利行使の機会を確保するために所要の立法措置を執ることが必要不可欠であり，それが明白であるにもかかわらず，国会が正当な理由なく長期にわたってこれを怠る場合などには，例外的に，国会議員の立法行為又は立法不作為は，国家賠償法1条1項の規定の適用上，違法の評価を受ける」ものであり，国家賠償請求は認容すべきであるとの結論により，損害賠償を一部認容している。

なお，本件は，在外国民の選挙権に関する初の司法判断であり，平成10年改正前の公職選挙法が在外国民の選挙権を認めていないことについて違憲の判断となった点において，重要な憲法判例の一つである。

第3節　検　討

1　国会の立法行為と国家賠償訴訟の関係

憲法41条により，国会は唯一の立法機関とされていることから，憲法に違反しない限り，いつどのような立法をなすべきか否かの判断は国会の裁量事項である。憲法の明文上一定の立法をなすべきことが規定され，あるいは，憲法解釈上一定の立法をなすべき結論が導かれる場合には，国会は立法義務を負い，これを果たさない立法の不作為が違憲の評価を受けることは，憲法81条等から原理的に承認されている。一方，その立法裁量ゆえに，国会の立法行為に対する裁判所の判断権は，原則として当該法律の違憲性にしか及ばない。

立法行為が国家賠償訴訟の対象になりうるとすれば，主に，最高裁判所により違憲判断がなされた法律について国会が違憲状態の解消を行わないために国民が損害を被る場合や，最高裁判所による違憲判断はないが違憲である蓋然性が高い法律について国会が違憲状態の解消を行わないために国民が損害を被る場合が考えられる。

しかし，どのような場合に国家賠償法上の違法となるのか，また，立法行為による損害が国家賠償法による国家賠償訴訟の対象になりうるのか，については，学説上争いがあったところである。

2　在宅投票制度廃止事件判決における考え方

在宅投票制度廃止事件において，1974年（昭和49年）の第一審及びその後の控訴審では，立法行為は国家賠償法上の「公権力」に含まれ，直接国民の権利義務を確定する処分として法律上の争訟の対象となり得るものとしており，この点については，以降，判例，学説においてもほぼ一致し，概ね定説と考えられている。また，内容が憲法に違反していれば国家賠償法上も違法となるとの立場を示して，憲法51条は国から国会議員への求償を限定する規定と解釈し，国の賠償責任自体を否定する趣旨ではないとしていた。

しかし，1985年（昭和60年）最高裁判決では，憲法51条から国会議員の立法行為は政治的責任を負うが，個別の国民の権利に対する法的責任を負うものではなく，憲法の一義的な文言に違反する立法をあえて行うような例外的な場合でない限り，違憲の内容の立法行為は国家賠償法1条1項により違法とはならないと判示したため，原則として，立法行為の国家賠償は認められないことになる。ここでは，「立法行為の内容の違憲性」と「国家賠償法上の違法性」とを区別して，前者の審査には及ばずに，後者のみの否定として論じられており，従前の判例から国家賠償法上の立法行為の違法性についての考え方を転換させることとなった。

3　立法行為の内容の違憲性と国家賠償法上の違法性

上記の下級審判決と最高裁判決から，次の二つの見解を読み取ることができる。

第一の考え方は，立法（不作為）が違憲であれば立法行為も違法とする立場である。在宅投票制度廃止事件の1974年（昭和49年）地裁判決以降，1985年（昭和60年）最高裁判決までの間は，支配的な見解であった。

第二の考え方は，立法（不作為）が違憲であっても立法行為が直ちに違法とはなるのではなく，特定の要件により判断する立場である。第一の考え方を否定し，立法内容の違憲性に関わらず国家賠償法上の違法性の要件をより厳しく捉えるもので，同事件の昭和60年最高裁判決以降，殆どの判例において踏襲されている。

これらは，国家賠償法上の責任の性質及び違法性の基準の観点から，前者は自己責任説と結果基準説，後者は代位責任説と職務行為基準説に基づくものと考えられることが多い。

国家賠償法1条の責任の性質については，国自身の責任と捉える自己責任説と，

公務員個人が負うべき責任を国が代位するものと捉える代位責任説の考え方がある。通説・判例の立場は代位責任説であるが，ここでこの考え方をとる場合，公務員個人の負うべき責任があってそれを国が代位するものであるから，立法行為について国会議員の行為が憲法51条により免責されるのであれば，国は代位すべき責任がないということになる。しかし，憲法51条の定める免責特権は，本質的には国会内での活動の自由を保障するため議員個人の発言について院外での法的責任を免除する趣旨であり，国会が違憲な法律を制定し国民に損害を与えた場合にも国が責任を負わなくてよいということではない。同条の免責特権が，憲法17条の国家賠償請求権を排除する趣旨まで含んでいるとすることには問題がある。

また，違法性の基準については，職務行為自体を基準として，職務上通常尽くすべき注意義務を尽くしたか否かという観点から違法性を判断する職務行為基準説が判例の立場であるが，それに対する考え方として，侵害の結果に重点を置き，結果を正当化するに足る事情がない限り違法と捉える結果基準説が示されている。1985年（昭和60年）最高裁判決においては，国家賠償法1条1項は公務員が個別の国民に対して負担する職務上の法的義務に違背して国民に損害を加えたときに賠償責任を負うものとしていることから，職務行為基準説が導かれるとみられている。しかし，判例が同説をとる根拠は明らかではなく，国家賠償法1条1項自体は違法性が要件の一つとされているが職務義務違反という文言は用いられていないのであり，立法行為という特殊性に着目した根拠も示されていない。同説から立法内容の違憲性と国家賠償法上の違法性を区別することができるのか，また，仮にそれらを区別して捉えたとしても，立法行為を行うに際しては憲法上の制約に服する以上，違憲の立法を行えば，同説の立場からも違法性を導くことができるであろう点については疑問が残る。

第二の考え方に対しては，上記の他，違憲な立法は議員個人の責任による違法な職務行為ではなく，機関としての国会の責任による違法な行為と見るべきであり，その責任を国が負うべきであることから，自己責任説の考え方と結果基準説の観点が採用されるべきである等の批判的な意見が多数あり，学説においては，現在も第一の考え方が多く支持されている。

4　今後の展望

法の整備は，全てにおいて万能なものではなく，国会が違憲な内容の法律を制

定し，現実として国民に損害を与えることは，十分に起こり得る事態である。国家賠償法の趣旨から立法行為が除外となる根拠はなく，政治性等を理由に，立法行為を国家賠償請求訴訟で争うことが認められないことになれば，憲法17条の本来の法目的にも反するのであり，少なくとも実質的な救済を図る手段を確保することが必要である。

2005年（平成17年）最高裁の在外邦人選挙権違憲判決では，在宅投票制度廃止事件最高裁判決と異なる趣旨ではないとしながらも，憲法上保障されている権利を違法に侵害することが明白な場合等に，立法不作為に加え，立法行為が例外的に国家賠償法1条1項上違法と評価されると判示している。これは，立法行為の国家賠償請求の範囲を実質的に拡大するもので，国家賠償責任に係る判断基準となり得るものであり，一定の方向性を示したものと言えよう。

今後の新たな判例の積み重ねにより，基準が明確にされること，また，救済を図るための方策について議論が展開されることを期待したい。

参考文献
藤井俊夫『行政法総論［第5版］』（成文堂，2010年）
西埜章『国家賠償法コンメンタール』（勁草書房，2014年）
西埜章『国家賠償法』（青林書院，1997年）
宇賀克也『行政法概説Ⅱ行政救済法［第4版］』（有斐閣，2013年）
宇賀克也『国家補償法』（有斐閣，1997年）
内野正幸「立法行為・司法行為と国家賠償責任」『国家補償法大系2・国家賠償法の課題』（日本評論社，1987年）
古崎慶長『国家賠償法研究』（日本評論社，1985年）

（大内理沙）

第7講　立法不作為と国家賠償

第1節　問題の所在

1　従来的アプローチ

　憲法81条は,「法律」が違憲審査の対象になることを明示している。また,憲法17条に基づき,被害者の救済を実効的にするために国家賠償法が制定され,国家賠償法1条1項は「国又は公共団体の公権力の行使に当る公務員が,その職務を行うについて,故意又は過失によつて違法に他人に損害を加えたときは,国又は公共団体が,これを賠償する責に任ずる」と国の賠償責任を規定している。
　これらの条文からは,立法の不作為によって国民が何らかの損害を被ったと考えられる場合,憲法上,二つの視点からの問題解決へのアプローチが導き出される。すなわち,一つは憲法81条からの立法の不作為が違憲であるのかどうかという違憲審査のアプローチであり,もう一つは,憲法17条からの国民に対して損害賠償をすべきかどうかという国民救済のアプローチである。
　ところが,立法の不作為によって国民の権利侵害がなされたと考えられるような場合,従来のアプローチは,まずは,「立法の不作為が憲法81条の違憲審査の対象になるのかどうか」が語られ,そして,「もしそれが違憲審査の対象になるとして,現行法制度上のいかなる訴訟類型で立法不作為の合憲性を判断できるのか」の考察がなされるように,憲法81条的アプローチが中心で論じられてきたように思われる。
　その議論の流れによると,詳細は後述するが,立法の不作為が憲法違反と評価されることは,学説・判例において既に原理的に承認されているとされ,国家賠償訴訟は,立法の不作為の合憲性を争う訴訟類型の一つということになる。
　なるほど,典型的な国家賠償では,特定の公務員が特定の国民に対して損害を与えたことが問題とされるが,公務員の行為の根拠となる法令の合憲性について

は考慮されていなかった。そのことから，国家賠償法1条1項の「違法性」を問題とするには，「違法性」認定の前段階として「立法の不作為が違憲審査の対象になるのか」という憲法判断が避けては通れず，憲法上も重要な問題である違憲審査に議論が集中したことには相当の理由があるといえる。

しかし，従来の議論では，憲法17条的視点が余りにも希薄すぎはしないだろうか。国民救済という憲法17条の要請も，憲法81条の違憲審査と同じく憲法上重要であるし，本来的には，共に，基本的人権を保障する為の憲法の要請なのである。

この点，判例も，在外邦人の選挙権の制限に関する最大判2005年（平成17年）9月14日は立法不作為に関する国家賠償請求を最高裁として始めて容認し，国家賠償責任否定の立場を緩和したものと評価されているが，本件の主目的は憲法判断であり，認められた賠償額も一人当たり5000円となっているように事後的な金銭賠償的意味合いは薄いといえよう。

また，主目的を国家賠償に置くものとして，ハンセン病予防法国家賠償訴訟に関する熊本地裁2001年（平成13年）5月11日判決が国会議員の立法上の不作為について国家賠償法上の違法性を認め，国側からの控訴は断念されて判決が確定しているが，首相談話と政府声明を伴うというような政治判断でなされた特殊なケースであったことは否定できない。

2　目的の転化現象

国家賠償訴訟の本来の目的は，国の不法行為に対する損害についての賠償，つまりは，事後の金銭的補償という形での国民救済である。そのことは，憲法や法律により国民の権利自由がいかに保障されていても，現実には違法な国家作用によって侵害されることがなくなることはないから，国賠制度は，国民の権利自由の最後の保障手段として，法治国家の不可欠な要素との指摘のように，まさに憲法17条の要請するところである。

従って，国家賠償訴訟が憲法訴訟の一形態との分類の枠でその機能が完結してしまうと，国民救済の一手段としての賠償という本来の目的が忘れ去られ，時に損害賠償と切り離された憲法判断部分のみでその役割が終始してしまいかねない。つまり，そこでは，違憲審査という過程と，国家賠償という目的が逆転して，違憲性を争うことをむしろ目的にする国家賠償訴訟の手段的利用がなされてしまっているのである。

例えば，議員定数不均衡を争うような場合，本来は議員定数の是正が目的であり，公職選挙法204条の選挙無効の訴訟があるにもかかわらず，その定数配分の違憲判断を求めて国家賠償訴訟が，1987年（昭62年）頃から約10年間いくつも提起された。

思うに，損害賠償請求という本来の目的とずれた憲法訴訟としての役割については，積極的評価もあるが，やはり再考の必要があるのではないだろうか。

3 判例の態度

立法の不作為についての国家賠償の判例を分析すると，原告の賠償請求が認められたケースとしては，公職選挙法改正による在宅投票制度の廃止により投票の機会を奪われたとして提起された在宅投票制度廃止訴訟第一審（札幌地小樽支判昭和49年12月9日判時762号8頁）で慰謝料が認められたが，これも控訴審（札幌高判昭和53年5月24日判時888号26頁）で取り消されている。つまり，現状では，特異な例としての前述のハンセン病予防法国家賠償訴訟の熊本地裁判決があるが，立法の不作為に関する国家賠償訴訟において国家賠償が最高裁レヴェルで認められたケースは，在外邦人の選挙権の制限に関する最高裁平成17年9月14日大法廷判決まで一件もなく，その後，認容されたケースは続いていない。

さらに，賠償に至らないまでも，その過程での，違憲判断を引き出すという付加的役割に着目しても，先の在宅投票制度復活訴訟の上告審たる最判昭和60年11月21日は，「国会議員の立法行為は，立法の内容が憲法の一義的な文言に違反しているにもかかわらず国会があえて当該立法を行うというがごとき，容易に想定し難いような例外的な場合でない限り，国家賠償法一条一項の規定の適用上，違法の評価を受けない」と立法の不作為を含む立法行為についての国家賠償法1条1項の適用の可能性を限りなく制限し，唯一認められた最大判平成17年9月14日も「異なる趣旨をいうものではない」と制限的枠組みは維持している。

つまり，立法の不作為を国家賠償で争った裁判において，本来の目的たる賠償が認められた判例がほとんどないばかりか，個々の国民が立法不作為の違憲性を争う場合のもっとも容易な方法としての国家賠償訴訟の役割も判例レヴェルでは限定的で，事実上，憲法訴訟の一類型として機能しているとはいい難いのである。

4 問題の所在

　以上のように立法の不作為についての国家賠償訴訟を検証すると，国家賠償本来の目的であるはずの憲法17条による国民救済の視点が希薄で，補償よりも憲法判断という訴訟の目的の転化現象がみられる。そして，結果的に立法の不作為についての損害賠償訴訟は，本来の損害賠償請求という目的も，そこから派生した憲法訴訟的役割も，双方とも判例上は，今後の最大判平成17年9月14日の影響を注視する必要はあるが，実質的に機能しているとはいい難いのである。
　さらに，最大判平成17年9月14日においては，原告らの選挙区で選挙権を有することについての確認訴訟について「選挙権は，これを行使することができなければ意味がないものといわざるを得ず，侵害を受けた後に争うことによっては権利行使の実質を回復することができない性質のものであるから，その権利の重要性にかんがみると，具体的な選挙につき選挙権を行使する権利の有無につき争いがある場合にこれを有することの確認を求める訴えについては，それが有効適切な手段であると認められる限り，確認の利益を肯定すべきものである。そして，本件の予備的確認請求に係る訴えは，公法上の法律関係に関する確認の訴えとして，上記の内容に照らし，確認の利益を肯定することができるものに当たるというべきである。なお，この訴えが法律上の争訟に当たることは論をまたない」と予備的請求についてであるが，確認の利益を肯定している。これは2004年の行政事件訴訟法改正の際に当事者訴訟としての確認訴訟の活用を図るため，4条の当事者訴訟の定義の中に「公法上の法律関係に関する確認の訴え」を例示として加えられたものであり，憲法判断が本条文により行われるのであるならば，国家賠償を手段にする必要性は，益々，減ることになる。
　この点，最大判平成17年9月14日の泉徳治裁判官の反対意見も「本件で求められている在外国民に対する選挙権行使の保障についても，今回，上告人らの提起した予備的確認請求訴訟で取上げることになった。このような裁判による救済の途が開かれている限り，あえて金銭賠償を認容する必要もない」としている。
　では，立法の不作為の国家賠償を論ずることは，もはや無意味なことなのであろうか。この点，立法の不作為をあえて個別に取り出して，憲法訴訟の一形式とする必要性はないとして，「立法の不作為」概念の有効性をも否定する考えもある。
　思うに，憲法17条の趣旨は，権力的作用・非権力的作用を問わずに国家無責任

の原則を放棄し、国の賠償責任を明文でもって規定したのであり、およそ国の不法行為で国民が損害を被ったのであれば、必ず国家賠償という救済が確保されなくてはならない。そうであるなら、立法の不作為が、違憲審査の対象なのかも含めて、国家賠償法1条1項の要件を国民救済の視点から再検討することは、憲法17条の理念を埋没させない為にも意義があるといえよう。以下、本来の国民救済という視点を第一に据えて、立法の不作為についての国家賠償を考察していきたい。

第2節　憲法81条と立法の不作為

　立法府たる国会が、法律の制定ないし改廃を行わないという立法の不作為が、憲法81条の違憲審査の対象になるのかどうか、また、もしそれが違憲審査の対象になるとして、現行法制度上のいかなる訴訟類型で立法不作為の合憲性を判断できるのかということは憲法81条の条文からは必ずしも明らかにされていない。実際、判例では、立法の不作為がさまざまな訴訟形態で争われている。学説においては、「81条が主として問題にしているのは、積極的になされた国家行為であることは否定できない。立法の不作為の問題は、その性質上、政治過程の中で対処されて行くべきもので、原則として裁判過程になじむものではないといえよう。けれども、個人の重要な基本的人権が立法の不作為ないし不備によって実際に侵害されていることが明確な場合には、憲法訴訟における争い方如何によっては、司法審査の対象となりうることがあると解される」という意見に代表されるように国会の裁量に配慮しつつも立法の不作為に対する違憲審査は可能であるとされている。

　そして、立法の不作為の合憲性を争う訴訟形態としては、①生存権に関するいわゆる具体的権利説から導きだされる立法の不作為違憲確認訴訟、②通常の刑事事件や行政事件訴訟において、立法の不備ないし欠陥を問題にし、そのような不備ないし欠陥のある法律に基づく措置を違憲とする方法、③国家賠償を求める訴による方法と通常は三類型に分類される。

　また、国家賠償訴訟は、単に憲法訴訟の一類型として位置づけられているだけでなく、①訴えの利益等の訴訟上の難点なくして法律の違憲審査を求めることができ、②立法の改廃を直接求めるものでないために立法府との摩擦が少なく、さ

らに，③他の訴訟によって必ずしも救済を得られない国民に対して権利保護の途を確保する訴訟形態として，その憲法訴訟における意義は高く評価されてきたこともすでに述べた。

しかし，問題の所在で指摘したように，損害賠償という本来の目的から離れた訴訟の提起はやはり問題であるように思える。その理由は，すでに指摘した国民救済からの乖離以外に，憲法判断という憲法価値の実現という理念からも，直接的な違憲状態の是正を目的にしない訴訟は，やはり，中途半端な方法と考えられるからである。

さらに，現状では，当事者訴訟としての確認訴訟の活用を図るため，当事者訴訟の定義の中に「公法上の法律関係に関する確認の訴え」を例示として加えた行政事件訴訟法4条の今後の展開を注視するにしても，違憲のみを争う抽象的審査権を発動する具体的法律は存在せず，国家賠償訴訟を憲法訴訟の目的として利用する場合，体裁として国民の具体的な損害を待たなくてはならないのは問題である。

やはり，憲法81条の実質化という本来的目的の達成には，立法的解決が不可欠である。立法的に抽象的違憲審査の道筋を付けさえすれば，あえて国家賠償訴訟を憲法訴訟の手段として選択する必要性はなくなると思われる。

第3節　立法不作為と国家賠償法

1　法律上の争訟

そもそも立法の不作為を含む立法行為を，国家賠償訴訟で争うことに問題はないのであろうか。

国家賠償法1条1項は，国の「公権力の行使」から立法行為を除外する特別規定を設けていないので，通説は，このことを是認する。しかし，立法行為の特異性から立法行為が国家賠償訴訟の対象にならないとする見解も有力である。なるほど国会は唯一の立法機関であり，何時，どのような内容の立法をするのかは立法裁量の問題で司法審査は一般的には及ばないとも考えられる。しかし，裁量権の逸脱・濫用がある場合には司法審査が及ぶのであり，個人が何らかの損害を理由に損害賠償を国に提起すれば，たとえ，実体判断によって結果的に拒絶される

としても，実体判断が受けられる要件たる「法律上の争訟」であることは否定できないであろう。つまり，立法の不作為に対する国家賠償訴訟の形態が法律上の争訟と認められるのであれば，裁判の結果はともかく，立法の不作為を国家賠償訴訟で争うことは肯定されるのである。

　さて，立法の不作為を国家賠償で争えるかという問題は，従来，前述のように立法の不作為が「公権力の行使」に該当するかどうかを以って主に語られてきた。しかし，「公権力の行使」はいくつかの要件の一つであり，その該当性をもって，この問題の主たる議論とするのは適当ではないように思われる。そもそも「立法の不作為が国家賠償の対象になるのか」という問いについては，立法の不作為を対象にした国家賠償訴訟が訴訟として提起可能かという形式的問題と，実際に賠償を導き出すことが可能かという実質的問題が存在する。つまり，「立法の不作為が国家賠償の対象になるのか」という問題は，形式的問題に関しては「法律上の争訟」に該当するかどうかの判断で，実質的問題に関しては「公権力の行使」を含むいくつかの要件を充たすかどうかというように二通りの判断が必要とされるのである。

　そうであるなら，前述のように「法律上の争訟」の要件を充たせば形式的意味で国家賠償を争うことは可能であるということになる。

　また，法律上の争訟に該当するのであるならば，具体的な加害行為を理由とせず，立法行為によって損害賠償請求訴訟を一般に認めることは，具体的には抽象的違憲審査権を認めることになるとの指摘も，裁判を提起できるのかという形式的意味においては問題にならないだろう。

　判例も，議員定数不均衡損害賠償訴訟（東京地判昭和52年8月8日判時859号3頁）において「原告らは，被告らに対し，本件配分規定の改正行為そのもの等を訴求しているのではなく」，「重要な権利が現に侵害されたとして，その精神的苦痛に対する慰藉料を求めているのであるから」，「当事者間に具体的な法律上の紛争が存し，かつ法律を適用してこれを解決しうる場合とみるのが相当である。従って，本件は，裁判所法3条1項にいう『法律上の争訟』に該当し，適法な訴というを妨げない」としている。

2　二つの立法の不作為の形態

　立法の不作為の内容を検討すると，国会が必要な法律の制定をしていないとい

う絶対的不作為と国会が違憲の法律を放置している相対的不作為の二つに大きく分類される。

　絶対的不作為の内容は，例えば憲法10条で「日本国民たる要件は，法律でこれを定める」と規定しているように，憲法が条文で法律を定めることを明記している場合や，一連の社会権条項のように，原則的に法律による内容の確定があって権利が具体的になるような場合のように必要な立法がなされていないような場合である。このようなケースでは立法がなされていないこと自体が違憲となる。

　ここで問題になるのは，外見としては違憲状態の法律を改廃しないという相対的不作為の場合について，あえて，立法の不作為で争わなくても，問題になっている法律自体の違憲性を争えばいいのではないかとの指摘である。

　確かに，問題のある法律については，その法律自体の違憲・違法性を問えばいいのであって，あえて立法の不作為概念を持ち出す利益は見当たらない。具体的にいえば，在宅投票廃止訴訟においては選挙権の保障に反している公職選挙法を，議員定数不均衡訴訟においては現に不均衡な定数配分を直接違憲として争えばいいわけで，法律を改正しないという不作為を持ち出す必要はないのである。

　そうであるなら，「立法の不作為」概念を意識する実質的な必要性は，絶対的不作為の場合の必要とされている法律がそもそも存在しない場合に限られるのではないだろうか。

　この点，最大判平成17年9月14日は在外選挙権のケースであり，まさに，憲法上保障されるべき選挙権が存在しない問題であることから絶対的不作為の問題，議員定数不均衡や在宅投票制度廃止のケースは制度自体は存在するが不備があるという点で相対的不作為の問題と分類できよう。

　そうであるなら，立法の不作為に対して国家賠償を認めた最大判平成17年9月14日は絶対的不作為のケースであり，最高裁レヴェルにおいて相対的不作為のケースで立法の不作為について国家賠償を認めたケースは，現状では，一例もないのである。

　つまり，判例においても，立法の不作為に対して国家賠償を認められるのは絶対的不作為のケースのみなのである。

　そして，不作為の内容で問題になるのは，絶対的不作為における，「必要」な法律を制定しない場合の「必要」とされる要件である。思うに，この要件の内容は，実質的には，いかなる立法の不作為が「違法」と評価されるのかということ

であるので，違法性の要件を検討する際に触れることとする。

3 国家賠償法の要件としての違法性

(1) 要件

　国家賠償法の要件は，憲法17条の趣旨を明確にするためのものであることはすでに述べた。また，実質的意味での立法の不作為を国家賠償で争うことが可能かどうかの要件の当てはめをするにあたり，①合議制機関たる国会では国会議員個人ではなく国会自体を対象に要件該当性を検討すべきこと，②国会の立法行為（立法不作為を含む）は私人の行為と区別できる「公務」であること，③国会の立法が職務上の行為で私的行為と評価されることはないことについて，あまり問題はない。検討すべきは，「公権力の行使に当たる」，「公務員」，「その職務を行うについて」等の要件以外の，「違法」，「故意又は過失」，「損害」についてということになる。

　そして，特に重要なのは，前述のように，不作為の内容で問題になるのは，絶対的不作為における，「必要」な法律を制定しない場合における「必要」とされる要件とは何かということになる。すなわち，いかなる立法の不作為が「違法」と評価されるのかということが重要であるので，「違法性」の要件について検討する。

(2) 違法性

　どのような場合に立法の不作為は違憲・違法と判断されるのであろうか。いい換えれば，前述した「必要」な法律の制定をしない立法の不作為とは，どのような内容なのかということである。この点，判例は「一定の立法をなすべきことが憲法上明文をもって規定されているか若しくはそれが憲法解釈上明白な場合には，国会は憲法によって義務付けられた立法をしなければならないものというべきであり，若し国会が憲法によって義務付けられた立法をしないときは，その不作為は違憲であり」（札幌高判昭53年5月24日）「国会がその是正措置を講ずるために通常必要と考えられる合理的期間内に右是正のために立法権を行使しなかったときには，その不行使は違法，違憲なものというべきである」（東京地判昭53年10月19日）と説いている。つまり，裁量権のある国会がある特定の立法をしないことを違憲とする要件として，①憲法上の立法義務の存在，すなわち，絶対的不作為と，②合理的期間の猶予を必要としている。

　「合理的期間」論については，憲法に反する事態が存在するにもかかわらず，

立法のための諸条件を考慮して一定の猶予期間を与え，その期間が経過していない場合には違憲と断じることはできないという趣旨であり，立法府に対してのいわば免責期間であるとされている。なるほど，国会が立法活動するには内容の審議はもちろん意見調整その他の作業が必要であるし，衆議院においては任期満了前に解散してしまう場合もあり，相当の期間の留保されることには一定の理解ができる。しかし，国家賠償訴訟で重要なのは，違法な公権力の行使に対する賠償であり，そこで重視されるべきは，違憲状態と国民の被害との因果関係であるはずである。そうであるなら，個人が被害を受けた時点で違法な状態であれば，賠償の要件として合理的期間なるものが必要とされる必要性は，国民救済の視点からはないといえよう。

　思うに，合理的期間についての言及がはじめてなされたのは議員定数不均衡に関する判例（最大判昭和51年4月14日民集30巻3号223頁）であるが，その訴訟形態は，損害賠償訴訟でなく，公職選挙法204条の選挙訴訟である。選挙無効訴訟の場合は，最終的な目的が賠償ではなく，選挙の無効であることから，国家賠償訴訟に比べ司法の違憲判断がより慎重になることが推察される。また，合理的期間論自体も，その根拠にも具体的内容にも不明瞭な点が多いと指摘されるように確立された理論ではない。

　つまり，国家賠償訴訟においては違法性の要件が認められるためには，憲法上の立法義務に反する立法の不作為という違憲状態があれば十分で，議員定数不均衡訴訟という特殊な事情で言及される合理的期間の猶予という要件は必要でない。

　この点，選挙の無効を求めたものでない最高裁平成17年9月14日大法廷判決は「国民に憲法上保障されている権利行使の機会を確保するために所要の立法措置を執ることが必要不可欠であり，それが明白であるにもかかわらず，国会が正当な理由なく長期にわたってこれを怠る場合などには，例外的に，国家賠償法1条1項の適用上，違法の評価を受ける」とし，10年以上立法措置を執らなかったことを例外的場合に当たるとしているが，絶対的不作為を認定すれば十分で不必要な要件から，結果的に，国家賠償を認めたと云わざるを得ない。

　この違憲認定のあり方の違いは，議員定数不均衡という同じ事例でも憲法17条からのアプローチと憲法81条からのアプローチとでは異なった判断がなされる場合があることを示しているのである。すなわち，国民救済が目的の場合は，客観的に違法性が認められればその要件を充たすが，憲法判断が最終目的の場合は，

時として合理的期間のような理論をもち出して，立法府や客観的状況の変化に配慮する必要性が生ずるのである。

ところが，国家賠償が憲法判断の手段として持ち出された結果，本来，17条のアプローチでは課されるべきでない厳しい81条のアプローチからの要件が必要とされるという結果を招いてしまったのである。

(3) 立法内容の違憲と立法行為の違法

前述の最高裁昭和60年11月21日第一小法廷判決は，「国会議員の立法行為（立法不作為も含む。以下同じ。）が同項の適用上違法となるかどうかは，国会議員の立法過程における行動が個別の国民に対して負う職務上の法的義務に違背したかどうかの問題であって，当該立法の内容の違憲性の問題とは区別されるべきであり，仮に当該立法の内容が憲法の規定に違反する廉があるとしても，その故に国会議員の立法行為が直ちに違法の評価を受けるものではない」として，立法内容の違憲と立法行為の違法の区別を前提に，前者から当然に後者は導き出されえないとし，後者の要件をより厳しいものとしている。

しかし，立法内容の違憲と立法行為の違法との関係の理解については，従来，当該立法が違憲であれば立法行為も直ちに違法となり，両者を特に意識して区別することはなかった。この点，学説からも両者の区別から法的効果を引き出すことには疑問が呈せられている。

また，第三の見解として，立法内容の違憲の範囲と立法行為の違法の範囲とは必ずしも一致しないことを前提にしながら，立法行為は「憲法の人権規定に違反するもの」である場合に違法となるとする説もある。

思うに，同じ事例でも憲法17条的アプローチと憲法81条的アプローチでは，違憲認定について異なった判断がなされる場合があることはすでに述べた。この場合，国民救済の視点から，国家賠償法上の「違法」の認定の方が，合理的期間等の要件がない分，通常の違憲審査の判断より認められやすい。

そうであるなら，立法内容の違憲と立法行為の違法を区別する場合があることは認められるが，立法行為の違法が立法内容の違憲より厳しい要件で判断されるのは，まさに逆であり，到底認められない。

前述のように，国家賠償法の違法は，国民が具体的に損害を受ける違法状態が認められれば，他の要件は必要ないのであり，それが憲法17条の要請するところなのである。

また，私見では，立法内容の違憲の範囲と立法行為の違法の範囲とは必ずしも一致しないことはあっても，立法内容の違憲から当然に立法行為の違法は導き出されえない場合は存在しえないのであり，要件が付加されている点で，第三説にも疑問が残る。

（4） 第三者に対する職務義務違反

最一小判昭和60年11月21日が，「国家賠償法1条1項は，国又は公共団体の公権力の行使に当る公務員が個別の国民に対して負担する職務上の法的義務に違背して当該国民に損害を加えたときは，国又は公共団体がこれを賠償する責に任ずることを規定するものである」と判示して以来，その後の裁判例においてはしばしばこの違法性概念が引用されている。

違法性概念として，唐突に登場したこの「個別の国民に対して負担する」職務上の法的義務違反が，ドイツでいうところの第三者に対する職務義務違反であるとの指摘がある。第三者に対する職務義務違反については，ドイツ連邦共和国基本法34条が明文で定めていて，自己に委託された公務に関する損害賠償の要件になっている。

なるほど，興味深い指摘であり，なぜ，唐突に，「個別の国民に対して負担する」職務上の法的義務違反が，違法性概念として登場したかは理解できる。

しかし，わが国において，「個別の国民に対して負担する」職務上の法的義務違反を要件とする明文規定は存在せず，違法性を「職務上の法的義務」違反と構成する必要はない。

また，なぜこのような要件が必要なのかについて，裁判例はいずれもこの点については明言するところがなく，当然視しているようであるが，何らかの説明が必要であるし，そもそも，国家賠償を制限するような明文規定のない要件は認められない。

第4節 検討

立法の不作為についての国家賠償を論ずるにあたり，何よりも留意すべきは「国民救済」の視点である。憲法17条が，明治憲法において否定されていた権力的作用による国民の権利侵害のみならず，非権力的作用による侵害を含めて国家

賠償で補償することを認めた意義は非常に高いのである。

　そうであるなら，国家賠償の要件たる違法性の認定についても，それは，国民の側からの視点で決定されるべきであり，法的根拠がなく，国民の知る由もないような要件が付加されることは許されない。つまり，国の不法行為はその結果に着目すべきものであり，国民に直接関係のないその他の事情によって補償が左右されるようなことはあってはならないのである。

　この点，立法内容の違憲と国家賠償法の違法とで，その違法性の認定について，時として違った結果がなされることを，私見はむしろ積極的に認める。なぜなら，違憲審査を目的とする憲法81条的アプローチと，国民救済を目的とする憲法17条的アプローチとでは，一次的にはその目的は違う訳で後者の方が結果的に認められやすいとしても，そのこと自体は問題とはいえないからである。

　そして，現状を整理すると①立法の相対的不作為についての国家賠償が，事実上，認められていなかったこと，②最大判平成17年9月14日が絶対的不作為のケースで，さらに，③従来の考え方の枠組みを緩和こそしろ，根本的変更がなされたものでないことになる。

　しかし，現状では，憲法判断に慎重になるが故に，在外選挙権というような保障されないこと自体が許されない絶対的不作為の問題に，合理的期間の要件が必要とされているなど，区分されることが，むしろ，マイナスに作用している。

　また，従来の根拠とされる最判昭和60年11月21日の内容についても，①立法の不法行為の主体を合議体たる国会でなく国会議員としていること，②ドイツにおける第三者に対する職務義務違反と思われる根拠なき違法性概念を持ち出していること，③立法内容の違憲より国家賠償法の違法を厳しくしている点，④立法行為の政治性から法的規制該当性を否定し，⑤その根拠に憲法51条を持ち出し，⑥容易に想定し難いような例外的な場合以外の国家賠償法の適用を否定している等，多くの問題点がある。

　思うに，高度な法社会において，人権尊重のために，また，より良い社会の構築のためにと数多くの立法がなされ，立法はその目的のために機能する。しかし，それでも法の整備が万全であることはありえず，時として，法の不備や不存在によって国民に何らかの被害が及ぶことは否定できない事実である。そのような場合の対処を，はたして政治的な問題と片付けることは妥当なのだろうか。

　少数の弱者の権利が現に侵害されていたとしても，そのことが，必ずしも多く

の国民から注目されているとは限らない。まして，国会を動かして立法的解決が迅速に行われるということは，現実問題として，非常に困難であろう。そのような場合に，国民救済の途が何もないことは，国民救済を定めた条文から，新たな侵害を発生させるという皮肉的な結果をもたらすことになる。

　そもそも，日本国憲法は，政治的で広範な裁量が認められる立法行為でも憲法に違反する場合があることを，自ら明文で認めているのであり，現実の侵害に対して，国民救済がなされないという事態は憲法の精神を踏みにじるものである。司法は，国家賠償法の適用が立法不作為に関するものであっても，適用の要件に憲法17条が意図していない要件を，国民救済と違う問題の帳尻合わせのために課すことは許されない。

　また，国家賠償訴訟の憲法訴訟的利用については，国民救済の視点の欠如した訴訟は厳に慎むべきであるが，抽象的違憲審査が法的認められない現状において，変則的であるにしろ否定することはできない。しかし，何らかの立法的解決が必要であろうことに変わりはないと思う。

　国民の権利が国家の不作為によっても多大に侵害されるということは，行政事件のそれをみても明らかであり，立法行為を含めて，その傾向はより高度な福祉国家を目指す今後に，ますます顕著になると思われる。国家は権力作用であると非権力作用であるとを問わず，その執行にあたり国民の権利侵害がないように最大限の注意をはらうことは当然であり，不作為という形態において国民に何らかの損害をあたえてしまった場合についても，通常の不法行為の場合と同じ補償がなされるべきである。そして，立法の不作為についての国家賠償は，的確な要件該当性の検討によって認められるケースは，稀かもしれないが，否定することは許されないのである。

　判例の今後の流を注視するとともに，国家賠償訴訟を憲法訴訟的に利用しなくてもよい明確なシステムの立法的解決が望まれる。

参考文献
古崎慶長「立法活動と国家賠償責任」『国家賠償法研究』（日本評論社，1985年）
戸波江二「立法の不作為の違憲確認」芦部信喜編『講座憲法訴訟［第一巻］』（有斐閣，1987年）
西埜章『国家補償法概説』（勁草書房，2008年）
戸松秀典『憲法訴訟［第2版］』（有斐閣，2008年）
後藤光男編『人権保障と行政救済法』（成文堂，2010年）　　　　　　　　（三浦一郎）

第8講　国家賠償法2条と営造物責任
——コンメンタール

第1節　国家賠償法2条1項の意義

1　国家賠償法2条1項の沿革

　国家賠償法2条1項は，「道路，河川その他の公の営造物の設置又は管理に瑕疵があつたために他人に損害を生じたときは，国又は公共団体は，これを賠償する責に任ずる」と規定している。つまり，国または公共団体に「営造物責任」を課している。

　この規定は，民法717条1項の土地工作物責任を国および公共団体にも認めたものである。まず，この規定の沿革を見てみよう。

　国家賠償法が制定される以前の大日本帝国憲法のもとでは，権力行政の分野については国の賠償責任が全く認められていなかった。日本国憲法のもとで国家賠償法1条1項が規定されることにより，はじめて権力行政の分野についても国の賠償責任が認められ，国民が救済されるようになった。このように国家賠償法1条1項には，国の権力行政の分野についても，国の賠償責任を創設するという画期的な意義があった。

　これに対し，国家賠償法が制定される以前においても，徳島小学校遊動円棒事件（大判大正5・6・1民録22輯1088頁）について，土地工作物責任に関する民法717条1項により市の損害賠償責任を認めて以来，工作物に関わる責任については，民法717条1項により国民を救済する判例もみられるようになっていた。

　つまり，国家賠償法2条1項は，民法717条1項により国の賠償責任が認められていた工作物に関わる戦前の判例法を確認するとともに，戦前の判例には若干の動揺があったことから，疑義を一掃するために制定されたものである。

2　民法との対比

　国家賠償法2条1項は，民法717条1項の土地工作物責任を国および公共団体にも認めたものであるが，民法に対して次のような特色があり，国民の救済の拡大に寄与している。

① 　民法717条1項の「土地の工作物」に該当しないものでも，「公の営造物」には該当する場合がある（「公の営造物」の方が広い概念である）。
② 　民法717条1項但書は，占有者が損害の発生を防止するのに必要な注意をしたときは免責され，所有者が賠償責任を負うものとしているが，国家賠償法2条1項にはそのような免責規定はない。
③ 　国家賠償法2条1項が適用される場合には，同法3条により，設置または管理にあたる者と，設置または管理の費用を負担する者が異なるときに，そのいずれに対しても損害賠償を請求することができる。

　このように，被害者救済の見地からは，国家賠償法2条1項の方が民法よりも手厚いものとなっている。

3　国家賠償法2条1項の特質——無過失責任

　国家賠償法1条1項は公務員の「故意又は過失」を国家賠償の要件としている。つまり，過失責任の原則によっている。

　これに対し，国家賠償法2条1項は，民法717条1項と同様に，「故意又は過失」を要件としない，無過失責任の原則によっている。国または公共団体が国民に危険なものを提供した責任（危険責任）を問うのに，過失の存在は必要ではないのである。

　最高裁も，高知落石事件（最一小判昭和45・8・20民集24巻9号1268頁）において，「国家賠償法二条一項の営造物の設置または管理の瑕疵とは，営造物が通常有すべき安全性を欠いていることをいい，これに基づく国および公共団体の賠償責任については，その過失の存在を必要としない」と判示している。

　後述するとおり，過失責任に接近しているとみられる裁判例もあるが，基本的には，国家賠償法2条1項の特質は「無過失責任」であると理解してよい。

　以下では，国家賠償法2条1項の個々の要件について説明する。

第 2 節 「公の営造物」

1 「公の営造物」の意義

　国家賠償法 2 条 1 項にいう「公の営造物」とは，道路，河川，港湾，水道，下水道，官公庁舎，国立公立の学校・病院の建物等，公の目的に供用されている有体物を指すというのが伝統的な理解である（田中二郎『新版行政法・上巻〔全訂第二版〕』（弘文堂，1974年）209頁）。

　この伝統的な理解によれば，国家賠償法 2 条 1 項にいう「公の営造物」とは，人的要素を含まず，物的要素のみを指すものであり，「公物」の概念に相当する。

　「公物」は，「公用物」（市庁舎・灯台など，国または公共団体が使うもの）と「公共用物」（道路・河川・公園など，多くの国民が使うもの）とに分けられる。

　また，「公の営造物」と言えるためには，国または公共団体が直接に公の目的のために供していることが必要である。したがって，例えば私人が設置管理している施設に国や公共団体が補助金を支給していても，そのことだけで当該施設が「公の営造物」に該当するわけではない。

2 「公の営造物」の種類

（1） 不動産・動産

　国家賠償法 2 条 1 項が民法717条 1 項の土地工作物責任を国および公共団体に認めたものであることや「道路，河川その他の公の営造物」という文言からすると，「公の営造物」とは，公物のうち不動産のみを指すようにも思える。しかし，判例・学説上，「公の営造物」には動産も含まれる，と理解されている。

　裁判例に現れたものとしては，公用自動車（札幌高函館支判昭29・9・6下民集 5 巻 9 号1436頁），臨海学校の飛込台（東京高判昭29・9・15高民集 7 巻11号848頁），公立中学校の工作用電気かんな（広島地三次支判昭42・8・30下民集18巻 7 - 8 号899頁），郵便局の職員用椅子（東京地判昭48・12・21判時731号97頁），警察官のピストル（大阪高判昭62・11・27判時1275号62頁），国立大学附属小学校の給食用食器として使用されていた強化耐熱ガラス製の食器（奈良地判平15・10・8 判時1840号49頁）などがある。

（2） 自然公物・人工公物

「公物」は，「自然公物」と「人工公物」とに分けることもできる。

「自然公物」とは，河川・湖沼・海浜等，自然の状態のままで公共の用に供される実態を備えているものをいう。これに対し，「人工公物」とは，道路・公園・学校等，国または公共団体が人工的な加工を加えて公共の用に供する旨の意思表示をすることによってはじめて公物となるものをいう。

「人工公物」が「公の営造物」に該当することについて異論はない。

これに対し，「自然公物」については反対説もある。しかし，通説は，国家賠償法2条1項に「河川」の語が用いられているため，自然公物も人工的に管理され，公の目的に供されている限り「公の営造物」に含まれると理解している。

裁判例では，河川の水門（高松高判昭48・12・21高民集26巻5号494頁），港湾（神戸地裁昭53・6・29判時931号104頁），海水浴場（東京地判昭55・1・31判時956号25頁），海浜公園（東京地判平8・5・21判タ920号170頁）等について，「公の営造物」に該当するものとされている。

自然公物が「公の営造物」に含まれるとすると，この後説明する「設置又は管理の瑕疵」の概念にも影響を与えることになる。

すなわち，人工公物の場合には，通常は道路，公園，学校などの施設が念頭に置かれている。国や公共団体がこれらの施設を国民の利用に供する場合には，施設そのものの通常の安全性を保証すべきであるといえる。これに対し，自然公物の場合には，自然の状態ですでに公共の用に供されている。自然公物それ自体の安全性を論じることはできない。その設置管理の瑕疵は，自然のもたらす危険を防止する施設（堤防，防波堤など）について論じざるを得ない。しかし，防災施設の安全性は，防災計画等の実施により徐々に高めていくしかない。

そのため，設置管理の瑕疵について，最近の判例・学説は，人工公物の場合と自然公物の場合とを分けて論じるようになっている。

（3） 自有公物・他有公物

「公物」は，公物の設置管理の主体がその公物の所有権を有しているか否かにより，「自有公物」と「他有公物」（例えば，私人が所有権を有している文化財）とに分けられる。

公共団体が私有地を賃借して，児童公園や市民農園等として，国民の利用に供しているときは，これらの児童公園や市民農園等は，「公の営造物」に該当する。

第 3 節　「設置又は管理」

1　「設置又は管理」の意義

　国家賠償法2条1項にいう「設置又は管理」とは，民法717条1項の「設置又は保存」と同じ意味である。
　「設置」とは，設計・建造のことをいう。また，「管理」とは，その後の維持・修繕・保管のことをいう。ただし，設置と管理に明確な区別があるわけではなく，区別する実益もない。

2　事実上の管理

　判例・通説は，国や公共団体が所有権・賃借権等の権原を有していることは必要ではなく，「事実上の管理」の状態にあれば足りると解している。
　例えば，最高裁は，敷地は国または京都府の所有であるが，京都市が改修工事を行うなどして事実上管理している溝渠に幼児が転落し，溺死した事案（最判昭59・11・29民集38巻11号1260頁）において，「国家賠償法二条にいう公の営造物の管理者は，必ずしも当該営造物について法律上の管理権ないしは所有権，賃借権等の権原を有している者に限られるものではなく，事実上の管理をしているにすぎない国又は公共団体も同条にいう管理者に含まれる」としている。

第 4 節　「瑕疵」

1　判　例

　「瑕疵」の解釈については，判例・学説上争いがある。まず，判例の基本的な考え方を見てみよう。
　最高裁は，前述した高知落石事件において，「国家賠償法二条一項の営造物の設置または管理の瑕疵とは，営造物が通常有すべき安全性を欠いていることをいい，これに基づく国および公共団体の賠償責任については，その過失の存在を必

要としない」と判示し，さらに「本件道路における防護柵を設置するとした場合，その費用が相当の多額にのぼり，上告人県としてその予算措置に困却するであろうことは推察できるが，それにより直ちに道路の管理の瑕疵によって生じた損害に対する賠償責任を免れうるものと考えることはできない」と判示した。

この最高裁判決により，①営造物の物的安全性（通常有すべき安全性）の欠如，②無過失責任，③財政的理由は免責事由とはならない，という三原則が，国家賠償法2条の賠償責任に関する基本原則となり，不動の判例理論となってきた。この判例理論の論拠としては，国または公共団体が，道路・公園・学校などの施設を設けて国民の利用に供した以上は，施設の設置者はその安全性を確保する高度の安全確保義務を負い，通常要求される安全性に欠ける施設から生ずる危険については，全て責任を負うべきであるとの考え方（危険責任）に求められる（原田尚彦『行政法要論〔全訂第七版補訂二版〕』（学陽書房，2012年）302頁〜303頁）。

また，最高裁は，道路に設けられていた防護柵から子供が転落した事案である神戸・夢野台高校校庭転落事件（最三小判昭53・7・4民集32巻5号809頁）において，「かかる瑕疵の存否については，当該営造物の構造，用法，場所的環境及び利用状況等諸般の事情を総合考慮して具体的個別的に判断すべきものである」と判示している。つまり，「瑕疵」の有無は抽象的に判断されるのではなく，具体的な状況によって個別的に判断される。

2　学　説

営造物の設置または管理の瑕疵の意義については，客観説，主観説，折衷説などの学説の対立がある。

（1）　客観説

高知落石事件判決のように，営造物の設置または管理の瑕疵とは，営造物が通常有すべき安全性を欠いていることをいう，と理解するものを「客観説」という。判例・通説とされている。

客観説は，①「瑕疵」は客観的に存在するものであり，設置者や管理者の故意・過失を前提としない，②瑕疵の発生した原因が自然力であっても，人の行為であっても違いはない，③国家賠償法2条の営造物責任は無過失責任であり，公務員の故意・過失を要件としている国家賠償法1条に基づく損害賠償責任とは異質のものである，④国家賠償法2条が無過失責任を採用している根拠は，民法

717条と同様の危険責任である，と考える。
　しかし，客観説によっても，あくまでも「営造物の設置管理の瑕疵」が要件となっており，営造物の物的欠陥から損害が生じた場合には必ず国または公共団体が責任を負わなければならないとする，いわゆる結果責任を認めるものではない。

（2）主観説（義務違反説）

　これに対し，「主観説」（「義務違反説」という呼び方もある。）は，瑕疵を設置者または管理者の損害回避義務違反（あるいは安全確保義務違反）として主観的に構成するものである。
　そして，「営造物の設置・管理者の損害回避義務は，それぞれの設置・管理者とは一切関係なく，営造物の危険性の程度と被侵害利益の重大性の程度との相関関係のもとで客観的に決定される違法要素としての注意義務であり，客観的注意義務である」（植木哲『災害と法［第2版］』（一粒社，1991年）8頁）とされる。

（3）折衷説

　また，折衷説は，瑕疵を損害回避義務違反（安全確保義務違反）という行為的側面と物理的瑕疵との双方を含むものであるとする（宇賀克也『国家補償法』（有斐閣，1997年）249頁）。

（4）検討

　このように学説は分かれているが，実はどの学説も説明の仕方の問題という面が強い。抽象的にどの学説が優れているかを検討するよりも，どのような要素がどのように衡量されるのかを，国家賠償法2条1項に関する事件の類型ごとに考察していく方がよい。

3　「瑕疵」の判断基準

　国家賠償法2条1項に関する事件の類型ごとに，どのような基準で「瑕疵」の有無を判断するのかについては，第9講「営造物責任の限界」において説明する。

第5節　国家賠償法2条2項の意義

　国家賠償法2条2項は，「前項の場合において，他に損害の原因について責に任ずべき者があるときは，国又は公共団体は，これに対して求償権を有する」と

規定している。すなわち，実際に公の営造物の設置又は管理の瑕疵を発生させた者が責任を負わないのは衡平に反するため，国または公共団体が責任のある者に対して求償できることにしている。

民法717条3項が，「前二項の場合において，損害の原因について他にその責任を負う者があるときは，占有者又は所有者は，その者に対して求償権を行使することができる」と規定しているのと同様である。

国家賠償法2条2項にいう「他に損害の原因について責に任ずべき者」とは，安全性を欠いた営造物を設計・建築した者，営造物の管理を担当していたのにこれを怠った公務員，道路上に障害物を放置していた者等が考えられる。

もっとも，裁判上，国家賠償法2条2項に基づく求償権が問題となった例はほとんどない。

参考文献
西埜章『国家賠償法コンメンタール［第2版］』（勁草書房，2014年）
室井力＝芝池義一＝浜川清編著『コンメンタール行政法Ⅱ　行政事件訴訟法・国家賠償法［第2版］』（日本評論社，2006年）
宇賀克也『行政法概説Ⅱ　行政救済法［第4版］』（有斐閣，2013年）
塩野宏『行政法Ⅱ　行政救済法［第五版補訂版］』（有斐閣，2013年）
芝池義一『行政救済法講義［第3版］』（有斐閣，2006年）

（権田修一）

第9講　営造物責任の限界

第1節　営造物責任（＝無過失責任）の限界

1　常に営造物責任が認められるわけではないこと

　第8講で説明したとおり，判例・通説である客観説は，①「瑕疵」とは，営造物が「通常有すべき安全性を欠く」ことをいい，②国家賠償法2条の営造物責任は無過失責任である，と考えている。

　しかし，客観説も，「営造物の設置管理の瑕疵」を要件としている。営造物の物的欠陥から損害が生じた場合には必ず国または公共団体が責任を負わなければならないとする，いわゆる結果責任を認めるものではなく，国等の責任を無制限に認めるわけではない。

　つまり，国家賠償法2条の営造物責任には限界があるのである。

2　営造物責任の限界の根拠

　営造物責任の限界の根拠としては，まず，公物による被害が「不可抗力」に基づく場合が挙げられる。裁判例の中には，伊勢湾台風について不可抗力を認めた例がある（名古屋地判昭37・10・12下級民集13巻10号2059頁）。

　また，国または公共団体に損害の「予見可能性」がなかったことや，「結果回避可能性」がなかったことを理由に，営造物責任が否定される場合もある。

　さらに，営造物の本来の用法をも考慮して，営造物責任が否定される場合もある。

　以下では，具体的な事件の類型ごとに営造物責任の限界を説明する。

第2節　事件の類型ごとの営造物責任の限界

1　道路事故

(1)　高知落石事件

　まず，道路事故に関するリーディングケースである高知落石事件（最一小判昭和45・8・20）を見てみよう。

　i　**事案の概要**　　国道56号線は高知市方面と高知県中村市（現四万十市）方面をつなぐ幹線道路であるが，本件の落石事故があった区間は，高さ200mの山岳の中腹を切り取って設置した幅員6mの砂利道で，従来，山側からの落石がたびたびあり，崩土も何度かあったため，高知県は「落石注意」の標識を立てるなどしていた。昭和36年6月13日午後0時半頃，本件貨物自動車が事故発生地点にさしかかったところ，山側の崩れやすい土壌が，自然風化と6月上旬から降り続いた雨により崩壊した。その結果，直径約1ｍの岩石が本件貨物自動車の助手席上部に落下し，助手席に乗っていたAが死亡した。

　ii　**判旨**　　「国家賠償法二条一項の営造物の設置または管理の瑕疵とは，営造物が通常有すべき安全性を欠いていることをいい，これに基づく国および公共団体の賠償責任については，その過失の存在を必要としないと解するを相当とする」。

　「本件道路における防護柵を設置するとした場合，その費用の額が相当の多額にのぼり，上告人県としてその予算措置に困却するであろうことは推察できるが，それにより直ちに道路の管理の瑕疵によって生じた損害に対する賠償責任を免れうるものと考えることはできない」。

　iii　**検討**　　国または公共団体が道路の供用を開始する場合，国民はそれを安全に利用できるものとの期待をもつ。したがって，道路の設置者は，その安全性を担保する高度の安全保持義務を負う。

　高知落石事件のような事案では，第8講で説明した，①通常有すべき安全性，②無過失責任，③財政的理由は免責事由とはならない，という三原則があてはまる。

（2） 時間的制約

しかし，最高裁は，道路上で被害が発生した場合，国または公共団体は絶対に責任を負わなければならない，とまではしていない。具体的な事案によって，責任の有無の判断が異なっている。例えば，次のような判例がある。

i　赤色灯標柱事件　最高裁は，道路工事の箇所を表示する標識として道路管理者が設置したバリケード及び赤色灯標柱等が他車によって倒され，その直後に交通事故が起きた事案では，「本件事故発生当時，被上告人において設置した工事標識板，バリケード及び赤色灯標柱が道路上に倒れたまま放置されていたのであるから，道路の安全性に欠如があったといわざるをえないが，それは夜間，しかも事故発生直前に先行した他車によって惹起されたものであり，時間的に被上告人に遅滞なくこれを原状に復し道路を安全良好な状態に保つことは不可能であったというべく，このような状況のもとにおいては，被上告人の道路管理に瑕疵がなかったと認めるのが相当である」としている（最一小判昭50・6・26民集29巻6号851頁）。

ii　故障車放置事件　他方，道路上に87時間も故障車が放置され，これに原動機付自転車が衝突し人身事故が発生した事案では，最高裁は「本件事故現場付近は，幅員7.5メートルの道路中央線付近に故障した大型貨物自動車が87時間にわたって放置され，道路の安全性を著しく欠如する状態であったにもかかわらず，当時その管理事務を担当する橋本土木出張所は，道路を常時巡視して応急の事態に対処しうる看視体制をとっていなかったために，本件事故が発生するまで右故障車が道路上に長時間放置されていることすら知らず，まして故障車のあることを知らせるためバリケードを設けるとか，道路の片側部分を一時通行止めにするなど，道路の安全性を保持するために必要とされる措置を全く講じていなかったことは明らかであるから，このような状況のもとにおいては，本件事故発生当時，同出張所の道路管理に瑕疵があった」と判断している（最三小判昭50・7・25民集29巻6号1136頁）。

iii　検討　最高裁は，道路が客観的には安全性を欠くことがあっても，安全策を講じる時間的余裕がない場合には，道路管理の瑕疵がないものとしている。その一方で，安全策を講じる時間的余裕がある場合には，原則に戻り，道路管理者の安全確保義務を厳格に要求しているといえる。

なお，学説では，赤色灯標柱事件判決について，時間的な不可抗力による免責

を認めたものであると理解するものと，結果回避可能性がないため瑕疵の存在そのものを否定したものであると理解するものとに分かれる（小幡純子「国家賠償法二条の再構成（下）」上智法学論集38巻2号124頁）。

2 水　害

　河川は自然発生的な公共用物であり，もともと洪水等の災害をもたらす危険性を内包している。河川の通常有すべき安全性は，国または公共団体が治水事業を行うことによって達成していくことが当初から予定されている。そのため，当初より安全性を備えたものとして公共の用に供される道路等とは異なる性質を有している。

（1）　未改修河川における瑕疵──大東水害訴訟

　まず，改修が終わっていない河川において水害が発生した場合の判例の考え方を見てみよう。

　リーディングケースとして，大東水害訴訟（最一小判昭59・1・26民集38巻2号53頁）がある。大東水害訴訟は，河川の改修計画に基づく改修工事が順次進められていた中，大雨が降ったために，未改修部分から溢水（いっすい＝水があふれ出ること）し，床上浸水などの被害が生じたという事案である。

　この事案において最高裁は，治水事業の実施には，財政的制約，技術的制約，社会的制約があると指摘した上，「未改修河川又は改修の不十分な河川の安全性としては，右諸制約のもとで一般に施行されてきた治水事業による河川の改修，整備の過程に対応するいわば過渡的な安全性をもって足りる。」「河川の管理についての瑕疵の有無は，過去に発生した水害の規模，発生の頻度，発生原因，被害の性質，降雨状況，流域の地形その他の自然的条件，土地の利用状況その他の社会的条件，改修を要する緊急性の有無及びその程度等諸般の事情を総合的に考慮し，前記諸制約のもとでの同種・同規模の河川の管理の一般水準及び社会通念に照らして是認しうる安全性を備えていると認められるかどうかを基準として判断すべき」であると判示した。

（2）　改修済み河川における瑕疵──多摩川水害訴訟

　次に，改修済みの河川において水害が発生した事案のリーディングケースである多摩川水害訴訟（最一小判平2・12・13民集44巻9号1186頁）における判例の考え方を見てみよう。多摩川水害訴訟は，改修工事完成区間とされ，新規の改修計

画もなかった区間において，計画高水流量（けいかくこうすいりゅうりょう＝堤防が耐えられると想定された，河川の水量）規模の水流量であったにもかかわらず，堤防の一部が浸食されて破堤し，家屋19棟が流出する災害が発生した事案である。

この事案において，最高裁は，「河川の備えるべき安全性としては，一般に施行されてきた治水事業の過程における河川の改修，整備の段階に対応する安全性をもって足りる」とした上で，「工事実施基本計画が策定され，右計画に準拠して改修，整備がされ，あるいは右計画に準拠して新規の改修，整備の必要がないものとされた河川の改修，整備の段階に対応する安全性とは，同計画に定める規模の洪水における流水の通常の作用から予測される災害の発生を防止するに足りる安全性をいうものと解すべきである。けだし，前記判断基準に示された河川管理の特質から考えれば，改修，整備がされた河川は，その改修，整備がされた段階において想定された洪水から，当時の防災技術の水準に照らして通常予測し，かつ，回避し得る水害を未然に防止するに足りる安全性を備えるべき」であると判示した。

（3）　検討

最高裁は，未改修河川または改修の不十分な河川の安全性としては，「過渡的な安全性」をもって足りるとしている。これに対し，改修済みの河川については，改修した所期の目的を達成できるように維持管理されなければ意味がないため，改修整備がなされた段階で想定されていた洪水（計画高水量規模の洪水）に対応しうる安全性を備えていなければならないとしている。詳細については，第10講「水害訴訟」を参照。

3　「安全性」の向上

営造物の「通常有すべき安全性」の有無は，その事故当時を基準として判断される。しかし，営造物の安全性は時代とともに向上していくものである。したがって，「通常有すべき安全性」の水準も，時代とともに変わることになる（石井忠雄『国家賠償訴訟入門』（三協法規出版，2005年）73頁）。

（1）　点字ブロック事件

現在では，駅のホームから視力障碍者が転落することを防止するために，点字ブロックが設置されているのは当たり前の光景である。しかし，今から40年前は，点字ブロックが最新鋭の安全装置であり，ようやく一部の駅で設置されるように

なりつつあった時代であった。

点字ブロック事件（最三小判昭61・3・25民集40巻2号472頁）は，1973年（昭和48年）8月，当時の国鉄の駅のホームから視力障碍者が線路上に転落し，進入してきた電車に轢かれて重傷を負ったという事案である。この駅のホームには点字ブロックが設置されていなかった。

この事案において最高裁は，「点字ブロック等のように，新たに開発された視力障害者用の安全設備を駅のホームに設置しなかったことをもって当該駅のホームが通常有すべき安全性を欠くか否かを判断するに当たっては，その安全設備が，視力障害者の事故防止に有効なものとして，その素材，形状及び敷設方法等において相当程度標準化されて全国的ないし当該地域における道路及び駅のホーム等に普及しているかどうか，当該駅のホームにおける構造又は視力障害者の利用度との関係から予測される視力障害者の事故の発生の危険性の程度，右事故を未然に防止するため右安全設備を設置する必要性の程度及び右安全設備の設置の困難性の有無等の諸般の事情を総合考慮することを要するものと解するのが相当である」と判示した。

（2）　検討

新たに開発された安全設備が存在するとしても，常に最新鋭の設備を設置しなければならないわけではない。その安全設備の普及の程度等も総合考慮して，事故当時において「通常有すべき安全性」を備えていたかどうかが判断される。

4　営造物の本来の用法

営造物の管理者は，その営造物が「通常有すべき安全性」を備えるように管理する必要がある。しかし，営造物にはもともと想定している本来の用法がある。営造物の利用者が異常な用法をしたことによって損害が発生した場合まで，国または公共団体が損害を賠償する必要はない。

（1）　神戸・夢野台高校校庭転落事件

リーディングケースとして，神戸・夢野台高校校庭転落事件（最三小判昭53・7・4民集32巻5号809頁）がある。当時6歳であった子供が，道路南端に設けられていた防護柵の上段手摺に後ろ向きに腰かけて遊んでいるうちに，誤って4m下の高校の校庭に転落し，重傷を負ったという事案である。

この事案において最高裁は，「右営造物につき本来それが具有すべき安全性に

欠けるところがあったとはいえず，上告人のしたような通常の用法に即しない行動の結果生じた事故につき，被上告人はその設置管理者としての責任を負うべき理由はないものというべきである」と判示した。

（2） 校庭開放事件

また，同様の最高裁の判例として，校庭開放事件（最三小判平 5・3・30民集47巻 4 号3226頁）もある。当時 5 歳10か月の幼児を連れて，事実上開放状態にあった公立中学校の校庭内のテニスコートでテニスをしていたところ，幼児が審判台にのぼり，その座席部分の背当てを構成している左右の鉄パイプを両手で握り，審判台の後部から降りようとしたため，審判台が倒れて幼児が下敷きとなり死亡したという事案である。

この事案において最高裁は，本件事故時の幼児の行動は「極めて異常なもので，本件審判台の本来の用法と異なることはもちろん，設置管理者の通常予測し得ないものであったといわなければならない」。本件事故は，「本件審判台の安全性の欠如に起因するものではなく」，幼児の「異常な行動に原因があったものといわなければならず，このような場合にまで，上告人が被上告人らに対して国家賠償法二条一項所定の責任を負ういわれはないというべきである」と判示した。

5　供用関連瑕疵（機能的瑕疵）

（1） 供用関連瑕疵（機能的瑕疵）の意義

公の営造物自体には物理的瑕疵はなく，本来の目的で供用されているにもかかわらず，第三者に損害を与える場合がある。例えば，空港自体には物理的瑕疵はないが，空港を本来の目的で使用することにより周辺住民に騒音被害を与えるような場合である。この場合，周辺住民に損害を与えているため，空港は周辺住民との関係で安全性を欠いているといえ，空港の管理に瑕疵があると考えられる。

このような状況のもとでの瑕疵を，供用関連瑕疵（機能的瑕疵）という。

（2） 大阪国際空港事件

リーディングケースとして，大阪国際空港事件（最大判昭56・12・16民集35巻10号1369頁）がある。大阪国際空港を離着陸する飛行機の飛行経路のほぼ直下に居住する住民264名が，国を相手取り，①毎日午後 9 時から翌日午前 7 時までの航空機の離着陸の差止め，②過去の損害賠償，③将来の損害賠償を請求した事案である。

この事案において最高裁は、「安全性の欠如、すなわち、他人に危害を及ぼす危険性のある状態とは、ひとり当該営造物を構成する物的施設自体に存する物理的、外形的な欠陥ないし不備によって一般的に右のような危害を生ぜしめる危険性がある場合のみならず、その営造物が供用目的に沿って利用されることとの関連において危害を生ぜしめる危険性がある場合をも含み、また、その危害は、営造物の利用者に対してのみならず、利用者以外の第三者に対するそれをも含むものと解すべきである」と判示し、国家賠償法2条1項の「設置又は管理の瑕疵」には供用関連（機能的）瑕疵も含むとした上、空港に離発着する航空機騒音によって周辺住民に生じた受忍限度を超える被害は、空港施設の欠陥によるとして、過去の損害については、国に賠償を命じた。

　裏を返せば、被害が受忍限度の範囲内にとどまるのであれば、国または公共団体が損害賠償をする必要はないということである。

参考文献
宇賀克也＝交告尚史＝山本隆司編『行政判例百選Ⅱ［第6版］』（有斐閣、2012年）
西埜章『国家賠償法コンメンタール［第2版］』（勁草書房、2014年）
室井力＝芝池義一＝浜川清編著『コンメンタール行政法Ⅱ　行政事件訴訟法・国家賠償法［第2版］』（日本評論社、2006年）
宇賀克也『行政法概説Ⅱ　行政救済法［第4版］』（有斐閣、2013年）
芝池義一『行政救済法講義［第3版］』（有斐閣、2006年）

　　　　　　　　　　　　　　　　　　　　　　　　　　　　　　（権田修一）

第10講　水害訴訟

第1節　水害と国家賠償

　水害には，①台風による大雨や集中豪雨による河川の急激な増水を原因とする浸水により発生するもの（いわゆる河川水害）と，②ダムの過放流に伴い河川の下流地域で発生するもの（いわゆるダム水害）とがある。また，それぞれに㋐堤防が破れてくずれるもの（いわゆる決壊型）と，㋑水が堤防を越えてあふれるもの（いわゆる溢水（いっすい）型）とがある。いずれの訴訟も，堤防やダムの設置・管理について国家（以下，地方公共団体も含む）に瑕疵があったことを理由に，地域住民が国家に対して生命や身体，財産等の損害賠償を請求するものである。通常，被害は甚大で，原告は多数となり，また請求額も多額となることから，人びとの大きな注目を集める訴訟となる。河川水害の方が数において多くより一般的であり，また，それが自然災害に基づくという難しさも有することから，水害訴訟の議論の中心は，河川水害にある。よって，本章においても河川水害を中心に見ていくことにする。

　この点，国家賠償法2条は，明文で「道路，河川その他の公の営造物」の「設置又は管理に瑕疵」と規定していることから，行政の河川管理に落度があり国民が損害を被った水害の場合に同条が適用されうることは言うまでもない。しかし，併記されている道路が人工公物（行政主体が人工を加えて，公の用に供する公物）であるのに対して，河川は自然公物（天然の状態で公の用に供することができる公物）であり，特に河川の管理は，道路の管理と比べ，より高い技術が必要とされ困難であるし，また，多くの予算もかかり，社会に及ぼす影響も大きい。そこで，どのような場合に河川管理の瑕疵（営造物が通常有すべき安全性を欠いていること）を認めるべきかについては以前より裁判で争われてきた。

第 2 節　水害訴訟の歴史的な経緯

　欧米諸国においては，19世紀以前は"王は悪をなし得ず"と考えられ，よって，国家は，公権力の行使に対して責任を負わないとされていた（国家無答責あるいは国家無責任の原則）。しかし，19世紀後半から20世紀にかけての人権思想の高まりにより，欧米諸国においては次第に公権力の行使に対して国家が損害賠償責任を負うことが肯定されるようになった。19世紀末のフランスで，行政裁判所の判例において，国家の賠償責任が肯定されるようになったのがその先駆けと言われている。日本においても，日本国憲法制定以前の明治憲法（大日本帝国憲法）の時代には，欧米諸国と同じく国家無答責の原則が妥当し，公権力の行使に対する国家の損害賠償責任は，きわめて広い範囲で免責が認められていた。とりわけ軍事，警察，課税などの権力的国家活動については一貫して免責が認められた。これに対して，非権力的な国家活動については国家無答責の原則が適用されず，民法の不法行為に関する規定を適用して国家の損害賠償責任が認められていた。例えば，有名な徳島小学校遊動円棒事件（大判1916（大正5）年6月1日民録22輯1088頁）では，市立小学校において遊動円棒の欠陥のために生じた児童の死亡事故について，土地の工作物たる遊動円棒に対する市の占有を根拠に，民法717条を適用して国に損害賠償責任を認めた。この点，河川管理は，権力的国家活動と考えられ，水害に対する国の損害賠償責任は否定されていた。例えば，河川の堤防の取り壊しが原因で水害被害をうけたと主張する原告からの損害賠償請求に対して，国有に属する河川の改修工事は公益のため必要な事業であり，使用人が労務者を使用して自己の利益を図るのと同一には論じられないと判示し，国の損害賠償責任を否定した（大判1896（明治29）年4月30日民録2輯117頁）。また，以前は人びとも，水害は自然災害であり，一種の天災と考える傾向が強かったことから，水害に対する国家の責任を問うという意識も希薄であった。

　しかし，やがて水害は，行政の都市計画や国土開発等がもたらす被害と人びとに認識されるようになり，裁判で国家の責任が追及されるようになった。この点，1970年代以前の水害訴訟は，堤防や堰（せき），護岸などの河川の工作物に設置管理の物的瑕疵があったかどうかが裁判の主な争点であった。ところが1970年代になると，裁判の争点が変わり，水害を引き起こすような行政の河川管理のあり

方を問題にし，そこに管理瑕疵を認めることにより違法とすることができないかが争われるようになった。その先駆けとなる訴訟が加治川水害訴訟であり，その一審判決は，結果的には道路管理とは異なる河川管理の特殊性を強調し，行政の管理責任を原則として政治的責務に限定解釈したが，行政の河川管理のあり方自体を問題にするものであった（新潟地判1975（昭和50）年7月12日民集39巻2号421頁）。そして，この判決を契機として水害訴訟における河川管理責任に関する活発な議論が行われるようになった。この判決がだされた1975（昭和50）年には全国各地で54件もの水害訴訟が提起され，数的にもピークとなった。

　その後の判決では，河川管理の特殊性を否定し，道路管理の場合と同様の論理で，行政の管理責任を広く認める判決も見られるようになった。例えば，東京地判1979（昭和54）年1月25日判時913号3頁は，「営造物の設置または管理の瑕疵による損害賠償責任の論定にあたっては，人工公物，自然公物といった公物成立上の分類によってその適用の範囲程度を区別して両者についての管理責任に質的な差異を設け，あるいは道路等の人工公物のそれに比較して自然公物たる河川につき特に制限的な判断基準を導き出すことは，単なる概念のみにとらわれた実態を軽視するものというべきであって，国賠法の解釈上もその趣旨に反し相当ではないというべきである」と判示している。また，大東水害訴訟第一審判決（大阪地判1976（昭和51）年2月19日判時805号18頁）も，行政の河川管理と道路管理とを質的に同質なものとみなして，原告勝訴とし，前述の加治川水害訴訟第一審判決に対抗する一連の判例の流れを形成した。さらに，大東水害訴訟控訴審判決（大阪高判1977（昭和52）年12月20日判時876号16頁）では，水害訴訟において初めて高裁段階でも，行政の河川管理の瑕疵を認めて原告勝訴となった。このように，下級審裁判所の判断は，自然公物としての河川管理の特殊性を根拠に行政の管理責任を限定解釈する見解と，河川管理の特殊性を認めず行政の管理責任を広く解釈する見解とに分かれていたことから，最高裁の判断が注目されていた。

第3節　河川管理責任における現代のリーディングケース──大東水害訴訟最高裁判決

　そのようななかで，水害訴訟における初めての最高裁判決であり，現在でも

リーディングケースとされる大東水害訴訟最高裁判決がだされた（最判1984（昭和59）年1月26日民集38巻2号53頁）。本判決は，未改修の河川における溢水型の水害被害が争われたものである。具体的には，巨額の事業費をかけて順次，改修計画に基づいて改修工事を進めていた都市河川において，駅前のために立退交渉が進まず，川幅が狭かった未改修部分から溢水し，住宅の床上浸水の被害が発生したものである。

この判決では，①いわゆる「過渡的な安全性」の理論を前提にして，②河川管理について一般的に瑕疵の有無を判断する基準，および③改修計画に基づき改修中の河川管理について具体的に瑕疵の有無を判断する基準を判示し，住民勝訴の判決を破棄し原審に差戻した点が大いに注目に値する。

まず，「河川の管理については……道路その他の営造物の管理とは異なる特質及びそれに基づく諸制約が存する」。すなわち，「河川は，本来自然発生的な公共用物」であり，「道路その他の営造物とは性質を異にし，もともと洪水等の自然的原因による災害をもたらす危険性を内包しているものである」。よって，「河川の通常備えるべき安全性の確保は，管理開始後において……治水事業を行うことによって達成されていくことが当初から予定されているものということができる」。この治水事業は，㋐「もとより一朝一夕にして成るものではなく」（時間的制約），㋑「これを実施するには莫大な費用を必要とするものである」（予算的制約）。また，㋒「原則として下流から上流に向けて行うことを要する」し（技術的制約），㋓「流域の開発等による雨水の流出機構の変化，地盤沈下……治水用地の取得難」等の問題もある（社会的制約）。さらに，㋔「河川の管理においては，道路の管理における危険な区間の一時閉鎖等のような簡易，臨機的な危険回避の手段を採ることもできない」（危険回避手段の制約）。したがって，「未改修河川又は改修の不十分な河川の安全性としては，右諸制約のもとで一般に施行されてきた治水事業による河川の改修，整備の過程に対応するいわば過渡的な安全性をもって足りるものとせざるをえない」。これは，学説上，①「過渡的な安全性」の理論と言われているものである。

そして，その理論を踏まえ，河川管理については「当初から通常予測される災害に対応する安全性を備えたものとして設置され公用開始される道路その他の営造物の管理の場合とは，その管理の瑕疵の有無についての判断の基準もおのずから異なったものとならざるをえないのである。この意味で，道路の管理者におい

て災害等の防止施設の設置のための予算措置に困却するからといってそのことにより直ちに道路の管理の瑕疵によって生じた損害の賠償責任を免れうるものと解すべきでないとする当裁判所の判例（昭和45年8月20日民集24号9巻1268頁）も，河川管理の瑕疵については当然には妥当しないものというべきである」として，河川管理と道路管理との違いを強調する。

また，②河川管理について一般的に瑕疵の有無を判断する基準に関しては，「河川の管理についての瑕疵の有無は，過去に発生した水害の規模，発生の頻度，発生原因，被害の性質，降雨状況，流域の地形その他の自然的条件，土地の利用状況その他の社会的条件，改修を要する緊急性の有無及びその程度等諸般の事情を総合的に考慮し，河川管理における財政的，技術的及び社会的諸制約のもとでの同種・同規模の河川の管理の一般水準及び社会通念に照らして是認しうる安全性を備えていると認められるかどうかを基準として判断すべきである」と判示した。

さらに，③改修計画に基づき改修中の河川管理について具体的に瑕疵の有無を判断する基準に関しては，「既に改修計画が定められ，これに基づいて現に改修中である河川については，右計画が全体として右の見地からみて格別不合理なものと認められないときは，その後の事情の変動により当該河川の未改修部分につき水害発生の危険性が特に顕著となり，当初の計画の時期を繰り上げ，又は工事の順序を変更するなどして早期の改修工事を施行しなければならないと認めるべき特段の事由が生じない限り，右部分につき改修がいまだ行われていないとの一事をもって河川管理に瑕疵があるとすることはできない」と判示した。

確かに，判例も指摘しているように，道路と河川ではその管理の点で多くの違いがある。そもそも道路は，本来は存在しないものを国が整地や舗装等の作為によりつくりだし国民に積極的に提供しているものであるが，河川は，自然的，地理的にもともと存在していたのであり，あくまで国は消極的に事故を防止すべき地位にあるに過ぎない。よって，道路管理についての行政の責任の方が重くなるのも理解できる。また，判例が指摘する行政の河川管理についての諸制約のなかでは，予算的制約がもっとも大きい。すなわち，道路の管理にかかる金額および道路の事故が発生した場合の損害額ともに河川と比べ通常は小さい。これに対して，河川の管理，水害の賠償については莫大な費用がかかることが多い。このような財政負担の大きさもやはり重視せざるをえないであろう。さらに，道路の事

故については，誰でも被害者になる可能性があるから，被害者の事前予測がきわめて困難であるが，河川の水害については，被害者がほぼその河川流域の周辺住民に限られ，被害者はある程度の事前予測が可能である。よって，住民の側においても一定限度の危険回避手段を事前に講じることが可能である。すなわち，水害被害の危険性を感ずるならば，住民としては，例えば高い盛り土をしてから住宅を建築したり，水害被害も補償する住宅保険に加入したりする対策をとることが可能であるし，どうしてもその危険性に不安があるならば究極的には河川流域沿岸に居住することを回避することも考えられよう。この点，水害被害が予想されるような河川流域沿岸であれば，その地域の住宅や土地の価格はそれだけ低くなっているはずであり，住民は，予想される水害被害に個人的に対処するだけの経済的利益を，住居購入時点で既に受けていた可能性も考えられる。これらの諸点にかんがみるならば，判例理論にも一定の合理性があることは認めざるをえないであろう。

　しかし，そもそも公物の設置・管理にかかる賠償責任を定める国家賠償法2条において，設置管理者の故意・過失を要件としない無過失責任が認められた趣旨は，危険な物を所有・管理することにより，社会に対して危険を作り出す者は，それから生じる損害について常に責任を負わなければならないとする，いわゆる危険責任の法理にある。そして，その根底には，損害の公平な分担を実現し被害者を保護するという損害賠償法一般に通じる根本思想が横たわっている。この点，日本は，山がちで急峻な地形であるにもかかわらず降水量が多いことから，河川は短くて急であるという特徴がある。しかも地盤が軟弱であるにもかかわらず，河川流域沿岸に住宅が密集しており，その危険性は明白である。とするならば，道路よりも河川がより危険性が高いのであるから，河川を管理する行政には，道路の場合よりもむしろ重い責任を課することが危険責任の法理に合致する。さらに，行政は，一般の私人と比べ損害に対する負担能力が格段に高いのであるし，また，一般の私人よりも多くの専門的，技術的知識を有しており，公物が内包する危険性および危険回避の方法についても，より適切に判断して対処しうる立場にある。とするならば，行政に重い責任を課することは，損害の公平な分担や被害者保護にも資する。歴史的にも，江戸時代からの「水系一貫」（治水の一元管理）思想により，治山治水は国家の仕事であり，よって河川管理は行政が責任を持って行うべきものとの国民意識が日本では古くから根強く存在していたことも

忘れてはならない。

　現実に水害によって莫大な人的・物的被害が発生しているにもかかわらず，河川管理の特殊性や制約の存在といった抽象的な理由を根拠に「過渡的な安全性で足りる」と結論づけ，被害者救済を拒否することはやはり許されるべきではない。また，「同種・同規模の河川の管理の一般水準及び社会通念」という基準もあまりに漠然として不明確であり，判断基準の指針とはなりうるが，具体的事例における瑕疵の判断基準としては機能しえない。例えば，①その種類・規模の河川では，通常どのような管理が行われ，それでどの程度の結果回避可能性があるか。②今回のような水害を回避するにはどのような管理がなされるべきであったか。③その管理を国に期待できる状況にあったか。④現に国が行った管理が諸制約のなかで合理的といえるか等を具体的な事案ごとに個別に検討していくべきである。さらに，改修計画が「格別不合理」なものと認められるかどうか，早期の改修工事を施行すべき「特段の事由」が生じたかどうか自体を主張・立証することはきわめて困難である。その主張・立証責任を被害者に負わせることは被害者保護の観点からして妥当でない。この点，長期的な改修計画や改修の未履行について，本来，国が考慮すべきである事項について考慮を怠った，あるいは，国が容易に改修できたのに漫然と放置したなど，国の行政裁量に逸脱・濫用があったか否かを問題にすべきであり，その有無については国側に主張・立証責任を負わせるべきである。

第4節　改修済み河川の水害被害についてのリーディングケース——多摩川水害訴訟最高裁判決

　大東水害訴訟では，未改修の河川における溢水型の水害被害が争われたのに対して，改修済み河川における決壊型の水害被害が争われたのが多摩川水害訴訟である。両者の最高裁判例があいまって河川管理の瑕疵判断基準における判例法理が確立されている。多摩川水害訴訟とは，1974（昭和49）年，台風を原因とする増水によって東京都狛江市を流れている多摩川の堤防が決壊したことにより，家屋を流された河川流域住民が，国の河川管理に欠陥があったことを理由に国家賠償を請求したものである。具体的には，①工事実施基本計画に準拠して改修，整

備がされ，あるいは右計画に準拠して新規の改修，整備の必要がないものとされた河川における河川管理の瑕疵の判断基準と，②河川の改修，整備がされた後に水害発生の危険の予測が可能となった場合における河川管理の瑕疵の判断基準とが争われたものである。

　この点，最高裁は，つぎのように判示している（最判1990（平成2）年12月13日民集44巻9号1186頁）。すなわち，①につき，「工事実施基本計画が策定され，右計画に準拠して改修，整備がされ，あるいは右計画に準拠して新規の改修，整備の必要がないものとされた河川の改修，整備の段階に対応する安全性とは，同計画に定める規模の洪水における流水の通常の作用から予測される災害の発生を防止するに足りる安全性をいうものと解すべきである」とし，また，②につき，「水害発生当時においてその発生の危険を通常予測することができたとしても，右危険が改修，整備がされた段階においては予測することができなかったものであって，当該改修，整備の後に生じた……防災技術の向上等によってその予測が可能となったものである場合には，直ちに，河川管理の瑕疵があるとすることはできない」。なぜなら，「諸事情及び諸制約を当該事案に即して考慮した上，右危険の予測が可能となった時点から当該水害発生時までに，予測し得た危険に対する対策を講じなかったことが河川管理の瑕疵に該当するかどうかを判断すべきものであると考えられるからである」としている。

　まず，①については，前述の大東水害訴訟最高裁判決が示した「過渡的な安全性」という基準を，「同計画に定める規模の洪水における流水の通常の作用から予測される災害の発生を防止するに足りる安全性」という新基準に変更し，国の瑕疵を否定して原告の請求を棄却した原審を破棄差戻している点は，評価しうる。しかし，新基準では，計画の予測を超える規模の洪水によって災害が発生した場合にはつねに瑕疵が否定されることになってしまう。これでは，国は予測される洪水の規模をあえて小さく見積もることにより，管理責任を免れることが可能となり，妥当でない。よって，この場合には，国が策定した工事実施基本計画における予測の合理性も問うべきであり，その合理性の立証責任を国に負わせるべきである。また，②についても，判例が危険予測可能性や結果回避可能性という観点から具体的に瑕疵判断を行おうとしている点は評価しうる。しかし，予測し得た危険に対する対策としては，新たな改修，整備という予算的裏付けを要する対策ばかりではなく，水害等の危険があり安心することができない旨を周辺住民に

警告したり，さらには新規の住宅建築を制限ないし禁止する等，容易にできる対策も考えうる。よって，危険が予測しえた以上，国としては何らかの対策を速やかにとるべきであった。とするならば，危険の予測が可能となった時点から水害発生時点までに，一定の時間があったにもかかわらず，国が予測し得た危険に対する合理的な対策をなんら講じなかった場合には，積極的に国の瑕疵を認めるべきである。

　以上，今でも水害訴訟のリーディングケースとされる大東水害訴訟と多摩川水害訴訟を見てきた。やはり水害訴訟でもっとも重要なことは，判例も述べている諸制約のなかで，いかに被害者の救済を図るかにある。決して国の行為を安易に追認することにより，被害者の救済をおろそかにすることがあってはならない。この点につき裁判所も苦心していることは認めるが，とうてい十分なものとは解しがたい。裁判所が被害者保護にさらなる一歩を踏み出すことを切に期待したいところである。

参考文献
宇賀克也『行政法概説Ⅱ行政救済法［第4版］』（有斐閣，2013年）
後藤光男編『人権保障と行政救済法』（成文堂，2010年）
櫻井敬子＝橋本博之『行政法［第4版］』（弘文堂，2013年）
杉村敏正編『行政救済法2』（有斐閣，1991年）
高田敏『新版行政法』（有斐閣，2009年）

（藤井正希）

コラム　道路公害

1　供用関連瑕疵と道路公害

第3部第9講で，国家賠償法2条1項にいう「瑕疵」には，供用関連瑕疵も含まれると説明し，リーディングケースとして，大阪国際空港事件判決（最大判昭56・12・16民集35巻10号1369頁）に触れた。

しかし，供用関連瑕疵は空港の供用にとどまらない。道路公害という形で，道路の供用についてもみられる。

2　国道43号線訴訟の事案

道路公害に関する訴訟のリーディングケースとしては，国道43号線訴訟（最二小判平7・7・7民集49巻7号1870頁，同2599頁）が挙げられる。

国道43号線訴訟とは，大阪市から神戸市に至る一般国道43号線並びにその敷地上約20kmにわたり高架建設されている兵庫県道高速神戸西宮線及び同大阪西宮線の沿道の道路端から概ね50m以内に居住し，または居住していた住民149名が，道路を走行する自動車による騒音，振動，排気ガスによる大気汚染によって身体的・精神的被害を被っているとして，道路の設置管理者である国と阪神高速道路公団に対して，人格権及び環境権に基づき，一定基準値を超える騒音と二酸化窒素の居住敷地内への侵入差止を求めるとともに，国家賠償法1条及び2条に基づき，過去及び将来の損害賠償を求めて出訴した事件である。

3　国道43号線訴訟における最高裁の判断

(1)　国家賠償法2条1項に基づく損害賠償請求についての判断

国道43号線訴訟最高裁判決は，まず，大阪国際空港事件最高裁判決を引用し，国家賠償法2条1項の「瑕疵」には供用関連瑕疵が含まれるとした同判決の射程が，道路公害にも及ぶことを明らかにしている。

次に，過去の損害賠償については，受忍限度論を前提とし，「本件道路の公共性ないし公益上の必要性のゆえに，被上告人らが受けた被害が社会生活上受忍すべき範囲内のものであるということはできず本件道路の供用が違法な法益侵害に当たり，上告人らは被上告人らに対して損害賠償義務を負うべきである」と判示し，国家賠償法2条1項に基づく住民の損害賠償請求を認めた。

(2)　差止請求についての判断

これに対し，一定基準値を超える騒音と二酸化窒素の居住敷地内への侵入の差止請求については，「上告人らの求める差止めを認容すべき違法性があるとはいえない」として，住民の請求を棄却している。

その理由として，「道路等の施設の周辺住民からその供用の差止めが求められた場合に差止請求を認容すべき違法性があるかどうかを判断するにつき考慮すべき要素は，周辺住民から損害の賠償が求められた場合に賠償請求を認容すべき違法性があるかどうかを判断するにつき考慮すべき要素とほぼ共通するのであるが，

施設の供用の差止めと金銭による賠償という請求内容の相違に対応して，違法性の判断において各要素の重要性をどの程度のものとして考慮するかにはおのずから相違があるから，右両場合の違法性の有無の判断に差異が生じることがあっても不合理とはいえない」と判示している。

4 違法性段階説

差止請求の場合の受忍限度は，損害賠償請求の場合の受忍限度よりも高いと考える考え方を違法性段階説と呼ぶ。

国道43号線訴訟最高裁判決が違法性段階説を採ったものと考えるかどうかについては見解が分かれる。しかし，差止請求における違法性の判断の場合と，損害賠償における違法性の判断の場合とで，最高裁が「公共性」をどの程度重視するかについて差異を設けていることは確かである。

5 判例の動向

下級審で差止請求が認められた例としては，尼崎大気汚染公害訴訟（神戸地判平12・1・31判時1726号20頁。国・阪神高速道路公団に対する汚染物質排出差止請求を認容したもの。）や，名古屋南部大気汚染公害訴訟（名古屋地判平12・11・27判時1746号3頁。国に対する汚染物質排出差止請求を認容したもの。）などがあるが，最高裁で差止請求が認められた例はない。差止請求に関する最高裁のハードルは極めて高いのが実情である。

（権田修一）

第4部　損失補償

第1講　憲法29条と損失補償

第1節　はじめに

　憲法17条は、「何人も、公務員の不法行為により、損害を受けたときは、法律の定めるところにより、国又は公共団体に、その賠償を求めることができる」と規定している。この規定は、違法な公権力の行使により特定の個人が損害を被った場合に、国または公共団体に対して損害賠償を請求する権利を保障するとともに、その個人の権利・自由の保障を補完するという重要な意義を有する。また、国または公共団体の損害賠償については、憲法17条を具体化する法律として、国家賠償法という一般法が存在する。

　その一方で、日本国憲法は、適法な公権力の行使により特定の個人が財産上の損失や権利侵害を被った場合に、国または公共団体に対して損失補償を請求する権利を保障するための直接的な規定を置いていない。その理由として、適法な公権力の行使は、国民の権利・自由をより良く保障し、国民の幸福および利益を増進させることはあっても、財産上の損失や権利侵害を招くおそれがあることを憲法は想定していなかった、あるいは形式的に見れば、適法な公権力の行使の根拠となる法律を制定した国会を介して国民が適法な公権力の行使による損失の発生を承認している以上、補償などという問題は生じないことが考えられる。だが現実に、適法な公権力の行使によって特定の個人が何らかの財産上の損失や権利侵害を被る事態は生じている。このような場合、その個人に対して憲法はどのように救済を行うのであろうか。

第2節　憲法29条と財産権の保障

1　憲法29条2項と3項の関係

　憲法29条1項は,「財産権は,これを侵してはならない」と規定し,財産権を保障している。そして,憲法29条2項は,「財産権の内容は,公共の福祉に適合するやうに,法律でこれを定める」と規定している。ここに言う「公共の福祉」は,自由国家的な内容（消極目的）と社会国家的な内容（積極目的）を意味する。つまり,財産権は,自由国家的公共の福祉に基づく内在的制約のみならず,社会国家的公共の福祉に基づく政策的制約にも服することになる。さらに,憲法29条3項は,「私有財産は,正当な補償の下に,これを公共のために用ひることができる」と規定し,財産権を保障するための1つの方法を示している。

　そこで問題は,憲法29条2項と3項との関係である。すなわち,「公共の福祉」を実現するために憲法29条2項によって財産権が制限される場合,その制限に対して同条3項の補償を要するかどうかである。この点について,次のように学説は分かれている。

（1）　2項・3項分離説

　憲法29条2項にしたがって財産権の内容を公共の福祉に適合するように定めれば,個々の財産権はそれだけ侵害されたことになる。したがって,憲法29条2項によって財産権が制限されている場合は,同条3項の補償を要しないとする説である。ただし,この説は,憲法29条2項による財産権の内容の制限は,一般的でなければならず特定の個人を対象としてはならないことを前提としている。

（2）　2項・3項結合説

　憲法29条1項が個人の財産権を保障している以上,同条2項に基づく財産権の内容の制限によって既得の権益に対する侵害的効果が生じているにもかかわらず,何らの補償を要しないと解することは困難である。したがって,憲法29条2項による一般的な制限であっても同条3項の規定により補償を要することもあり得るとする説である。

　上述した学説の対立は,同時に,損失補償の要否をめぐる考え方の基礎となっている。

2　条例による財産権の制限の許否

　憲法29条2項は、「財産権の内容は、公共の福祉に適合するやうに、法律でこれを定める」と規定している。このことから、条例による財産権の制限を許さないのかどうかが問題となる。財産権は全国的な取引の対象となる場合が多いので、統一的に法律で規定すべきであるという説も有力である。しかし、憲法94条は、地方公共団体に条例制定権を認めており、条例は地方公共団体の議会において民主的な手続によって制定される法の一形式であること、地方公共団体は、法律の委任がなければ財産権の内容を一切定めることができないという積極的根拠を認めることができないことなどの理由から、条例による財産権の制限を否定することは妥当ではないという説もある。最高裁は、ため池の堤とうにおいて耕作を禁止する条例による財産権の制限が憲法29条2項に反するか否かを争った事案で、被告人の「行為は、憲法でも、民法でも適法な財産権の行使として保障されていないものであつて、憲法、民法の保障する財産権の行使の埒外にあるものというべく、従つて、これらの行為を条例をもつて禁止、処罰しても憲法および法律に牴触またはこれを逸脱するものとはいえない」（最大判昭38・6・26刑集17巻5号521頁）と判示している。

第3節　損失補償の概念と根拠

1　損失補償の概念

　損失補償とは、適法な公権力の行使により、財産権が侵害され、特別の犠牲が生じた者に対して、公平の見地から全体の負担において金銭で塡補することを意味する。
　この定義から、損失補償には、次のような重要な要素があると考えられている。
　①「適法性」の要件が違法な公権力の行使による侵害を救済する国家賠償との区別のメルクマールであること。ただし、損失補償の要件として、侵害の「適法性」を堅持すべきであるが、このことは、侵害の適法・違法が必ずしも明確ではなく、いずれとも構成し得る場合が存在することを否定するものではない。

②損失補償を認めるためには,「公権力の行使」が必要であること。ただし,行政指導などの非権力的な行為による損失に対する補償を一切認めないということではない。

③憲法や法律が個人の生命・身体・健康に対する侵害を公権力に授権するとともに補償について定めることは考えられない。それゆえ,損失補償は,土地収用を典型とする財産権の侵害に対する補償制度として形成されてきたという事情があり,伝統的な「財産権の保障」との結びつきが強いこと。

④適法な公権力の行使によって財産権が侵害され財産上の損失を被った個人が,常に補償を受けられるわけではないということから,補償の要否が「特別の犠牲」の有無にあるということ。

⑤損失補償の根拠は,公の目的のために特定の個人に課せられた負担を社会全体の負担に転嫁するべきであるという「公の負担の前の平等」にあること。

⑥補償の方法は,原則として「金銭補償」によること。ただし,補償の方法として,現物補償を認めないということではない。

2　損失補償の根拠

明治憲法は,27条1項で「日本臣民ハ其ノ所有権ヲ侵サルヽコトナシ」と規定し,同条2項で「公益ノ為必要ナル処分ハ法律ノ定ムル所ニ依ル」と規定している。明治憲法は,私有財産制を保障しながら,日本国憲法29条3項に相当する私有財産を公共の用に供した場合の損失補償の規定を置いていなかった。そのため,損失補償は憲法上義務づけられているわけではなく,補償の要否はもっぱら法律の定めるところによるものであり,しかも法律で要件を定めれば,比較的簡単に所有権を制限・剥奪できると考えられていた。

これに対して,日本国憲法においては,損失補償の根拠を次の点に求めることができる。

まず,損失補償の根拠として,憲法に置かれた財産権保障に関する規定があげられる。憲法29条3項は,「私有財産は,正当な補償の下に,これを公共のために用ひることができる」と規定している。憲法29条3項は,明治憲法27条2項のもっていた不完全さを補っているとも考えられる。

つぎに,損失補償の概念には,もともと,財産権保障の要因とともに公平負担の要因が内在している。公共の利益のために特定の個人の財産権を収用する場合,

財産権の剥奪は，法律が認めた適法な公権力の行使に基づいていることになる。だが，財産権が収用される者は，社会全体のために「特別の犠牲」を払わされているのであるから，その犠牲を社会全体で負担するために税金によって当該損失を塡補するのは，公平の理念に照らせば，当然のことである。そのため，「公の負担の前の平等」という見地から損失補償を根拠づけることができると考えられる。この点から言えば，損失補償は，その憲法的根拠を憲法14条の平等原則にも置いていることになる。しかし，損失補償の根拠として，憲法14条を援用することは，損失補償の対象を財産権に限定する必然性はないことになる。つまり，この立場に立てば，たとえば，公共施設から生ずる事業損失により身体的，精神的被害を受けた者に対して，損害賠償ではなく損失補償の法理による救済の可能性も皆無ではないことになる。

　さらに，損失は，財産権にとどまらず，生命・身体・健康にも及ぶような場合がある。このような場合は，生存権保障の見地から損失補償を根拠づけることが求められる。この点から言えば，損失補償は，その憲法的根拠を憲法25条の生存権保障にも置いていることになる。しかし，最高裁は，憲法25条は生存権の保障を国の義務ではなく責務として宣言した規定であると判示している（最大判昭57・7・7民集36巻7号1235頁）ため，同条を根拠として国または公共団体に対する損失補償の請求権を導き出すことは困難であるとも解される。

3　損失補償の法的根拠

　法治主義の観点から，適法な公権力の行使による侵害を救済するためには，それを規定する法律の根拠が必要である。確かに，個別の法律（たとえば，土地収用法68条以下，道路法69・70条）には，損失補償に関する規定が置かれている。しかし，個別の法律すべてが損失補償に関する規定を置いているわけではなく，また個別の法律で国または公共団体による強制的な財産権の収用・使用が認められているにもかかわらず，損失補償に関する規定が置かれていない場合もある。このような場合に適用される損失補償に関する一般法は存在しない。法律が具体的な補償請求権を規定していない場合に，国または公共団体が，たとえ適法であったとしても，自らの公権力の行使により個人に何らかの侵害を与えたことを認めながら，それを救済しないというのでは大きな問題が残る。したがって，このような場合に備えて，憲法29条3項が損失補償を想定していることは明らかである。

4 憲法上の補償請求権

(1) 憲法29条3項の意味

　損失補償を想定している憲法29条3項は，単なるプログラム規定にすぎず，損失を補償するかどうかは，いぜん立法政策の問題であるとする説（プログラム規定説）がある。しかし，この規定の意義を考えるうえで，憲法29条が1項で「財産権は，これを侵してはならない」と規定していることを考慮しなければならない。憲法29条1項が財産権の保障を宣明している以上，同条3項は，財産権の保障を裏づける規定であり，正当な補償をすることなく公共のために私有財産を用いることは，憲法の許容しないところであると考えられることから，損失補償は憲法上の要請であると解される。したがって，今日では，プログラム規定説をとることはできない。

　損失補償は憲法上の要請であると解すれば，法律に補償規定がない場合の取扱いをどうするのかが問題となる。

　この点について，損失補償に関する規定がない法律は違憲無効であるとする違憲無効説と，直接憲法29条3項に基づき補償の請求ができるとする請求権発生説に分かれている。財産権の尊重を徹底すれば，違憲無効説が妥当であるとする見解もある。だが，違憲無効説は，憲法上補償が必要であるにもかかわらず，立法者が損失補償に関する規定を置くことを怠ると，財産権制限を定める法律を違憲無効にしてしまうことになるので，ラディカルな考え方である。そのため，法律が明示的に損失補償を否定しているような場合は別として，法の沈黙というにすぎない場合，あるいは立法者が損失補償に関する規定を置くことを怠った場合には，直接憲法29条3項に基づいて補償の請求ができるとする請求権発生説によるべきであると考える。すなわち，立法者が損失補償に関する規定を置くことを怠った場合でも，憲法29条3項によって当該規定の欠如を補完することができれば，財産権制限を定める法律を違憲無効とすることなく活かすことができることになる。かつては，違憲無効説が有力であった。だが，最高裁は，刑事事件の傍論においてではあるが，「(河川附近地制限) 令4条2号による制限について同条に損失補償に関する規定がないからといつて，同条があらゆる場合について一切の損失補償を全く否定する趣旨とまでは解されず，本件被告人も，その損失を具体的に主張立証して，別途，直接憲法29条3項を根拠にして，補償請求をする余

地が全くないわけではない」（最大判昭43・11・27刑集22巻12号1402頁）と判示し，請求権発生説に言及している。その後，最高裁は，風致地区内建築等規制条例（昭和45年北海道条例第7号）による制限について，同条例が損失補償に関する規定を欠いている事案において，「公共のためにする財産権の制限が社会生活上一般に受忍すべきものとされる限度をこえ，特定の人に対し特別の財産上の犠牲を強いるものである場合には，憲法29条3項によりこれに対し補償することを要し，もし右財産権の制限を定めた法律，命令その他の法規に損失補償に関する規定を欠くときは，直接憲法の右条項を根拠にして補償請求をすることができないわけではなく，右損失補償に関する規定を欠くからといつて，財産権の制限を定めた法規を直ちに違憲無効というべきでない」（最判昭50・3・13集民114・343）と判示している。さらに，最高裁は，文化財保護法（当時）80条による史蹟名勝天然記念物の現状変更の制限につき損失補償に関する規定を欠いている事案において，「公共のためにする財産権の制限が一般的に当然受忍すべきものとされる制限の範囲をこえ，特定の人に対し特別の犠牲を課したものである場合には，これについて損失補償を認めた規定がなくても，直接憲法29条3項を根拠として補償請求をすることができないわけではなく，右損失補償に関する規定を欠くからといつて，財産権の制限を定めた法規自体を直ちに違憲無効というべきでない」（最判昭50・4・11集民114・519）と判示している。これらの判例を見るかぎり，今日では，請求権発生説が支配的となっている。

（2）　憲法29条3項と個別の法律による補償の関係

　個別の法律に損失補償に関する規定が置かれている場合でも，憲法29条3項に基づいて国または公共団体に補償を請求することができるかどうかが問題となる。

　この点について，最高裁は，「自然公園法17条3項の工作物建築等の許可を得ることができなかつたことによる損失に対する補償については，同法35条，36条に，憲法29条3項の趣旨に基づく特別の規定が設けられている以上，その補償請求は，もつぱら右規定所定の手続によつてすべきであつて，それによらずに直接国に対し補償を求める訴えは不適法というべきである」（最判昭62・9・22集民151・685）と判示している。したがって，個別の法律に損失補償に関する規定が置かれている場合は，当該規定による補償請求が憲法29条3項に基づく補償請求より優先的に適用されるということになる。

（3） 憲法29条3項と非財産的法益の侵害

　憲法29条3項は，「私有財産」と明示している。このことから，憲法29条3項は，財産権の侵害に対する損失補償しか認めていないことを根拠として，生命・身体・健康に対する侵害，つまり，非財産的法益の侵害に対しても損失補償を認めるのかどうかが問題となる。

　この点について，損失補償の根拠は，公の目的のために特定の個人に課せられた負担を社会全体の負担に転嫁するべきであるという「公の負担の前の平等」にある。この点から言えば，損失補償は，その憲法的根拠を憲法14条の平等原則に置いていることになる。憲法14条を援用することによって，損失補償の対象を財産権の侵害に限定する必然性はなくなる。一方で，損失補償の対象は財産権の侵害に限定されないとしても，生命・身体・健康の非財産的法益の侵害に対しても直接憲法に基づく損失補償請求を認めようとする場合でも，憲法29条3項が「私有財産」を対象とするものである以上，なお，その実定法上の問題が残ることになる。しかし，憲法が非財産的法益を財産的法益よりも軽視しているとは到底考えられないから，財産的法益の侵害につき，憲法29条3項を根拠として損失補償請求ができると解する以上，非財産的法益の侵害についても，それを認める解釈を採らなければ，均衡を失することになるとする見解もある。また，憲法29条3項は，そもそも，損失補償制度一般に関する規定としての完全を期するものではなく，同条同項が財産権の侵害に対する損失補償しか定めていないことを理由に，非財産的法益の侵害について損失補償を否定することは正当ではないと考えられる。したがって，憲法29条3項の損失補償の制度とは別に，非財産的法益の侵害に対する補償の制度が存在する余地があるとの見解もある。

第4節　損失補償請求に関する訴訟の方法

　憲法に直接もとづく損失補償請求は，個別の法律に特段の定めがないかぎり当事者訴訟によるものと考えられている。ただし，個別の法律が損失補償請求に関する訴訟手続等について定めている場合はそれによるべきであるとされている。

　たとえば，土地収用において，損失の補償額の決定は，都道府県に設けられている収用委員会の裁決によって行われる。この裁決は行政処分であるため，本来

であれば,収用委員会の裁決に不服があれば,国土交通大臣に対して審査請求をすることができる(土地収用法129条)。しかしながら,この場合には,損失の補償についての不服を理由とすることはできない(土地収用法132条2項)。したがって,土地収用法上は,収用裁決が定めた損失の補償額に不服がある土地所有者または起業者は,収用裁決に対する不服申立てや抗告訴訟ではなく,土地所有者または起業者を被告とする当事者訴訟を提起しなければならない(土地収用法133条3項)。これは,形式的当事者訴訟の代表例である。これに対して,所有権の剥奪そのものを不服とする場合には,最終的には,権利取得裁決の取消訴訟を提起することになる(土地収用法133条1項)。

参考文献
芦部信喜(高橋和之補訂)『憲法[第5版]』(岩波書店,2011年)
宇賀克也『行政法概説Ⅱ 行政救済法[第4版]』(有斐閣,2013年)
櫻井敬子『行政救済法のエッセンス』(学陽書房,2013年)
芝池義一『行政法読本[第3版]』(有斐閣,2013年)
高田敏編著『新版 行政法―法治主義具体化法としての―』(有斐閣,2009年)
野中俊彦ほか『憲法Ⅰ[第5版]』(有斐閣,2012年)

(片上孝洋)

第2講 「特別の犠牲」の意義

第1節 損失補償の要否

　適法な公権力の行使によって財産権が侵害された場合，憲法上補償が必要であれば，仮に法律に損失補償に関する規定がなくても，直接憲法を根拠として補償請求することができると解されている（請求権発生説）。憲法29条は，1項で財産権の保障を規定するとともに，3項で「私有財産は，正当な補償の下に，これを公共のために用ひることができる」と規定している。だが，憲法29条3項から，適法な公権力の行使によって財産権が侵害された場合，常に補償が受けられるわけではなく，補償が受けられるのは，私有財産を「公共のために用ひる」場合に限られ，しかも「正当な」の文言が付されていることから，その補償には限度がある，ということを読み取ることができる。

1　「公共のために用ひる」の意味

　「公共のために用ひる」の意味が問題となる。
　まず，「公共のために」については，病院・学校・鉄道・道路・公園・ダムなどの建設のような公共事業に限定する説がある。しかし，「公共のために」との文言から，具体的な施設を伴う公共事業に限定する必要はなく，個別的な利益を超えて広く社会公共の利益になることを含むと解するのが一般的である。たとえば，物資の統制，特定産業の国営化，農業構造の改変などの政策の結果として特定の個人が受益者となる場合も含まれる。
　つぎに，「用ひる」には，特定の公共の利益にかなう政策を実行に移すために，特定の財産権を強制的に取得する公用収用に加えて，特定の財産権の行使を制限したり，その利用を制限したりする公用制限を含むかどうかが問題となる。「用ひる」とは，それを字義どおりに解釈すれば，「用にあてて使う」ことであるから，特定の財産権を強制的に取得することのみを指しているわけではない。し

がって,「用ひる」とは,公用収用のみならず,公用制限も含むと解すべきである。
　上述した内容を踏まえたうえで,憲法29条3項が「公共のために用ひる」ことを正当な補償を行うための条件としている以上,特定の財産権を強制的に取得するか否かによって補償するか否かを決定していると解するのは妥当ではない。したがって,「公共のために用ひる」とは,特定の財産権を強制的に取得する場合ばかりではなく,これを取り壊すなど,公共のために特定の財産権を侵害する場合も含むと解する説が妥当であると考える。しかし,この説によれば,損失補償制度および具体的補償請求権の根拠として憲法29条3項の働く余地は広がることになるが,その反面,「公共のために用ひる」という文言は,具体的補償請求権の要件を示すものとしては決定的な意味をもたないことになる。

2　特別の犠牲

　私有財産を「公共のために用ひる」ことになれば,常に補償の対象となるわけではない。損失補償は,財産権の保障と公の目的のために特定の個人に課せられた負担が社会全体の負担に転嫁されるべきであるという「公の負担の前の平等」に基づく制度である。そのため,憲法29条3項によって補償を要するのは,「特別の犠牲」に当たる場合である。だが,「特別の犠牲」とはどのような場合を指すのかを明らかにしなければ,補償の要否の判断基準にはならない。この点について,学説を整理しておくと次のとおりである。

(1)　形式・実質二要件説

　まず,侵害行為が広く一般人を対象としているか,それとも特定の範疇に属する人を対象としているか(形式的基準)で「特別の犠牲」を判断する。しかし,形式的基準は,規制の対象が一般多数の者に及ぶのか,それとも特定少数の者に及ぶのかに着目しているが,一般多数か否かは相対的なものであって,「特別の犠牲」の決め手とはなりがたい。そこで,形式的基準に加えて,侵害行為が財産権の本質的内容を侵すほど強度なものであるかどうか,言い換えれば,社会通念に照らし,その侵害が財産権に内在する社会的制約として受忍すべき程度のものであるかどうか(実質的基準)という基準も立てたうえで,これら2つの基準を客観的・合理的に判断して決定する説がある。

(2)　実質要件説

　形式・実質二要件説に対して,実質的要件を中心に「特別の犠牲」による補償

の要否を判断すべきであるとの考え方がある。財産権の剥奪，または当該財産権の本来の効用の発揮を妨げることとなるような侵害については，権利者の側にこれを受忍すべき理由がある場合でないかぎり，当然に補償を要するものと解すべきである。そして，財産権の剥奪，または当該財産権の本来の効用の発揮を妨げる程度に至らない規制については，当該財産権の規制が社会的共同生活上の調和を保ってゆくために必要とされるものである場合には，財産権に内在する社会的拘束の表れとして補償を要しないと解するが，他の特定の公益目的のために，当該財産権の本来の社会的効用とは無関係に偶然に課せられるものである場合には，補償を要すると解する説がある。

しかし，上記の両説とも侵害行為の特殊性，強度，目的等が総合的に判断されており，両説の間に大きな隔たりはないように思われる。一般的に言えば，侵害を被った者が特定されればされるほど，また，侵害の程度が強ければ強いほど補償を認める必要性が高くなると考える。

（3）　消極規制・積極規制の区分論

以上の議論とは別に，規定の目的によって「特別の犠牲」を判断することが考えられる。消極目的の規制は，社会公共の秩序の維持，国民の健康や安全の確保，危険の防止の観点から行われるから，当該規制による制限は財産権者が当然受忍すべきものである。それゆえ，消極目的の規制の場合は，特別の犠牲とは言えないため，補償を要しないと解する。これに対して，積極目的の規制は，公共の福祉を増進する観点から政策的になされるものであるから，当該規制による制限は財産権者が受忍すべきものではないのが普通である。それゆえ，積極目的の規制の場合は，特別の犠牲となることが多いため，補償を要すると解する。

上記の学説を踏まえたうえで，「特別の犠牲」の有無と補償の要否に関する判例を確認する。ため池の堤とうにおいて耕作を禁止する条例の合憲性が争われた事案で，最高裁は，財産権の規制が「災害を未然に防止するという社会生活上の已むを得ない必要から来ることであつて，ため池の堤とうを使用する財産上の権利を有する者は何人も，公共の福祉のため，当然これを受忍しなければならない責務を負うというべきである」として，損失補償は必要でないと判示している（最大判昭38・6・26刑集17巻5号521頁）。これは，消極規制・積極規制の区分論に近い立場から，災害防止目的のための規制を財産権の内在的制約と見て損失補償を要しないと判断したものと言えよう。しかし，実質要件説からみれば，これ

まで認められてきた耕作を禁止することは既得権の剥奪に相当するとみられるから，権利者に受忍すべき理由がないかぎり，補償の必要があるのではないのか議論のあるところである。したがって，損失補償の要否は，その絶対的な基準はいまのところ存しないため，具体的な事案ごとに，上記の3説を踏まえた，規制の目的，侵害の強度，侵害の一般性，受忍すべき事情の有無などを総合的に考慮して，判断していくことが求められている。

第2節　損失補償の内容

1　正当な補償

　憲法29条3項は，損失補償について「正当な補償」が必要であることを定めている。そこで，「正当な補償」の意味が問題となる。

　この点について，当該財産について合理的に算出された相当な額であれば市場価格を下回ることも可能であるとする相当補償説と，当該財産の客観的価値の全額を補償すべきであるとする完全補償説とが対立的に論じられている。

　最高裁は，戦後の農地改革における補償につき，憲法に定める「正当な補償とは，その当時の経済状態において成立することを考えられる価格に基き，合理的に算出された相当な額をいうのであつて，必しも常にかかる価格と完全に一致することを要するものでない」（最大判昭28・12・23民集7巻13号1523頁）と判示し，相当補償説を採用する立場と，土地収用法における損失の補償は「完全な補償，すなわち，収用の前後を通じて被収用者の財産価値を等しくならしめるような補償をなすべきであり，金銭をもつて補償する場合には，被収用者が近傍において被収用地と同等の代替地等を取得することをうるに足りる金額の補償を要する」（最判昭48・10・18民集27巻9号1210頁）と判示し，完全補償説を採用する立場に立っている。

　近年，損失補償の算定方法を定める土地収用法71条の合憲性が争われた事案で，最高裁は，相当補償説を採用した前記の判例（最大判昭28・12・23民集7巻13号1523頁）を引用しつつ，同条は憲法29条3項に違反しないという判決を下している（最判平14・6・11民集56巻5号958頁）。しかし，この判決の後半では，土地収

用法は補償金支払請求制度（同法46条の2・46条の4）を設けているため，「被収用者は，収用の前後を通じて被収用者の有する財産価値を等しくさせるような補償を受けられるものというべきである」と判示している。これは，完全補償説を意識していることに鑑みれば，正当な補償とは，通常の場合，完全な補償に等しいと考えられる。

憲法29条における財産権の保障の観点から，収用等の前後において財産的価値に増減がないことをもって「正当な補償」と考えるのが妥当であるから，完全補償を原則としながら，農地改革のような戦後直後の特別な社会状況の中でなされた相当な補償は極めて例外的なものであると考えるべきである。

2　補償の内容と限界

完全補償説を採用するとしても，どこまでの補償を要するのかが問題となる。

まず，損失補償の内容について，土地収用法は，被収用地の補償だけでなく，いくつかの補償項目を定めている。たとえば，土地収用に伴う付随的な損失分の補償として，残地補償（74条），みぞかき補償（75条），移転料補償（77条），その他，離作料，営業上の損失，建物の移転による賃貸料の損失その他土地を収用し，または使用することによって土地所有者または関係人が通常受ける損失の補償（88条）を定めている。土地を収用された者は，必然的に他所に移転しなければならずその費用が必要であり，またこの移転に伴い営業を休廃止することによっても損失が生じる。こうした費用については，収用が土地所有者の意思に反して行われるものであり，かつそれに伴い必然的に生ずるものであるから，補償の対象とされている。

つぎに，損失補償の限界について，たとえば，ダム建設によって一つの集落全体が水没し，住民が未知の土地での生活を余儀なくされたり，あるいは，人口密集地で公共事業のために土地を奪われた者が代わりの土地を捜し求めたりしなければならない場合，土地・建物などの財産に対する補償がなされたとしても自らの力で新たな生活を保持してゆくことが困難であれば，生活を建て直すための生活再建補償の問題があげられる。これについては，現在は，土地収用法（139条の2）・都市計画法（74条）・水源地域対策特別措置法（8条）などの個別法で，職業の紹介，環境の整備等の生活再建措置にかかわる努力義務を定めている。だが，これらの規定は，生活再建措置を講ずるうえで，法律的には一種の努力義務

にとどまっていることに注意しなければならない。この点について，生活再建補償が憲法上の根拠を有するか否かが争われた事案で，裁判所は，「生活再建措置のあつせんは，憲法29条3項にいう正当な補償には含まれず，したがつて，これが懈怠による何らかの損害を観念し得るとしても，それをもつて，憲法29条違反による損害とはいえず」（岐阜地判昭55・2・25行集31巻2号184頁）と述べており，憲法上の生活再建補償は認められていないと解する。さらに，生活再建補償のほかにも先祖伝来の土地や住み慣れた土地を失うことに対する苦痛などの精神的損失に対する補償の問題があげられる。土地収用法は，精神的損失に対する補償を規定していない。この点については，従前から「公共用地の取得に伴う損失補償基準要綱の施行について」（昭和37年6月29日閣議了解）の第2「精神損失に対する補償等の取扱いについて」において「従来一部において行なわれてきた精神損失に対する補償，協力奨励金その他これらに類する不明確な名目による補償等の措置は，行なわないものとする」という方針が実務上明確にされている。判例も，精神的損失に対する補償に関しては消極的であるとみられる。たとえば，最高裁は，輪中堤の文化財的価値の喪失に対して補償を要するか否かが争われた事案で，「通常受ける損失」について言及している。最高裁は，土地収用法88条にいう「『通常受ける損失』とは，客観的社会的にみて収用に基づき被収用者が当然に受けるであろうと考えられる経済的・財産的な損失をいうと解するのが相当であつて，経済的価値でない特殊な価値についてまで補償の対象とする趣旨ではない」（最判昭63・1・21集民153・101）と判示している。この判示の趣旨からすれば，精神的価値は，特段の事情がないかぎり，財産の経済的・財産的価値を高めたり，その市場価格の形成に影響を与えたりしないため，精神的損失に対する補償は認められにくいのが現状である。しかし，損害賠償の分野では，精神的苦痛に対する慰謝料が広く認められていることを考えれば，損失補償の分野においても，住み慣れた土地を収用され，移転を余儀なくされることによる苦痛や生活の変化への不安などに対する精神的損失に対する補償の必要性がないとは言えないであろう。

3 補償の方法・時期

　損失補償は，原則として金銭補償によるが，代替地の提供や工事・移転の代行等による現物補償も例外的に認められている（土地収用法70条・82条以下参照）。これは，土地の取得が困難であっても土地収用が行われるような場合には，被収

用者が金銭補償に代わって土地（宅地・耕地），あるいは建物の提供を要求することが多くなってきているため，現物補償を加味するようになっていることの現れである。また，補償金の支払時期について，本来，従前の生活水準を維持することなどを考えれば，事前補償が望ましいが，憲法29条3項は，事前補償を義務づける明示的文言を使っていない。そこで，憲法29条3項は事前補償または同時補償を保障しているかどうかが問題である。これについて，最高裁は，「憲法は『正当な補償』と規定しているだけであつて，補償の時期についてはすこしも言明していないのであるから，補償が財産の供与と交換的に同時に履行さるべきことについては，憲法の保障するところではないと言わなければならない。もつとも，補償が財産の供与より甚しく遅れた場合には，遅延による損害をも填補する問題を生ずるであらうがだからといつて，憲法は補償の同時履行までをも保障したものと解することはできない」（最大判昭24・7・13刑集3巻8号1286頁）と判示している。補償金の支払時期は，補償額の算定が可能となる時期などを考慮すると，ほとんど事後補償にならざるを得ないであろう。

4　補償の額

　土地収用に対する補償の額について，土地収用法は，71条で「近傍類地の取引価格等を考慮して算定した事業の認定の告示の時における相当な価格に，権利取得裁決の時までの物価の変動に応ずる修正率を乗じて得た額とする」と定めている。事業の認定の告示の時における相当な価格について，地価公示法は，10条で「土地収用法第71条の規定により，公示区域内の土地について，当該土地に対する同法第71条の事業の認定の告示の時における相当な価格を算定するときは，公示価格を規準として算定した当該土地の価格を考慮しなければならない」と定めている。ここでは，取引価格を原則とすることと，事業認定告示時の価格固定制をとったことが重要である。前者については，市場が存在しているかぎり，その市場価格をもって補償の額とするのが最も公平であると考える。後者については，公共事業の場合，計画の発表から収用裁決の時までに時間を要し，その間に地価が上昇するのが通例であるから，裁決時を基準とすると地価の上昇分を含んだ額を補償しなければならないので，これを避ける必要があると考える。一方で，事業の認定の告示の時から収用裁決時までの地価上昇が考慮されないことになるため，憲法上の「正当な補償」にあたるか否かという問題が生じる。これについて，

最高裁は，「事業により近傍類地に付加されることとなった価値と同等の価値を収用地の所有者等が当然に享受し得る理由はない」こと，「事業認定が告示されることにより，当該土地については，任意買収に応じない限り，起業者の申立てにより権利取得裁決がされて収用されることが確定するのであり，その後は，これが一般の取引の対象となることはない」こと，「土地収用法は，事業認定の告示があった後は，権利取得裁決がされる前であっても，土地所有者等が起業者に対し補償金の支払を請求することができ，請求を受けた起業者は原則として2月以内に補償金の見積額を支払わなければならないものとしている（同法46条の2，46条の4）」ことを理由にあげて，合憲の判断を下している（最判平14・6・11民集56巻5号958頁）。

　財産権を制限する公用制限について，損失補償が認められる場合，補償の額の問題がある。公用制限では，財産権の行使が制限されたり，その利用が制限されたりするだけで，財産権は奪われていない。そのため，公用制限による補償の額を算定することは，土地収用に対する補償の額を算定することよりも難しい。この点について，学説は，制限による利用価値の低下により生じる地価の下落分を補償すべきとする地価低落説，従前の土地利用が積極的に妨げられたために生じた損失を補償すべきとする積極的実損説，制限と相当因果関係にあると認められる損失を補償すべきとする相当因果関係説に分かれている。一般的に言えば，財産権の利用の制限に伴う直接の損失を補償する（たとえば地代相当額）必要があると考える。

参考文献
芦部信喜（高橋和之補訂）『憲法［第5版］』（岩波書店，2011年）
石川敏行ほか『はじめての行政法［第3版］』（有斐閣，2013年）
宇賀克也『行政法概説Ⅱ 行政救済法［第4版］』（有斐閣，2013年）
櫻井敬子『行政救済法のエッセンス』（学陽書房，2013年）
塩野宏『行政法Ⅱ 行政救済法［第5版補訂版］』（有斐閣，2013年）
芝池義一『行政法読本［第3版］』（有斐閣，2013年）
高田敏編著『新版行政法—法治主義具体化法としての—』（有斐閣，2009年）
野中俊彦ほか『憲法Ⅰ［第5版］』（有斐閣，2012年）

（片上孝洋）

第3講　生活補償

第1節　補償の内容

　ダムの建設のような大型の公共事業に際して，憲法29条3項は，「私有財産は，正当な補償の下に，これを公共のために用ひることができる」と規定し，財産権の補償を定めている。しかし，集落の大半が水没する場合，山間部の土地について客観的価値の金銭補償がなされても，現代社会においては，移り住む新たな土地を手に入れるのには十分ではない。また，少数残存者にとっても，それまで属してきた生活共同体も同時に失うため，生活の変更・職業の変更を余儀なくされる。このように財産権の侵害に対する補償がなされても，以前と同等な生活を再建するのは困難である。したがって，このような場合，いわゆる生活補償（生活再建補償，生活費補償等ともよばれる）の必要性が求められてくる。

　そこで，国側のこの補償に関する基準としては，公共用地審議会の答申に基づいて「公共用地の取得に伴う損失補償基準要綱」（一般補償基準，昭和37年，改正平成14年）および「公共事業の施行に伴う公共補償基準要綱」（公共補償基準，昭和42年）が，閣議決定の形で定められている。これらは，補償の範囲，補償の方法，補償額の算定方法などについての政府としての統一的な基準を定めたものである。例えば，「公共用地の取得に伴う損失補償基準要綱」45条は，土地等の取得または土地等の使用にかかる土地を事業の用に供することにより，生活共同体から分離される者に対する少数残存者補償を，同46条は，土地等の取得または土地等の使用に伴い，土地等の権利者に雇用されている者が職を失う場合において，これらの者が再就職するまでの期間中所得を得ることができないと認められるときの離職者補償について定めている。

　また，一般補償基準には規定がない職業の指導，環境の整備等の生活再建措置については，土地収用法139条の2，都市計画法74条及び水源地域対策特別措置法（水特法）8条等，個別の法令において定められている。これらに共通するの

は，①宅地，開発して農地とすることが適当な土地その他の土地の取得に関すること，②住宅，店舗その他の建物の取得に関すること，③職業の紹介，指導又は訓練に関することである。このほか，水源地域対策特別措置法では，「他に適当な土地がなかったため環境が著しく不良な土地に住居を移した場合における環境の整備に関すること」の規定を付加している。

　このように，一般補償基準が閣議決定された後も，様々な法律により，生活再建措置に関する規定が設けられているが，財産権補償のみでは以前の生活を再建できない場合が少なくなく，公共事業における生活再建措置の重要性が認識されてきたことの表れである（宇賀・後掲参考文献511頁）。

　では，これらの生活補償は法的にはどのように位置づけられるであろうか。それについては次の二つの説がある。

　第一は，これは，もはや憲法29条3項にいう財産的損失に対する補償ではないから，憲法上要求された補償ではなく，政策上の補償にあたると解する考え方である。これによれば，法律によってこれらの補償が定められている場合には，それに基づくが，法律の定めがない場合には補償は必ずしもなされるとは限らず，また，その額が少なくても不服を述べられないとされる（藤井・後掲参考文献472頁）。

　この生活補償について，憲法上の根拠を有するか争いとなったのが，徳山ダム事件（岐阜地判昭和55・2・25判例時報966号22頁）である。水源地域対策特別措置法8条は，指定ダム等の建設又は整備事業の実施に伴い生活の基礎を失うこととなる者の申出に基づき，指定ダム等を建設する者が「生活再建のための措置のあっせんに努めるもの」と規定する。この訴訟で原告らは，水源地域対策特別措置法8条の定める生活再建措置のうち，土地の取得，建物の取得の斡旋は，憲法29条により保障される正当な補償であるとし，水源地域対策特別措置法及び憲法29条違反を理由として，ダム建設工事の差し止めを求める訴訟を提起した。裁判所は，「水源地域対策特別措置法8条における生活再建措置のあっせんは，憲法29条3項にいう正当な補償には含まれず，別個に採られる補償を補完する行政措置である」と判示した。つまり，この判決によれば，憲法29条3項による生活補償は否定されたものと解することができる（宇賀・後掲参考文献511-512頁）。

　第二は，この生活補償も憲法上の補償であると解し，法律の規定がない場合でも，憲法に基づき直接請求できるとする考え方である。憲法上の根拠としては，

①25条(「すべて国民は、健康で文化的な最低限度の生活を営む権利を有する」)の生存権保障(および14条の平等原則)にその根拠を求める説(塩野・後掲参考文献374頁、芝池・後掲参考文献217頁)と、②29条3項の「正当な補償」の中に含まれるとする、もしくは、それに準ずるものとして同条を類推適用する説(藤井・後掲参考文献472頁)である。

　①の25条(および14条)を根拠にする説は次の考え方である。従来、損失補償のあり方は、財産権補償の見地(および平等原則)から考えられることが多く、損失補償は財産上の損失を塡補するものとみなされてきた。土地収用がされても、財産的損失に対する金銭補償さえあれば、被収用者は以前の生活を確保・維持できるということが前提とされてきたからである。しかし、現代社会においては、土地を収用された者が財産的損失に対する金銭的補償だけでは、以前の生活状態を維持・確保することが出来ない事態が生じてきている。例えば、大規模な公共事業により広範囲に収用が行われた場合、それまで所属してきた生活共同体などの個人の生活基盤が崩壊し、かつ、その住民が未知の土地に転居し新たな生活を余儀なくされる場合、これらの者が土地・建物などの財産についての金銭的補償を得ても、その補償をもとに自力で以前と同じ生活を保持していくことは困難である。このような場合、財産上の損失にとどまらず、生活ないし生存権の保障を図ることができるような補償が与えられることが望ましいとされる(芝池・後掲参考文献217頁)。つまり、公共事業に伴って、憲法で保障された「健康的で文化的な最低限度の生活」を営む権利に対する侵害が生じるのであるから、従来の生活状態を再建するためには財産権に対してではなく、その生活そのものに対して補償すべきであるとする考え方である。

　しかし、憲法25条(および14条)を根拠にする場合、この抽象的な生活補償に対する具体的な請求権をどのように構成するかの問題がある。離職者補償、少数残存者補償など客観的なものを提示するのは可能であるが、起業者が現実に行っている対策としての集団移住地の造成、営業資金の斡旋、職業指導、生活再建資金の融資、職業斡旋など、多様でかつ必ずしも明確でない内容について、どのような裁判上の請求権となりうるかを探るのは困難であろう(塩野・後掲参考文献374-375頁)。

　また、憲法第25条は「プログラム規定」であるという説に立てば、国の努力目標や政策的方針を規定するに留まり、具体的な請求権を確立することは認められ

ていないということにもなる。

　②の29条3項の「正当な補償」に含まれるとする，もしくはそれに準ずるものとして同条を類推適用する説は次のように考える。収用によって直接的に侵害された土地等の財産についての補償のみでなく，その収用によって転職を余儀なくされるなど，生活そのものに大きな痛手を受けた場合は，この特定少数の者の生活は，多数人の生活の利便の向上のために犠牲になったのであるから，多数人の負担によってその償いをすべきであるという，衡平の原則という観点から，その損失分に値するだけの金銭的その他の補償をすべきものと考える説である。なぜならば，この「生活補償」は，収用対象となった土地等の財産そのものについての補償をこえて，「生活」侵害についての補償という意味合いをもっているからである。このように国の適法行為による特定少数の国民の「生活」侵害（収用）があった場合には，29条3項の財産権そのものの収用に関する規定を類推適用し，補償をすべきであると解することができるとする（藤井・後掲参考文献472-473頁）。土地収用にかかわる損失を全て填補するだけの補償をすることが，憲法にいう「正当な補償」と考える説である。

　現行法のなかには生活再建補償を規定するものもある（都市計画法74条など）が，その多くは行政の努力義務となっている。これらプログラム規定の補償制度を補完し，その本来の理念を実現するには，金銭補償に代わって替地補償，耕地や宅地の造成等の現物補償を充実するとともに，公共施設の整備（公共補償），さらには職業訓練や紹介，転業費用の融資などの生活再建措置を講じる必要がある。このように憲法29条3項の正当な補償は本来，生存権であるべきとする学説もある（原田・後掲参考文献279頁）。

　以上のように，生活補償を憲法上の権利とするにはいずれの説が妥当であるか，議論すべき課題が多く残されているといえる。

第2節　補償の方法

　補償は原則的に金銭補償によるが，例外的に現物補償の方法がとられる場合もある。これは，近来においては，土地の取得が困難になってきているため，土地収用が行われるような場合には，被収用者が金銭補償よりも宅地・耕作地などの

土地，あるいは建物の提供を要求することが多くなってきているためである。

　また，補償の時期については，事前補償が原則であり，例外的に事後補償をとるべきである（藤井・後掲参考文献473-474頁）。補償の同時履行保障については，最高裁において，「憲法は『正当な補償』と規定しているだけであつて，補償の時期についてはすこしも言明していないのであるから，補償が財産の供与と交換的に同時に履行さるべきことについては，憲法の保障するところではないと言わなければならない。もつとも，補償が財産の供与より甚しく遅れた場合には，遅延による損害をも塡補する問題を生ずるであらうがだからといつて，憲法は補償の同時履行までをも保障したものと解することはできない」とする判例がある（最大判昭和24・7・13刑集3巻8号1286頁）。

参考文献
宇賀克也『行政法概説Ⅱ　行政救済法［第4版］』（有斐閣，2013年）。
塩野宏『行政法Ⅱ［第5版補訂版］行政救済法』（有斐閣，2013年）。
芝池義一『行政救済法講義［第3版］』（有斐閣，2006年）。
原田尚彦『行政法要論［全訂第7版補訂2版］』（学陽書房，2012年）。
藤井俊夫『行政法総論［第5版］』（成文堂，2010年）。

（上原陽子）

第4講　財産権以外の権利侵害に対する損失補償

第1節　序　論──問題の所在

　国または地方公共団体（以下，国家とする）が，その活動に起因して，直接的または間接的に国民に対して蒙らせた損害または損失を塡補することを「国家補償」という。そして，国家補償の内容につき，違法行為に起因する「損害賠償」と，適法行為に起因する「損失補償」に大別するのが一般であり，いずれも国家補償概念に含まれる点においては共通の性格を有しながら，法理論的には，まったく別個の制度として位置づけられてきた。

　つまり，損害賠償責任は，加害者の「故意または過失」の存在を成立要件の一つとしていることから（民法709条，国家賠償法1条），過失責任主義に立脚する制度とされ，損失補償責任は，国家が一定の政策を実施する過程において，特定の国民の「財産権」に対して「特別の犠牲」を強いた場合，これを蒙らなかった国民との格差を是正して公平を図るために，国家が，この損失を補償する制度とされている（「正当な補償」を要求する日本国憲法29条3項参照）。

　かような建前を前提とすると，たとえ違法行為であったとしても「無過失」であれば，過失責任の見地から「損害賠償」請求権は発生することはないし，また，国民の生命・身体・自由などの「財産権以外の権利」，つまり非財産的権利が侵害された場合には，「損失補償」請求権は発生しないことになる。このような，損害賠償と損失補償のいずれの対象にもならない領域を，講学上「国家補償の谷間」といい，その被害を，侵害結果の発生のみに着目し，なおも国家が塡補することを，講学上「結果責任に基づく国家補償」という。

　そして，国家補償の谷間に落ちてしまった典型例としては，予防接種禍被害と，道路や空港の付近地域における騒音被害などが考えられるところ，本稿においては，前者を素材として，標記の論点について考察をくわえることにする。

第2節　予防接種禍の不可避性

予防接種法1条は，伝染病の蔓延などを防ぎ，国民全体の公衆衛生を維持・増進する見地から，その政策として国民に対する予防接種を施行することを認めている。しかし，接種の臨床において，担当医師がいかに接種禁忌識別義務を尽くしたとしても，重篤な副反応（ワクチン投与に起因する場合を，副作用と区別して副反応という）がおよそ10万人に1人の割合で不可避的に発生するといわれている。このように，重篤な副反応が必発する反面，確率としては僅少である点を捉え，運悪く予防接種禍に罹患した患者を評して"悪魔の籤を引いた"ということがある。もっとも事故の発生は疫学的に予測可能であることから，一定の割合にて不可避的に発生する被害について，国による何らかの救済施策がとられるべきことは論を俟たない。この点，1976（昭和51）年の予防接種法の改正により，国の過失の有無を問わない予防接種健康被害補償制度が設けられ，続く1994（平成6）年の同法改正により，補償額の上限が引き上げられたのであるが，なおも補償金額が低廉であると批判されている。

第3節　賠償と補償の「谷間」に関する一般論

この問題は，本稿において取り上げた予防接種禍を端緒とするものではなくて，元来は，財産権制限法令に補償規定が存しない場合において，当該法令は個人の財産権を侵害する法令であるとして直ちに違憲無効となるのか，それとも，憲法各本条の解釈として，憲法に基づいて直接に補償請求をなし得ると解して合憲と考えるのかという問題として捉えられていて，それが議論の嚆矢となったものである。

その一例が，奈良県ため池条例事件判決（最判昭和38年6月26日）である。本判決において，最高裁が傍論として，財産権の損失補償に関する憲法29条3項に具体的権利性を認め，本条に基づく直接請求も可能であると判示し，ため池周辺に位置する土地所有者の土地使用目的を制限した奈良県の条例（河川付近地制限令4条2項）を合憲とする旨の判断を示したため，その賛否をめぐる諸説が示さ

れるに至ったのである。
　その後，本判決の論理は，補償規定を欠く法令の合憲性確保という違憲判断回避の手法としてではなくて，既存法令の合憲性を前提として，なお当該法令の名宛人の人権が侵害されており，その救済立法がなされていない場合における名宛人の救済手段として，同条項を根拠として補償請求をなし得るのか否かという形で議論されるようになった。その一例が，生活保護受給の可否に関する一連の判例理論であり，生活保護に関する社会福祉立法が適切な受給規定を欠く場合であったとしても，なお同条項に基づいて直接に補償を請求できるとする法律構成であった。本稿において取り上げた国の政策に起因する予防接種禍や，国の政策に起因する薬禍に関する一連の判例，例えば，クロロキン網膜症国賠請求事件に関する最判平成7年6月23日，ステロイド剤注射に伴う骨関節結核罹患事件に関する最判平成10年11月10日なども，かような流れの一つとして位置づけることができる。
　もっとも，既往の法律構成は，本来，財産権の損失補償に関する授権規定に過ぎない本条項を，国民の生命・身体に関する損失補償の問題に類推適用することの可否という本質的な問題につき充分な解決を示したものとはいえないので，議論はいまだ止揚されていない状況である。

第4節　「谷間」に落ち込んだ予防接種禍被害者の法的救済手段

　予防接種の実施主体は国または地方公共団体であることから（予防接種法3条），当該予防接種が強制であったのか勧奨に過ぎなかったのかを問わず，公権力の行使としてなされた行為であることには変わりがない。そこで，健康被害を蒙った被接種者たる国民は，国に対して国家賠償責任を追及し得る（国賠法1条）。因みに，国家賠償責任は民法典に規定されている不法行為責任（同法709条以下）の特則であることから，その成立要件として，公権力の行使に起因する違法な加害行為の存在，損害の発生，加害行為と損害との間の因果関係の存在，故意または過失の存在が必要となる。
　そして，国家賠償法1条は，国の使用者責任を問う構成であることから（民法

715条参照），担当医師の接種行為に一般的不法行為の成立要件（民法709条参照）が備わることを要求されるため，原告たる被接種者側において，担当医師が適切な禁忌識別義務を尽くさなかったこと＝過失の存在を主張・立証しなければならない。しかし，実際問題として被告国側に証拠が偏在することを考慮すると，事実上，証明は不可能である。

　これとは別個の法律構成として，国の不法行為責任を直接問う構成，つまり，予防接種制度そのものについての瑕疵，換言すると，制度の設置や運営についての注意義務違反を問う構成も考えられるが，不法行為責任の範疇において解決しようとする限り，立証の負担は軽減されない。

　そこで，これを過失責任主義のスキームで捉えるのではなくて，加害者の故意または過失の存在を要件としない損害填補制度，つまり，国家行為の適法・違法を問わない損失補償制度の範疇の問題として捉える見解が主張されている。もっとも，損失補償については，損害賠償における国家賠償法のような一般的救済規範が存在しないため，国は予防接種禍が発生するごとに個別の法律を制定・施行して救済しなければならず，被害を受けた被接種者に対して個別・具体的な救済を差し伸べるまでにかなりの時間を要することになる。そこで，救済法規が存しない場合においても（これがまさに「谷間」），既存法令の解釈により，実質的な損失補償（これがまさに「結果責任」）を請求することは可能か否か，が問題とされている。

　いま指摘したように，現状においては，例えば「損失補償基本法（仮称）」のような損失補償に関する一般法は存しないので，損失補償の法的根拠は，わが国の最高法規である日本国憲法に根拠を求めざるを得ないことになる。しかし，憲法各本条の文理としては，公共のための特別損失につき，国民個人の「財産権」を公共の利益のために用いたことに起因する損失を補償すると規定しており（同法29条3項参照），国民の生命（同法13条）や身体の安全（同法31条〜40条）に対する公共の福祉による適法な制限に起因する損失補償については，刑事補償制度（同法40条）の例外を除いて沈黙している。そこで，憲法の解釈として，国民の生命・身体に関する公共のための特別損失の救済方法につき，どのような構成に拠るべきなのかが議論されている。この点につき，学説を大別すると，概ね，つぎのような3つの見解が提唱されている。

　まず，憲法29条3項類推適用説が唱えられており，損失補償のスキームにより

救済する見解である。個人の尊厳（同法13条）の見地からすると，国民の生命や身体の安全にかかわる幸福追求権や人身の自由などの人権こそが，最も尊重されるべきことは論を俟たない。すると，財産上の損失につき憲法による直接の救済が認められていることとの権衡を考慮すると，生命や身体について生じた被害を補償しない理由はないので，財産上の損失に関する救済規定である本条項を類推適用するべきであると解している。しかし，この見解に依拠すると，金銭による損失補償をしさえすれば，主権者国民の意思にかかわらず，国の政策として，その生命や身体に被害をおよぼすことを許容することにもなりかねず，個人の尊厳原理に背馳すると批判されている。

　かような批判を前提として，つぎに過失客観化説が唱えられた。この見解は，損失補償のスキームではなくて損害賠償のスキームにより解決しようとする見解である（危険責任法理の徹底）。即ち国の制度的な過失を問うことを容易にするための構成というべき見解であり，被接種者の生命や身体に重篤な副反応が生じた場合には，制度の不備ないし瑕疵が客観化したと捉え，国の制度構築についての注意義務違反＝過失を擬制するのである。換言すると，事実上の立証責任の転換を認める解釈であり，被告たる国の反論を容易に認めないことによって事実上の無過失責任を肯定するものである。しかし，この見解は，本来的には主観的な認識の問題である過失を制度の欠陥という客観的瑕疵と同一視するものなので技巧的であると批判された。

　そこで，既往の構成に対する批判を克服する見解として，憲法25条1項直接適用説が唱えられるに至った。この見解は，損失補償のスキームにより解決しようとする見解であり，損失補償請求権につき本条項は明文化していないものの，国民の"健康"な"生活"の権利の尊重という見地からは，その法意もしくは当然の含意として，かような請求権を肯定していると解すべきであり，そのことは，本条項のみならず個人の尊厳原理（同法13条）や，平等原則（同法14条），つまり，期せずして公共の利益のために損失を被った特定の国民の被害を公金により塡補することにより，国民間において痛みを分かち合うべきであるという考え方からも裏付けられると解釈するものである。

　なお，他の救済の方途として，行政事件訴訟法に規定されている抗告訴訟（同法3条，8条）により，予防接種の事前差止や取消を求めることも考えられるが，前者につき，接種拒否を認めると予防接種制度全体の実効性が失われることにな

り，後者につき，被害が生じた後に至ってからでは何らの救済にならないので，現実的な構成とはいえないであろう。

第5節　賠償と補償の併存可能性

　被害者たる被接種者が提訴に踏み切る理由としては，低廉な補償金額に対する不服が主要なものであることは前記した通りであるが，請求の態様としても，そのことを反映し，予防接種法14条が，本法に基づく補償と任意に提訴した民事訴訟により得た賠償の並存を許していることから，自らが充分と考える金額と低廉な補償額との差額を請求する訴訟が大半であり，主位的請求として，担当医師の過失の立証に奏功することを前提とする国の使用者責任を問い（国賠法1条，民法715条），過失の立証が不奏功に終わった場合に備えて，予備的請求として損失補償請求をすることが散見される。

　そこで，このような差額請求訴訟を提起するに際し，本法所定の健康被害補償制度が明記する上限を超える請求をなし得るのか否か，が問題とされている。この点につき否定説は，予防接種制度を熟知している政治部門の意思決定により，その上限が法律の形式で決められていることを重視して，これを超える請求を不可と解している。しかし，差額請求の目的は，被害により失われた利益を塡補することであるから，可能な限り「完全補償」をなすべきことに異論はあるまい。また，生命や身体の安全は財産権に優越する法益であることから，財産権侵害がなされた場合において，実際の被害総額よりも僅少な「相当補償」＝本法所定の上限内で足りるとする論理は通用しないこと，さらには，補償請求権は，本法により初めて付与されたものではなく，憲法から直接演繹され，それを確認したのが本法と解すべきことなどから，本法所定の上限を超える請求を一律に否定するべきではない（肯定説）。学説状況としては，肯定説が有力である。

第6節　判例研究

1　国家賠償の問題と捉える判例

　国家賠償法と民法の適用による，国の使用者責任（国賠法1条，民法715条）を問う構成に依拠する場合，原告たる被接種者側において，担当医師の過失を主張し，立証しなければならないのが原則である。つまり，当該被接種予定者が禁忌に該当することを看破するべき注意義務に違反したことを立証しなければならないのである。かような立証は専門性の壁に阻まれて著しく困難であることは前記した通りである。そこで，裁判所は，この点を克服するために，さまざまな理論構成を試みた。

　一つは，担当医師の注意義務の程度を高度に設定することが考えられた。例えば，いわゆるインフルエンザ予防接種禍男児死亡事件（最判昭和51年9月30日）において，担当医師が，肺炎と大腸炎に罹患していた1歳1箇月の男児を禁忌と看破できなかった事案につき，裁判所は，予診の不尽により禁忌該当性を看過した過失を肯定している。

　二つめとして，禁忌該当性判断の過誤ついての立証責任を被告国側に転換することが考えられた。例えば，いわゆる種痘接種禍後遺症事件（最判平成3年4月19日）において，裁判所は，重篤な後遺症害を発症した事案については，禁忌該当性の推定を覆すに足りる特段の事情が存しない限り，被接種者の禁忌該当性を推定するべきである旨を判示している。確かに，かような構成は傾聴に値するが，担当医師の過失を媒介とする限り，救済は提訴した原告各別にならざるを得ず，そのため，なお救済できない事例が多数残るという根本的な問題を解決することができず，また，制度的な不備，つまり，該当性判断のための予診のあり方如何や，限られた時間の中で担当医師が接種する人数の多寡，予防接種に関する医師の公衆衛生学的な知識のレベルの高低などを問題としながら，個別患者に対する担当医師の具体的な過失の存在を要件とすることの不整合性が払拭し得ない考え方であった。

　そこで，制度の不備に起因する責任は，その設置運営の責任者に帰するべきであるとして，国，つまり厚生労働大臣の制度構築と運営上の過失を問題とするこ

とにより，使用者責任構成をとることなく，国の不法行為責任を直接に問うことが考えられた。例えば，いわゆる東京予防接種禍集団訴訟（東高判平成4年12月18日）において，裁判所は，厚労相が禁忌を識別するための充分な措置をとり，その結果，担当医師がその識別を誤らず，禁忌該当者をすべて接種対象から除外していたとすれば，本件副反応事故を回避することが可能であったと認定し，国の不法行為責任を肯定している。因みに，この構成は前記した過失客観化説に近い構成である。そして，本判決に続く福岡高判平成5年8月10日，大阪高判平成6年3月16日も本判決と同様の構成を踏襲している。なお，かような理は，強制接種のみならず，被接種予定者の任意性があるとされる勧奨接種についても同じである。

この構成によると，使用者責任構成のような個別的救済ではなくて，予防接種禍の被害者全員を一律に救済することが可能という利点がある。ただし，賠償額については症状に応じて各別であることに注意するべきである。

2　損失補償の問題と捉える判例

被害填補の問題を過失責任主義のスキームで捉える限り，重篤な副反応の発生を回避し得たことという，結果回避可能性の存在が必要不可欠となる。すると，無事故を可能とする制度はあり得ないので，直接，国の不法行為責任を問うことは不可能となり，担当医師の禁忌識別上の過失を問題とする使用者責任構成のみが，唯一の救済手段となってしまう。しかし，その証明は困難を極めることから，結果として国の責任は否定されることになるので，事実上，被害者救済の途は塞がれることになる。

そこで，その谷間に落ち込んだ被害者を救済する別個の方途として，憲法の解釈として，次のような判例理論が展開された。嚆矢としては，東京予防接種禍訴訟判決（東高判平成4年12月18日）の原審である東京地判昭和59年4月10日において示された，憲法29条3項類推適用説であった。続く名古屋地判昭和60年10月31日において示された，同法第25条直接適用説も，根拠条文こそ異なるものの，無過失事例についても損失を填補するための理論として考案されたものであったことに変わりはない。現実的作用としては，集団訴訟において，過失の立証に奏功した原告と不奏功に終わった原告との間において，救済の程度に著しい差異を認めることは好ましくないという配慮のもと，認容事例と棄却事例の均衡を図る役

割を果たした。

　もっとも，29条類推説に対しては前記した批判があり，また25条適用説についても，訓示的・指針的な規定を総合したとしても具体的な請求権は生じないとの批判があることから，下級審レベルにおいては，救済すべきであるとの結論に争いはなく，損失補償説が主流であるも，その理論構成に難があるため，認容事例と棄却事例が並存していた。

　そのような状況の中で，前記東京予防接種禍訴訟判決は，理論構成の難を払拭できない損失補償説を否定し，損害賠償説に依拠することを明らかにした。本判決は当該事例における損失補償を明確に否定し，前記立証転換説による担当医師の過失の立証に奏功した原告についてのみ国の損害賠償責任を肯定した。もっとも，事案の特殊性として，東京高裁は，本判決の原審である東京地判昭和59年4月10日につき，禁忌識別上の過失についての審理が不尽であったとの認識があり，敢えて損失補償説に依拠しなくても救済が可能であった，つまり，敢えて明文規定が存しない無過失責任の問題とすることなく，明文のスキームが存在する過失責任の範疇の問題として捉えることが可能であったから，担当医師の禁忌識別上の過失を肯定し得たと考えていた節がある。

　すると，本判決の理解としては，損失補償を一律に否定したと解すべきではなく，禁忌識別上の過失がないと認められる事案においては，なお損失補償請求を肯定する余地があることを示した判決と理解するべきであろう。

第7節　結　語——今後の展望

　予防接種禍については，「谷間」に落ち込んだ被害者の救済方法につき，賠償と補償が併存する状況であるが，理論的な区別は格別として，賠償における過失のハードルはかなり低く認定されていることから，実際には，補償と大差がない状況である。この点，本稿では割愛した騒音被害事例については，一貫して賠償プロパーの問題として議論され，道路設置保存の「瑕疵」の有無（国賠法2条）が問題とされたのであるが，道路管理者たる国がなし得る被害防止措置には限界があることから，これも国の道路政策に起因する必発の被害と捉え，補償の問題に還元するべきと主張する論者もいる。既往の検討より，「谷間」に関する被害

填補の見地からは，賠償と補償を截然と区別することは無意味であることが明らかとなった。

　すると，私見としては，集団的被害の発生ごとに個別法令の制定を待ち，あるいは，現行法令の解釈により苦心して救済の方途を探ることを否定はしないが，「谷間」を可能な限り埋めるためにも，統一的な基本法としての，損失補償基本法（仮称），あるいは国家補償法（仮称）の制定が望ましいように思われるが，いかがなものであろうか。

参考文献
藤井俊夫『行政法総論［第5版］』（成文堂，2010年）
大河原良夫「国家賠償の谷間と国の責任　―予防接種事故の救済方法―」後藤光男編著
　『憲法と行政救済法』（成文堂，2002年）
小幡純子「＜展望＞国家補償の谷間」ソフィア：西洋文化ならびに東西文化交流の研究42巻2号
西埜章「予防接種事故と国の補償責任」新潟大学法政理論24巻1号
西埜章「国家補償の概念と機能」新潟大学法政理論32巻2号

（根本晋一）

第5講　刑事補償

　刑事補償は，一般の行政作用よりもむしろ刑事司法作用に係わるものである。刑事手続上，発生した誤判に対する国家補償と解し，国家補償の根拠を国家賠償が憲法17条により，また損失補償が憲法29条3項にもつと同様，補償の根拠を憲法40条にもつ点で特に区別し，ここに挙げる。

第1節　刑事補償請求権

1　結果責任

　日本では，国家賠償と損失補償は，それぞれ別個の制度として展開してきた。国家賠償と損失補償をあわせた国家補償を，原因行為における適法と違法，結果の発生における合法と不法，の組み合わせにより統一的に検討すると今村成和によれば①「違法行為に基づく損害賠償」，②「適法行為に基づく損失補償」，③「国家補償の谷間」または「結果責任に基づく国家補償」の三つに区別される。さらに今村は原因行為の適法性の如何によって③類型を㋑適法行為に基づいて不法な結果を生じた場合（刑事補償法における不当拘留に対する補償など），㋺違法行為に基づいて不法な結果を生じた場合（補償が原因行為に対する非難に基づかない点で，刑事補償における誤判賠償など），㋩原因行為の適法性の如何を問わない場合，の三つに分ける（今村成和『国家補償法 法律学全集9［第6版］』（有斐閣，1968年）2-3頁）。①②③いずれも生じた損失を補うという共通の性質をもち，現行実定法ではこの三つによる統一的な国家補償理論の構築が主張されている（浦部法穂『事例式演習教室 憲法（第2版）』（勁草書房，1998年）160頁）。刑事補償が違法行為に基づく損害賠償であるのか，適法行為に基づく損失補償であるのか，度々争われてきたが，刑事補償を加害行為の適法・違法の如何を問うことなく，発生した結果の不法なことに着目して認められるべき「結果責任」と解するのが制度の本質に適合している（「通常の損失補償とはその性質を異にし，違法無過失の誤判

賠償と共に結果責任としての共通性を有していると解し［今村・前掲29頁］，不法な結果の発生のみに着目して賠償責任が認められる場合なので，これを結果責任に基づく国家補償と呼ぶ」［今村・前掲3頁］）。

2 憲法40条

　国民は，誤った刑事手続により抑留・拘禁された者がのちに無罪の裁判を受けたときには，国家賠償請求権と同様，国に補償を請求する権利（刑事補償請求権）を持つ。この刑事補償請求権は国家賠償請求権とは異なり，公務員に故意または過失がなく適法になされていても請求できるものとなっている。

　憲法40条は「何人も，抑留又は拘禁された後，無罪の裁判を受けたときは，法律の定めるところにより，国にその補償を求めることができる」と定め，刑事補償請求権を明文化している。憲法40条は，憲法31条以下の刑事手続の保障を事後的に補完し，冤罪を金銭的に救済するものである（辻村みよ子『憲法（第4版）』［日本評論社，2014年］293頁）。

　刑事補償は，明治憲法にはその規定はなく，また刑事補償制度のようなものも存在しなかった。1931年（昭和6年），旧刑事補償法（昭和6年法律60号）が制定されたが，当時は国の恩恵として補償するという考えが強かった。日本国憲法では，その恩恵的性格を克服し，国に刑事補償を請求する権利を憲法で明文化し，刑事補償請求権を基本的人権である受益権の一つとして保障した（芦部信喜・高橋和之補訂『憲法（第5版）』［岩波書店，2013年］251頁）。この憲法の具体化として，1950年（昭和25年），新しい刑事補償法（昭和25年法律1号）が制定された。刑事補償請求権は国際人権規約（B規約14条6項）にも同種の規定が定められている。国家賠償法は相互主義を採用するが（同法6条），刑事補償法は国家賠償法とは異なり外国人についても請求権を保障している（坂田仰・田中洋『補訂版 教職教養 日本国憲法―公教育の憲法学的視座―』［八千代出版，2007年］108頁）。

第2節　刑事補償法

1　刑事補償の要件と内容

　憲法40条は「抑留又は拘禁された後」「無罪の裁判を受けたとき」という二つの要件の他，「法律の定めるところにより」として，刑事補償の要件の具体化を刑事補償法に委ねている。

　刑事補償の要件について刑事補償法は，補償の対象を，刑事訴訟法・少年法又は経済調査庁法による未決の抑留又は拘禁を受けた場合，あるいは上訴，再審，非常上告の手続きにおいて無罪の判決を受けた者が「刑の執行又は拘置」を受けていた場合を挙げる（同法1条）。刑事補償法は，憲法40条の「無罪の裁判を受けたとき」の意味については定めておらず，学説では，（A）無罪判決の確定とする説（刑事訴訟法336条による無罪，つまり無罪判決が確定，または一旦確定した有罪判決が再審［同法435条以下］後，取り消され無罪判決が言い渡された場合とする説（法協・註解（上）690頁，憲法判例百選Ⅱ［第6版］（有斐閣，2013年）289頁）），あるいは（B）身体的拘束の根拠がないことが確定した場合も含むと解する説（身体的拘束の根拠がないことが確定した場合も含むとするか［佐藤功・註釈（上）613-614頁，奥平・憲法Ⅲ395頁］，厳密に形式上の無罪の裁判に限定せず，自由を拘束した根拠がないことが明らかになった場合とする説），に見解が分かれている。「無罪の裁判」を無罪の確定判決であるとする限り，身体の拘束を受けても不起訴となれば刑事補償の対象とはならない。補償の必要性は，不起訴の場合も無罪の確定判決も実質的には変わらず，刑事補償の趣旨からすればB説が妥当である。

　刑事補償の内容について同法は，抑留，拘禁，懲役，禁錮，拘留の執行または拘置による補償，死刑の執行，罰金，科料，没収の補償を規定する（同4条）。国家賠償法等の請求をする場合は刑事補償額は調整され（同5条），刑事補償請求権の譲渡，差し押さえは禁止されるが（同22条），相続は可能である（同2条）。補償の請求は，無罪の裁判が確定後3年以内に，判決を出した裁判所に対し行い（同6条・7条），補償の決定は公示される（同24条）。これは不利益を受けた者の精神的損害を軽減する意味を持つと思われる（伊藤正己『憲法（第3版）』［弘文堂，2004年］408頁）。

2　刑事補償の課題領域

　刑事補償に係わる判例として，「勾留の基礎となっていない被疑事実の無罪判決と刑事補償（最大判昭31・12・24刑集10巻12号1692頁，判時99号25頁）」（判例1），「少年審判手続における不処分決定と刑事補償（最判平3・3・29刑集45巻3号158頁，判時1382号12頁，判タ755号90頁）」（判例2），「調布駅南口事件（東京高判平13・12・12判タ1310号287頁）」「横浜事件（横浜地判平22・2・4法学セミナー増刊速報判例解説7（2010/10）201頁）」などがある。現行では憲法40条の趣旨をふまえた法令［刑事補償法（昭和25年法律1号），刑事補償規則（昭和25年最高裁規則1号），被疑者補償規定（昭和32年法務大臣訓令1号），刑事訴訟法第16章「費用の補償」（昭和51年法律23号で追加），刑事訴訟規則第15章「費用の補償」（昭和51年最高裁規則4号で追加），少年の保護事件に係る補償に関する法律（平成4年法律84号），少年の保護事件に係る補償に関する規則（平成4年最高裁法規8号）］も定められ，刑事補償の内容も変化しているが，今なお課題を含む。

（1）　被疑者補償規定

　刑事補償法では，無罪の裁判と同様に，免訴または公訴棄却の場合は補償請求ができる（同25条）。上記判例1の判決後，昭和32年（1957年）「被疑者補償規定」が法務省訓令として制定され，被疑者として取り調べを受けて不起訴処分となった者については，罪を犯さなかったと認めるに足りる十分な事由がある場合には，刑事補償法と同様に補償が認められた。しかし，この制度は行政機関内部の検察官に対する「訓令」であり被疑者の権利を認めたものではない。その適用は厳格に制限され，不服申し立て等の司法上の救済の途はなく，憲法40条の趣旨が十分具体化されていない。

（2）　少年の保護事件に係わる補償に関する法律

　少年法は少年の健全な育成を目的とし，少年法審判は成人の刑事事件の手続とは性格を異にするため，刑事補償を同様に適用することは妥当ではない。上記判例2の判決後，平成4年（1992年）「少年の保護事件に係わる補償に関する法律」が制定され，少年法第2章に定められる保護事件についても，刑事補償法（4条1項）の範囲内の額の補償が認められた。しかし，少年補償は刑事補償法とは異なり少年からの請求は必要ではなく家庭裁判所の職権で開始され，この決定に対する上級審への不服申し立てができない（最判平13・12・7刑集55巻7号823頁）

点で，被疑者補償規定と同様，憲法上の権利を認めたものとなっていない。

（3） 国家賠償との関係

刑事補償法は，検察官の起訴や警察官の逮捕に係わる違法行為に対して，国家賠償請求をすることを妨げるものではないが（同法5条），誤判の違法判断において結果違法説と職務行為基準説のいずれにたっても，その違法性が認められる可能性が小さい。最高裁は「刑事事件において無罪の判決が決定したというだけで，直ちに起訴前の逮捕・勾留，公訴の提起・追行，起訴後の勾留が違法となる」ものではないとし国家賠償責任を認めていない（最判昭53・10・20民集32巻7号1367頁）。死刑判決確定後に再審無罪となった松山事件（仙台高判平12・3・16判例時報1726号120頁，最決平13・12・20判例集未登載）においても国家賠償は認められていない。障害者郵便制度悪用事件（東京地判平23・10・17判例集未登載）では，国は請求に理由があることを認める「認諾」を表明したが，認諾により審議が停止し真相が閉じ込められたことは否めない。

（4） 長期に拘禁された場合

長期に拘禁された後に無罪となった免田事件，財田川事件，松山事件，島田事件，布川事件などは，いずれも刑事補償が認められた。だが，免田事件のように青年期からの長期にわたる拘禁は，社会で生きる力の養成のみならず，人生そのものの犠牲を伴う。補償金額を固定化した金銭的救済が容易な解決として行われてはならない。

刑事補償は，誤判冤罪という，あってはならない事態に対する補償制度である。受益権である限り，それを具体化する立法・学説・判例による法律制度の確立と運用が望まれる。

参考文献
宇賀克也『行政法概説Ⅱ 行政救済法』（有斐閣，2006年）
塩野宏『行政法Ⅱ［第5版補訂版］行政救済法』（有斐閣，2013年）
芝池義一『行政救済法講義［第3版］』（有斐閣，2007年）
杉村敏正編『行政救済法（2）』（有斐閣，1991年）
高木光＝常岡孝好＝橋本博之＝櫻井敬子『行政救済法』（弘文堂，2007年）
団藤重光『刑法綱要総論』（創文社，2006年）
西埜章『国家補償法概説』（勁草書房，2008年）
平野龍一『刑事訴訟法概説』（東京大学出版会，1977年）
平野龍一『刑事訴訟法 法律学全集43』（精興社，1989年）
藤井俊夫『行政法総論［第5版］』（成文堂，2010年）

（竹嶋千穂）

コラム 薬害訴訟

1 薬害訴訟の諸類型

民事判例を分析すると，副作用事例（サリドマイド，スモン，クロロキンなど），競合事例（ソリブジンなど），病原体等混入事例（エイズ，ヤコブなど）という3つの類型がある。

2 薬害訴訟における責任主体

(1) 製薬会社の責任

（一）過失　製薬会社はメーカーなので，消費者に対して医薬品を直接販売しないことから，薬禍が発生したとしても，契約責任としての債務不履行責任（民法415条）を負うことはない。しかしながら，消費者は，製薬会社が作成した効能書や宣伝文句を医薬品の優劣良否の判断基準とするしかないので，安全性に不安のある医薬品が販売に供されると，広範囲な薬禍を惹起する危険性がある。そこで，これを可及的に回避するため，製薬会社は治験を尽くして過不足のない効能書きを作成することにより，安全な医薬品を製造販売する義務があり（薬事法56条参照），これを怠ると不法行為責任（民法709条）を負うと解釈されている。もっとも，現在では製造物責任法が制定・施行されていることから，医薬品そのものに欠陥ありと判断されると，その事実のみで損害賠償責任を生じることから（瑕疵は過失の客観化），本法が適用される限りにおいては，既往の注意義務違反（過失）の有無を議論する実益はなくなった。

（二）因果関係　一般に，因果関係とは，読んで字のごとく原因と結果の関係があることであり，発生した結果について，行為者に法律上の責任を問うための要件である。因果関係の存否の認定は，裁判所が因果の全過程の存在を確信する程度の心証を得ること，つまり（疎明ではなくて）証明がなされることを必要とする。しかし，薬害事件や医療過誤事件，公害事件等においては，その他の事件と異なり，原因とされる行為と結果発生との因果的連鎖を物理的・現象的に説明するだけでは足りず，科学的な裏付けを取らないと，原因結果の関係を特定できないことから，原告側としては，一般の事件と比較すると証明が相対的に困難となる。とりわけ民事の場合，被告側（製薬会社や医療機関，公害を惹起した企業の側）に証拠が遍在するので，刑事事件のような強制捜査権を有しない原告としては，証拠の収集保全は相当に困難となり，証明は事実上不可能となる（証明責任あるところに敗訴あり）。そこで，原告側の立証責任を軽減するため，一般の事件と異なる特殊な認定手法，つまり疫学的因果関係の理論を用いて認定する場合がある。これは，①時間性（前後関係），②普遍性，③論理性，④密接性という4つの事実のみ立証できれば，因果関係の証明ありとする考え方である（疫学四原則）。スモン薬禍事件では，①キノホルム服用はスモン発症に先行していた，②キノホルムの販売停止と回収により患者数が激減した，③スモン発症の機序には未解明なところもあるが，キノホルム服用を原因としても医学的矛盾はない，④キノホルム使用量と患者数の増減は密接に関連（比例）するとして，疫学的な因

果関係を肯定した。

（2）　国の責任　　国家賠償法1条1項の成立要件を備えるのか否かが問題となる。まず国の機関である厚生労働省の注意義務の内容であるが，日本国憲法は，生存権規定に，国には「公衆衛生の向上および増進を図る」義務があることを明記しており（同法25条2項），その授権を受けた薬事法が，国に対して医薬品の製造承認権とその撤回権を授与することにより，医薬品の安全性確保義務を課したと解釈されている。つぎに，国が医薬品の製造承認を撤回しないという不作為が直ちに違法となるのか否か，撤回権の行使不行使が厚生労働大臣の自由裁量であることとの関係が問題となる。この点につき，安全性に疑義をもたらす情報があると裁量権が失われ，直ちに承認撤回義務を生じるとする見解や，撤回権の不行使を消極的な裁量権の濫用と捉える見解などがある（なお，損失補償として医薬品副作用被害救済制度が存在する）。

（3）　医師・医療機関の責任　　医師は，医業に従事する者として，患者の生命や身体に対する危険発生防止のために経験上必要とされる最善の注意を尽くす義務があり（準委任契約における受任者の最善努力義務。民法656条準用644条），最善とは，診療当時における臨床医学の実践レベルを意味すると解釈されている（医療水準の理論）。これを投薬にあてはめてみると，医師は医薬品の安全性確認のための高度の注意義務，つまり効能書きに記された用法に準拠して投与・処方する義務を負うことになる。かような注意義務を懈怠した場合には，債務不履行責任と不法行為責任を負う。なお，当該医師を雇用する医療機関は使用者責任を負う（民法715条。国公立の機関であれば国賠法1条1項）。

3　刑事薬禍事件
　　―薬害エイズ禍事件―

本件は，非加熱血液製剤にHIV（ヒト免疫不全ウイルス）が混入していたことに起因し，これを治療に使用した血友病患者の約4割，2,000名がHIVに感染し，エイズ（後天的免疫不全症候群）を発症し，約500名が死亡した事案であり，その薬禍の甚大性に鑑みて，刑事事件として3件，つまり血友病専門医（帝京大ルート，無罪），製薬会社幹部（ミドリ十字ルート，有罪），旧厚生省製剤課長（医師。厚生省ルート，有罪）が，業務上過失致死罪（刑法211条）の嫌疑で立件された。薬禍事件としては初の刑事判断であり，医薬品の安全確保に関し，製薬会社と行政の自律性の限界を明らかにした意義は大きいと評価されている。

参考文献
塩野隆史『薬害過失と因果関係の法理』（日本評論社，2013年）

甲斐克則編『ブリッジブック医事法』（信山社，2008年）

櫻井敬子『行政救済法のエッセンス』（学陽書房，2013年）

神橋一彦『行政救済法』（信山社，2012年）

高木光＝常岡孝好＝橋本博之＝櫻井敬子共著『行政救済法』（弘文堂，2007年）

（根本晋一）

行政法関連文献紹介

○行政法総論

①室井力編『新現代行政法入門（1）（補訂版）』（法律文化社，2005年）

『新現代行政法入門』シリーズのうち，「基本原理」，「行政作用」および「行政救済」を扱った教科書。行政現象を表面的ではなく，より客観的に理解し，行政法を憲法の保障する人権と民主主義の観点から整序することをより強く意図している。コンパクト版ながら，巻末には判例索引があり，該当の説明箇所との互換性に役立つ。

②芝池義一『行政法総論講義（第4版補訂版）』（有斐閣，2006年）

近年をもっとも代表する行政法の体系的教科書のひとつ。著者の行政法総論の講義のためのノートをまとめたものである。特徴としては重要と思われる点については突っ込んだ説明をしていること，行政法上の法制度や法概念の説明にあたりその客観的な認識に重点を置いていることと，それの機能の面を重視していることである。

③塩野宏『行政法Ⅰ（第五版補訂版）行政法総論』（有斐閣，2013年）

行政法の体系的教科書においてもっとも権威あるシリーズの書。大学における講義用のためのものという目的で書かれたものであり，版を重ねる毎に著者の自説や学説・判例の展開も叙述されているが，基本的な目的は依然維持されている。

④藤井俊夫『行政法（第五版）』（成文堂，2010年）

行政法総論の体系的教科書であるが，重要度に応じて詳細に説明した箇所もあるので，行政法に関する基本的な考え方を理解するための参考書ともいえる。行政法学に伝統的かつ典型的である，行政法の規範体系に関する叙述を中心とする研究アプローチの仕方をとりつつ，常に憲法を出発点として考えられており，理解しやすい。それは，著者が従来主として憲法を専攻分野としてきたということだけではなく，行政法は憲法の具体化法であるということを，実際に行政法の規範体系に関する叙述の中でより徹底すべきだと考えるからである。

特に「第四章 行政作用」における，行政行為論や行政裁量論等についての理論構成はその一連の考えの中心をなすといえる。例えば，一般的に講学上，行政行為のうち法律行為的行政行為は命令的行為と形成的行為に峻別されるが，本書では，行政行為ではなく行政法に注目した場合における国民との関係から生まれる差異によって，法律行為的行政行為を「規制的・侵害的行政」と「授益的・給付的行政」とに峻別している。

さらに，全体として，法律による行政の原則（第二章），行政手続保障（第五章），行政

救済制度（第六章及び第七章），情報公開の原則（第二章及び第七章），個人情報保護の原則（第二章）等，国に対する法的コントロールを確保するという観点を強調しているとともに，権力関係たる公法関係の成立のための基本的な枠組その他の諸原則についての定めを置くものであるという，公法における憲法の役割を踏まえているといえる。

　全体として，基本的方針を維持しつつも，行政法における大規模改正が行われる度にそれに対応するため版を重ねている。第五版では，さらに，できるだけ多くの判例を文中で紹介するようにつとめている。

⑤芝池義一『判例行政法入門（第5版）』（有斐閣，2010年）

　判例と概説が融合した斬新な行政法の判例集。一般に副読本とされている判例集においては，行政法についての一定の知識を習得していなければ，その理解にも限界がある。本書によって，行政法理論についての知識と，裁判例を手がかりに生きた行政法についての知識の融合が可能である。

⑥原田尚彦『行政法要論（全訂第七版（補訂版））』（学陽書房，2011年）

　行政法総論の体系的教科書。現代の法律現象の解明に重要と思われる論点に力点を置き重点主義的な解説を試み，さらに通説に対する異を大胆に唱えている。各節の末尾には研究課題が設けられており，問題点を考えるための示唆を与えてくれる。

⑦南博方『行政法（第六版補訂版）』（有斐閣，2012年）

　コンパクトにまとめられている名著。平明かつ簡潔に叙述する定評ある概説書。放送大学の印刷教材である，著者の『国家と法Ⅱ―行政法』（放送大学教育振興会，1986年）を基礎としそれに補筆訂正を加えたものである。第6版以降では，行政・司法制度の改革を踏まえ，法科大学院や実務家の使用にも対応され，さらに著者の主張も加えられている。

⑧大浜啓吉『行政法総論 第三版（行政法講義Ⅰ）』（岩波書店，2012年）

　立法学を意識する著者による体系的教科書。日本国憲法の法の支配（rule of law）の原理が行政法に投影されると何故に法治国家論（法治主義）になるのか，という著者の学生時代からの疑問への解答という形式で全体が叙述されている。第三版では行政法の学習の重要性が増していることから，本文の説明を工夫し，より一層わかりやすく書き改められている。

⑨今村成和（畠山武道補訂）『行政法入門（第9版）』（有斐閣，2012年）

　コンパクトな体系書・概説書。「行政法とはどういうものか」ではなく「行政法は何のためにあるのか」という問題意識で書かれており，さらに随所で著者の見解も出されている。現在は補訂者によって新たな法改正等が加筆・変更され，第9版まで重ねられている。

⑩櫻井敬子・橋本博之『行政法（第4版）』（弘文堂，2013年）
　斬新な行政法の体系的教科書。これまでの行政法は，抽象的・理念的側面を強調するという傾向が見られたという反省の下，本書では憲法の定める基本的価値を具体化する法の体系と位置づけ，わかりやすいように具体的に叙述されている。そのために2色刷りや図表の提示等の工夫も施されている。
　また，橋本博之著『行政判例ノート（第3版）』（弘文堂，2013年）に収録されているものについては，該当判例番号を付し，より深く判例を学べるように工夫されている。

⑪宇賀克也『行政法概説Ⅰ 行政法総論（第5版）』（有斐閣，2013年）
　新しい視点の行政法の基本テキスト。東京大学法学部での行政法の講義ノートを基にまとめられたものであるが，法科大学院等でさらに発展的学習をする人のためにも配慮されている。そのため基本的な内容は大文字，発展的学習や実務上の必要のためのものは小文字で表記されている。最新版では，いわゆる「マイナンバー法」などを反映している。

⑫藤田宙靖『行政法総論』（青林書院，2013年）
　元最高裁判事による行政法の体系的教科書。実質上の前版に当る『第四版行政法Ⅰ（総論）改訂版』（青林書院，2005年）の刊行から8年を経て，最高裁判事としての経験を踏まえ，新章として「損失補償」を加えて，リニューアルした。『行政法総論』でありながらも，「行政救済法」も相当に充実している。

⑬藤田宙靖『行政法入門（第6版）』（有斐閣，2013年）
　元最高裁判事による行政法の入門書。「行政法」をおもしろいと思わせたい，という目的で書かれている。そのために，抽象的ではあるが，基礎的な知識は過不足なく理解でき，また全体として，「です・ます」調で叙述され口語体となっており，読みやすい。第6版では「損失補償」が新たな講として加わっている。

○行政救済法
①小早川光郎『行政法講義（下Ⅱ）』（弘文堂，2005年）
　『行政法　下』シリーズ，すなわち「行政訴訟過程」を取り扱ったものの書。その中で「序節」，「抗告訴訟総説」および「取消訴訟の仕組み」についてまとめたものが本書である。

②橋本博之『要説 行政訴訟』（弘文堂，2006年）
　新しい行政事件訴訟法の解説本。改正行政事件訴訟法が2005年（平成17年）4月より施行され，同年にその法律の解釈に関して下された2つの大法廷判決に見られるように動き出した，行政事件訴訟法の全体像について解説している。巻末に記載されている条文を常時確認しながら読み進めることができる。

③芝池義一『行政救済法講義(第3版)』(有斐閣, 2006年)

　近年をもっとも代表する行政法の体系的教科書のひとつ。『行政法総論講義(第4版補訂版)』(有斐閣, 2006年)の続編である。行政救済法における各種法律の仕組みや裁判例により形成された法理を客観的かつ明快に描き出すことを第一の目的としているが,「違法性論」等の新たな理論的枠組みの形成努力もなされている。

④室井力ほか編『コンメンタール行政法Ⅱ(第2版)行政事件訴訟法・国家賠償法』(日本評論社, 2006年)

　『コンメンタール行政法』シリーズの書。本書である第Ⅱ巻では行政救済法の中心的地位を占める行政事件訴訟法および国家賠償法が扱われている。形式は気鋭の行政法研究者の本格的逐条解説であり, かなり詳しく叙述されている。

⑤小早川光郎『行政法講義(下Ⅲ)』(弘文堂, 2007年)

　『行政法　下』シリーズの3作目。本書では,「取消訴訟過程」及び「取消・無効確認訴訟以外の行政訴訟」が取り扱われている。また, 最近の風潮に合わせて本文は, 横書きで叙述されている。続く, シリーズ4作目では「行政と補償」が出る予定である。

⑥高木光・常岡孝好・橋本博之・櫻井敬子『行政救済法』(弘文堂, 2007年)

　コンパクトな行政救済法のコンメンタール。「行政不服審査法」「行政事件訴訟法」「国家賠償法」という,「救済法3法」の条文の解説をしながら, さらに行政手続法の解説も含み, 行政法の基本を理解させることを目的とする。2色刷りとイラストで楽しくビジュアルに学べる。

⑦塩野宏『行政法Ⅱ(第五版補訂版)行政救済法』(有斐閣, 2013年)

　行政法の体系的教科書においてもっとも権威あるシリーズの書。目的や形式は『行政法Ⅰ(第五版補訂版)行政法総論』(有斐閣, 2013年)と同様であり, 本書では行政訴訟法と国家賠償法の2分野を含んでいる。

⑧宇賀克也『行政法概説Ⅱ　行政救済法(第4版)』(有斐閣, 2013年)

　新しい視点の行政法の基本テキスト。『行政法概説Ⅰ　行政法総論(第5版)』(有斐閣, 2013年)の姉妹編でありそれと目的を同じくし, 同様に, 基本から応用まで段階的に解説されている。

(岡田　大助)

事項索引

あ
青写真判決 …………… 111
芦別事件 …………… 205
厚木基地事件 …………71
尼崎大気汚染公害訴訟 … 291
安保反対教授団事件 …… 192

い
一般処分 …………… 110
違法性 …… 196, 214, 232, 259
　　──一元論 …… 224, 228
　　──二元論 …………… 225
医薬品ネット販売事件 … 166

う
訴えの利益 ………… 91, 117
運輸安全委員会 …………31

え
営造物責任 …………… 265
ADR（Alternative Dispute Resolution） …………36
　　──法 …………36
英米法 …………… 184
愛媛県玉串料訴訟 …… 170
エホバの証人剣道授業拒否事件 ………… 41, 98

お
大阪国際空港事件 … 70, 107, 279, 290
大阪地蔵像訴訟 …… 170
大田区ゴミ焼却場事件 ……76
公の営造物 ………… 267
公物 …………… 267
岡山税務署健康診断事件 ………… 192
小田急高架事業事件 ………… 125, 134
小樽種痘禍事件 ………… 210
オンブズマン …… 7, 26, 34, 84

か
概括主義 …………… 120
海区漁業調整委員会 ……32
外形標準説 …………… 195
海難審判 …………27
回避可能性 ………… 196, 232
確認訴訟 …………… 162, 254
がけ崩れ危険地開発許可事件 …………… 134
加治川水害訴訟 …… 283
過失 ………… 196, 232
　　──と違法一元論 … 211
　　──と違法二元論 … 210
過失推定の理論 …… 210
過失責任主義 …… 206, 230
瑕疵の治癒 …………92
過渡的な安全性 …… 284
金森徳次郎 …………… 119
カネミ油症事件 …… 199
仮の義務付け …… 80, 159
仮の救済 …… 157, 167
仮の差止め …………… 159
川崎市市民オンブズマン条例 …………34
川崎市非番警察官強盗事件 …………… 195
環境アセスメント …… 178
環境訴訟 …………77
監査委員 …………32
完全補償説 …………… 307

き
議員定数不均衡訴訟 …… 168
議員の資格争訟の裁判 ……52
機関訴訟 …… 58, 73, 81, 168
棄却 …………24
危険責任 … 213, 270, 286, 321
羈束裁量 …………94
義務付け訴訟 …… 74, 78, 104, 152
却下 …………… 24, 77
客観説 …………… 270

客観訴訟 …………… 73, 168
客観的過失 …………… 208
求償権 …………… 187, 197
給付行政 ……………4
給付訴訟 …………… 162
教育委員会 …………32
教示制度 …………22
教職員国旗国歌訴訟 …… 165
行政委員会 …… 26, 103
行政型ADR …………36
行政過程論 …………… 104
行政計画 …………… 110
行政裁判所 …… 6, 41, 62, 102, 118, 185, 282
行政裁判法 …… 118, 186
行政裁量 …… 5, 49, 50
行政事件訴訟特例法 ……65
行政事件訴訟の類型 ……73
行政事件訴訟法 … 14, 65, 102, 103
行政指導 …………… 115
行政上の強制執行 ……63
行政処分の瑕疵 ……92
行政審判 …………26
行政相談委員 ……………9
　　──法 …………14
行政訴訟 …… 8, 65
行政代執行法 ……63
行政庁の第一次的判断権尊重 …………74
行政手続法 …………14
行政の第一次的判断権 … 153
行政の不作為 …… 197, 230
行政不服審査 ……………7
　　──会 …………20
　　──法 …………14
行政不服申立て …… 8, 14
行政便宜主義 …………… 239
行政立法 …………… 110
供用関連瑕疵 …… 279, 290

く
苦情あっせん制度 …………9

苦情処理…………… 7, 14
苦情相談………………… 9
国立マンション事件
　　　　　　 75, 153, 155
クロロキン訴訟………… 237

け

計画高水流量………… 277
軽過失………………… 197
形式的行政行為………… 68
形式的行政処分…… 18, 108
形式的当事者訴訟… 80, 161
刑事補償……………… 327
　──請求権………… 327
　──法……………… 328
結果違法説……… 221, 226
結果基準説……… 197, 248
結果責任……… 183, 211, 327
結果不法説…………… 225
原告適格………… 89, 117
原処分主義…………… 103
原子力規制委員会……… 31
建築審査会……………… 61
憲法訴訟……………… 252
権力行政留保説………… 5

こ

故意……………… 196, 232
公安委員会……………… 32
公安審査委員会…… 28, 31
行為不法説…………… 225
公害等調整委員会…… 27, 28, 31
効果裁量………………… 95
公共的訴訟……………… 63
公共のために用ひる…… 304
公共用物……………… 267
合憲限定解釈…………… 48
公権力の行使… 71, 109, 193, 223, 231
公権力発動要件欠如説… 226
抗告訴訟…… 67, 73, 83, 100
公証…………………… 113
公正取引委員会…… 27, 31
公正な手続……………… 15
高知落石事件… 266, 269, 274
校庭開放事件………… 279

公定力………………… 85
公平委員会……………… 32
公法私法二元論………… 67
公法上の当事者訴訟…… 68
公法上の法律関係に関する
　確認の訴え………… 254
公民権法（Civil Rights Act）
　　　　　　　　…… 185
公務員の地位確認訴訟… 81
公用収用……………… 305
公用制限……………… 305
公用物………………… 267
考慮不尽………………… 97
国王訴訟手続法（Crown
　Proceedings Act）…… 184
国籍確認訴訟…………… 81
国籍法違憲訴訟……… 166
国道43号線訴訟……… 290
国立歩道橋事件…… 88, 106
個室付浴場業判決…… 216
故障車放置事件……… 275
国家公安委員会………… 31
国家賠償……………… 181
　──法……… 182, 230, 295
国家補償……… 181, 317
　──の谷間………… 327
国家無答責……… 194, 282
固定資産評価審査委員会… 32
個別的立法（private act）
　　　　　　　　…… 185
個別労働紛争解決促進法… 36
ごみ焼却場設置事件
　　　　　　　…… 68, 106
コモン・ロー………… 184
コンセイユ・デタ…… 8, 186

さ

在外邦人選挙権訴訟
　　　　　 165, 166, 201, 245
裁決…………………… 24
再婚禁止期間違憲訴訟… 244
財田川事件…………… 331
在宅投票制度廃止事件
　　　　　 200, 202, 241, 253
再調査請求…………… 16
裁判外紛争解決手続…… 36
裁判を受ける権利…… 145

裁量権収縮論………… 234
裁量権の限界…………… 95
裁量権の消極的濫用論… 236
裁量権の零収縮……… 234
裁量権の濫用…………… 96
差止め訴訟… 74, 80, 104, 156
札幌病院長自殺事件…… 202
猿払事件………………… 48

し

シーラクラブ対モートン事
　件…………………… 177
自己責任説…… 191, 200, 207, 231, 248
事実行為……………… 101
事情裁決………………… 24
事情判決……… 77, 93, 170
自制説………………… 53
自然公物……………… 268
自然の権利訴訟…… 137, 177
執行停止制度………… 158
執行不停止原則……… 140
実質的当事者訴訟… 80, 162
司法権の内在的制約…… 43
司法権の範囲…………… 41
司法国家………………… 6
司法裁判所…… 6, 62, 102
司法裁量………………… 49
司法の執行……………… 63
島田事件……………… 331
重過失………………… 197
自有公物……………… 268
自由裁量…………… 43, 94
自由選択主義…………… 17
住民訴訟………… 59, 168
収用委員会… 32, 80, 161, 302
主観説………………… 271
主観訴訟………………… 73
主観的過失…………… 208
主権免責（sovereign immu-
　nity）……………… 184
出訴期間………………… 87
受忍限度論…………… 290
主婦連ジュース訴訟
　　　　　　 21, 89, 120, 130
受理…………………… 113
準司法的手続…………… 27

事項索引　*341*

準法律行為的行政行為… 101
少数残存者補償………… 312
少年法…………………… 330
消費者基本権…………… 175
消費者訴訟………………77
将来効…………………… 142
職務行為基準説…… 196, 200, 219, 226, 248
職務を行うについて…… 195
処分………………………18
　──の執行停止……… 139
処分性………… 88, 100, 117
自力執行力………………63
自律権……………………52
侵害留保説……………… 5
審議会……………………93
人工公物………………… 268
審査請求…………………16
　──の適用除外………19
　──前置主義…………17
人事委員会………………32
人事院……………………27
申請型義務付け訴訟…… 79, 153
審理員……………………15
　──制度………………20

す
水害……………………… 276
　──訴訟……………… 281
砂川政教分離訴訟……… 170
スモン薬禍事件
　………………199, 233, 332

せ
生活再建補償…………… 308
生活補償………………… 312
請求棄却…………………77
請求認容…………………77
正当な補償……………… 307
赤色灯標柱事件………… 275
絶対的不作為…………… 258
絶対的免責特権………… 204
設置又は管理の瑕疵…… 268
折衷説…………………… 271
選挙管理委員会…………32
選挙無効訴訟…… 59, 168, 260

全部留保説……………… 5

そ
相関関係説………… 225, 232
相対的不作為…………… 258
相当の期間………………18
相当補償説……………… 307
訴願法……………………14
遡及効…………………… 142
組織過失………………… 209
損失補償………… 161, 181, 295
　──制度……………… 188

た
代位責任………………… 185
　──説…… 191, 200, 207, 231, 248
第三者効………………… 142
第三者訴訟……………… 127
大嘗祭訴訟……………… 170
大東水害訴訟………276, 283
大陸法…………………… 185
宝塚市パチンコ条例事件…61
他事考慮…………………97
宅建業者監督訴訟……… 237
伊達火力発電所事件…… 131
田中二郎………………… 103
多摩川水害訴訟……276, 287

ち
筑豊じん肺訴訟…… 199, 236
注意義務違反…………… 196
中央労働委員会…………31
中間段階の行為………… 112
聴聞会……………………93

つ
通達………………… 109, 164
通知……………………… 113
津地鎮祭事件…………… 168

て
適用違憲…………………48
点字ブロック事件……… 277
電波監理審議会…………27

と
東京予防接種禍訴訟
　………………………209, 324
当事者訴訟… 67, 73, 80, 161, 254, 303
当選無効の訴訟…………59
統治行為論………… 53, 57
道路公害………………… 290
道路事故………………… 274
都教組事件………………47
徳島小学校遊動円棒事件
　………………………186, 265
特別裁判所………… 6, 119
特別の犠牲………… 297, 304
徳山ダム事件…………… 313
土地収用法………… 161, 303
土地の収用裁決…………80
特許審判…………………27
鞆の浦景観保全事件……80
富山大学事件……………51
取消訴訟………… 74, 83, 103
　──中心主義…………74
　──の排他性…………85
　──の排他的管轄…… 148

な
内閣総理大臣の異議
　………………………139, 159
内在的制約説……………53
内水面漁場管理委員会……32
長沼ナイキ基地事件
　………………………91, 131
長野勤務評定事件… 80, 165
名古屋南部大気汚染公害訴訟……………………… 291
那覇市情報公開決定取消請求事件…………………60
奈良県ため池条例事件… 318
成田新幹線訴訟…………69

に
新潟空港訴訟……… 122, 132
西陣ネクタイ事件……… 243
二重の基準論……………56
日光太郎杉事件…………97
日本原演習場事件………70

認容……………………24

の
農業委員会………………32
納税者基本権……………175
農地改革…………………189

は
浜松市土地区画整理事業計
　画事件…………………76
パリーラ鳥対ハワイ州土地
　自然資源省事件………177
ハンセン氏病国家賠償訴訟
　……………………………199

ひ
被告適格…………………77
非申請型義務付け訴訟
　………………………79, 154
病院開設中止勧告事件……76
平等原則…………………96
比例原則………………4, 96
平野事件……………119, 143

ふ
不可抗力…………………273
不可争力……………87, 148
布川事件…………………331
不作為……………………18
──の違法確認訴訟
　…………………74, 78, 151
不服申立て…………………7
不服申立前置主義………139
部分社会論……………50, 57
フランス人権宣言………188
プロイセン憲法…………101
プログラム規定……212, 300, 314
文化的環境権……………175

ほ
保育園入園承諾義務付等請
　求事件…………………79

法規裁量…………………94
法治主義……………………4
法定外抗告訴訟…………74
法的な保護に値する利益
　説………………………121
法律行為的行政行為……101
法律上の争訟……57, 102, 248, 256
法律上保護された利益説
　……………………120, 136
法律による行政……………4
法令違憲…………………48
他有公物…………………268
補充訴訟…………………78
墓地，埋葬等に関する法律
　……………………………164
墓地埋葬通達事件………69
北海道赤間小学校思想調査
　事件……………………97
堀木訴訟…………………153

ま
マクリーン事件…………95
マッカーシー事件………53
松山事件…………………331

み
三井鉱山塵肺訴訟………201
見なし道路………………111
水俣病関西訴訟…………237
箕面忠魂碑訴訟…………170
美濃部達吉………………102
民事訴訟（法）…………65
民事保全法………………157
民衆訴訟……58, 73, 81, 168

む
無過失責任…………183, 266
──主義……………212, 230
無効等確認訴訟…74, 77, 148
無名抗告訴訟……………74

め
明白性の原則……………244
免田事件…………………331

も
もんじゅ訴訟…123, 133, 151

や
薬害エイズ禍事件………333
薬害訴訟…………………332
山形県余目町個室付特殊浴
　場事件…………………97

ゆ
郵便法違憲判決…………187
夢野台高校校庭転落事件
　……………………270, 278

よ
要件裁量…………………95
予見可能性…………196, 232
予防接種健康被害補償制度
　……………………………318
予防接種禍被害…………317
予防訴訟……………78, 156

り
立法裁量…………………47
立法の不作為違憲確認訴訟
　……………………………255
立法不作為…………242, 251

れ
列挙主義…………………120
連邦不法行為請求権法（Federal Tort Claims Act）
　……………………………185

ろ
労働委員会……………27, 32

執筆者紹介 （掲載順，◎印編者）

大河原良夫	（おおかわら よしお）	福岡工業大学教授
山本 克司	（やまもと かつし）	聖カタリナ大学教授
山本 英嗣	（やまもと えいじ）	東京外国語大学講師
大内 理沙	（おおうち りさ）	早稲田大学学術修士
髙島　穣	（たかしま じょう）	文教大学講師
◎後藤 光男	（ごとう みつお）	早稲田大学教授
権田 修一	（ごんだ しゅういち）	弁護士
平岡 章夫	（ひらおか あきお）	国立国会図書館，博士（学術）（早稲田大学）
北原　仁	（きたはら ひとし）	駿河台大学教授
三浦 一郎	（みうら いちろう）	鎌倉女子大学，関東学院大学，桐蔭横浜大学講師
岡田 大助	（おかだ だいすけ）	千葉大学，群馬大学講師
駒井 寿美	（こまい じゅみ）	早稲田大学大学院博士課程
藤井 正希	（ふじい まさき）	群馬大学准教授
秋葉 丈志	（あきば たけし）	国際教養大学准教授
村山 貴子	（むらやま たかこ）	武蔵野音楽大学専任講師，流通経済大学講師
片上 孝洋	（かたかみ たかひろ）	税理士，博士（学術）（早稲田大学）
上原 陽子	（うえはら ようこ）	早稲田大学大学院博士課程
根本 晋一	（ねもと しんいち）	日本大学准教授
竹嶋 千穂	（たけしま ちほ）	早稲田大学学術修士

行政救済法論

2015年3月25日　初版第1刷発行

編著者　後藤　光男
発行者　阿部　耕一

〒162-0041　東京都新宿区早稲田鶴巻町514番地

発行所　株式会社　成文堂

電話 03(3203)9201（代）　Fax 03(3203)9206
http://www.seibundoh.co.jp

製版・印刷　藤原印刷　　製本　弘伸製本

©2015　M. Goto　Printed in Japan

☆乱丁・落丁本はおとりかえいたします☆

ISBN978-4-7923-0577-2　C3032　　検印省略

定価（本体3200円+税）